유대인,
발명된
신화

유대인,
발명된
신화

기독교 세계가 만들고,
시오니즘이 완성한 차별과 배제의 역사

정의길 지음

한겨레출판

유대인 문제를 통해 읽는
'우리'와 '저들'의 이분법

이스라엘 헌법에 해당하는 기본법에는 1985년 제정된 크네세트 (이스라엘 의회) 관련 조항이 있다. 의원 선거 후보자의 목표와 행동에 "유대민족 국가로서 이스라엘 국가의 존재에 대한 부정"이 "명시적으로나 암묵적으로 포함"되면, 출마가 금지된다는 내용이다. 이스라엘 건국 70돌을 맞은 2018년 7월 18일 크네세트에서는 이스라엘을 '유대인의 민족국가'로 선언한 기본법이 통과됐다. 기본법의 하나로 제정된 '유대 민족국가 기본법Basic Law on the Jewish Nation-State'은 "이스라엘은 유대인들의 역사적 조국이며, 그들은 배타적 자결권을 지닌다"고 규정했다.

✡ 차별받는 집단에서 차별하는 집단으로…
유대인과 이스라엘을 둘러싼 모순과 역설

대한민국 헌법에는 대한민국을 한민족이나 배달 민족의 국가로 규정하는 조항이 없다. 전 세계 어떤 국가의 현대 헌법에서도 그 국가를 특정 민족이나 집단의 국가로 규정하는 조항은 없다. 대한민국을 포함한 모든 나라의 헌법은 그 헌법이 적용되는 국가 내 합법적 국민의 주권을 규정할 뿐이다.

이스라엘은 서방에서 박해받고 이를 피하려고 한 유대인들이 세운 나라이다. 서방 각국에서 유대인들이 박해받은 명분은 그들이 같은 민족이 아니라는 것이었다. 그러나 배타적인 민족주의에 피해받은 유대인들이 세운 이스라엘은 유대인들만이 배타적 자결권을 지닌다는 민족국가를 표방하게 됐다.

이 상황은 유대인과 이스라엘을 둘러싼 모순을 상징한다.

이스라엘 건국은 서양 기독교 문명 세계가 낳은 유대인 문제의 파생품이다. 서양 기독교 문명이 성립된 뒤 계속된 차별과 배제의 상징인 유대인에 대한 박해는 전후 이스라엘 건국으로 귀결됐다. 이스라엘 건국은 박해받은 유대인이라는 '민족' 혹은 '집단'의 자구책이겠으나, 이는 팔레스타인 주민이라는 '민족' 혹은 '집단'에 대한 또 다른 차별과 배제를 낳았다. 유대인은 자신들의 이스라엘 건국 정당성을 찾으려다가, 자신들을 박해한 나치 독일의 인종주의와 민족주의를 닮아갔다.

차별과 배제, 박해를 당한 유대인이 자신들의 고난과는 아무 상관이 없던 다른 집단을 배제하고 차별하는 방식으로 자구책을 찾았다는 게 현대 세계에서 유대인과 이스라엘 문제의 본질이자 모순이다. 이를 유대인들의 책임으로만 돌릴 수는 없다. 유대인 문제는 서양 기독교 문명이 만들었고, 현대 이스라엘 문제 역시 영국·미국 등 기독교 문명에 입각한 패권국가가 만든 국제질서의 산물이기 때문이다.

✡ 선민 유대인과 기생충 유대인…
유대인에 대한 편향된 두 인식

이 책은 헤브라이즘이 성립되기 시작한 고대 이스라엘의 역사부터 이스라엘 현대사까지의 통사가 아니다. 유대교나 유대인 기원 등에 관한 신학적, 역사적, 고고학적 탐구도 아니다. 기독교 문명 세계에서 발생한 유대인 박해 등 유대인의 비극을 다루려는 것도 아니다. 이스라엘 건국으로 발화한 현대 중동분쟁의 탐구도 아니다. 이에 얽힌 한 사건만 자세히 설명하려 해도 책 한 권으로는 부족할 것이다.

이 책이 겨루려는 대상은 거대한 역사적 배경이 얽힌 유대인과 이스라엘의 문제를 놓고 극단적 편향으로 양분된 일반인들의 인식이다. 한쪽은 유대인과 이스라엘을 '선', 다른 한쪽은 '악'으로 바라본다. 유대인, 이스라엘과 역사적으로 직접적 관련성을 경험하지 못한 한국인들이 특히 그렇다.

한국의 보수 주류와 이에 동조하는 일반인들에게, 유대인은 우수한 능력을 타고난 민족이고 이스라엘은 유대인의 능력과 단결로 꾸려나가는 우리가 배워야 할 모범국가다. 특히 한국에서 최대 종교가 된 기독교와 그 경전인 구약에 적힌 유대인 선민사상에 영향을 받아서, 유대인에 대한 보수적인 한국인들의 인식은 '선민' 자체다. 극우 태극기 집회에서 성조기와 이스라엘 국기가 나란히 등장하는 배경이다.

한국에서 출간된 유대인 관련 서적 대부분은 육아, 교육, 사업, 학문, 예술 분야에서 그들의 성공 신화와 처세술을 다룬다. '유대인 따라하기'는 지금도 한국 출판계와 처세술 비즈니스의 주요 흐름이다. 반면 진보적인 인사와 진영에서 유대인과 이스라엘에 대한 인식은 팔레스타인을 억압하고 중동분쟁을 불 지핀다는 '갈등 세력 담론'에 사로잡혀 있다. 혹은 전 세계 금융과 언론 등을 장악한 유대인 유착이나, 미국의 대외 정책 대리인이라는 데 초점을 맞춘다. 중동분쟁에서 이스라엘의 책임을 비판적으로 다루는 서적들이 그것을 방증한다.

보수와 진보 진영 한편에선 세계를 은밀히 움직이는 세력의 주축이 유대인이라는 음모론 역시 횡행한다. 중세 유럽의 왕실 재정에 영향을 미친 로스차일드 등 유대인 금융자본에서 비롯한 '그림자 세력' 음모론이다. 이는 도널드 트럼프 전 미국 대통령의 극우 지지층이 주장하는 미국 정부 내 '딥스테이트'(민주주의 제도 밖의 숨은 권력 집단) 세력 음모론으로 진화해 기승을 부린다. 20세기 초 유럽에서 유대인 박해 물결을 자아낸 음모론 문건 《시온 장로 의정서The Protocols of the Elders of Zion》의 재현이다. 현재 횡행하는 가짜뉴스도 유대인을 놓고 시작된 것이 시초라 할 수 있을 정도다.

유대인과 이스라엘에 대한 극단적인 편향 인식을 교정하는 첫걸음은, 유대인은 역사가 만들어낸 산물임을 인식하는 것이다. 유대인은 타고난 능력의 선민이나 음모 집단이 아니다. 유대인의 고난과 성취는 역사적 환경이 만들어냈다.

'야훼라는 유일신을 믿던 이스라엘 종족들이 팔레스타인 땅을 정복하고, 다윗과 솔로몬의 이스라엘 통일왕국이 영화를 누리고, 이들이 성경을 만들고 유대교를 발전시켜, 기독교 등 유일신앙의 모태가 되고, 로마의 정복으로 팔레스타인에서 추방돼 유랑과 이산을 겪고, 서방 기독교 세계에서 박해받다가, 고토古土 팔레스타인에 돌아와 이스라엘을 건국하고, 주변 아랍 국가와의 투쟁 속에서 살아가고 있다.'

유대인과 이스라엘에 관한 주류적 담론이다. 이 담론에는 역사와 신화, 허구, 이데올로기가 뒤섞여 있다. 이 담론에서 무엇이 역사적 사실이고, 허구적 신화이고, 이데올로기인지를 가늠해야지 유대인과 이스라엘에 관한 극단적인 편향 인식을 교정할 수 있다.

✡ 허물어진 이스라엘 고대사 신화

1967년 6일전쟁(3차 중동 전쟁)이 끝난 뒤 이스라엘의 역사학계와 고고학계는 꿈에 부풀었다.

이스라엘이 이집트·시리아·요르단·이라크 등 아랍 국가들과의 전쟁에서 완승해, 이들이 차지하던 영토를 점령했다. 성도 예루살렘 등 고대 이스라엘 역사의 황금시대라는 솔로몬 왕 시기의 강역이 포함됐다. 예루살렘 등에 대한 고고학적 발굴로 성서에 적힌 이스라엘 역사를 실증하려고 했다. 이를 통해 정부는 팔레스타인 주민들의 땅을 빼앗았다는 국제 여론에 시달리던 현대 이스라엘의 국가 정통성을 더욱 다지려 했다.

발굴이 진행될수록 결과는 실망을 넘어 곤혹스러웠다. 19세기부터 팔레스타인 지역에서 시작된 이른바 '성서 고고학'의 기존 성과마저 부정하는 결과가 나왔기 때문이다. 한국 학생들도 배운 다윗과 솔로몬의 이스라엘 통일왕조 영화라는 게 있었는지를 회의케 하는 발굴 결과가 쏟아졌다.

6일전쟁 이후 팔레스타인 지역의 광범위한 고고학적 발굴 성과는 1980년대 후반 집대성돼 학계에서 공인됐다. 다윗과 솔로몬은 근동의 강국이라는 이스라엘 통일왕조의 대왕이 아니었다. 기껏해야 팔레스타인 내륙 산악지대에 있는 자그마한 부족국가의 군장 정도에 불과하다고 평가됐다. 앞서 성서 고고학자들이 솔로몬의 영화를 증명한다고 인정했던 기존 발굴 유적과 유물은 300년 뒤 북이스라엘이나 남유다 왕조 시대의 것으로 밝혀졌다.

이 책의 1장은 현대에 들어서 축적된 팔레스타인 땅에 대한 고고학적 발굴 성과를 바탕으로, 주류적 담론에서 통용된 허구적 신화와 고대 이스라엘의 역사적 사실이 어떻게 다른지를 다룬다. 고대 이스라엘은 유대교의 기원인 야훼 일신교를 믿던 외부 종족이 가나안을 정복해서 건립된 것이 아니라 가나안 지역에서 기원했고, 야훼 신도 가나안 지역 다신교의 한 신이었다. 고대 이스라엘 통일왕국의 솔로몬 영화는 허구이고, 실제로는 궁벽한 산악 부족 국가에 불과했다. 북이스라엘이 멸망하는 등 제국의 위협 앞에서 생존을 모색하던 기원전 7세기 남유다 왕국 말기 요시야 왕 때의 야훼 일신교 강화 작업 속에서 솔로몬의 영화를 누린 강대한 이스라엘 통일왕국이라는 신화가 나왔다. 이는 유대교와 성서 제작의 시작이었고, 2장에서 다루는 내용이다.

유대교의 정체성 확립과 성서 제작은 바빌로니아에 의해 멸망해 바빌론으로 끌려간 남유다 왕국의 엘리트 유민들에 의해 본격적으로 이뤄졌다. 성서는 팔레스타인의 궁벽한 산악 시골에 유폐된 이들에 의해 쓰인 것이 아니다. 당시 세계를 제패한 제국의 중심부로 끌려왔던 이들이 조로아스터 교의 이원적인 선악 세계관을 바탕으로 작성한 문건이 그리스와 페르시아의 선진적 문명의 영향 속에서 400년 이상 동안 다시 쓰이고, 편집된 결과물이다.

✡ 유대인의 탄생 신화와 사실

강자 대신에 약자를, 탐미 대신에 도덕을, 즐거움 대신에 고난을 기꺼이 수용해 현세가 아닌 내세의 평화와 영원함을 추구하는 야훼 신에 기반한 일신교 운동은 기원전 2세기부터 지중해 전역으로 퍼져나가, 삶에 지친 주민들을 달래줬다. 그 결과 예수 출현 이전부터 지중해 전역에는 유대교 신자들이 이미 존재했다. 예수의 출현으로 성립된 그 일신교 운동의 한 분파가 기독교로 진화해, 로마 제국의 국교가 되면서 유대인이라는 존재와 정체성이 출현하게 된다.

그 과정에서 나온 신화 중의 하나가 팔레스타인에서의 유대인 추방이다. 로마가 자신들에 맞서 봉기를 일으킨 당시 유대 지역의 유대교 주민들을 대량 추방할 이유도 없었고, 그 역사적 근거도 없다. 팔레스타인에서 유대 주민들은 추방되지 않았고, 기원전부터 지중해 전역에서 유대교로 개종한 유대교도들이 유대인의 근간이 됐다. 따라서 다수 유대인의 혈연적, 지역적 뿌리는 고대 유대 주민이나 팔레스타인이 아니라, 지중해 전역의 다양한 종족과 지역이라 할 수 있다.

유대인들이 서구 기독교 세계의 안팎 전역에서 흩어져, 다양한 언어를 사용했던 것은 팔레스타인에서 추방된 유랑의 결과가 아니다. 애초부터 다양한 지역에서 흩어져 살며 다른 언어를 쓰던 주민들이 유대교도로 개종한 뒤 기독교 세계에서 차별받는 분리된 삶을 살아왔기 때문이다. 동유럽의 유대인인 아슈케나지가 독일어 방언인 이디시어를, 지중해계 유대인인 세파르디가 고대 스페인어에서 분리된 라디노어를 사용했다. 이슬람 세계의 유대인들은 아랍어 등 현지어를 쓰던 유대교도였을 뿐이다. 이는 3장과 4장에서 다룬다.

5~9장은 기원 전후 지중해 세계를 휩쓴 유일신교 운동의 결과, 패권종교가 된 기독교 문명 세계에서 만들어진 유대인의 정체성, 유대인에 대한 차별과 배제, 그 속에서 유대인들의 대응을 다룬다.

고리대금업자로 상징되는 유대인의 정체성은 서방 기독교 문명 세계의 필요와 그 속에서 살아가는 유대인들의 대응으로 형성됐다. 유대인 정체성의 탄생은 기독교 세계가 유대인이라는 타자를 확보해 자신들의 정체성을 만들어내는 과정이었지만, 한편으로는 기독교 세계에서 살아가는 유대인들이 채택한 소수집단으로서의 생존 전략이기도 했다.

기독교 세계에서 다수였던 기독교도 농민과는 달리, 유대인들은 문해력 교육을 받고 농지에 묶이지 않는 이동의 자유가 있었다. 유대인들은 상업, 금융 등 중개직역에 종사하며 근대 자본주의 산업과 사회에서 우위를 갖는 경쟁력을 확보하게 됐다. 유대인은 게토라는 차별적 공간에서 지독한 차별과 배제를 받으면서도 근대 자본주의를 추동하는 금융·유통 등의 산업 분야 및 법률·의학·회계·언론·예술 등의 전문직에서 발군의 경쟁력을 갖는 집단으로 전화轉化했다. 5~7장의 내용이다.

근대 자본주의와 함께 태어난 민족주의로 인해, 유대인은 이교도 종교공동체에서 종족적, 민족적 소수집단으로 기독교 세계에서 전화됐다. 유대인에 대한 혐오와 질시는 근대 국민국가가 형성되면서 인종주의와 민족주의에 의해 새롭게 규정되며 강화됐다. 근대 반유대주의 antisemitism의 탄생이다. 이는 유대인 음모론으로 출발해 결국 홀로코스트라는 전대미문의 소수집단 학살로까지 이어졌다. 8~9장에서 다루는 내용들이다.

차별과 배제, 박해 앞에서 유대인들은 진보적 이념의 실현을 통한 현지 사회와의 완전한 동화, 이주, 자신들의 국가 건설 등으로 대응했다. 구체적으로는 사회주의 이념과 운동에의 참여, 미국으로의 이주, 시오니즘Zionism 운동으로 발현됐다. 유대인 공동체에서 애초에는 보잘 것없던 시오니즘 운동이 주류적인 운동으로 발전해 이스라엘을 건국하면서, 2차대전 이후 현대에서 유대인 문제의 딜레마를 낳는 배경이 된다. 9~11장에서 다루는 내용들이다.

13~14장은 박해를 받던 유대인들이 건국한 이스라엘이 어떻게 팔레스타인 분쟁을 악화시켜 갔는지를 살핀다. 이스라엘-팔레스타인 분쟁 해결을 위한 협상이 번번이 파탄 나면서 팔레스타인 주민들의 입지가 약화되고 분쟁은 격화되는 악순환을 가져왔다. 이스라엘에서는 팔레스타인 땅을 독점하려는 세력과 욕망이 시간이 갈수록 커지고, 팔레스타인에서는 기정사실화됐고 갈수록 커지는 이스라엘이라는 존재를 인정하지 못함에 따라서 벌어지는 간극의 격차가 불러온 비극이다.

✡ 유대인과 팔레스타인 분쟁

현재 팔레스타인 분쟁에서 유대인과 팔레스타인 주민의 관계는 모순에 차있다. 2천 년 전 고대 유대 주민의 후예임을 내세워 팔레스타인에서 이스라엘 건국의 정당성과 자신들의 배타적 생존권을 주장하는 유대인들은 사실 지중해 전역의 다양한 지역 출신의 후예이고, 이들 유대인들에 의해 그 땅에서 밀려나는 팔레스타인 주민이 고대 유대 주민의 후예일 가능성이 크다는 사실은 지독한 역설이다. 팔레스타인 주민들이 고대 유대 주민일 개연성에 대해서는 12장에서 다룬다.

19세기 말부터 팔레스타인으로 들어온 시오니스트들도 팔레스타인의 기존 주민들인 무슬림 농민, 즉 펠라힌들이 자신들 유대인과 혈연적으로 동족이라고 생각했다. 그래서, 유대인 국가 건설에서 팔레스타인 주민이 동반자가 될 수 있다고 봤다. 이스라엘 건국의 아버지로 초대 총리를 지낸 다비드 벤구리온David Ben-Gurion, 1886~1973년, 그리고 건국 초기 10년이나 대통령을 지낸 이츠하크 벤-즈비Itzhak Ben-Zvi, 1884~1963년가 대표적이다.

이스라엘 건국의 주역으로 이스라엘을 이끌어온 핵심 시오니스트들인 이들은 1918년에《과거와 현재의 이스라엘의 땅Eretz Israel in the Past and in the Present》에서 "펠라힌(무슬림 농민)은 7세기에 '이스라엘의 땅'과 시리아를 차지한 아랍 정복자들의 후예가 아니다"라며 "유대인 농민들은 다른 농민들과 마찬가지로 자신들의 땅에서 쉽게 떨어져 나가지 않았다. (…) 억압과 고난에도 불구하고 그 농민 주민들은 변하지 않은 채 남았다"고 강조했다. 이들은 팔레스타인 주민들이 자신들과 혈연적 기원이 같기 때문에 이스라엘 건국의 정당성과 동력을 이들의 포용에서 찾으려 했다.

하지만, 1936~1939년에 팔레스타인으로의 유대인 입식을 반대하는 아랍 주민 폭동이 발생한 이후부터 시오니스트 사이에서 더 이상 팔레스타인 주민은 공통의 기원을 공유한 동반자가 아니었다.

현대 중동분쟁의 발화점인 팔레스타인 분쟁에서 겉으로 드러나는 핵심 사안은 누가 그 땅을 차지할 권리가 있냐는 것이다. 2천 년 전 조상이 그 땅에 살았다는 이스라엘의 주장이 사실이라 해도, 그것이 그 땅에 국가를 건설하고 기존 주민을 몰아내는 일을 정당화할 수는 없다. 더구나, 유대인들이 내세우는 고대 유대 주민의 후예라는 주장도 역사적 신빙성이 의심되는 상황이다. 그렇다면, 이스라엘의 유대인들은 팔레스타인에서 거주할 명분과 권리가 없는 것인가?

지금의 이스라엘 유대인들은 120년 전부터 그 땅에 들어왔다. 120년은 긴 세월이다. 역사는 그동안 한 국가의 흥망성쇠가 이뤄질 수 있음을 보여준다. 유대인들은 120년 전부터 그 땅에 들어와 기존 지주들로부터 토지를 매입하고는 정착하는 과정을 거쳤다. 그 과정에서 농장, 학교, 병원을 세우고, 산업을 발전시켰으며, 도로를 놓고, 도시를 건설했다. 그러고는 2차대전 뒤 국제사회도 유대인 국가 건설을 허락하는 유엔 결의안을 채택했다.

물론 팔레스타인 국가 건설도 결의했으나, 이는 무산돼서 현재의 팔레스타인 분쟁으로 이어지고 있다. 팔레스타인 국가 건설 무산에는 이를 사보타주한 유대인 쪽의 책임도 있겠으나, 주변 아랍 국가들의 책임은 없는지도 살펴야 한다. 2차대전 뒤 유엔의 유대인 국가 건설 결의안이 나왔을 때는 이미 팔레스타인 땅에서 유대인의 존재와 그들의 국가 건설은 돌이킬 수 없는 현실이었다. 하지만 주변 아랍 국가들은 이런 유대인 국가의 실체를 부정했고, 팔레스타인 주민들을 위한 국가 건설에도 별 관심이 없었다. 당시 이집트, 요르단, 시리아는 팔레스타인 땅을 자신들의 영토로 만드는 데 관심을 보였을 뿐이다.

결국 팔레스타인 분쟁은 그 땅에 대한 권리가 누구에게 있냐는 문제가 핵심이 아니다. 유대인이나 팔레스타인 주민이나 모두가 이제는 그 땅에서 살아야 할 권리와 당위가 있다. 팔레스타인 분쟁에 관한 국제사회의 합의인 '2국가 해법', 즉 이스라엘과 함께 팔레스타인 독립국가를 건설하는 방안이 그런 차원에서 나왔다. 문제는 그 해법 실현에서 열쇠를 쥔 이스라엘 내부에서 갈수록 유대인의 배타적 생존권을 주장하는 목소리가 커지고, 이에 비례해서 팔레스타인에서는 이스라엘을 부정하는 세력이 늘고 있다는 것이다.

✡ "유대인은 반유대주의자가 만든다"

사태가 이렇게까지 악화된 원인을 찾으려면 근본적으로 서구 기독교 문명 세계가 만들어낸 유대인 문제로 다시 돌아갈 수밖에 없다.

> "만약 유대인이 존재하지 않는다면, 반유대주의자가 유대인을 고안해낼 것이다. 유대인은 반유대주의가 만든다."

프랑스 철학자 장-폴 사르트르가 저서 《반유대주의자와 유대인》에서 한 이 말은 유대인 문제를 드러내는 가장 유명한 말이다. 유대인 문제는 서구 기독교 문명 세계가 만들어내고, 그 본질적인 부분으로 내화하고 있다는 점을 지적한 것이다. 서구 기독교 문명 세계는 유대인을 자신들의 세계 밖에 있는 국외자로 취급했으나, 사실 유대인은 기독교도와 그 세계의 정체성을 위해 존재해야만 했던 그 세계의 본질적 부분이었다.

중세 유럽 때 교황을 정점으로 한 기독교 천년왕국 세계인 '크리스천돔'에서 '우리'인 '기독교도'는 '저들'인 '이교도 유대인'이 존재함으로써 더욱 명확해졌다. 근대 이후 유럽 국가들에서 민족주의를 바탕으로 추진한 국민국가 형성에서도 독일의 아리안족이나 러시아의 슬라브족 등은 열등하고 비열한 유대인에 대비되어야 그 위대함과 우월성이 성립됐다.

그래서 유대인은 기독교와는 다른 유대교를 믿는 유대교도에서 출발해, 예수를 죽인 자들, 돈만 밝히는 고리대금업자들, 일하는 사람들의 고혈을 빨아먹는 기생충들, 금융업 등 주요 산업을 장악한 집단, 세계를 지배하려고 음모를 꾸미는 세력, 그래서 박멸당해야 하는 자들로 역사 속에서 자리매김되어 왔다.

이는 유대인에게도 자신들의 집단적인 정체성을 강화하는 과정이기도 했다. 그들의 정체성은 기본적으로 주변의 강요로 만들어진 것이다. 하지만, 유대인 역시 이 강요된 정체성을 스스로 강화하며 주변의 차별과 억압에 대응했다. 유대교의 신자에서 출발해 종교 공동체를 거쳐서, 종족적 의미의 유대인 집단에 이어 민족과 인종 집단으로까지 나아갔다.

"민족이란 상상된 공동체"라는 베네딕트 앤더슨의 말이 가장 적합한 집단은 아마 유대인일 것이다. 자신들이 혈연이나 종족, 지역 등에서 공통의 기원을 가지고 있다는 전제하에 언어와 문화 등에서 공통의 정체성을 확보하려는 집단이 민족이다. 유대인은 여러 지역에서 흩어져 살았고, 전혀 다른 언어를 구사했고, 심지어 피부색도 다른 인종들이었는데도, 이제는 민족집단화한 상태이다. 여러 지역에 흩어져 살고, 전혀 다른 언어를 사용하고, 심지어 인종도 다른 기독교도나 무슬림들이 민족집단화되지 않은 것에 비해, 유대교도가 민족집단화한 것은 앞서 말한 서구 기독교 문명 세계의 유대인 타자화와 이에 대한 유대인 집단의 응전 때문이다.

이는 유대인이라는 민족의 존재, 유대인의 민족집단화가 허구이거나 잘못된 것임을 의미하지 않는다. 민족이란 결국 역사적 맥락 속에서 만들어지는 것이고, 유대인들은 자신들의 독특한 코스로 민족집단화됐을 뿐이다.

문제는 서구 기독교 문명 세계의 유대인 문제가 빚어낸 이스라엘의 건국과 유대인의 민족화, 인종화가 가져온 결과이다. 서구 기독교 문명 세계에서 차별받고 박해받던 유대인들이 이스라엘 건국을 통해서 팔레스타인 땅에서 차별받고, 분리되고, 유배되는 또 다른 집단을 만들어냈다는 것이다. 특히, 이스라엘의 유대인들은 자신들에게 가해졌던 차별과 추방, 박해의 수단이었던 민족주의와 인종주의를 그 무기로 삼는 경향이 갈수록 짙어지고 있다.

✡ 유대인 문제가 던지는 한국 사회에서의 '우리'와 '저들'

유대인 문제는 기독교 세계가 자신들의 정체성 확보를 위해 타자를 만들어내는 과정에서 발생했다. '우리'라는 개념은 '저들'이 있어야 성립한다. 뚜렷한 영토적 경계도 없이 여러 언어가 뒤섞여 존재하는 유럽의 주민들에게 자신들과 구별되는 가장 가까운 타자는 그들과 뒤섞여 살고 있던 유대인이었다. 차별과 배제는 '우리'와 '저들'을 가르는 수단이다.

서방세계에서 유대인 문제의 절정은 포그롬과 홀로코스트 등 유대인 박해다. 20세기 초 대공황 전후로 사회적 불평등과 양극화가 심화하자, 유대인 문제가 폭발했다. 서방에서 유대인 문제가 개선된 근본 원인은 제2차 세계대전 뒤 좋아진 사회경제적 상황이었다. 성장과 분배가 선순환하던 '자본주의의 황금기(골든 에이지)'로 서구 자본주의의 고용과 복지가 안정되자, 유대인은 서구사회의 일원으로 거의 편입됐다. 하지만 최근 미국과 유럽에서 사회경제적 양극화가 다시 심해지자, 반유대주의가 다시 기승을 부리고 있다.

유대인과 이스라엘의 문제를 살피자는 것은, 바로 지금 우리 사회에서 뜨거운 '차별'과 '공정' 담론과도 맞닿아 있다. 차별과 공정 담론은 최근 한국 사회에서 가열되는 '정치적 올바름politic correctness' 논쟁, 페미니즘을 둔 남녀 사이의 갈등, 이주자나 소수집단에 대한 혐오로까지 치닫고 있다. 이 문제에서 우려되는 지점은 젊은 남성층이나 중하류층들이 여성, 노동자와 노조, 소수집단, 이주자 등에 대해 반감과 질시를 증폭시키고 있다는 것이다. 젊은 남성이나 중하류층들은 반감과 질시를 보내는 이들 집단과 이해관계가 배치되지 않고, 오히려 공통점이 많다. 이런 현상은 근대 유럽에서 유대인 박해의 주요 동력이 젊은 남성과 중하류층에서 나왔다는 점과 겹치면서 이런 갈등이 이후 더 큰 문제를 낳을 수 있다는 우려를 자아낸다.

사회 양극화를 해소하고 대중의 사회경제적 지위를 전반적으로 해결하는 작업이 없는 가운데, 소수자 차별과 배제 문제를 제기하는 것은 오히려 역효과를 낼 위험이 있다는 것이 유대인 문제가 보여준 교훈이다. 책에서는 이런 논지를 제대로 펴지 못했으나, 이 책을 쓰게 된 동기이다.

기독교도는 유대인을 창조했고, 유대인은 팔레스타인인을 창조했다. 한국 사회에는 지금 '우리'와 '저들'의 구분이 없는가?

이 책에서 다루는 이런 내용들은 1980년대 후반 이스라엘에서

'신역사학자New Historians' 그룹이 등장한 이후 이스라엘과 서구에서 재조명되고 있는 이스라엘 고대사 및 팔레스타인 분쟁에 관한 연구 성과에 바탕을 뒀다. 신역사학자 그룹들은 성서에 입각한 기존의 이스라엘 고대사를 기정사실로 받아들인 뒤, 그 토대에서 구축한 이스라엘 현대사의 정당성에 비판적으로 접근했다. 신역사학자들의 비판적 접근은 1960년대 후반부터 시작된 팔레스타인 지역에서의 새로운 고고학적 성과를 토대로 삼았다. 이 책에서 많이 인용한 이스라엘 핑켈스타인Israel Finkelstein, 1946년~ 의 《발굴된 성서The Bible Unearthed》, 슐로모 산드Shlomo Sand, 1946년~ 텔아비브대학교 교수의 《유대인의 발명The Invention of Jewish People》《이스라엘 땅의 발명The Inventiopn of the land of Isreal》은 그 대표적인 성과들이다. 이 책에서 다루는 이스라엘과 성서의 기원, 유대인의 형성은 이들의 저서에서 대부분 인용했다.

근대 이후 유럽에서 있었던 유대인들의 박해와 성장에 대해서는 미국의 저명한 유대사가 하워드 새커Howard Sachar, 1928~2018년의 《현대 세계에서 유대인의 역사A History of the Jews in the Modern World》를 많이 참고했다. 유대인이 집필한 유대인 역사서의 다수는 그들의 역사를 찬양 일변도로 서술하는 경향이 있다. 새커는 객관적인 시각과 검증된 풍부한 사실로 근대 유대인의 역사를 조망한다.

시오니즘과 이스라엘 건국, 팔레스타인 분쟁에 관해서는 일란 파페Ilan Pappe, 1954년~ 영국 엑시터대학교 교수의 《이스라엘에 관한 10가지 신화들Ten Myths About Israel》, 아비 슐라임Avi Shlaim, 1945년~ 옥스퍼드대학교 교수의 《요르단의 사자Lion of Jordan》《철벽The Iron Wall; Isreal and Arab World》, 앨런 더쇼위츠Alan Dershowitz, 1938년~ 의 《이스라엘이라는 사건The Case for Israel》 등을 참고했다.

파페는 이스라엘 현대사를 비판적으로 해석하는 대표적인 반이스라엘 유대인 학자이다. 슐라임은 이스라엘 건국 전후의 이스라엘과 아랍 국가 사이의 역학을 객관적이고도 새로운 시각으로 조명해, 아랍 쪽의 책임도 규명하고 있다. 더쇼위츠는 미국의 대표적인 친이스라엘 유대인으로 이스라엘과 유대인과 관련한 모든 비판에 대한 적극적인 반론을 자신의 책에 담고 있다. 그의 시각과 논리는 이스라엘과 미국 내 친유대인 세력들을 대변한다.

이 책은 2020년 10월부터 2021년 7월까지 주간지 〈한겨레21〉에서 '유대인·이스라엘, 그 발명된 신화들'이라는 제목으로 실린 연재물이 바탕이다. 이 연재는 필자가 2013년 7월부터 2014년 10월까지 이 주간지에 연재한 '중동대전 70년'에 이어 중동분쟁을 살피는 기획물이었다. 이슬람주의 세력의 탄생과 성장을 다룬 '중동대전 70년'은 내용이 대폭 보강돼 《이슬람 전사의 탄생》이라는 제목으로 한겨레출판에서 출간됐다. '유대인·이스라엘, 그 발명된 신화들' 역시 한겨레출판의 제안으로 내용을 크게 보강해 《유대인, 발명된 신화》로 출간하게 됐다.

연재를 제안해준 정은주 당시 〈한겨레21〉 편집장, 출판을 기꺼이 수용해준 김수영 한겨레출판 부사장, 많이 늦어진 원고를 불평 없이 편집해준 김경훈 편집자에게 감사를 드린다.

2022년 12월 4일 정의길

◈◈◈ **차례**

프롤로그   유대인 문제를 통해 읽는 '우리'와 '저들'의 이분법   004

1장 **이스라엘의 기원** ▰▰▰▰▰▰▰▰▰▰▰▰▰▰▰▰

고대 이스라엘 주민은 가나안 주민과는 다른 족속이고, 가나안을 정복했나?

✿ 이스라엘 고대 역사서가 된 성서   033

✿ 신학적 세계관을 수호하려는 성서고고학의 시작   036

✿ 1960년대 이후 고고학 성과에 기존 성서고고학 무너져   037

✿ 올브라이트, '고고학이란 성서를 증명하는 수단'   039

✿ 성서고고학의 기둥인 '이스라엘 족속의 가나안 정복설'   041

✿ 이스라엘, 성서고고학의 성과를 국가 이데올로기로 만들다   042

✿ 6일전쟁, 성서고고학도 무너뜨리다   044

✿ 사방 가옥과 목 이음 도기가 밝혀낸 이스라엘의 기원   046

✿ 이스라엘은 가나안 내부에서 탄생했다   047

✿ 원이스라엘 주민은 기존 가나안 주민   048

✿ 족장 시대와 엑소더스는 조상 전설   050

✿ 여호수아의 가나안 정복은 시대 오기에 기반한 전설　　　052

✿ '거대한' 가나안 도시 ⋯ 여호수아 정복을 합리화하려는 성서의 신학적 내러티브 054

✿ 다윗과 솔로몬의 통일왕국은 산악의 조그만 부족국가에 불과했다　　　056

✿ 성서, 이스라엘 건국을 정당화하는 이데올로기가 되다　　　058

2장　성서의 기원

고대 이스라엘 주민들은 유대교를 믿었고, 성서는 고대 이스라엘에서 쓰였나?

✿ 모세, 여호수아, 사무엘, 다윗, 솔로몬이 성서의 저자?　　　063

✿ 모순투성이인 모세5경의 모세 저작설　　　064

✿ "모세5경이 모세 이후에 쓰였다는 것은 정오의 태양만큼 명확하다"　　　066

✿ 성서는 여러 문서를 편집해서 만든 이야기　　　068

✿ 벨하우젠이 정립한 문서가설　　　071

✿ 성서는 고대 이스라엘이 아니라 페르시아 · 헬레니즘 시대 때 작성됐다　　　072

✿ 성서의 역사성을 부정하는 미니멀리스트들의 등장　　　074

✿ 바빌론 유수 때 정립된 야훼 유일신앙　　　077

3장　유대인 추방의 신화

유대인은 팔레스타인에서 추방돼서, 지중해 전역으로 이산됐나?

✿ 이스라엘 왕국들의 몰락부터 대로마 봉기까지　　　086

✿ 로마는 유대인들을 팔레스타인에서 추방하지 않았다　　　088

✿ 유대인 추방 신화는 유대교도의 종교적 자구책　　　092

✿ 유대인 추방 신화, 구원을 약속하는 이데올로기가 되다　　　093

✿ 로마의 예루살렘 정복 전에 이미 이방에 퍼진 유대인들　095

✿ 이방의 유대교도는 팔레스타인에서 기원했나?　099

✿ 기원 전후 지중해 세계에 확산된 유대교 개종　101

✿ 유일신교 운동의 패권을 쟁취한 기독교에 밀려난 유대교　104

✿ 기독교 세계에서 유대교의 생존 전략　107

4장 유대인 공동체의 형성과 확산

유대인 공동체는 어떻게 퍼져나갔나?

✿ 팔레스타인 밖의 최초 유대교 왕가 아디아베네　112

✿ 아라비아반도 홍해 교역로를 지배한 유대교 왕국, 힘야르　113

✿ 베르베르족과 카히나의 유대교 개종　118

✿ 세파르디 유대인의 형성　122

✿ 동방의 유대 제국 하자르　125

✿ 하자르의 멸망이 부른 러시아와 동유럽으로의 유대인 이주　129

✿ 아슈케나지의 등장　130

✿ 아슈케나지는 누구이고, 어디서 왔나?　134

✿ 반유대주의로 몰린 아슈케나지의 하자르 기원설　136

5장 유대인 정체성의 탄생

유대인은 '고리대금업자'를 강요받았나, 선택했나?

✿ 유대인, 중세 봉건체제에서 차별과 함께 자유를 얻다　143

✿ 유대인 공동체 생존 전략이 만든 유대인 정체성　145

✿ 유대인 공동체 진화의 3단계   147

✿ 토라, 유대인을 도시의 중계직역 집단으로 만들다   148

✿ 이슬람 제국과 함께 퍼져나간 유대인   151

✿ 몽골의 침략이 완성시킨 유대인 정체성   152

✿ 십자군 운동으로 본격화된 유대인 차별과 박해   155

✿ 멸시와 열패감의 양가감정에 기반한 반유대주의의 형성   156

6장   게토의 유대인, 궁정의 유대인

유대인은 왜 멸시와 질시의 대상으로 양분됐나?

✿ 빈민촌의 대명사 게토, 유대인을 수용하면서도 유폐하던 격리구역   160

✿ 프랑크푸르트의 게토, 유덴가세   162

✿ 돼지 오줌을 받아먹는 유대인   164

✿ 게토의 유대인, 차별과 박해를 대가로 자유를 얻어 도약하다   167

✿ 궁정 유대인의 부상   169

✿ 콘베르소와 마라노, 궁정 유대인의 뿌리가 되다   171

✿ 궁정 유대인의 발원지가 된 네덜란드   173

✿ 대금업자 유대인, 전쟁을 통해 신흥 산업자본가로 부상하다   175

✿ 음모론의 원조가 되는 궁정 유대인   178

7장   유대인 음모론의 확산

로스차일드 가문은 어떻게 음모론의 원조가 됐나?

✿ '프랑크푸르트 전통'의 시작, 로스차일드의 다국적 금융자본화   183

✿ 로스차일드 신화를 만든 나폴레옹 전쟁 186

✿ 워털루 전투를 둘러싼 로스차일드의 행적, 유대인 음모론의 시작 188

✿ 로스차일드는 워털루 전투 승전보를 먼저 알았거나, 조작해 돈을 벌었나? 191

✿ 로스차일드 음모론을 탄생시킨 유대인 금융자본과 권력의 제휴 193

✿ 권력자 뒤의 유대인 은행가 196

✿ 근친혼과 족내혼에 바탕을 둔 유대인 네트워크 198

✿ 유럽 대륙에 철도를 놓은 유대인들 199

✿ 로스차일드는 쇠락했지만, 유대인 자본은 더 커졌다 201

8장 유대인 음모론과 근대의 반유대주의

유대인 음모론의 최고봉 《시온의정서》는 어떻게 홀로코스트까지 이어졌나?

✿ 《시온의정서》의 등장과 확산 207

✿ 영국 언론이 밝혀낸 《시온의정서》의 정체 210

✿ 반유대교주의에서 반유대주의로 212

✿ 유대인 해방이 부른 반유대주의 215

✿ 유대교 제례 살인 사건 조작으로 확산된 반유대주의 217

✿ 교회, 프랑스의 반유대주의에 불을 지르다 219

✿ 반유대주의, 독일 민족주의와 인종주의의 연료가 되다 221

✿ 유사과학 우생학, 반유대주의를 완성하다 224

✿ 독일의 반유대주의를 격화시킨 배후중상설과 유대인 좌파 봉기론 225

✿ "유대인과 좌파 세력이 독일 혼란의 원흉" 228

✿ 히틀러와 나치의 등장 … 홀로코스트로 가는 길 230

9장 포그롬과 아슈케나지 유대인의 부상

동유럽 유대인들은 어떻게 유대인의 주류가 됐나?

✿ 지주, 귀족의 대리인이 된 폴란드의 유대인   235

✿ 최대 유대인 거주 국가가 된 러시아의 유대인 차별과 박해   237

✿ 유대인을 농촌에서 추방한 러시아의 '유대인 헌장'   241

✿ 8살 소년까지 군대로 끌고 간 니콜라이 1세의 유대인 징집령   244

✿ 알렉산드르 2세의 차별 완화책에 따른 유대인들의 진출과 갈등   247

✿ 오데사 포그롬, 근대 유대인 박해를 예고하다   251

✿ 근대 이후 유대인 역사의 빅뱅인 포그롬, 네 가지 물결을 낳다   254

10장 미국의 유대인

미국은 어떻게 유대인의 새로운 조국이 됐나?

✿ 신대륙 발견 초기의 유대인 이주   259

✿ 북미에서 유대인의 정착   261

✿ 행상으로 시작한 독일계 유대인, 산업자본가와 금융자본가로 성장하다   263

✿ 남북전쟁 뒤 더 빨라진 미국 유대인의 진출   265

✿ 러시아와 동유럽 난민 유대인들의 미국 이주가 야기한 충격   268

✿ 포그롬 이후 더욱 늘어난 동유럽과 러시아 유대인의 미국행   271

✿ 뉴욕의 최대 집단이 된 동유럽 유대인   272

11장 시오니즘

서구 기독교 문명 세계는 어떻게 시오니즘을 만들었나?

✿ 전쟁, 제국주의 정책, 기독교 시오니즘이 만들어낸 시오니즘   280

✿ 유대교 교리에서 현실 정치운동으로 전화된 시오니즘   282

✿ 시오니즘을 반대한 유대인들   284

✿ 기독교 시오니즘에서 논리와 동력을 제공받은 유대인의 시오니즘   289

✿ 기독교 시오니즘의 본질은 반유대주의   291

✿ 기독교 시오니즘으로 포장한 영국의 중동 정책   294

✿ 영국이 시오니즘에 열어준 국제적 공간   298

✿ 1차대전 와중에 영국이 중동에서 남발한 다중 약속들   301

✿ 로이드 조지, 대영제국의 지정학과 신앙을 팔레스타인에 결부시키다   303

✿ 러시아 혁명, 영국의 밸푸어 선언을 재촉하다   308

✿ 팔레스타인에서 유대 국가 수립을 지지한 영국의 밸푸어 선언   310

✿ 밸푸어 선언, 아랍 대 유대 민족의 대립 구도를 만들다   312

12장 팔레스타인 땅과 그 주민

팔레스타인 주민은 누구이고, 그 땅은 비어있었나?

✿ '팔레스타인은 텅 빈 땅' … 수사적 표현에서 이주 정당화 이데올로기로   317

✿ '주인 없는 땅 팔레스타인' 담론, 선주민의 권리를 부정하다   319

✿ 50만 명이 살던 '텅 빈 땅'   322

✿ 아랍 민족주의와 지역적 정체성이 확립되던 팔레스타인   323

✿ 팔레스타인에 남은 유대 주민의 후예들   325

✿ 팔레스타인에서의 유대인 추방은 무슬림의 정복 뒤인가?   327

❀ 시오니스트도 인정한 '팔레스타인 주민은 유대 주민의 후예'   330

❀ 사라져버린 '팔레스타인 주민의 유대 기원론'   334

13장 이스라엘의 건국과 아랍의 방기

왜 팔레스타인 국가 수립은 좌절됐나?

❀ 현대 중동을 만든 '1922년의 타결'과 팔레스타인의 유대인   338

❀ 오스만튀르크의 존속에서 해체로 … 중복되는 4개의 협약과 '1922년 타결'   342

❀ 팔레스타인 국가 수립 실패는 유대인만의 책임인가?   346

❀ '메카의 수호자' 왕자와 시오니스트 지도자의 합의 …

   유대 국가에 대한 아랍의 최초 반응   348

❀ 현대 중동의 황가를 꿈꿨던 하시미테 가문과 영국의 동상이몽   350

❀ 좌절된 통일아랍왕국의 꿈, 강대국의 보호령이라는 현실   352

❀ 요르단과 팔레스타인으로 눈을 돌린 압둘라   356

❀ 영국 중동 정책의 대리인 요르단 왕국의 수립과 아랍 국가들의 획정   358

❀ 팔레스타인 분쟁의 시작 … 아랍계 주민과의 공존을 고민하지 않은 유대인   360

❀ 영국, 유대인 이민 문제를 번복하다   363

❀ 팔레스타인에서의 '아랍 반란'과 그 역풍   365

❀ 최초의 '두 국가 해법'을 선취한 유대인과 동상이몽의 팔레스타인/아랍   366

❀ 2차대전의 발발 … 영국과 독일 양쪽과 싸운 시오니스트들   370

❀ 영국의 팔레스타인 포기와 유엔의 개입   373

❀ 팔레스타인의 분열과 주변 아랍 국가들의 야욕   374

❀ 팔레스타인의 운명을 결정지은 요르단의 압둘라   377

❀ 이스라엘과 팔레스타인 독립을 규정한 유엔 결의안의 탄생   380

❀ 전쟁의 포고문이 된 유엔 결의안   382

❀ 유대 국가 탄생을 지지한 유일한 아랍 지도자 압둘라   384

❀ 골리앗이 아닌 아랍과 강력하게 무장한 다윗 이스라엘   387

❀ 압둘라-메이어 밀약으로 승부가 결정된 1차 중동전쟁   389

❀ 팔레스타인 국가 수립을 방해한 아랍 국가들의 원죄   392

14장 중동분쟁과 이스라엘의 우경화 ▨▨▨▨▨▨▨▨▨▨

왜 이스라엘-팔레스타인 분쟁은 협상이 거듭될수록 악화되나?

❀ 종교 극우 정당들이 추동한 네타냐후의 귀환   396

❀ 인종주의 범죄자를 치안장관으로 만든 이스라엘의 우경화   398

❀ 건국의 주류들이 탈락하고, 그 이상에서 멀어진 이스라엘   401

❀ 새로운 이민의 물결, 우경화를 촉발하다   403

❀ 평화협상이 부른 노동당 실각과 우경화의 시작   405

❀ 4차 중동전쟁이 낳은 평화협상과 유대인 정착촌이라는 불씨   408

❀ 잊혀져 가는 팔레스타인 분쟁, 인티파다로 분출하다   410

❀ 러시아 유대인들의 대거 이민과 걸프전이 만들어낸 마드리드 평화회의   412

❀ 노동당의 귀환과 오슬로평화협정   414

❀ 라빈 총리 암살까지 부른 이스라엘 우파들의 평화협정 반대   416

❀ 라빈의 유산, 캠프데이비드 협상 결렬   419

❀ 샤론의 도발, 2차 인티파다, 그리고 오슬로평화협정의 종언   421

❀ 샤론의 집권과 이-팔 분쟁의 격화   423

❀ 샤론, 가자를 고립시키고 서안 지구의 일부를 분리시키다   425

❀ 팔레스타인의 분열과 가자 전쟁의 서곡   427

❀ 이스라엘, '주적' 이란을 잡기 위해 가자 전쟁을 일으키다   429

❀ 재집권한 네타냐후, '이스라엘은 유대인의 국가'임을 선포하다   432

✡ 네타냐후, 이란을 겨냥해 가자를 때리다   434

✡ 트럼프 행정부의 출범과 미-이스라엘 밀월   438

✡ 트럼프의 반이란 중동지정학이 만든 아브라함 조약   442

✡ 네타냐후의 귀환과 이스라엘 우경화의 완성   443

에필로그   이스라엘과 유대인, 그리고 미국   445

주석   454

1장

이스라엘의 기원

고대 이스라엘 주민은 가나안 주민과는 다른 족속이고,
가나안을 정복했나?

"여호와께서 아브람에 이르시되 너는 너의 고향과 친척과 아버지의 집을 떠나 내가 네게 보여줄 땅으로 가라/내가 너로 큰 민족을 이루고 네게 복을 주어 네 이름을 창대하게 하리니 너는 복이 될지라 (…) 이에 아브람이 여호와의 말씀을 따라갔고 (…) 아브람이 그의 아내 사래와 조카 롯과 하란에서 모은 모든 소유와 얻은 사람들을 이끌고 가나안 땅으로 가려고 떠나서 마침내 가나안 땅에 들어갔더라 (…) 여호와께서 아브람에게 나타나 이르시되 내가 이 땅을 네 자손에게 주리라 하신지라 자기에게 나타나신 여호와께 그가 그곳에서 제단을 쌓고"(창세기 12장)

　유대교 경전인 히브리 성경이자 기독교 경전 중 하나인 구약은 아브라함(아브람)이 야훼(여호와)의 부름을 받아 가나안 땅으로 가면서 믿음이 땅 위에서 구현됐다고 전한다.
　여호와는 아브람에게 "이제 후로는 네 이름을 아브람이라 하지 아니하고 아브라함이라 하리니 이는 내가 너를 여러 민족의 아버지가 되게 함이니라"(창세기 17:5)라며 그를 '믿음의 조상'으로 만든다. 성서의 이 대목부터는 '역사적 사실'이거나, 그 반영이다. 그래서 아브라함은 가나안 땅에서 자리 잡아 야훼를 섬기고 그 뜻을 땅 위에서 구현하는 믿음의 자식들인 이스라엘 족속의 기원을 만든 '역사적 인물'이다.

믿음의 아버지 아브라함이 야훼의 부름을 받아서 가나안 땅으로 가고, 그 후손인 야곱 등 족장들이 가나안 땅에서 이스라엘 족속을 일구다가 이집트로 들어가고, 후손인 모세가 이집트에서 이스라엘 족속들을 탈출시키는 엑소더스를 이끌고, 후계자 여호수아가 가나안 땅을 정복하고, 다윗이 이스라엘 통일왕국을 건설해 솔로몬이 그 영화를 일구고, 통일왕국은 북이스라엘과 남유다로 분열됐다가 이스라엘 민족이 야훼의 가르침을 어겨서 바빌론 유수 등을 시작으로 그 땅에서 쫓겨나 방랑하게 됐다는 것이 성서의 서사이다.

✡ 이스라엘 고대 역사서가 된 성서

성서의 이런 내러티브는 종교적 차원에 그치지 않는, 이스라엘 역사의 기둥이다. 즉, 성서에 적힌 그런 이벤트들이 대체로 '역사적 사실'이라는 게 지금까지 성서고고학Biblical Archaeology 분야의 주류가 이스라엘 고대사를 보는 인식이었다. 서방 문명권에서 이 논리에 따라 널리 받아들여지는 역사 인식을 간추리면 다음과 같다. '지금의 유대인은 아브라함으로 시작된 이스라엘 족속의 생물학적, 역사적 후손이고, 그 땅에 70년 전에 건국됐던 이스라엘은 그런 역사적 정통성을 갖고 있다. 그렇게 방랑했던 유대인이 이제 팔레스타인 땅에 돌아와 이스라엘을 다시 건국한 것은 애초 야훼가 이스라엘 민족에게 약속했던 가나안 땅을 회복한 것이다. 이는 성서가 말하는 하느님의 통치가 지상에서 구현되리라는 예언의 실현이기도 하다. 이스라엘의 기원에 관한 이스라엘 고대사는 그동안 이런 대중적인 역사 인식을 형성하는 주요한 역할을 했다.

한국에서도 이스라엘의 기원에 관한 일반적인 역사 인식이나 교육은 여기서 벗어나지 않는다. 고등학생 대상의 한 교과서를 보자.

"헤브라이인은 오랫동안 이집트의 지배를 받다가 탈출하여, 오늘날의 팔레스타인 지역에 이스라엘 왕국을 세웠다. 제3대왕 솔로몬은 페니키와의 교역을 통해 왕국의 번영을 이끌었다. 그러나, 그의 사후 왕국은 이스라엘과 유대로 분열하였고, 유대는 신바빌로니아에 의해 멸망하면서 많은 백성이 바빌로니아에 끌려가 고난을 겪었다."[1]

이스라엘 왕국 성립의 직접적 기원이 성서에서 기술된 대로 모세가 지도한 엑소더스임을 시사하고 있다. 엑소더스가 '역사적 사실'임을 전제한 것이다. 한국의 대표적 인터넷 포털 사이트 '네이버'에서 제공하는 이스라엘 역사서를 보자.

"히브리 성서가 말하고 있는 최초의 이스라엘 역사는, 이스라엘 백성의 조상인 아브라함에게 내리신 하느님의 명령으로부터 시작된다. (…) 그런데 성서의 연대기가 실증적인 신빙성을 얻으려면 주변의 사료들과 어느 정도 조화를 이루어야 하는데, 대표적인 시대착오적인 성서의 기록은 초기 족장들의 설화에 '낙타'가 등장한다는 사실이다. 인류학적 증거에 따르면 인간이 낙타를 길들여 사용하기 시작한 것은 기원전 12세기였다. (…) 이들과 관련한 직접적인 고고학적 증거를 거의 발견할 수 없는 것이 특징이다. 동시대의 문화적 특성이 족장들의 역사를 밝히는 직접적인 '증거'는 되지는 못한다 하더라도, 히브리 성서가 말하고 있는 족장들의 생활 방식과 사회 구조와 잘 어울린다는 점에서 이스라엘 민족의 시초가 어떠했는가를 유추하게 만든다. 히브리 성서가 증언하고 있는 족장들에 관한 중요한 관심은 어떻게 이스라엘의 조상들이 가나안 땅으로 들어오게 되었으며, 그 땅을 유산으로 받게 되었는가 하는 것이었다. 그것은 바로 하느님의 약속이었다."[2]

이스라엘의 기원은 성서에 기록된 대로 아브라함 등 족장과 그들의 시대로 설정된다. 하지만, 여기 인용한 책의 저자는 성서의 기록이 다른 역사적 기록과는 어긋나는 시대착오적인 기록이고 족장과 그들의 시대를 고고학적으로 증명할 수도 없다면서도, 성서는 족장의 역사적 실체를 유추할 수 있게 한다고 다시 전제한다. 성서에 적힌 내용이 이스라엘 기원에 관한 기준인 것이다.

이는 저자 개인의 한계가 아니다. 이스라엘 고대사에 대한 본격적인 연구가 성서의 내용을 실증하려는 의도로 시작한 탓이다. 고대 이스라엘에 대한 실증적인 역사 연구는 19세기 중반부터 뒤늦게 본격화했다.

✡ 신학적 세계관을 수호하려는 성서고고학의 시작

중세까지 서구 기독교 문명에서 성서의 내용은 의심이 허락되지 않는 절대영역이었다. 검증이나 실증 등을 통해 역사적 진실 여부를 묻는 대상이 아니었다. 근대에 들어서 이성과 합리주의가 신을 부정하자, 성서의 내용을 놓고 크게 두 갈래 대응이 나왔다. 하나는 성서의 내용을 세속과 분리된 종교적 차원으로만 받아들이는 것이었다. 다른 하나는 이성과 합리주의라는 근대의 도구를 이용해, 성서의 내용을 역사적으로 실증하려는 움직임이었다. 이는 성서의 무대인 팔레스타인 땅에서 근대의 과학인 고고학을 적용해, 성서의 내용을 역사적으로 실증하려는 '성서고고학'이라는 한 학문 장르가 나온 배경이다.

근대에 들어와 과학혁명과 진화론의 등장으로 서구에서 기독교의 신학적 세계관이 힘을 잃자, 그 반작용으로 이스라엘 고대사에 대한 탐구가 현지 발굴 등으로 본격화했다. 기존의 기독교적 세계관을 고집하는 교회와 보수 진영은 기독교 성서에 적힌 이스라엘 고대사를 실증하려 했다. 성서에 기초한 기독교적 세계관의 유효성을 간접적으로 증명하려는 의도였다.

따라서, 이스라엘 고대사에 대한 실증적 연구는 객관적인 사료에 기초해 연구 결과를 도출하는 귀납적인 과정이 아니었다. 성서의 내용을 바탕으로 이를 입증해 결과를 도출하려는 연역적인 과정으로 시작한 것이다. 보수적 신학자였던 초기 연구자의 대부분은 성서를 한 손에 쥐고 팔레스타인 등지에서 현지 조사와 연구를 진행했다. 이런 연구의 의도와 과정은 이스라엘 고대사를 성서의 틀에 맞추는 결과로 이어졌고, 이 추세는 현대에 들어서도 계속됐다.

성서의 기록은 이스라엘 고대사의 기준이 되다시피 했다. 성서의 기록은 오류가 증명되지 않는 한 사실로 받아들여져, 이스라엘 고대사를 구성하는 뼈대와 살이 됐다. 성서 무오류설을 실증적인 역사 연구로 증명하려는 이런 이스라엘 고대사 연구는 성서에 적힌 대로 고대 팔레스타인 지역에서 이스라엘과 그 부족의 독자성과 정당성을 강조하는 것으로 귀결됐다. 또 현대 일신교의 뿌리인 유대교와 이를 믿는 유대인의 정체성이 고대가 시작되면서부터 싹을 틔웠다고 전제했다. 이런 이스라엘 고대사 연구는 19세기 후반부터 팔레스타인 지역에서 유대인 국가를 건설하려는 시오니즘에 큰 영향을 주고, 정당성을 부여하는 데 기여했다. 또, 이스라엘 건국 뒤에도 그 정당성을 옹호하는 이데올로기의 바탕이 됐다.

✡ 1960년대 이후 고고학 성과에 기존 성서고고학 무너져

"이스라엘 땅에서 집중적인 발굴을 시작한 지 70년이 지나면서, 고고학자들이 발견한 것이 있다. 족장들의 행적은 전설이고, 이스라엘 족속은 이집트에 머물지 않았고, 엑소더스도 하지 않았고, (가나안) 땅을 정복하지도 않았다. 다윗과 솔로몬의 제국이나, 이스라엘 신에 대한 믿음의 근원을 말하는 것도 없었다. 이런 사실들이 알려진 지 수년이 됐지만, 이스라엘은 고집스러운 민족이고 아무도 이에 귀 기울이려 하지 않는다."[3]

이스라엘 텔아비브대학교의 고고학 교수 제에브 헤르조그$^{Ze'ev}$

Herzog가 1999년 10월 29일 이스라엘 신문 〈하레츠Haaretz〉의 주간판에 발표한 '예리코 성벽의 해체'는 1960년대 말 이후 팔레스타인 전역에서 계속된 고고학적 발굴과 그 성과를 대중적인 논란으로 만든 글이다.

헤르조그가 지적한 대로, 현대에 들어서 팔레스타인 지역의 고고학적 연구는 성서의 기록에 토대한 전통주의적 주류 사가들의 연구 성과를 대부분 부정하는 결과로 이어졌다. 고대의 가나안 부족들과 구별되는 이스라엘 부족의 독자성, 이스라엘 부족의 가나안 지역 정복, 다윗과 솔로몬의 통일 이스라엘 왕국, 배타적인 야훼 유일신교의 존재 등은 역사적 실체가 없는 것으로 귀결되고 있다. 전통주의적 주류 사가를 잇는 연구자들 역시 기존의 고대 이스라엘 연구가 성서 기록의 틀에 끼워 맞춰서 과장됐다는 점에 합의하고 있다. 이는 이스라엘 고대사를 주도하던 이른바 '성서고고학'이라는 학문 장르가 이룬 성과를 대부분 부정하는 것이기도 했다.

성서고고학은 미국의 회중파 목사이자 성서학자인 에드워드 로빈슨Edward Robinson, 1794~1863년이 아랍어에 능통한 선교사 엘리 스미스Eli Smith와 함께 1838년 팔레스타인에서 성서에 나오는 지명이 실제로 어디였는지 확인하는 작업을 펼치면서 본격화했다.[4] 1차대전 전후로는 영국 등 연합국이 독일 쪽에 가담한 오스만튀르크와의 교전에 대비해 팔레스타인 등지를 탐사하면서 그 일환으로 고고학적 탐사도 진행했다. 영화 〈아라비아의 로렌스〉의 실제 주인공인 영국 정보장교 토머스 에드워드 로런스Thomas Edward Lawrence, 1888~1935년가 이런 활동에 참여한 대표적인 인물이다. 고고학자인 그는 메소포타미아와 팔레스타인 일대에 대한 자신의 고고학적 탐사 경험을 바탕으로 이 지역의 정보정찰 활동을 자원했다.

대부분의 성서고고학 탐사는 성서를 문자 그대로 해석하려는 미국의 복음주의 교단과 그 목회자들에 의해 진행됐다. 이들에게 고고학 탐사란 예단 없이 작업을 하고 나서 발굴된 것들을 토대로 해석을 내리는 과정이 아니었다. 성서의 기록을 실증하겠다는 목적을 세운 뒤, 발굴품들을 그 예단에 맞추는 작업이었다. 따라서, 모든 발굴 성과는 성서의 내용으로 수렴됐고, 이는 성서의 내용이 역사적 진실임을 입증하는 과정이었다.

✡ 올브라이트, '고고학이란 성서를 증명하는 수단'

이런 성서고고학 조류는 1930~1950년대에 절정에 이르렀다. 그 주인공은 미국 존스홉킨스대학교의 윌리엄 폭스웰 올브라이트William Foxwell Albright, 1891~1971년 교수였다. 1920년대부터 팔레스타인에서 고고학 발굴을 진행한 올브라이트는 자신의 성과를 바탕으로 지금까지 통용되는 성서고고학의 연대기를 확립한 인물이다. 감리교 목사의 아들로 독실한 신자인 그는 "성서는 역사적 관점에서 본질적으로 옳고, 고고학은 이를 증명하는 데 사용될 수 있다"는 주장을 일관되게 펼친 '성서고고학의 학장'으로 평가받는 인물이다.[5] 올브라이트는 성서는 역사적 문서이고, 몇 단계 편집을 거치기는 했지만 그럼에도 기본적으로 고대의 현실을 반영한다고 믿었다. 그렇기 때문에 팔레스타인의 고대 유물들이 발굴된다면 그것들이 그 땅에서 벌어진 유대인과 관련된 사건들의 역사적 진실에 대한 명백한 증거가 될 것이라고 확신했다.

그는《팔레스타인 고고학과 성서》라는 자신의 대표 저서를 통해서, 이스라엘의 기원을 밝히는 이스라엘 고대사와 성서고고학의 주류 고전학파를 만들었다. 올브라이트와 그의 제자들이 발전시킨 성서고고학은 성서에서 중요한 사건이 벌어진 장소로 추정되는 언덕들을 골라 일련의 광범위한 발굴을 벌였다. 인류의 운명을 가를 마지막 전장터 '아마겟돈'이 연유된 메기도므깃도, Megiddo를 비롯해 라키시Lachish, 게제르게셀, Gezer, 세겜Shechem, 나블루스Nablus, 예리코여리고, Jericho, 예루살렘Jerusalem, 아이Ai, 기브온Giveon, 베트셰안Beit She'an, 베트세메시Beit Shemesh, 하조르Hazor, 타아나크Ta'anach 등에서 발굴이 이뤄졌다. 족장들의 시대, 이스라엘 족속들이 가나안 땅을 정복하면서 파괴한 가나안 도시들, 이스라엘의 12지파의 영역들, 정착 도자기로 특징지어지는 '정착 시대'의 장소들, 하조르, 메기도, 게제르에서 '솔로몬의 문'과 '솔로몬의 마구간', 팀나에서 '솔로몬 왕의 광산' 등 '성서 시대'를 다시 찾아 나섰다. 모든 발굴품은 성서에 나오는 과거의 조화로운 구축에 기여하는 것으로 해석됐다.

올브라이트의 제자들인 조지 어니스트 라이트George Ernest Wright, 1909~1974년와 존 브라이트John Bright, 1908~1995년는 고전 주류학파를 이으며 성서 기록을 역사적 텍스트로 최대한 수용하는 이른바 '맥시멀리스트Maximalist'를 형성한다. 존 브라이트의 책《이스라엘 역사A History of Israel》는 한국의 신학대들과 목회자들에게 이스라엘 고대사의 정통 교과서로 여전히 남아 있다.

✡ 성서고고학의 기둥인 '이스라엘 족속의 가나안 정복설'

올브라이트와 그 제자들의 주장 중 성서고고학과 이스라엘 고대사에서 가장 크게 영향을 미친 것이 이스라엘 민족의 '가나안 정복설'이다. 이는 성서에 나오는 여호수아의 가나안 정복을 간접적으로 실증하는 것이다.

올브라이트는 《석기시대에서 기독교까지The Archaeology of Palestine: From the Stone Age to Christianity》에서 "고고학적 발굴과 탐사는 초기 이스라엘의 (가나안) 정복이 대략 기원전 1200년 전에 이뤄졌다는 특징에 많은 빛을 비춰주고 있다"며 "이스라엘 사람들은 (…) 조금의 시간도 낭비하지 않은 채, 가나안 전 지역의 마을을 파괴하고 정복했다"고 주장했다. 그는 이런 무자비한 정복이 "앞으로 있을 유일신 사상의 측면에서 오히려 다행이었다. 가나안 사람들을 진멸함으로써 유사한 두 집단의 결합을 저지할 수 있었기 때문이다"고도 주장했다. "역겨운 신화로 가득한 가나안 사람들은 (…) 순결한 삶과 그 숭고한 유일신 신앙, 그리고 엄격한 윤리 의식을 가진 이스라엘에 의해 대체돼야 마땅하다"고 이유를 들었다.[6] 올브라이트는 종교 도그마로서 학문을 수행했다.

올브라이트는 대표 저서 《팔레스타인 고고학과 성서》에서 신화에 머물던 아브라함의 역사성을 주장하며, 성서의 기록 실증을 아브라함까지 끌어올렸다. 그는 아브라함이 메소포타미아에서 가나안으로 이주한 시기를 기원전 20세기 또는 19세기라고 추정했다. 그는 또 아브라함의 손자 야곱 가족이 이집트로 이주한 때는 기원전 18세기 또는 17세기로 손쉽게 비정될 수 있다고 주장했다. 올브라이트는 하조르에서 발굴된 고대 아치형 건조물과 마구간들은 솔로몬 왕의 재위 때 것이라고 단언하면서, "솔로몬의 시대는 확실히 팔레스타인 역사에서 물질문명이 가장 번성한 시기 중 하나"라는 결론을 내렸다. 그는 "오랜 침묵 끝에 고고학이 마침내 성서의 전통을 확실하게 입증했다"고 단언했다.[7]

✡ 이스라엘, 성서고고학의 성과를 국가 이데올로기로 만들다

올브라이트의 학문적 성과는 이스라엘 건국 직후인 1950년대 절정에 올랐다. 아브라함과 야곱의 역사성, 여호수아의 가나안 정복, 다윗과 솔로몬의 영화로운 통일왕국을 '실증'한 올브라이트의 성과는 현대 이스라엘에는 더없는 건국 이데올로기의 황금밭이었다. 이미 성서를 국민 교과서로 채택한 다비드 벤구리온 초대 총리 등 건국 주역들은 올브라이트의 성과를 바탕으로 팔레스타인 땅에서 대대적인 고고학적 발굴 프로젝트를 밀고 나갔다.

이를 수행한 이가 건국 직후 참모총장을 지낸 이가엘 야딘Yigael Yadin, 1917~1984년이다. 고고학자인 아버지를 둔 야딘은 퇴역한 뒤 고고학을 전공했고, 벤구리온 정부가 후원한 국가적 차원의 고고학 프로젝트를 수행했다. 야딘은 올브라이트의 부탁을 받고는 올브라이트의《팔레스타인 고고학과 성서》2판에 부록을 첨가해 자신의 역점적인 발굴지인 하조르와 관련해 "오직 솔로몬의 재위 때만이 하조르가 위대한 도시로 떠올랐다"고 힘을 보탰다. 1950년대와 60년대 그가 지휘한 고고학 발굴로 나온 도기, 무기, 구조물, 예술품, 무덤은 모두 아브라함 등 족장의 시대, 엑소더스, 가나안 정복, 이스라엘 부족 영토들의 범위 등에 관한 틀림없는 증거로서 제출됐다.[8]

1964년 텔아비브대학교의 요하난 아하로니Yohanan Aharoni, 1919~1976년가 펴낸 《성서의 지도Atlas of the Bible》는 이런 성서고고학적 성과의 대중적 결정판이었다. 모든 주요한 성서 인물의 움직임과 사건을 고대 이스라엘의 지도에 일목요연하게 그려놓은 수고도 놀라운데, 거기에 덧붙여 아브라함과 야곱의 유랑부터 솔로몬의 교역로까지 망라하며 당시까지의 고고학적 발굴 성과를 채워 넣었다.

현대 이스라엘의 건국은 과거 엑소더스에 이은 가나안 땅의 정복이 재현된 것이었다. 1960년에 제작된 할리우드 영화 〈엑소더스〉는 그 대중적 결과물이기도 하다. 폴 뉴먼이 주연한 이 영화는 유럽에서의 박해를 피해서 팔레스타인 땅으로 입성해 현대 이스라엘을 건국하는 시오니스트들의 서사시였다. 레온 유리스의 동명 소설에 바탕한 영화는 미국에서 시오니즘과 이스라엘을 지원하는 데 막강한 영향력을 미쳤다. 이 영화는 한국 대중 사이에서도 현대 이스라엘을 이해하려 할 때 첫손에 꼽히는 대중문화물이었다. 1970년대와 80년대 텔레비전의 주말 저녁 시간을 독점하던 '주말의 명화' 프로그램의 주제 음악은 이 영화의 사운드트랙을 사용했다.

아하로니는 1967년 이스라엘이 6일전쟁에 승리해 예루살렘을 점령하자, 예루살렘을 포함한 과거 모든 이스라엘 땅은 분리되지 않고 합병돼야 한다는 청원의 첫 서명자가 됐다.

✡ 6일전쟁, 성서고고학도 무너뜨리다

하지만, 예루살렘 점령은 아하로니를 비롯한 주류 성서고고학계를 형해화하는 첫걸음이 됐다. 이때부터 등장한 2세대 고고학자들은 예루살렘 등 팔레스타인에서 고고학 탐사를 성서의 내용을 입증하려는 차원이 아니라 팔레스타인 전 역사 과정을 예단 없이 보려는 차원에서 수행하려고 했다. 그 결과, 성서고고학의 기존 주류 고전학파가 주장하는 주장과 학설은 대부분 무너지고 만다.

사실 주류 고전학파가 성서 기록의 역사성을 주장하는 열쇠였던 '가나안 정복설'은 이미 20세기 초기에 독일의 알트-노트 학파에 의해 도전받고 있었다. 알브레히트 알트Albrecht Alt, 1883~1956년와 그의 제자 마르틴 노트Martin Noth, 1902~1968년는 이스라엘의 기원은 '평화적인 침투'에 있다고 주장했다.

이 가설에 따르면, 성서가 이스라엘이 정착했다고 전하는 가나안 중앙 산지 지역은 '원이스라엘 주민proto-Israelites'이 가나안에 들어왔을 때 거의 비어 있었다. 그래서 그들은 아주 평화롭고 손쉽게 이 지역으로 침투했다는 것이다. 이 이론을 지지하는 사람들은 성서의 사사기에서 그 정당성을 구하기도 한다. 성서에서 사사기는 여호수아의 가나안 정복 이후 이른바 판관들이 다스리는 이스라엘의 역사를 기록하고 있다. 하지만, 이스라엘의 가나안 땅 정착 전후를 여호수아기와는 사뭇 다르게 기록한다. 사사기에 가나안 땅을 정복하는 모든 이스라엘 주민의 통일된 노력 같은 것은 없다. 사사기는 그 땅을 이스라엘 개별 부족들이 노력해 얻은 것으로 묘사한다. 가나안 땅 전체가 일시에 평정되지 않았음을 명확히 밝히고 있고, 오랜 시간에 걸쳐 획득되었다고 기술한다. 즉, '평화적인 침투' 가설이 주장하는 대로 원이스라엘 주민들이 기본적으로는 평화적, 점진적인 방식으로 이스라엘 정착을 이뤘다는 것이다.

고고학적 발굴 성과가 축적되면서, 고고학자들은 기원전 1550년부터 1200년대인 후기 청동기시대와 기원전 1200년대부터 시작된 철기1시대 사이에 이스라엘이 형성되기 시작했고, 기원전 1000년대쯤 이스라엘 왕국의 원형인 다윗 왕조가 정착했다고 본다. 그래서, 후기 청동기시대와 철기1시대 사이인 기원전 1200년대에 가나안에서 이스라엘이 출현하기 시작했고, 철기1시대 후기에 이스라엘 왕조가 성립했다는 게 고고학과 역사학계의 일치된 견해다.

이스라엘 기원 연대에 입각한 중앙 산지 지역의 고고학적 발굴은 기존의 정복설을 무너뜨리는 결정적 역할을 했다. 고고학적 발굴은 가나안 중앙 산지가 후기 청동기시대에 인구가 몹시 희박해 원이스라엘 주민의 평화적 침투가 가능한 열린 공간이었음을 보여줬다. 그러다 철기1시대에 이르러 200여 개의 새로운 거주지가 생겼는데, 이스라엘 고고학자 아담 제르탈Adam Zertal이 발굴한 마나세Manasseh 지역에서 이런 변화를 잘 확인할 수 있었다. 후기 청동기시대의 거주지는 드물었고, 철기1시대의 거주지는 상당수였다. 철기시대로 접어들자 새로운 주민들이 들어선 것이다.[9]

특히, 중앙 산지 지역의 이 거주자들은 새로운 스타일의 건축물과 특이한 장식의 저장 도자기를 사용했다. 방이 네 칸인 '사방 가옥four-room house'과 '목 이음 저장용 도기collared-rim jar' 같은 것은 이들이 기존 가나안 주민과는 다른 주민이라는 증거로 해석됐다. 즉, 새로운 이스라엘 주민 집단의 출현으로 간주됐다.

✡ 사방 가옥과 목 이음 도기가 밝혀낸 이스라엘의 기원

하지만, 팔레스타인 전 지역에서 발굴이 더 진행되면서, 사방 가옥과 목 이음 저장 도기가 새롭게 출현했다는 이스라엘 주민의 특징만은 아닌 것으로 드러났다. 사방 가옥은 원이스라엘 주민이 정착했다는 지역 밖에서도 발견됐다. 특히, 요르단강 동안 지역에서 발견됐다. 더욱이, 이런 건축 양식은 더 앞선 가나안 주민한테서도 발견됐다. 목 이음 저장 도기 역시 이스라엘 주민의 민족성을 반드시 반영하는 것으로 보기 힘들다. 이 도기는 산지 지역 주민들이 물을 나르는 목적으로 만드는 것이어서, 산지 지역의 기존 가나안 주민과 새로운 원이스라엘 주민 모두 특정한 필요에 따라 제작한 것으로 분석됐다.

사방 가옥이나 목 이음 저장 도기가 가나안에서도 선례가 있는 것으로 보아, 후기 청동기 및 철기1시대에 가나안과 중앙 산지 지역의 문화적 연속성을 보여준다는 데 의심의 여지가 없었다. 특히, 중앙 산지 지역의 서쪽 가장자리 지역인 이즈벳 자르타Izbet Sartah에서 초기 사방 가옥이 발굴됐다. 이즈벳 자르타의 사방 가옥은 철기1시대의 사방 가옥 중 최초의 형태이다. 이로 인해 평화적 침투설이 흔들리게 됐다. 즉, 평화적 침투설은 외부 기원론에 바탕하는데, 외부에서 원이스라엘 주민들이 왔다면 동쪽에서 왔다고 봐야 한다. 그렇다면, 초기 사방 가옥은 산지 지역의 동쪽에 있어야 하고, 서쪽에서는 가장 후기의 사방 가옥이 발굴돼야 한다. 초기 사방 가옥이 가나안 해안 지역을 조망하는 산지의 서쪽에서 발견됐다는 건 이 건축물을 만든 주민들이 기존 외부 기원론의 주장과는 달리 동쪽이 아니라 가나안 해안 지역에서부터 이주했음을 뜻한다.

✡ 이스라엘은 가나안 내부에서 탄생했다

이는 원이스라엘 주민의 기원에 대한 제3의 모델을 만들어냈다. 외부 기원론인 정복설이나 평화적 침투설과는 달리, 원이스라엘 주민은 가나안 내부에서 기원했다는 내부 기원론이다. 이른바 '농민 봉기' 모델이다. 1960년대 중반 조지 멘덴홀George Mendenhall, 1916~2016년 미시간대학교 교수가 개척한 이 이론에 따르면, 원이스라엘 주민으로 알려진 사람들은 후기 청동기시대에 가나안 도시의 권력자들에 맞서 봉기한 농민이다. 이 농민들이 산지로 가서 정착한 뒤 야훼 숭배를 바탕으로 한 종교를 발전시키면서 이스라엘로 불리는 족속으로 진화했다는 것이다.

이 농민 봉기 모델을 다듬고 발전시킨 학자가 뉴욕신학대의 노먼 갓월드Norman Gottwald, 1926~2022년다. 갓월드는 원이스라엘 주민들이 가나안 사회 내부에서 기원했다는 데는 동의했으나, 그들이 후기 청동기시대 때 가나안에서 분리되어 나온 것은 신앙 문제가 아니라 경제적 문제였다고 주장했다. 그는 마르크스주의 사회발전론과 인류학적 방법론을 동원해, 이스라엘의 출현을 후기 청동기시대 종말 때의 사회혁명에서 찾았다. 이는 그동안의 고고학적 발견과 일치하는 부분이 많았다. 갓월드가 발전시킨 농민봉기 모델은 이스라엘 출현의 내부 기원설로 정착했다.

노먼 갓월드가 1979년 《야훼의 부족들The Tribes of Yahweh》에서 주장한 내부 기원설로 '외부 유입론'은 결정적으로 무너진다. 갓월드는 가나안 내부에서 소외되고 이탈한 사람들의 재부족화retribalization가 이스라엘의 기원이라고 주장했다. 즉, 고대 이스라엘인들은 가나안 땅에서 살던 기존 주민에서 나왔다는 것이다.

✡ 원이스라엘 주민은 기존 가나안 주민

현대의 고고학자와 역사학자 들은 중앙 산지 지역의 고고학적 발굴을 분석한 결과 이들이 가나안 내부에서 기원했다는 데 합의하고 있다. 단지, 이들이 가나안 해안의 저지대에 있는 도시가 붕괴해 이주한 사람들인지, 아니면 주변의 유목민인지를 놓고 다툴 뿐이다.

이스라엘 신세대 고고학계의 성과를 주도하는 텔아비브대학교 고고학연구소의 소장인 이스라엘 핑켈스타인Israel Finkelstein 교수는 이 거주자들은 후기 청동기시대부터 이 산지 지역을 떠돌던 목축민이라고 주장한다. 그에 따르면, 후기 청동기시대 때 이 목축민들은 그 계곡의 정착자들과 육류와 곡물을 교환하는 거래를 해왔다. 가나안 저지대의 도시 및 농업 시스템이 무너지면서 이 유목민들은 자신이 필요한 곡물을 스스로 생산해야만 했고, 이는 정착으로 이어졌다는 것이다. 이들이 바로 이스라엘의 기원이 되는 원이스라엘 주민이다. 이와 관련해 전통적인 주류 고전학파를 잇는 고고학자인 윌리엄 데버William G. Dever는 원이스라엘 주민이 가나안 저지대에서 온 사람들이라고 주장하며 핑켈스타인과 논쟁을 벌였다. 그러나 현대 유대인의 조상이라고 하는 원이스라엘 주민은 가나안 밖에 와서 가나안 사람과 구별되는 사람들이 아니고, 기존의 가나안 사람으로부터 발원했다는 게 이제는 학계의 정설이다. 따라서, 고대 이스라엘 주민이나 현대 유대인이 팔레스타인 땅에 살았던 과거의 주민이나 현재의 주민과도 혈통상 구별될 이유는 없는 것이다.

'이스라엘'이라는 명칭이 등장하는 가장 오래된 기록은 기원전 1208년 이집트 파라오 메르넵타Mernaptah의 정복을 기념하는 비문이다.

> "가나안은 모든 사악함과 함께 약탈됐다. 아스글론은 끌려갔고, 게제르는 붙잡혔고, 야노암은 존재하지 않은 것처럼 됐다. 이스라엘은 황폐해졌고, 그 씨앗은 없어졌다."

메르넵타의 승전비에서 이스라엘이라는 명칭이 당시인 후기 청동기시대 말에 가나안 지역에 존재하던 주민 집단과 함께 언급된 것으로 보아, 이때 이스라엘이라는 주민 집단이 이미 존재한 것이 확실하다. 이 이스라엘이라는 주민 집단은 중앙 산지 지역에 있었던 것이 확실하고, 그 지역에서는 나중에 이스라엘 왕국이 들어선다.

2000년 전후 핑켈스타인 등 고고학자들은 결국 주류 고전학파의 아브라함 역사성, 이스라엘 정복설, 솔로몬 통일왕국 건국설 등 기존 학설들을 거의 무력화시켰다.

> "1960년대까지 작성된 고고학적 근거들은 벧엘, 라기스, 하솔과 같은 장소들이 기원전 13세기 후반에서 12세기 초반에 있었던 가나안의 외부인 침략에 의한 대규모 전쟁 상황과 잘 들어맞는 것처럼 보였다. 그렇다면, 그들이 바로 이스라엘 사람이 않겠는가? (이렇게 학자들은) 성서를 유리하게 해석해왔던 것이다."[10]

성서 기록의 역사성을 옹호하는 윌리엄 데버 역시 이렇게 인정한다.

"그러다가 1960년대 후반에 이르러, 습격 혹은 정복 모델이 오히려 공격을 받기에 이르렀다. 그 위협은 한때 정복 이론을 강력하게 옹호했던 그 편에서 나왔다. 바로 고고학이다. 트란스요르단 지역의 디본과 헤스본에 파괴의 흔적이 없으며, 또한 그곳에 어떠한 형태에서든지 사람이 정착했다는 흔적을 찾아볼 수 없다는 (…) 증거는 이미 1960년대 후반부터 잘 알려진 내용이었다. 그러나 전통적인 이론을 지켜내기에 안달이 난 학자들에 의해서 종종 무시되거나 혹은 합리화되었던 것이 사실이다."[11]

성서의 역사성을 입증하려고 시작된 팔레스타인 지역의 고고학적 발굴은 결국 성서에 기록된 주요 시대와 사건들이 전설과 신화에 지나지 않을 뿐임을 드러냈다. 최근까지 진행된 고고학적 성과는 이스라엘 고대사의 주요 쟁점들을 다음과 같이 정리하고 있다.

✡ 족장 시대와 엑소더스는 조상 전설

연구자들은 족장 시대가 어떤 고고학적 시대와 일치하는지에 대해 합의할 수가 없었다. 아브라함, 이삭, 야곱 등이 언제 살았는지를 밝히는 것이 성서고고학의 출발이었다. 성서에서는 솔로몬 왕이 족장들과 그 부인의 매장지로 만든 헤브론의 막벨라 동굴Cave of Machpelah은 엑소더스가 있은 지 480년 뒤에 만들었다고 적혀 있다. 이스라엘 사람들이 이집트에서 430년을 거주했고, 성서에 적힌 족장들의 나이들을 감안하면, 아브라함이 가나안으로 이주한 시기는 기원전 21세기까지 거슬러 올라간다.

올브라이트는 성서고고학이 도전받지 않고 그 성과가 절정에 오르던 1960년대 초반에 아브라함의 방랑 시기를 중기 청동기시대, 즉 기원전 22~20세기로 비정했다. 하지만, 이스라엘의 성서고고학의 아버지로 불리는 벤자민 마자르Benjamin Mazar, 1906~1995년는 족장 시대의 역사적 배경을 그보다는 천 년 뒤로 제안했다. 즉, 기원전 11세기인데, 이 시기는 이스라엘 주민들이 형성되던 정착 시기이다.

하지만, 이런 연대기를 지탱해줄 어떠한 증거도 발굴되지 않았다. 고고학자와 역사학자 대부분은 현재 족장 이야기의 역사성을 부인하면서 성서가 기록되기 시작한 유다 왕국 시대의 조상 전설로 간주한다. 엑소더스 역시 성서 외에는 그 어떠한 기록이나 고고학적 발굴 증거가 없다. 성서에 기록된 대로 60만 명이나 되는 사람이 집단으로 이주했다면, 그 흔적들이 반드시 남을 것이다. 고고학자들은 현대의 고고학 기량이라면 충분히 이를 발견할 수 있다고 지적한다. 특히, 학자들은 당시에 60만 명이나 되는 사람이 집단 이주하는 것이나 40년 동안이나 방랑하며 생존하는 것은 이집트나 팔레스타인 인근 지역에서 가능하지 않은 일이라고 평한다.

풍부한 이집트의 고대 문헌에서도 이집트에서 이스라엘인의 집단적 거주나 그 탈출인 엑소더스를 언급하는 내용은 전혀 없다. 성서에 적힌 대로 히브리인들이 방랑한 시나이반도와 팔레스타인 주변 지역을 발굴했지만, 그런 흔적들은 전혀 발견할 수 없었다. 심지어, 성서에 적힌 시나이산의 위치도 찾을 수 없었다. 양을 치는 유목민들이 가뭄이나 기근 때 이집트로 들어와서는 나일강 삼각주 주변에서 야영하던 관행들을 언급하는 문헌들은 있다. 이는 수천 년 동안 빈번하게 일어난 일이고, 결코 예외적인 일도 아니었다.

현재 역사학자들은 기껏해야 가족 단위인 몇몇이 이집트에 머물거나 이주하는 일은 있었을 수 있다고 본다. 그런 개인적인 이야기들이 확대돼 신학적 이데올로기의 필요에 맞게 '민족화'됐을 것이라는데 대개 합의하고 있다.

✡ 여호수아의 가나안 정복은 시대 오기에 기반한 전설

성서의 역사기록학에서 이스라엘 민족이 형성되는 가장 중요한 사건 중 하나는 이스라엘의 땅을 어떻게 가나안 사람들로부터 정복했냐는 것이다. 이는 하느님의 선택을 받은 선민들이 자신들과 구분되는 기존의 천한 사람들을 몰아내고 약속받은 땅을 차지하는 이야기이다. 유대교와 기독교 신학적 이데올로기의 중요한 전제이다.

성서가 전하는 여호수아의 가나안 정복을 입증하려는 고고학적 발굴은 수없이 이뤄졌으나, 결국은 그 역사성을 부인하는 결과만 나왔다. 즉, 여호수아가 지도하는 이스라엘 민족이 정복했다는 가나안 지역에서는 정복 당시 시점에는 파괴의 흔적이 없고, 또 정복 시점으로 비정되는 시기에는 사람의 주거 흔적조차 없었던 것으로 드러난 것이다.

성서에서 여호수아가 처음으로 정복해 주민을 말살시켰다는 여리고 성, 즉 현재의 예리코는 1920년대 영국의 고고학자 존 가스탱John

Garstang이 발굴해, 여호수아와 그 백성들이 무너뜨렸다는 성벽을 찾아냈다고 공인됐다. 가스탱은 진흙 벽돌로 만들어진 성벽이 대규모로 파괴된 흔적을 확인했고, 이는 당시로서는 여호수아의 가나안 정복 시기로 알려진 기원전 1446년에 일어난 것으로 비정됐다.

하지만, 1950년대 중반 영국의 고고학자 데임 케슬린 케년Dame Kathleen Kenyon은 여리고를 다시 발굴해 그런 주장을 통렬히 깨버렸다. 케년은 여리고 성벽 파괴 연대가 1500년대로 가스탱이 주장한 시기와 비슷하지만, 이는 이집트 제18왕조가 시작하면서 아시아의 힉소스를 몰아냈던 이집트 원정과 잘 맞아떨어진다고 증명했다. 또, 그녀는 '이스라엘의 정복'이 있었다면 그 시기로 이제는 비정되는 기원전 13세기 중후반에는 여리고는 완전히 버려진 상태, 즉 몇 세대에 걸쳐 사람이 살지 않았다는 것을 보여줬다. 데버는 이런 사실과 관련해 "여전히 경탄할 만한 '기적'이 필요하다고 생각하는 사람들에게 나는 '여호수아는 그 당시에 존재하지도 않은 것을 파괴했답니다!'라고 말해주곤 한다"고 비꼬았다.[12]

여호수아가 여리고에 이어 정복했다는 아이Ai 성, 기브온 등도 마찬가지이다. 아이에서 기념비적인 궁전과 건축물이 나왔는데, 이 구조물들은 기원전 2200년 즈음에 파괴된 것으로 나타났다. 게다가 기원전 1500년부터 12세기 초반까지, 그러니까 여호수아가 정복했다는 13세기 후반에 그곳은 완전히 버려진 곳이었다. 기브온 역시 13세기 후반이나 12세기 초반에 사람이 살지 않았다. 기원전 8세기 이전의 것은 아무것도 찾을 수 없었다.

여호수아가 대량 학살과 파괴를 저지르면서 정복했다는 여리고와 아이에 대한 거듭된 발굴로 인해, 정복이 있었다고 합의된 기원전 13세기 후반에 그곳에 도시나 성벽이 없었고, 더 나아가 사람조차 살지 않았다는 사실이 드러났다. 이에 대해 성서의 역사성을 주장하는 이들은 여리고의 성벽은 비 등으로 유실됐다고 주장했다. 어떤 이들은 정복 당시 있던 성벽이 후대에 사용되어서 정복 당시 시대 지층에서 찾을 수 없었을 것이라고 맞서기도 했다. 하지만, 현대의 고고학적 기량이 성서가 말하는 여호수아의 정복지에 정복할 만한 대상이 있었는지 없었는지를 충분히 구분할 수 있는 수준이라는 데에는 이견이 없다.

하솔, 라키시(라기시), 므깃도에서 파괴와 화재의 흔적이 발견된 적은 있지만, 이 도시들의 몰락은 한 세기에 걸쳐 천천히 진행된 과정이었다. 그 원인도 지중해 지역의 청동기시대 문명에 갑자기 종말을 가져온 '해양 민족Sea People'들의 출현 때문으로 보인다. 특히, 현재 팔레스타인이라는 지명이 나온 블레셋인은 당시 지중해 동쪽 연안에 침입했다. 고대 이집트의 기록 등은 블레셋 등 해양민족들의 침입과 가나안 지역에서 그들의 존재를 잘 입증하고 있다.

역사학계에는 1970년대 중반부터 여호수아의 정복 이야기는 이스라엘의 기원 전설 그 이상이 될 수 없다고 보기 시작했다. 더 많은 고고학적 발굴이 진행되면서, 정복에 의한 이스라엘의 기원설은 발붙이기 힘들게 됐다.

✡ '거대한' 가나안 도시 ··· 여호수아 정복을 합리화하려는 성서의 신학적 내러티브

성서는 이스라엘이 정복했다는 가나안 도시들의 견고함과 성곽화를 언급하며 "하늘에 닿을 듯한 높은 성벽으로 둘러싸인 큰 성읍"(신명기 9:1)이라고 전한다. 하지만 발굴된 모든 장소에서 성곽화되지 않은 거주지들의 유물만이 나왔다. 대개는, 제대로 된 도시라기보다는 통치자의 궁 구조물 몇 개가 있는 정도의 거주지였다. 후기 청동기시대^{기원전 1500~1200년}의 팔레스타인 지역 도시 문화는 수백 년 동안 자연히 와해된 것이지, 군사적 정복에 의해 몰락한 것이 아니었다.

더욱이, 여호수아가 가나안을 정복했다는 성서의 기록은 당시의 지정학적, 역사적 현실과 일치하지 않는다. 당시 팔레스타인은 기원전 12세기 중반까지 이집트의 통치 아래 있었다. 이집트에서 탈출한 히브리 사람들이 이집트의 영역이던 가나안 도시들을 정복하는 것을 이집트가 두고 보지도 않았을 것이다. 여호수아가 정복했다는 시기 이후에도 이집트의 통치가 이어진 것은 역사적 기록이다. 팔레스타인에서 이집트의 행정적 중심은 가자^{Gaza}, 야포^{Yaffo}, 베트셰안이었다. 요르단강 양안의 많은 장소에서 이집트 유물들이 발견됐다. 성서에는 이런 사실들이 언급되지 않고 있다. 이는 후대에 성서를 쓴 기자와 편집자가 이런 역사적 사실들을 몰랐다는 것을 말해줄 뿐이다.

성대하고, "하늘에 닿을 듯한 성벽"에 둘러싸인 채 많은 주민이 사는 가나안 도시들을 소수의 사람이 신의 도움을 받아 정복했다는 것은 후대에 성서가 쓰였던 유다 왕국이나 유대인들의 현대 이스라엘 건국 과정에서 민족적 이데올로기로 활용됐다. 이는 여호수아의 정복 내러티브가 신학적 이데올로기 구축과 함께 만들어졌고, 사용됐음을 시사한다.

✡ 다윗과 솔로몬의 통일왕국은
산악의 조그만 부족국가에 불과했다

성서는 여호수아의 가나안 정복 이후 이스라엘 주민들이 다윗 시대에 이르러 왕국을 건설하고, 그의 아들 솔로몬 때에는 근동의 제국으로 떠올랐다고 전한다. 즉, 다윗과 솔로몬의 통일왕국이다. 이들의 왕국을 통일왕국으로 부르는 것은 이 왕국이 솔로몬 사후에 북쪽의 이스라엘과 남쪽의 유다로 분리됐기 때문이다.

"솔로몬은 유프라테스강에서부터 블레셋 영토에 이르기까지, 또, 이집트의 국경에 이르기까지, 모든 왕국을 다스리고, 그 왕국들은 솔로몬이 살아 있는 동안, 조공을 바치면서 솔로몬을 섬겼다"(열왕기상 4:21), "솔로몬은 유프라테스강 이쪽에 있는 모든 지역, 즉 딥사에서부터 가사에 이르기까지, 유프라테스강 서쪽의 모든 왕을 다스리며"(열왕기상 4:24)와 같이 성서가 전하는 이런 영역을 가진 솔로몬 왕국 시대와 관련한 장소들에 대한 고고학 발굴은 이 시대에 세워진 건축물의 규모가 빈약하다는 사실만 드러냈다. 솔로몬 시대의 주요 3대 도시이자 그의 건축물들이 언급된 하조르(하솔), 메기도(므깃도), 게제르(게셀)에서 지층에 대한 광범위한 발굴이 진행됐다. 하조르에서는 상부 지층의 절반만이 성곽화됐는데, 이 지층은 청동기시대에 해당한다. 솔로몬 시대는 철기시대이다. 또, 청동기시대의 거주지인 약 175에이커 중 극히 일부인 7.5에이커만이 성곽화됐다. 게제르에서는 한 포대 벽으로 둘러싸인 작은 성채만이 있었고, 메기도에서는 벽으로 둘러싼 성곽화가 되지 않았다.

이가엘 야딘은 므깃도에서 통일왕국 시대의 궁전을 찾아냈고, 하조르, 므깃도, 게제르에서 솔로몬의 성문을 발굴했다고 주장했다. 하지만, 이 성문들의 건축양식은 기원전 10세기 이후의 것으로 밝혀졌고, 기원전 9세기 사마리아의 궁전과 매우 닮아 보였다. 나중에 방사성탄소연대 측정을 한 결과, 사마리아의 이 대형 구조물은 북이스라엘 왕국 때 것임이 확인됐다.

통일왕국의 수도라는 예루살렘에서 벌인 발굴 작업의 결과는 더 당혹스럽다. 지난 150년 동안 이 도시의 많은 지역이 발굴됐고, 중기 청동기시대와 제2철기시대(유다 왕국의 시기)의 유물들이 나왔지만, 이 두 시기 사이에 존재했다는 다윗과 솔로몬의 통일왕국의 유물이나 건축물, 구조물은 나오지 않았다. 그 시기의 유물이라 할 만한 건 초라한 도자기 몇 점뿐이었다.[13]

성서는 솔로몬이 하조르, 므깃도, 게제르 등 북쪽 도시들을 웅장하게 재건했다고 기술한다. 하지만, 솔로몬의 것으로 여겨졌던 장엄한 구조물들은 모두 사실은 훨씬 뒤인 이스라엘 왕국 때 벌인 사업의 결과였다. 다윗과 솔로몬 시대의 예루살렘은 아마 왕을 위한 작은 성채만이 있던 작은 도시일 뿐이었던 듯하다. 한 가지 확실한 것은 어떤 경우라도 성서에서 묘사된 것처럼 제국의 수도는 될 수 없다는 점이다.

"발굴된 것들을 내가 이해하기로는, 예루살렘에서 거대한 영토를 통치하는 위대한 통일왕국에 대한 어떠한 증거도 없다. 다윗 왕의 예루살렘은 당시 빈촌에 불과했다."

지난 2000년 7월 〈뉴욕타임스〉는 '역사로서의 성경, 새로운 고고학적 시험에서 낙제'라는 제목을 단 기사에서 당시 이스라엘 메기도에

서 고고학 발굴을 하던 핑켈스타인의 말을 전했다.[14]

　　고고학적 발굴 결과, 다윗은 헤브론 지역, 솔로몬은 예루살렘 지역의 작은 부족국가 통치자였음이 드러났다. 그리고 다윗과 솔로몬의 통일왕국이 분열돼 북쪽의 이스라엘과 남쪽의 유다 왕국이 생겨난 것도 아니다. 이스라엘과 유다는 나중에 별개의 독립된 왕국들로서 성립됐다는 것이 고고학적 발굴에 따른 역사학계의 합의가 됐다. 따라서, 다윗과 솔로몬의 위대한 통일왕국은 역사의 상상물일 뿐이라는 게 그의 결론이자, 이제는 학계의 다수가 받아들이는 학설이다.

　　통일왕국 이야기는 성서가 쓰이기 시작한 말기의 유다 왕국이 자신들의 정통성을 구하려고 만들어낸 역사이다. 예루살렘이 거대한 제국의 도시로 묘사된 것도 유다 왕국의 수도였던 당시 현실을 과장해 과거로 투영시킨 것으로 보인다. 무엇보다도, 다윗과 솔로몬의 거대한 통일왕국의 이름을 우리는 모른다. 그 왕국의 이름이 전해지지 않았고, 우리는 그 이름을 어디에서도 찾을 수 없다.

✡ 성서, 이스라엘 건국을 정당화하는 이데올로기가 되다

　　성서의 내용에 바탕을 둔 이스라엘의 기원설은 학계에서는 사실상 붕괴됐지만 대중의 의식, 특히 보수적 기독교계 안팎에서는 여전히 정설인 '이데올로기'이다. 고고학적 발굴 성과에 기초해 이스라엘의 기원에 대한 기존 학설을 붕괴시키는 데 결정적 역할을 한 이스라엘 텔아비브 학파의 헤르조그는 이스라엘 땅에 대한 고고학의 과학혁명적인 성과가 "이스라엘 대중에 의해 간단히 무시되는 어지러운 현상을 우리는 직면하고 있다"고 개탄했다.

"성서 기술의 신뢰성에 대해 의문을 갖는 어떠한 시도도 '그 땅에 대한 우리의 역사적 권리'를 잠식하는 기도이자 고대 이스라엘 왕국을 다시 새롭게 하려는 이 나라의 신화를 흔드는 것으로 인식된다. 그런 상징적인 요인들은 이스라엘 정체성의 구축에 결정적 요소여서 그 진실성에 의문을 갖는 시도는 적의와 침묵에 봉착한다. 이스라엘 세속 사회 내의 그런 경향들은 교양있다는 기독교 단체들 사이에 있는 관점들과 나란히 손을 잡고 가고 있다. 나는 외국의 기독교 성서 애호가 단체를 대상으로 강연을 할 때면 그런 유사한 적의를 보았고, 그들을 불편하게 했던 것은 그들의 근본주의적인 종교신념에 대한 도전이었다. (…) 이스라엘 정체성의 신화적 기반들에 대한 타격은 너무 위협적이어서, 눈을 감아버리는 것이 더 편리한 것이다."[15]

성서는 분명 이스라엘의 정체성을 형성하는 데 결정적 영향을 줬다. 고대 이스라엘과 그 이후의 유대인, 현대 이스라엘의 정체성에도 영향을 줬다. 성서는 더 나아가 서구 기독교 문명의 시원이기도 하다. 성서가 이런 역할을 했던 건 거기에 적힌 역사적 사실이 아니라 메시지 때문이다. 하지만, 성서의 메시지보다는 '역사적 사실'에 천착하게 된 것은 근대 이후 신학적 세계관이 무너진 데 대한 반동에 더해 이스라엘 건국을 정당화하는 이데올로기를 성서에서 찾으려 한 탓이다.

이스라엘은 처음부터 야훼 유일신앙을 믿었고, 성서는 그때부터 쓰여 유대교를 확립했고, 유대교를 믿는 유대인은 고대부터 정체성을 확립했고, 그 유대인이 면면히 이어져 결국 현대 이스라엘을 건국했다는 이데올로기이다. 이것이 역사적 사실인지를 가늠하려면, 우리는 이제 야훼 유일신앙에 바탕한 유대교와 성서의 역사적 배경을 살펴야 한다.

2장

성서의 기원

고대 이스라엘 주민들은 유대교를 믿었고,
성서는 고대 이스라엘에서 쓰였나?

모든 텍스트는 시대와 글쓴이의 세계관을 반영한다. 성서도 예외가 아니다. 성서를 언제, 누가 썼는지를 아는 것은 성서를 만들었던 세계관을 파악하는 열쇠이다.

　먼저 성서가 어떻게 구성됐는지 간단히 살펴볼 필요가 있다. 기독교가 구약으로 쓰고 있는 히브리성경은 크게 세 부분으로 구성된다. 모세5경(토라), 예언서(네비임), 성문서(케투빔)로 크게 나뉘어, 모두 39편의 글로 구성된다. 기독교 구약에서는 이를 모세5경, 역사서, 시가서, 예언서로 나누고 39편의 글 순서도 일부 다르나, 그 내용은 같다.

　성서는 세속의 역사에 기반하면서, 전설, 법규, 시가, 예언, 철학적 글들로 엮여 있다. 세속의 역사 속에서 신과 인간의 관계에 대한 서사시가 성서라 말할 수 있다. 세속의 역사에 기반한다는 점이 이집트의 오시리스, 아이시스 신화, 메소포타미아의 길가메시 서사시 등 고대 근동의 신화뿐 아니라 불교와 유교의 경전과도 다른 독보적인 흡입력을 지닌다. 이는 성서가 말하려는 신성, 그리고 신이 인간을 대상으로 구현하려는 역사에 대한 믿음을 강화한다.

하지만, 이런 성서의 성격과 그 효과는 종교적 차원으로 받아들여야 할 메시지를 역사적 사실로 등치시킨다. 경직된 도그마와 이데올로기로 역사 속에서 작용하기도 했다. 유대인을 둘러싼 논란, 그들이 겪었던 고난과 희생, 성취도 그런 산물이다.

✡ 모세, 여호수아, 사무엘, 다윗, 솔로몬이 성서의 저자?

모세5경은 창세기, 출애굽기, 레위기, 민수기, 신명기로 구성된다. 하느님의 천지창조부터 시작해 에덴동산에서 인류가 추방된 일, 노아의 방주가 등장하는 대홍수를 거쳐 아브라함 이후 족장들의 이야기, 모세가 이끈 이스라엘 족속들의 이집트 대탈출인 엑소더스, 사막에서의 유랑, 시나이산에서 하느님으로부터 모세에게 전해준 계율, 그리고 모세의 죽음으로 모세5경은 막을 내린다.

예언서는 크게 전기와 후기로 나뉜다. 전기 예언서는 모세의 후계자인 여호수아의 가나안 땅 정복으로 시작된 이스라엘의 성립부터 다윗의 이스라엘 왕국 창건과 솔로몬의 영화 시대, 북이스라엘과 남유다 왕국의 분리, 두 왕국의 패망과 바빌론 유수까지 이스라엘 왕국의 부침을 다룬다. 신명기계 역사서라고도 한다.

후기 예언서는 기원전 8세기 중반부터 5세기 말까지 이스라엘 왕국들의 몰락이라는 역사적 환경 속에서 출현했던 예언자들을 다룬다. 이사야, 예레미야 등 예언자들의 입을 빌려 신과의 약속을 저버린 이스라엘 민족을 질타하는 신의 가르침, 구원에 대한 기대를 담고 있다.

성문서는 설교, 시, 기도, 잠언, 찬송 등의 모음집이다. 이스라엘 민족과 평범한 개인들이 세상사에서 겪었던 환희, 고난의 시기에 신에게 바친 송가들이다. 각 글의 역사적 배경이나 사건, 저자는 대개 드러나지 않는다.

중세 때까지 성서는 신이 모세 등 예언자들에게 직접 전달한 신성한 계시이자 정확한 역사임을 당연하게 받아들였다. 성서가 언제 쓰였고, 누가 썼는가는 논란의 대상이 될 수 없었다. 유대교와 기독교 교회는 모세5경은 모세가, 전기예언서의 여호수아기, 사사기(판관기), 사무엘기는 예언자 사무엘이, 열왕기는 예레미야가 썼다는 것을 공리로 받아들였다. 또, 다윗 왕이 성문서의 시편을, 솔로몬 왕이 잠언 및 시편의 솔로몬 찬가를 직접 썼다고 믿었다. 이는 많은 교인이 지금도 견지하는 믿음이다. 성서를 문자 그대로 받아들이는 복음주의 교회와 신학자역시 이를 논의의 대상으로 삼으려 하지도 않는다.

✡ 모순투성이인 모세5경의 모세 저작설

성서에서 모세5경은 하느님이 인간에게 말씀을 전했다는 증거로서 가장 중요시된다. 하느님으로부터 말씀을 받은 모세가 그 저자이고, 그래야만 한다는 것이 교회 안팎의 믿음이었다. 하지만, 모세5경에 담긴 여러 가지 모순들은 모세를 저자라고 보기 힘들게 만들었다. 모세5경을 포함해 성서가 언제, 누구에 의해 쓰였냐는 것은 근대에 올수록 논란이 됐다.

특히 모세5경의 저자가 누군지가 논란거리였는데, 모세5경에는 모세가 도저히 할 수 없고, 했을 것 같지도 않은 언행도 적혀 있다. 무엇보다도 모세가 숨을 거두는 장면이 있다. 모세가 저자라면 쓸 수 없는 대목이다. 또 모세가 가장 겸손한 사람이라는 뜻인 "이 사람 모세는 온유함이 지면의 모든 사람보다 더하더라"(민수기 12:3)라는 대목도 있다. 누구도 글을 쓰며 스스로 그런 표현을 써서 자신을 평가하지는 않는다.

성서에 담긴 이런 모순으로 모세 저작설에 대한 의문은 로마 교회에 의해 현재의 성서 공인이 완료된 서기 3세기 이후부터 꾸준히 제기됐다. 하지만, 교회와 신학자들은 이런 의문들을 일축하고 금기시했다. 그런 모순들은 겉으로 드러나는 모순일 뿐이라며 성서 해석이나 성서에 적히지 않은 추가적인 자세한 내막들을 이용하면 해결된다고 반박했다. 모세가 도저히 알 수 없었을 일을 언급한 것도 그가 예언자이기 때문에 가능하다는 식으로 대응했다.

모세 저작설은 11세기 들어서 커지는 의문에 맞서기 위해 약간 수정이 시도됐다. 모세가 5경을 쓰기는 했으나, 몇몇 구문이 나중에 여기저기에 추가됐다는 것이다. 11세기 이베리아반도 무슬림 왕국 궁전의 유대인 의사였던 아이작 이븐 야수스Isaac ibn Yashush는 창세기 36장에 나오는 에돔의 왕 명단에 모세가 죽은 뒤에 살았던 왕들의 이름이 나오는 것을 지적하며, 이 명단은 모세 사후의 사람이 추가한 것이라고 주장했다. 아이작은 모세 저작설을 옹호하려고 이런 주장을 했지만, '얼간이 아이작'이라는 비난만을 받았다.

12세기 스페인의 랍비였던 아브라함 이븐 에즈라Abraham ibn Ezra는 아이작을 '얼간이 아이작'이라고 조롱했으나 그 자신도 성서의 모순에 대한 의문을 남겼다. 모세를 제3자로 언급하는 대목, 모세가 알지 못했을 것 같은 용어들, 모세가 가보지 못했던 장소에 대한 기술, 모세 시대와는 다른 시대와 장소를 반영하는 언어 사용 등을 지적했다. 이런 모순들에 대해 그는 "이해한다면, 진리를 인식할 것이다. 그리고 이해하는 사람은 침묵할 것이다"라고 말했다.[1]

14세기 다마스쿠스의 학자 본필스는 이븐 에즈라가 제시했던 모순들을 다시 들춰내고는 침묵하지 않았다. 그는 "토라에 쓰인 이 구절은 나중에 쓰였고, 모세가 이를 쓰지 않았고, 후대 예언자 중 한 명이 썼다는 증거이다"라고 명확히 말했다. 15세기 스페인 아빌라의 주교 토스타투스Tostatus도 모세의 죽음 등 특정 구절들은 모세가 쓴 게 아니라며 논쟁에 가세했다. 이에, 모세의 죽음을 묘사하는 구절은 여호수아가 썼다는 교회의 반박이 나오기 시작했다. 하지만, 16세기 마르틴 루터의 종교개혁 운동 때 칼슈타트는 모세 사망에 대한 기술은 모세 이전에 쓰인 것으로 간주되는 성서 텍스트와 같은 스타일로 쓰였다며, 모세의 후대 인물인 여호수아 등이 추가한 것으로 보기 힘들다고 주장했다.[2]

✡ "모세5경이 모세 이후에 쓰였다는 것은 정오의 태양만큼 명확하다"

성서 텍스트에 대한 연구는 이제 새로운 단계로 접어들었다. 모세가 5경을 썼으나, 나중에 몇몇 구절과 단어가 추가되는 편집이 있었다는 주장이 교회 안팎에서 나왔다. 16세기에 네덜란드 플랑드르의 동양학자였던 안드레아스 반 마에스는 후대의 편집자가 몇몇 구절을 삽입하고, 독자들이 이해하기 쉽게 지명 등을 자신의 동시대에 맞게 바꾸었다는 견해를 내놓았다. 그의 책은 교회의 금서 목록에 포함됐다.

교회가 이렇게 완강한 태도를 보였는데도, 모세 저작설에 대한 도전은 더 거세졌다. 17세기 들어 근대 정치철학의 토대를 닦은 영국의 토머스 홉스Thomas Hobbes는 모세 저작설과 모순되는 5경의 여러 대목을 종합적으로 조사하고 수집했다. 대표적으로 "(오랜 시간이 흐른 뒤인) 지금까지도"라는 표현이다. 이 표현은 현재 상황을 묘사할 때 쓰는 구절이 아니라, 후대의 사람이 오랜 시간을 겪은 사물을 묘사하는 표현이다.

프랑스의 칼뱅주의 학자 이사악 드라페이레르Isaac de la Peyrere는 신명기에 나오는 '요르단강 맞은편'이라는 뜻의 구절 등을 가지고 모세가 5경의 저자가 아니라고 명확히 주장했다. "이는 모세가 요단 저쪽(…) 이스라엘 무리에게 선포한 말씀이니라"(신명기 1:1)에서 '요단 저쪽'은 요르단강 건너편을 의미하는 표현이다. 이는 요르단강 서안에 이스라엘 무리가 있고, 저자인 모세는 동안에 있다는 상황을 보여준다. 그런데 성서의 기록에 따르면 모세는 살아생전에 요르단강이 있는 이스라엘 땅을 결코 밟아보지 못했다. 드라페이레르의 책은 판금되고 불태워졌고, 그는 체포되어서 자기 주장을 철회하고 나서야 석방됐다.[3]

네덜란드의 유대계 철학자 바뤼흐 스피노자도 5경의 모세 저작설을 정면으로 부인하고 나섰다. 정교분리를 주장해 근대의 문을 연 인물 중 하나인 스피노자는 1670년 《신학정치론Theologico-Political Treatise》에서 "모세5경이 모세가 아니라 모세 이후에 살았던 누군가에 의해 쓰였다는 것은 정오의 태양보다도 더 명확하다"고 말했다.

스피노자는 성서의 모순된 구절들이 하나씩 설명될 수 있는 별개의 사안들이 아니라는 비판적인 통합분석을 했다. 모세에 대한 제3자적인 관점에서의 기술, 모세 사망에 대한 기술, 모세가 "가장 겸손한 사람"이라는 표현, "(오랜 시간이 지난) 지금까지도"라는 표현, 모세 사후 시대의 지명들, 모세 사후에 일어난 일들에 대한 기술 등 앞선 연구자들이 지적한 모든 모순점을 종합적으로 분석해, 모세 저작설을 부인하는 이런 모순들은 모세5경 전반을 관통한다고 지적했다. 특히, 스피노자는 "그 후에는 이스라엘에 모세와 같은 선지자 일어나지 못하였나니…"(신명기 34:10)라는 대목은 모세 이후 후대의 저자가 기록한 게 분명하다고 단언했다. 유대인이었던 스피노자는 유대교에서 파문당했다. 그 역시 유대교를 스스로 포기하고 유대인 사회와 절연했다. 그의 책은 가톨릭 교회의 금서 명단에 들어갔고, 그의 책을 반대하는 칙령이 6년 만에 37개나 내려졌다.[4]

프랑스의 가톨릭 사제 리샤르 시몽Richard Simon은 스피노자를 반박하는 책에서 모세5경은 모세가 저자이지만 일부가 나중에 추가됐다고 주장했다. 시몽에 따르면, 이런 글을 추가한 것은 과거 문서를 수집하고 정리한 필경사들이었고, 이들은 신의 의지에 지도받은 예언자였다. 시몽은 성서의 신성을 보호하려고 이런 주장을 폈지만, 오히려 모세5경의 일부 내용이 모세에 의해 쓰이지 않았다고 주장한 것으로 간주됐다. 그는 교단에서 쫓겨났고, 책은 불태워졌다.

✡ 성서는 여러 문서를 편집해서 만든 이야기

후대의 성서 기자들이 오래된 자료에서 서사를 모았다는 시몽의 논지는 성서의 저자가 누구인지를 밝히는 도정에서 중대한 걸음이 됐다. 이는 모세5경이 다른 저자들에 의해서 과거의 자료와 기록을 종합한 결과라는 가설로 이어졌다. 이런 가설을 뒷받침한 것은 후대 연구자들이 발견한 성서에서의 '중복 기술doublet', 즉 한 사건을 상이하게 묘사한 두 차례 이상의 기록이었다.

성서에는 천지창조에 대해 두 가지 버전의 이야기가 있다. 또, 신과 아브라함의 언약, 아브라함의 아들 이삭의 이름짓기, 아브라함이 외국 왕에게 아내 사라를 자신의 여동생이라고 주장하는 일, 이삭의 아들 야곱이 메소포타미아로 가는 여행, 신이 야곱의 이름을 이스라엘로 바꾸는 일 등에 대한 두 가지 버전의 이야기가 있다. 연구자들은 이런 중복 기술에서 대개 한 이야기에서는 신을 '야훼'라 부르고, 다른 이야기에서는 '엘로임Elohim' 또는 엘El로 일컫는 것을 발견했다. 더 나아가, 야훼라는 표현을 쓴 이야기와 엘로임이라는 표현을 쓴 이야기에서는 같은 용어와 인물들을 공유하는 것도 드러났다. 이는 누군가가 두 가지 자료를 가지고서 자르고 합치는 편집을 해서 모세5경의 이야기를 이어갔다는 가설로 이어졌다.

18세기에 프랑스 의사 장 아스트뤽Jean Astruc, 독일의 교수 아이히호른J. G. Eichhorn, 독일의 목사 비터H. B. Witter가 비슷한 시기에 이런 가설에 도달했다. 이들은 처음에는 창세기에서 나오는 두 가지 버전의 이야기 중 하나는 모세가 직접 쓴 것이고 다른 것은 모세가 자료로 사용한 고대 문서라고 생각했다. 하지만, 연구가 진행되면서 모세5경에서 모세의 역할은 갈수록 옅어졌다.

19세기 초, 학자들은 모세5경에서는 두 개의 주요한 근원 자료가 있다는 증거를 발견한 데 이어, 결국에는 네 개의 근원 자료가 있다는 결론에 이르렀다. 즉, 모세5경은 문서 네 개를 합쳐서 하나의 이야기로 만든 것이라는 이른바 문서가설이 확립됐다. 신을 야훼Yahweh/Jehovah라고 지칭한 문서는 J 문서, 엘로임이라고 칭한 문서는 E 문서, 사제Priest가 해야 할 문제에 집중한 율령 문서는 P 문서, 신명기Deuteronomy에서만 발견되는 문서는 D 문서로 분류됐다.

독일 신학자 카를 하인리히 그라프Karl Heinrich Graf, 1815~1869년는 J와 E 문서가 다른 문서에서 나오는 사건들을 인지하지 못하는 점을 들어서 가장 오래됐다고 분석했다. 그는 D 문서가 그 이후인데, 나중에 벌어진 사건들에 대한 인지를 보여줬기 때문이라고 설명했다. P 문서가 가장 나중 문서인데, 초기 문서인 J와 E 문서가 언급하지 않은 예언자 등 후대의 사건들을 다루고 있기 때문이라고 결론을 냈다.

독일 신학자 빌헬름 파트케Wilhelm Vatke, 1806~1882년 역시 네 개 문서의 시간 순서에 대해 그라프와 같은 의견을 냈다. 파트케는 초기 문서인 J와 E 문서는 고대 이스라엘 주민들의 종교가 '자연/다산 종교'에 머물렀던 초기 단계를 반영한다고 지적했다. D 문서는 이스라엘의 신앙이 영적/윤리적 종교로 변형됐던 중간 단계를 반영한다. P 문서는 이스라엘 종교가 사제, 희생, 제례, 율법에 기초한 사제 종교라는 마지막 단계를 보여준다고 그는 분석했다.

결국, 그라프와 파트케의 분석은 모세5경의 대부분은 모세 시대 때도 아니고, 고대 이스라엘 왕국의 국왕이나 예언자 시대 때도 아니고, 성서가 기술하는 마지막 시대에 살던 사람들이 썼다는 추론을 만들게 했다.[5]

✡ 벨하우젠이 정립한 문서가설

그라프와 파트케의 연구는 19세기 말 독일의 성서 문헌학자 율리우스 벨하우젠Julius Wellhaussen, 1844~1918년의 손에서 드디어 문서가설로 정립됐다. 벨하우젠은 토머스 홉스를 시작으로 한 모세 저작설을 부인하던 근대 이후 연구자들의 모든 연구 성과를 종합해 지금의 성서가 어떻게 이런 모습을 갖추게 됐는지 살피는 틀을 만들었다.

벨하우젠은 1883년 아스트뤽 이후 문헌학자들의 연구를 바탕으로 《이스라엘 역사 입문Prolegomena zur Geschichte Israels》에서 모세5경은 네 가지 문서가 몇백 년에 걸쳐 편집된 것이라고 주장했다. 그는 앞선 연구자들의 J, E, D, P 문서 분류를 승계해서, 그 문서들을 더 정확히 구분하고, 연대를 측정했다. 벨하우젠은 J 문서는 가장 먼저 기원전 10세기 솔로몬의 궁전에서 쓰였다고 주장했다. E 문서는 기원전 9세기 북이스라엘 왕국에서 쓰여 후대에 편집자에 의해 J 문서와 합쳐져서, JE 문서가 됐다. 또, D 문서는 기원전 620년 남유다 왕국의 요시아 왕 때의 산물이다. 신명기와 신명기계 역사서에 속하는 전기예언서가 D 문서에 해당한다. P 문서는 기원전 6세기 남유다 왕국이 멸망해 이스라엘 주민 일부가 바빌로니아의 바빌론으로 끌려간 바빌론 유수와 그 이후에 사제들이 작성한 것이라고 벨하우젠은 분석했다.

벨하우젠이 문서가설을 완성함으로써 거의 2천 년에 걸친 성서의 문헌적 연구는 이성과 합리성의 승리로 귀결됐다. 하지만, 성서를 후대 사람들이 쓰고 편집했다는 결론이 곧 공인되지는 않았다. 영국의 구약학 교수 로버트슨 스미스는 자신이 편집자로 있던 브리태니커 백과사전에 벨하우젠의 문서가설을 등재하며 영어권 국가들에 전파했다. 그는 교회에 의해 재판에 회부됐고, 자기 직책에서 쫓겨났다. 20세기 중반이 돼서야 성서는 모세가 아니라 후대 사람들이 쓴 것이라고 교회 안팎에서 자유롭게 말할 수 있는 환경이 됐다.

1943년 교황 비오 12세는 성직자들에게 보내는 회칙 '성신의 영감Divino Afflante Spiritu'에서 성서 비평을 허용했다. '성서적 진보의 마그나 카르타'로 불린 이 회칙에서 교황은 학자들에게 성서 기자들에 대한 연구를 권장했다. 교황은 성서 기자들이 "성령의 살아 있는 이성적인 도구"라며 이들에 대한 연구는 결국 성령을 드러내는 것이라고 말했다.[6]

교황의 성서 비평 허용을 기점으로 개신교단 내에서도 비판적 성서 연구에 대한 반대가 줄었다. 유럽과 영어권 국가의 신학계, 이스라엘 내의 유대교 신학교에서도 성서의 텍스트와 저자에 대한 연구가 폭넓게 수행됐다. 현재는 모세5경을 모세가 썼다고 믿는 성서학자는 거의 없다. 문서가설은 성서 연구의 출발점이 됐다.

✡ 성서는 고대 이스라엘이 아니라 페르시아·헬레니즘 시대 때 작성됐다

성서에 대한 비판적 분석은 모세5경을 넘어서 성서의 모든 부분으로 확장됐다. 이사야서는 기원전 8세기의 예언자 이사야가 썼다는 게 전통적인 주장이었다. 이사야서의 첫 절반은 이사야가 살던 시대를 반영하나, 40장부터 66장은 두 세기 뒤 후대의 인물이 쓴 것으로 분석됐다. 하나의 장으로 구성된 오바디야서도 두 명의 기자가 쓴 작품들이 합친 것으로 판별됐다.

이렇게 연구가 진척된 데다 20세기 중반 이후에 고고학적 발굴 성과가 더해지면서 성서에 대한 해석은 새로워졌다. 성서는 고대 이스라엘 왕국 시대가 아니라 그 왕국이 망한 뒤인 페르시아 지배 시기, 더 나아가 헬레니즘 시대 때 대부분 분량이 쓰였다는 현대적 해석이 나왔다.

게다가 20세기 중반 이후 고고학적 발굴 성과가 축적되면서는 성서는 벨하우젠의 분석과 달리 훨씬 후대에 작성됐다는 합의가 이뤄지고 있다. 성서가 작성된 시기는 빨라도 기원전 8세기 이전일 수 없다는 것이다. 고대 이스라엘에서 문자를 기록할 수 있었던 시기가 일찍 잡아도 기원전 8세기 들어서 가능했을 것이라는 고고학자들의 최근 연구 때문이다. 성서는 8세기 또는 7세기 왕조 말기에 작성되기 시작해 통일된 작품으로 보려는 경향이 있다.[7]

1975년 캐나다의 성서학자이자 근동고대사학자인 존 반 세터즈 John Van Seters는《역사와 전통에서 아브라함Abraham in History and Tradition》에서 성서의 역사적 가치를 입증하는 가장 신성시되던 모세5경의 첫 부분들인 창세기·출애굽기·레위기·민수기라는 J·E 문서들은 기원전 7세기에 작성된 신명기의 후대 부속품에 불과하다는 주장을 했다. 성서는 D 문서인 신명기와 그 역사서들이 기원전 7세기에 중심 문서로서 가장 먼저 쓰였고, 그 후 J 문서가 바빌론 유수 때인 기원전 6세기 중반에 D 문서의 역사적 정당성을 보완하려는 서문으로 추가됐으며, P 문서는 바빌론 유수 뒤 기원전 5세기에 팔레스타인으로 돌아온 사제들이 썼다고 분석했다. 야훼의 계율을 체계적으로 일목요연하게 정리한 신명기는 유대교가 정립되는 기초로 문서가설에서는 J·E 문서보다 후대에 쓰인 것으로 추측했지만, 세터스는 D 문서가 성서의 사실상 출발이라고 주장했다.

✡ 성서의 역사성을 부정하는 미니멀리스트들의 등장

사실 성서에는 세터스가 주장한 대로 아브라함 등 족장 등이 나오는 모세5경 등 J, E 문서가 후대의 창작임을 보여주는 기술들이 널려 있다. 족장들의 방랑에서 등장하는 낙타, 낙타를 이용한 캐러번(대상)들이 대표적이다. 낙타가 가축화되어 활용된 것은 서기 10세기 초엽이고, 상업 활동에서 운송 수단으로 쓰인 것은 기원전 8세기부터이다. 낙타 대상들의 물건인 나무수지, 향유, 몰약 등은 기원전 7세기 앗시리아 제국 때 개척된 아라비아 대상로 교역 체계에서 거래되기 시작했다. 아브라함 이후 족장들의 방랑에서 중요한 마을로 빈번히 등장하는 그랄Gerar(현재의 텔 하로르)도 기원전 7세기 앗시리아 제국 때에 비로소 행정구역으로 성립된 곳이다.[8]

이는 저자가 자기 시대를 기준으로 과거를 기술하는 시대착오 오기이다. 기원전 7세기 이후에 살았던 저자가 자기 시대의 상황을 기초로 과거를 묘사하거나, 당시 상황을 과거에 투영시킨 것이다. 이는 성서가 7세기 이후 쓰인 것임을 말한다. 세터스가 전복시킨 성서의 작성 시기는 성서의 성격과 세계관을 새로 조명하는 중대한 전기였다.

성서의 대부분이 고대 이스라엘 왕국이 패망한 이후에 쓰였다는 것은 성서가 그 시기의 상황과 세계관의 산물이라는 해석을 낳았다. 세터스 등에 따르면, 성서는 물론 과거의 전통과 전승을 반영한다. 하지만, 성서는 그런 전승들의 신뢰할 만한 역사적 내용을 담보하지 않는다. 저자들이 고민한 시대의 메시지와 세계관을 정당화하려고 그런 전승을 취사선택하고, 더 나아가 창작한 작품이 성서라는 것이다.

세터스의 연구는 미국계 덴마크 학자이자 코펜하겐대학교 교수인 토머스 톰슨Thomas L. Thompson의 연구로 이어져, 성서 연구의 새로운 패러다임을 만들었다. 이 새로운 패러다임은 성서에서 족장 시대의 내러티브 등을 역사적 가치가 있지 않다고 본다. 이 패러다임을 주도한 사람들은 성서 내러티브의 역사적 가치를 최소한으로 보는 '코펜하겐 학파'를 형성했다. 톰슨이 선도한 코펜하겐 학파는 영국 셰필드 대학교의 성서연구자들인 셰필드 학파와 함께 이른바 '미니멀리스트'(최소주의자)를 형성했다. 윌리엄 올브라이트 이후 고전 주류학파가 성서 내러티브의 역사적 가치를 최대한 인정하려 해서 '맥시멈리스트'(최대주의자)로 불린 데 비교해 '미니멀리스트'라는 호칭이 붙은 것이다. 톰슨은 구약은 전적으로 기원전 5세기부터 2세기까지 시기의 산물이라며 그이전의 시대의 역사적 실체를 반영하지 못한다고 주장했다. 성서에 담긴 역사적 사건에 대한 기술의 객관성을 낮게 보는 미니멀리스트들인이들 코펜하겐-셰필드 학파는 성서가 바빌론 유수가 끝나는 기원전 6세기 말부터 2세기 초까지에 300년에 걸쳐 만들어졌다고 본다.

영국 셰필드대학교 교수였던 필립 데이비스Philip R. Davies, 1945~2018년는《'고대 이스라엘'을 찾아서》에서 '고대'나 '성서' 이스라엘은 없다고 주장했다. 그는 고대 이스라엘이나 성서 시대 이스라엘 등은 유대교와 기독교 신도들의 시대 때 상상된 과거를 바탕으로 만들어낸 "지적인 가공물"이라고 강조했다. 이런 "고대 이스라엘"이라는 개념은 궁극적으로 성서에 도출된 것인데, 성서는 역사적인 사실이 아니라 "경건한 허구"라는 게 그의 요지였다. 왜냐하면, 성서는 팔레스타인 철기시대기원전 12~6세기가 아니라 페르시아-헬레니즘 시대기원전 5세기~1세기에 쓰이고, 그때의 현실들을 반영하는 후대의 문학적 가공물이기 때문이라고 그는 설명했다. 고전주류학파의 맥을 이으며 성서의 역사적 가치를 중시하는 윌리엄 데버는 코펜하겐 학파 등 미니멀리스트들이 고대 이스라엘의 역사적 존재 자체를 부정하는 데까지 나아간다고 비판한다.[9]

미니멀리스트들이 고대 이스라엘의 역사 자체를 부정하는 문제는 논란의 대상이지만, 이들이 주장하는 성서 제작 시기, 그리고 성서의 핵심 메시지가 고대 이스라엘 왕국들에서가 아니라 그 이후에 형성됐다는 것은 데버 역시 인정하는 바이다. 그도 "5경의 마지막 형태는 포로기 혹은 포로 후기의 P(제사장) 학파의 작품이었다"고 인정했다.[10]

아브라함이 하느님으로부터 약속을 받고, 모세가 엑소더스 도중에 하느님으로부터 계명을 받았다고 성서에 적힌 대로, 이때부터 야훼 유일신앙은 이스라엘에서 확립된 신앙으로 간주된다. 하지만, 성서는 주민들이 야훼를 믿지 않고 우상을 섬긴다고 질타하는 내용으로 일관한다. 성서의 처음부터 끝까지 수없이 등장하는 우상숭배, 바알신 등 가나안 토착신 숭배에 대한 질타는 성서의 중심 메시지이다. 이는 이스라엘에서 여전히 야훼 신앙이 일부의 신앙일 뿐이거나 형성 단계이고, 주민 대부분은 기존의 다신교를 믿었음을 말해주는 것 아닌가? 이는 모세 이후 이스라엘 족속에게 야훼 일신교가 정립되지 않았다는 반증이기도 하다. 야훼는 가나안 토착신 가운데 하나였고, 기껏해야 여러 신 중 최고신에 불과했던 게 아닐까?

✡ 바빌론 유수 때 정립된 야훼 유일신앙

발굴된 유물들로 볼 때, 야훼 유일신앙이 이스라엘 및 유다 왕국에서 배타적이고 보편적인 종교였다고 판단하기는 어렵다. 두 왕국 시대의 관련 유물들은 여호와의 그의 배우자 신인 아세라를 나란히 언급한다. 네게브 산지 지역의 남서부 쿤틸리에트 아주르드Kuntiliet Ajrud 및 유대 산록 지역인 키르베트엘콤Khirbet el-Kom에서 "여호와와 그의 아세라" "여호와 솜론과 그의 아세라" "여호와 테만과 그의 아세라"라고 적힌 비문들이 발견됐다. 기원전 8세기의 이 비문들은 국가 종교로서의 유일신앙이 실제로는 북이스라엘 왕국 패망 뒤 남유다 왕국의 시대 때 만들어진 것일 가능성을 제기한다.[11]

성서의 역사성을 인정하는 학자인 데버 역시 성서가 전하는 고대 이스라엘의 유일신앙은 다수 주민이 믿는 보편적 종교가 아니라 유다 왕국 시대의 엘리트 지식인이 고안하고 유다 왕국이 패망한 뒤 바빌론 유수 때인 기원전 6세기 후반 이후에 그들이 전파하려던 종교운동이라고 지적한다.

"또한 성서는 그 최종 편집자들 - 성서 전통의 주요한 형성자들 - 이 고대 이스라엘의 다수를 거의 대표할 수 없는 정통 민족주의적인 야훼주의자 정파들(사제들과 신명기학파들)에 속한다는 사실에 의해 한계가 있다. 한 신학자 친구가 나에게 일깨워준 것처럼, 성서는 '소수자의 리포트minority report'이다. 성서는 지식인들이고 종교개혁가들인 사제, 예언자, 기자 들에 의해 쓰여, 매우 이상주의적이다. 성서는 우리에게 고대 이스라엘 주민들의 종교가 정말로 어떠했는지가 아니라 그것이 어떠해야만 했는지를 설명하고 있다."[12]

　현재, 대다수 성서학자는 진정한 유일신앙은 유다 왕국이 패망해 많은 지식인과 지배층이 바빌론으로 끌려간 바빌론 유수 시기인 기원전 6세기 후반 이후에 생겨났다고 합의하고 있다. 그전까지는 이스라엘이나 유다 왕국 내에서는 야훼 신앙은 단일신교, 즉 다른 신들의 존재를 부정하지 않고 하나의 신만을 숭배하는 형태로 종교개혁가 사이에서 존재한 것으로 보고 있다.

　요시야 왕 이후 남유다 왕국은 바빌로니아에 의해 멸망하고, 유다의 엘리트들은 바빌론에 끌려갔다. 이들이 거대 제국의 수도에서 소수 집단 공동체를 이루고 제 나름대로 정체성을 유지했을 것임을 현대 미국의 뉴욕이나 로스앤젤레스 등의 이민 공동체를 보면 유추할 수 있다. 이미 요시야 왕 때의 종교개혁에 고취된 이 엘리트들의 손에서 민족적 비극의 경험에 더해진 선진문명의 충격이 성서라는 결과물로 나오기 시작했다는 것이다.

　이들은 바빌로니아를 멸망시키고 새로운 패권 제국으로 등장한 페르시아의 고레스 대제(카루스 2세)에 의해 50여 년 만에 가나안으로 돌아가도록 허락받았다. 하지만, 대부분이 바빌론에 남고, 일부만 가나안으로 향했다. 변화한 세계의 중심에서 반세기를 살면서 생활 근거지를 찾은 이들에게는 조상들이 발원했다는 벽촌의 가나안으로 돌아갈 현실적 이유도, 의무도 없었다. 중세 이후까지 바빌론에 존재한 최대 유대인 공동체가 이를 말해준다.

　이들을 해방시킨 페르시아 제국에서는 당시 선악의 이원론적 일신교 성격의 조로아스터교가 발흥했으나, 여전히 다신교 전통과 싸우고 있었다. 성서가 담고 있는 선과 악이라는 이원론적 개념이나 처음부터 끝까지 강조되는 우상숭배와 다신적 신앙에 대한 경고와 저주가 이를 반영한다.[13] 성서의 모든 페이지에 나오는 배타적 일신교는 자신의 영역을 확대하려는 보잘것없는 약소국 왕의 정치와 종교운동의 결과가 아니라 유배 과정에서 조로아스터교 등 추상적인 페르시아 종교를 접한 엘리트들과 그 후손들의 문화적 산물이다. 이 야훼 유일신교는 페르시아 등 패권 제국들의 선진적 문명에서 그 근원을 찾았지만, 많은 혁명적인 이데올로기가 그렇듯이 기존 질서의 압력에서 벗어난 변두리에서 발화했다. 히브리어로 종교라는 단어인 '닷dat'이 페르시아에서 기원했다는 점도 이를 가리킨다.[14]

페르시아의 통치에서 '예후드' 지역으로 편제된 가나안으로 돌아온 이들은 황제의 대리인으로 사실상 총독 역할을 하면서, 자신들의 종교와 이데올로기를 전파했다. 바빌론 유수 이후 성서에서 이스라엘의 예언자로 등장하는 에스라, 느헤미야 등은 사실상 페르시아 황제의 총독이라 할 수 있다. 사제이기도 한 이들의 통치는 신정 통치의 성격을 가졌다. 이는 성서에서 다윗 왕국 성립 이전 판관들의 통치를 담은 사사기로 엿볼 수 있다.

성서는 남유다 왕국의 다윗 왕가의 정통성을 인정하지만, 그 역대 왕들의 타락도 질타하고 저주한다. 성서가 요시야 왕 때 만들어졌다면, 왕가에 대한 이런 불경이 어떻게 가능했겠는가? 당시 예후드를 통치했던 사제들의 관점과 지위에서만 과거 역대 왕을 비판하는 게 가능했을 테다. 그리하여 왕국들의 멸망과 바빌론 유수는 신과의 약속을 저버린 이스라엘에 대한 벌이고, 바빌론 유수에서 해방도 야훼의 약속이 실현되는 과정이라고 주장할 수 있었다.

초기 야훼 일신교는 근동을 제패했던 앗시리아, 바빌로니아, 페르시아를 거쳐, 그리스 제국의 헬레니즘과 그 다신교인 다채롭고 풍부한 이교異敎와 조우하면서 정체성을 확립하고 비로소 완전히 정립됐다고 볼 수 있다. 그때야 비로소 야훼 유일신교는 유대교라는 종교로서 불리며, 형식과 내용을 갖추게 된 셈이다. 성서는 그 과정에서 야훼 유일신교를 전파하기 위해 끊임없이 쓰이고, 수정되고, 회람되고, 편집되던 다양한 형태의 글들이다. 저자들은 애초에 이 글들이 한 권의 책으로 만들어질 것이라 예상하지 못했다. 따라서 성서는 애초 한 권의 책이 아니라 300년 동안 쓰이고, 수정되고, 편집됐던 거대한 도서관이다.

성서의 요시야 왕 제작설을 주장하는 핑켈스타인 등 텔아비브 학파도 바빌론 유수가 초기 야훼 유일신교가 확립하는 데 결정적인 계기가 됐다고 인정한다. 핑켈스타인은 "유다 왕국 정복 후 150년 동안 일어난 사건들과 과정들은 유대-기독교 전통이 어떻게 출현했는지를 이해하는 데 결정적이다"라고 강조했다.

초기 야훼 일신교와 성서가 탄생한 고향은 가나안 땅이라기보다는 바빌론의 유대인 공동체라고 할 수 있다. 바빌론으로 끌려간 남유다의 엘리트들은 성서를 제작하고 야훼 일신교를 계발하면서 유대인의 정체성도 만들게 된다. 그리고 그들 대부분은 고레스 대제가 귀국을 허가했음에도 바빌론에 남아 유대교를 정립하는 작업을 계속했다. 가나안으로 돌아간 일부는 바빌론의 유대인 공동체로부터 끊임없이 종교적 자양분을 공급받으며 포교를 했다. '약속의 땅'에 돌아가기에 앞선 '유대인의 유랑'이라는 신화도 결국 성서와 유대교가 가나안이 아니라 바빌론에서 탄생한 것을 배경으로 한다.

그렇다면, 인류의 지배적인 유일신앙들의 원조인 유대교를 바탕으

로 정체성이 만들어진 '유대인'의 고향은 가나안이라기보다는 바빌론
이 돼야 할 것이다.

3장

유대인 추방의 신화

유대인은 팔레스타인에서 추방돼서,
지중해 전역으로 이산됐나?

추방, 유배, 유랑, 이산, 박해, 귀환….

유대인과 그 역사 담론을 관통하는 상징어들이다. 유대인은 로마 정복자들에 의해 팔레스타인 땅에서 추방돼, 낯선 땅으로 유배되어, 전 세계를 유랑해, 뿔뿔이 이산돼, 현지에서 박해를 받다가, 결국 팔레스타인 땅으로 귀환해 이스라엘을 건국했다는 것이 유대인과 이스라엘 역사의 중심 내러티브이다.

과연 유대인은 고향 팔레스타인 땅에서 완전히 뿌리 뽑히고 후손들이 2천 년간 낯선 땅들로 이산했음에도 그 혈맥이 면면히 이어지다가 팔레스타인 땅으로 귀환한 것일까? 이는 유대인 문제와 역사 담론의 핵심이지만, 역사적 사실로 객관화하는 작업은 무의식적으로, 혹은 의도적으로 회피되어왔다. 이를 그저 당연시했을 뿐이다.

이는 유대인의 유랑과 이산이 기독교와 유대교에서 종교적 함의로 내재한 전통이 되었기 때문이다. 일반인의 인식뿐 아니라 학계 연구에서도 그대로 각인됐다. 또, 이스라엘 건국을 정당화하는 이데올로기의 근원으로 유대인의 추방, 유배, 유랑, 이산, 박해, 귀환 담론이 차용된 현실도 있다. 유대인은 팔레스타인 땅에서 쫓겨나 박해받았기에, 그 땅에 다시 돌아와 살 권리가 있다는 것이다. 유대인 박해에 대한 부채감을 가진 서방 세계에서도 이 문제의 역사적 객관성을 따지는 것은 반유대주의로 비칠 것이라는 피해의식이 있기도 하다.

유대인이 서기 70년 로마에 대한 봉기로 팔레스타인에서 완전히 뿌리 뽑히게 됐다지만, 역사학계에서는 유대인들이 이에 앞서 이미 팔레스타인 땅을 떠나 지중해 연안에서 많이 거주하고 있었다는 데 이견이 없었다. 다만, 로마에 대한 봉기로 팔레스타인에서 유대인이 완전히 뿌리 뽑혔냐에 대해서는 연구가 회피되어왔다.

1980년대에 들어서, 팔레스타인의 역사를 이스라엘 중심이 아니라 팔레스타인 전체의 시각으로 봐야 한다는 영국 셰필드 학파 등이 등장하면서, 유대인의 추방과 이산을 새롭게 접근하는 창이 열렸다. 특히, 이스라엘 내에서 신역사학자New Historians가 등장하면서 본격화됐다. 이스라엘 대학 내 역사학자인 이들은 팔레스타인 분쟁에 대한 평화적 해결책을 주장하는 한편 금기시됐던 유대인 신화에 대한 객관적인 조망을 시도했다. 해외에 퍼져 있는 진보적인 유대계 학자들도 이스라엘과 유대인 역사에 대한 신화 깨기에 동참했다.

슐로모 산드Shlomo Sand 텔아비브대학교 역사학 교수가 2008년 《만들어진 유대인The Invention of the Jewish People》 출간을 통해 이 문제에 정면으로 도전했다(한국어판은 2022년에 번역돼 출간됐다). 이 책은 이스라엘뿐 아니라 국제사회에서 격렬한 논란과 반향을 일으켰다. 그에 따르면, 객관적인 역사 기록은 유대인이 팔레스타인 땅에서 완전히 뿌리 뽑혔다는 것을 부정하고 있다. 그는 유럽과 중동에 퍼진 유대인 공동체에 있던 유대인들도 팔레스타인 땅에서 쫓겨난 이들의 후손으로 보기 힘들다고 주장했다.

✡ 이스라엘 왕국들의 몰락부터 대로마 봉기까지

유대인의 추방과 이산 논란을 다루기에 앞서, 유대인 추방과 이산의 배경이 되는 이스라엘 왕국들의 몰락부터 로마에 대한 봉기에 이르는 600년간의 역사를 간단히 보자.

기원전 약 900년부터 성립된 북이스라엘 왕국은 기원전 720년 신 앗시리아 제국에 의해 멸망했다. 성서나 탈무드 등 유대교 경전들은 이들 주민이 앗시리아에 의해 끌려갔고, 이스라엘의 12부족, 즉 12지파 중 북이스라엘 왕국을 구성했던 10지파가 사라졌다고 전한다. 이른바 '잃어버린 10지파' 신화이다. 유대인의 추방과 이산 신화의 시작이다.

남유다 왕국은 그 후 약 150여 년간 더 지속하다가 기원전 586년 신바빌로니아 제국의 네부카드네자르 2세(성서에서의 명칭은 느부갓네살)에 의해 정복됐다. 바빌로니아에 의해 남유다 왕국 백성들이 바빌론으로 끌려간 바빌론 유수가 일어났다. 남유다 수도의 예루살렘 성전은 파괴됐다.

성서적 역사관으로는 이때까지를 제1성전 시대라고 한다. 예루살렘 성전은 남유다 말기 요시야 왕 때 합법적인 신전으로 공인하는 야훼 일신교 종교개혁의 일환으로, 유대교 정립 시작의 상징이었기 때문이다. 바빌론 유수에 끌려간 남유다의 엘리트와 그 후손들이 본격적으로 성서 제작을 시작하며 야훼 일신교를 유대교로 정립하는 주역이 된다.

바빌로니아는 기원전 539년에 페르시아에 의해 멸망했다. 이듬해인 538년 바빌론 유수의 남유다 백성들은 키루스 2세(성서에서의 명칭은 고레스)에게서 팔레스타인 귀환을 허락받았다. 귀환한 이들은 키루스 2세의 허락을 받고 예루살렘 성전을 다시 지었다. 이때부터를 제2성전 시대라고 한다.

팔레스타인은 페르시아 치하에서 예후드 자치성으로 편입됐고, 바빌론에서 귀환한 이들이 페르시아 황제의 대리인에게 통치를 받았다. 이들에 의해 유대교 발흥과 전파가 이뤄졌다. 페르시아가 그리스 마케도니아의 알렉산드로스 대왕에게 기원전 332년 멸망하면서, 알렉산드로스 제국에 편입됐다. 팔레스타인은 알렉산드로스 사후에 제국이 분열되면서 성립된 프톨레마이오스 왕조와 셀레우코스 왕조 치하로 차례로 들어갔다.

다양한 문화를 관용하고 혼합한 이들 왕조의 헬레니즘 문화와 그 영향 아래서 유대교는 비로소 정립됐다. 이 시기에 성서는 편집되어 책자로 만들어지고, 그리스어로도 번역되는 등 경전으로서 모습을 보였다. 유대교는 헬레니즘 문화에서 확립됐으나, 다신교인 그리스의 이교 문화가 마찰을 빚었다. 결국, 기원전 167년 종교적 충돌이 발단이 된 마카비 반란이 유대교 고위 성직자들의 주도로 일어났고, 160년 하스모니아 왕조의 유대왕국이 셀레우코스 제국의 번국藩國으로 성립됐다.

반란을 주도한 유대교도 성직자와 전사에 의해 성립된 하스모니아 왕조는 유대교를 사실상 국교로 했다. 팔레스타인 주민 거의 전부가 유대교도가 되는 시기였다. 외연과 교리가 확장된 유대교는 예수의 등장으로 탄생하는 기독교가 나오는 모태가 된다.

기원전 63년 신흥 제국 로마가 시리아 지역을 정복하면서, 하스모니아 왕조는 그 영향권에 들어갔다. 하스모니아 왕조는 로마의 유대 지역 봉국으로 바뀌어 헤롯 왕의 통치에 들어갔다가 결국 로마의 성으로 바뀌어갔다. 로마에 저항하는 유대교 열심당원들의 반란인 열심당 봉기가 서기 66년에 시작돼, 73년에 로마에 의해 진압됐다. 로마의 잔인한 복수로 예루살렘 성전이 파괴되어 제2성전 시대가 끝났다.

그리고 대개의 역사서는 이때 주민 대부분이 팔레스타인에서 추방되어, 유대인의 유랑과 이산이 시작됐다고 기록한다. 115년의 2차 반란, 특히 3차 반란인 132년의 바르 코크바 반란으로 팔레스타인은 완전히 주민이 뿌리 뽑히고, 유대인들은 예루살렘 등 팔레스타인 지역에 들어가지 못하게 됐다고 한다.

✡ 로마는 유대인들을 팔레스타인에서 추방하지 않았다

1차 반란 때 예루살렘이 함락된 서기 70년은 유대인 추방과 이산의 시작으로 받아들여진다. 유대인 디아스포라의 원년인 셈이다. 유대 사가들은 이 세 차례의 반란을 로마-유대 전쟁으로 본다. 당시 로마의 동지중해 지역 패권을 심각하게 위협한 사건이었고 이 전쟁에서 승리한 로마의 보복도 그에 비례해 커져서 팔레스타인을 초토화했다는 것이다. 항전이 오랜 기간 이어졌으니 팔레스타인 지역이 입은 피해는 막심했을 게 분명하다. 게다가, 로마가 정복 과정에 저항하는 주민에게 가한 십자가형 등 잔인한 처벌과 보복으로 미루어 짐작건대 팔레스타인 주민의 피해 역시 막대했을 것이다.

하지만, 로마는 결코 팔레스타인 주민 전체를 추방하지 않았다. 즉, 이로 인해 유대 주민이 전 세계로 이산하는 디아스포라가 시작되지 않았다. 이에 앞서, 이스라엘 왕국들을 정복한 아시리아와 바빌로니아도 결코 전체 백성들을 추방해 끌고 가지 않았다. 고대 시대에 정복된 나라의 주민 일부가 정복 세력의 나라로 끌려가는 일은 흔했다. 다만, 이 경우는 정복 세력의 필요에 따라 정복된 왕족 등 엘리트나 특정 주민들을 데려가는 것일 뿐, 주민 전체를 추방하거나 끌고 가는 일은 가능하지도 않고 필요하지도 않다. 정복 세력이 현지에서 주민을 뿌리 뽑아서 생산자와 세금 납부자를 없애는 일을 할 필요가 없는 것이다.

아시리아와 바빌로니아는 팔레스타인을 정복하고 나서 왕족 등 지배 엘리트들을 끌고 갔으나, 로마는 이조차 하지 않았다. 로마는 지중해 서쪽 지역에서 군인들의 정착을 위해 현지 농민 마을을 소개疏開한 적은 있으나, 이는 예외적인 조처였다. 근동에서는 이런 예외적인 조치도 적용되지 않았다. 로마의 통치자들은 반란을 일으킨 주민들을 억압하는 데서 잔인하기는 했다. 전사들을 처형하고, 포로로 잡고, 노예로 팔았으며, 왕족들을 유배시키기도 했다. 하지만, 근동에서는 정복한 지역의 전체 주민을 추방하지 않은 것은 명확하다. 트럭이나 기차, 대형 선박 등 그럴 수단도 없었다.[1]

주민 추방에 대한 유일한 기록은 유대인 사가 플라비우스 요세푸스가 남겼다. 요세푸스는 서기 66년에 시작된 열심당원 반란에 참가했다 로마에 투항한 인물이다. 요세푸스는 당시 로마군 지휘관이던 베시파시아누스가 나중에 로마 황제가 되자, 그와 그의 아들 티투스 황제의 측근으로 지냈다. 그가 로마와 그리스 사람들을 위해 쓴《유대 전쟁사》,《유대 고대사》는 이스라엘의 기원부터 로마에 의한 멸망까지를 본격적으로 다룬 최초의 유대사서이다. 그러니 요세푸스를 유대사가의 원조라고도 할 수 있을 테다.

요세푸스는 《유대 전쟁사》에서 로마군의 예루살렘 포위로 110만 명이 죽었고, 로마 점령 뒤에 대학살이 이어졌다고 전했다. 또 9만 7천 명이 포로로 잡혔고, 다른 도시에서도 수천 명이 죽었다고 주장했다. 요세푸스는 당시 유대의 갈릴리에서만 300만 명이 살았다고 적었다. 고대 유대사에 대한 최초이고 본격적인 그의 저서의 내용은 1차 자료로서 그대로 받아들여졌다.

하지만, 과거의 사가들이 인구나 건물 규모 등에 대해 과장된 주장을 하는 것은 흔한 일이다. 《삼국지》를 보면, 빈번하게 '100만 대군'이나 '10만 대군'이라는 표현이 등장한다. 10만 명의 군사력을 동원하는 것은 현대 국가에서도 국력을 모조리 쏟아부어야 하는 일이다. 당시 로마의 생산력 규모를 고려하면, 요세푸스가 평가한 사망자나 포로 수는 분명 과장된 것이다.

로마의 인구에 대한 기념비적인 연구를 남긴 19세기 독일의 경제학자 카를 율리우스 벨로흐Karl Julius Beloch, 1854~1929년에 따르면, 초대 황제 아우구스투스 치하의 로마 전체 인구는 5,400만 명 정도로 추정된다. 최근 연구에서는 로마의 절정기 때 인구를 7천만~1억 명 정도로 분석한다. 로마가 제국의 절정기였던 서기 2세기 때 수도 로마의 인구는 현대의 중간 규모 광역도시권의 인구 정도에 접근했을 것으로 추정된다. 약 100만 명 정도다.[2]

최근 몇십 년간의 고고학적 성과에 바탕해 분석할 때, 기원전 8세기 북이스라엘 왕국과 남유다 왕국을 합친 가나안 지역 전체의 인구는 약 46만 명이다. 이스라엘 고고학자 마겐 브로시는 이 지역의 밀 재배

능력으로는 전성기였던 서기 6세기 비잔틴 제국 때에도 100만 명 이상을 부양할 수 없다고 결론 냈다. 고대 시대 내내 농업생산력은 획기적으로 증가하지 못했기 때문에 인구 역시 비슷한 수준으로 유지됐다. 이를 고려하면, 유대에서 열심당원 반란 직전 전체 인구는 50만~100만 명 수준일 테다. 당시 예루살렘의 인구는 기껏해야 6만~7만 명 정도로 추정된다.[3]

로마가 예루살렘에서 100만 명을 죽였다는 것은 물론이고, 9만 7천 명을 포로로 잡았다는 것도 사실상 불가능한 숫자이다. 로마가 남긴 풍부한 기록에서도 유대 땅에서의 추방에 대해서는 어떠한 언급도 없다. 대규모 추방 등 인구 이동이 있었다면 유대 국경 주변의 난민 흔적이 발견돼야 하는데, 그런 흔적도 발견되지 않았다. 로마-유대의 1차 전쟁인 열심당원 반란 때 유대 땅에서 주민들이 소거됐다면, 115년의 2차 전쟁, 특히 3차 전쟁인 132년의 바르 코크바 반란은 가능하지 않았을 것이다.

바르 코크바 반란 뒤 로마는 유대에 가혹한 조처를 상당 기간 취하기는 했다. '유대Provincia Judea'는 '시리아 팔레스티나Provincia Syria Palaestina'로, 예루살렘은 '아엘리아 캐피톨리나Aelia Capitolina'로 이름이 바뀌었다. 유대교 남성의 의무인 할례를 한 남자는 예루살렘 출입이 금지됐다. 3년 동안 예루살렘 근방에서는 종교 박해가 강화돼 주민에 대한 가혹한 제한들이 도입됐다. 붙잡힌 포로들은 끌려갔을 것이고, 일부 주민은 도망갔을 것이다. 하지만, 바빌론 유수 때처럼 주민 중 일부가 집단으로 유배되는 일은 없었다.

반란이 끝난 2세기 때에도 주민의 다수는 여전히 유대와 사마리아 주민이었다. 한두 세대가 지나고 나서 다시 유대는 번성하기 시작했다. 2세기 말~3세기 초에 농업 인구가 회복됐고, 작물 생산도 안정화됐다. 반란 뒤에도 유대 땅에서 유대인이 정상적으로 살아간 증거는 유대인 특유의 종교문화적 성취가 있었다는 데서 드러난다. 유대인의 정체성과 종교의 발전에서 무엇보다도 중요한 토라의 주석서인 미쉬나 총 6편이 220년에 완성됐다. 현재 유대교의 주류인 랍비 유대교가 완성 단계로 들어간 것이다. 랍비 유다 하-나시Judah ha-Nasi가 주도한 이때는 유대 종교문화의 황금시대로 꼽힌다.[4]

✡ 유대인 추방 신화는 유대교도의 종교적 자구책

　그렇다면, 로마의 예루살렘 성전 파괴에 이어 유대인이 유대 땅에서 추방되고 유배되었다는 신화는 어떻게 나온 것인가? 이는 유대교와 유대인이 기독교 문명 세계에서 탄압받는 소수 종교와 그 신자로 살아가야 하던 처지를 종교적 함의로 받아들이려고 했던 자구책에서 나온 것이라 할 수 있다.

　히브리대학교의 야곱 유발 교수는 유대인 유배 신화는 인간을 구원하려고 대신 숨진 예수를 구세주로 인정하지 않는 유대인들이 유배라는 처벌을 받고 있다는 기독교 신화 때문이라고 진단했다. 순교자 유스티노Justin Martyr, 100~165년의 저작에서 이런 반유대적 유배 이론이 처음 모습을 드러냈다. 유스티노는 바르 코크바 반란 이후 예루살렘에서 할례한 남자들의 추방을 신의 집단적 처벌로 연결했다. 그를 뒤따른 기독교도 저자들도 유대인들이 제 성지 밖에 머무는 것을 스스로 지은 죄에 대한 징표와 처벌로 간주했다. 이런 기독교의 유배 신화가

유대인의 전통으로 천천히 통합되기 시작한 것이다.[5]

유대교에서 갈라져 나온 기독교가 4세기에 로마 제국의 국교가 되자, 유대교와 유대인은 이단과 불신자로 낙인찍혔다. 제국 곳곳에 있던 유대교 신자들은 신이 내린 처벌로서의 유배라는 개념을 채택해, 자기 처지를 달래야 했다. 유대교는 자신들이 지은 죄 때문에 추방됐다는 기독교 억압자들의 담론을 받아들였지만, 유대교가 그런 담론에 기반해 내린 결론은 기독교도의 결론과는 달랐다. 기독교도들이 유대인에 대한 신의 처벌을 거부이고 버림이라고 생각한 반면, 유대인들은 "여호와께서 그 사랑하는 자들을 징계"(잠언 3:12)하는, 자신들의 특별한 '선택된' 지위에 대한 확인으로 여겼다. 그래서, 유대인이 추방된 곳의 민족들은 부정한 우상숭배자이다. 하느님이 무한한 자비로 그의 자식인 유대인들을 구원하고 죄를 벗겨줄 때까지 우상숭배자의 아첨과 마수는 모든 희생을 치러서라도 거부해야 한다.[6] 유대인이 겪는 추방 등 고난은 결국 구원이라는 보상으로 가는 과정인 것이다. 그래서 "내 아들아 여호와의 징계를 경히 여기지 말라 그 꾸지람을 싫어하지 말라. 대저 여호와께서 그 사랑하시는 자를 징계하시기를 마치 아비가 그 기뻐하는 아들을 징계함같이 하시느니라"(잠언 3:11~12)라고 추방을 신이 내리는 징계로 받아들였다.

✡ 유대인 추방 신화, 구원을 약속하는 이데올로기가 되다

자신들의 죄로 처벌받아서 유랑하는 유대인이라는 신화는 기독교도-유대인 사이의 증오의 변증법에 깊이 뿌리박혔고, 그 후 두 종교를

가르는 상징이 되었다.[7]

　유대교와 유대인 처지에서 더 중요했던 것은 '유배'라는 개념이 단순히 고국을 떠나는 데서 더 나아가 유대인 정체성을 규정하는 중요한 형이상학적 함의를 띠게 됐다는 것이다. 예루살렘에서 추방된 사람들의 후손임을 주장하는 것은 아브라함, 이삭, 야곱의 자손에 속하는 것이고, 이는 '선택된 백성'의 일원이 되는 데에 필수적이었다.

　유배는 또한 기독교의 강력한 패권 아래서 지내야 했던 유대교와 유대인의 고난을 종교적으로 해석하는 근원이기도 했다. 유대교는 예수가 자신을 희생해 가져온 세상의 구원이라는 기독교 교리를 거부한다. 유대교 신자들에게 기존의 세상은 여전히 고통스럽고, 진정한 메시아가 올 때까지 그 고통은 계속된다. 따라서 유배는 이런 고통의 세상에서 속죄하는 종교적 카타르시스의 한 형태이다. 그래서, 유배가 아닌 상태가 바로 구원이며, 이는 현세의 종말 때 온다. 유배는 고국에서 추방된 것이 아니라, 구원이 아닌 상태일 뿐이다. 구원은 다윗의 자손인 메시아 왕이 올 때에 도래한다. 이와 함께 예루살렘으로의 집단적 귀환도 이뤄진다. 죽은 자들도 부활해 예루살렘으로 모인다.[8]

　기독교라는 패권 종교 문화 속에서 탄압받는 종교적 소수자로 살아야 하는 유대인에게 유배는 일시적 패배를 뜻한다. 하지만, 결국은 구원의 미래라는 승리를 함의한다. 그런 미래는 인간의 시간 밖에 있다. 유대인들이 예루살렘을 갈망하지만, 결코 귀환하지 않았던 이유이다.

　유대인 유배를 2차 성전 파괴에 연관시킨 첫 번째 언급들은 바빌로니아 탈무드에서 나온다.[9] 바빌론 유수로 인해 생겨난 바빌론의 유대인 공동체는 기원전 6세기부터 존재해왔다. 이들은 바빌론 유수 초기에 "바벨론의 여러 강변 거기에 앉아서 시온을 기억하며 울었도다/

(…)/ 예루살렘아 내가 너를 잊을진대 내 오른손이 그의 재주를 잊을지로다/ 내가 예루살렘을 기억하지 아니하거나 (…) 내 혀가 내 입천장에 붙을지로다"(시편 137)라고 고향 땅을 갈망했다.

앞장에서 이야기한 대로, 이들은 유수 50년 만에 페르시아의 키루스 대제에 의해 귀환이 허락됐지만 대부분이 잔류했다. 기원전 2세기에 유대교 신정왕국이라 할 수 있는 하스모니아 왕조의 유대왕국이 성립돼 자신들의 종교적 이상을 펼칠 환경이 됐지만, 유대 땅으로 돌아오려고 하지 않았다. 로마에 의한 2차 성전 파괴는 1차 성전 파괴와 유배의 반복이고, 자신들의 바빌론 잔류는 영원하다는 종교적 함의가 된 것이다.

구원을 재촉하지 말고 그 구원이 나오는 근원, 즉 예루살렘으로 이주하지 말라고 명하는 유대교 율법이 여럿 있다. 바빌론 탈무드에서는 "이스라엘은 벽 위에 올라서서는 안 된다. 주께서 이스라엘에게 세상의 민족들과 맞서 싸우지 말라고 명했다. 주께서는 우상숭배자들에게 이스라엘을 노예로 삼지 말라고 명했다"(Tractate Ketubot 110: 72)라는 유명한 세 개의 서약이 있다. "벽 위에 올라선다"는 것은 성지로의 집단 이주를 의미한다. 그에 대한 명백한 금지 때문에 유대인들은 유배를 파기할 수 없는 신의 법으로 받아들이게 된다.

✡ 로마의 예루살렘 정복 전에 이미 이방에 퍼진 유대인들

유대인들이 이렇게 유배를 종교적 차원의 함의로 숙명적으로 수용한 것은 이방에서 산다는 현실의 산물이다. 그런데 제2성전이 로마에 파괴된 뒤에 유대 땅에서 유대인의 추방이라는 것은 없었는데, 이 방에 퍼진 유대인들은 어디에서 온 것인가?

　로마에 의한 예루살렘의 제2성전 파괴를 유대인 디아스포라의 시작이라 하지만, 그 이전에도 이미 지중해 지역 전역에는 유대인 공동체들이 있었다. 지중해 전역에 퍼진 유대인 공동체는 팔레스타인이 바빌로니아 이후 제국들의 영역으로 편입된 결과이다. 근동과 지중해 지역을 차례로 제패하는 바빌로니아, 페르시아, 알렉산드로스의 그리스, 그리고 로마 제국의 영역으로 팔레스타인도 복속되자, 유대인 역시 그 제국의 영역을 활동 무대로 삼을 수 있었다.

　바빌론 공동체는 전 세계 유대인 공동체의 시작이라 할 수 있다. 바빌론 공동체는 바빌로니아에 의해 강제로 끌려간 이스라엘 원주민에 의해 시작됐지만, 페르시아 키루스 대제가 허용한 고향 귀환에 참여한 바빌로니아 유대인은 거의 없었다. 이는 유대인의 이방 거주가 자발적 차원으로 굳어지기 시작했음을 말한다. 바빌론 유대인 공동체가 성서와 유대교 정립에 큰 역할을 한 데서 보듯이, 이방의 유대인 공동체는 유대인의 정체성이 만들어진 곳이다.

　바빌로니아 이후 이방의 유대인 공동체가 본격적으로 시작된 곳은 이집트이다. 이집트 나일강 아스완댐 부근에 있는 엘러팬틴(코끼리) 섬에는 기원전 5세기에 페르시아에 의해 고용된 유대인 용병들이 주둔한 요새가 있었다. 19세기 말 이 섬에서 발굴된 진흙 도기에서 파피루스 편지 다발이 발견되면서, 이 유대인 용병 요새의 존재가 밝혀졌다. 이곳 요새 책임자와 예후드(페르시아 치하의 팔레스타인 명칭) 총독 사이의 서신, 그리고 용병들이 개인적으로 주고받은 편지들은 당시 생활상, 특히 이집트의 유대인 공동체 양태를 잘 드러냈다. 기원전 475년에 한 병사가 아버지와 주고받은 편지를 보면, 이 가족들이 모두 이집트에 정착해 산 지가 오래됐음을 짐작할 수 있다.[10]

예후드 총독과의 서신에서는 신전이 무너진 것을 논의하고 있는데, 최전선 변경에 주둔하고 있는 용병들이 신전까지 갖추고 종교 행위를 했다는 것을 알 수 있다. 유대인 공동체를 형성하고 있다는 얘기이다. 성서에서도 관련 대목이 나온다. 예레미야서를 보면, 유대 주민들이 제1성전 파괴 뒤에 이집트에 정착했는데, 곧 우상숭배를 해서 신에게 벌을 받았다는 대목이 있다.(예레미야서 44) 바빌로니아의 남유다 정복 이후 지중해 세계로 퍼져나가는 이스라엘 원주민들에게는 아직 확실한 유일신교가 자리 잡지 못하고 있음을 말해준다.

이집트 등 동지중해 지역에서 유대인 공동체가 폭발적으로 늘어나는 빅뱅은 알렉산드로스의 그리스 제국이 페르시아를 무너뜨린 헬레니즘 세계의 개막이었다. 다양성, 개방성, 포용성의 헬레니즘 세계에서 교역과 사상의 물결이 제국 전체에 넘쳐났다. 이스라엘 원주민들도 국경이 허물어지고 자유로운 사상이 넘쳐나는 헬레니즘 세계의 각지로 진출했을 뿐 아니라 그 환경에서 유대교와 유대인이라는 정체성을 확립하게 된다.

알렉산드로스가 세계의 수도로 건설한 이집트의 알렉산드리아는 바빌론을 능가하는 최대 유대인 공동체가 됐다. 헬레니즘 세계가 성립된 지 200년이 되는 기원전 1세기 초가 되면, 알렉산드리아의 철학자 필로 유데우스는 이집트의 유대인 수가 100만 명이 된다고 말했다. 과장된 추정이지만, 당시 이집트의 유대인 수는 같은 시기 유대 왕국의 인구 정도가 됐을 것으로 봐도 무방하다는 평가이다.[11]

이집트의 서쪽인 키레나이카(현재 리비아의 동부 지역), 소아시아에도 유대인 신자가 상당히 많았다. 셀레우코스 왕조의 안티오코스 3세가 바빌로니아에서 유대인 용병들의 2천여 가족들을 데려와 리디아(현재 튀르키예 아나톨리아 서부 지역)와 프리기아(아나톨리아 중서부 지역)에 정착시켰다고 요세푸스는 적고 있다.

기원전 1세기 중반부터 지중해 전역에서 패권을 잡기 시작한 로마와 함께 유대인의 진출도 확장됐다. 안티오크, 다마스쿠스 등 근동에서 큰 유대인 공동체들이 나타났다. 에페소스(에베소, 튀르키예의 에게해 연안 그리스 고대 도시), 살라미스, 아테네, 테살로니키, 코린트 등 그리스 지역을 시작으로 유럽으로도 퍼져나갔다.

로마에 유대인이 많다는 불평도 나왔다. 서기 59년 로마의 유명한 웅변가 키케로는 "대중집회에서 그 집단이 얼마나 수가 많고, 그들의 의견일치가 얼마나 크고, 그 비중은 어느 정도인지는 알지 않나"며 유대인들이 몰려다니는 것을 불평했다.[12] 요세푸스도 그리스의 역사학자이자 지리학자인 스트라보의 말을 전한다. "이 유대인들은 이미 모든 도시로 들어가 있어서, 이 종족을 인정하지 않는 것도, 거주할 수 있는 땅 위에서 그들이 소유하지 않은 장소를 발견하기도 힘들다."

예루살렘 2차 성전 파괴를 전후한 시점에서 유대교도들은 로마 제국 전역과 동방의 파르티아에 퍼졌다. 유대에 거주하는 주민보다 이방의 유대교도가 훨씬 더 많았다. 유대인 공동체는 주로 대도시에서 번성했으나, 소읍과 마을에도 퍼져나갔다.

로마의 유대인 인구가 얼마나 됐는지에 대해서는 여러 의견이 있다. 20세기 미국의 최고 유대사학자라는 샐로 배런Salo Baron, 1895~1989년은 800만 명, 영어권에서 가장 대중적인 유대사 책 가운데 하나인 《유대인, 하느님, 그리고 역사Jews, God And History》의 저자 맥스 디먼트Max

Dimont, 1912~1992년는 700만 명이라고 주장했다. 700만~800만 명은 당시 로마 제국 인구의 10퍼센트에 해당한다. 이는 분명 과장된 평가이다. 유대교도가 대도시에 몰려 있어 당시의 식자층 사이에서는 그 존재 자체가 크게 보였던 게 이런 평가를 자아낸 것으로 보인다. 독일 베를린에서 인구통계 업무를 담당했던 시오니즘 지도자 아르투르 루핀Arthur Ruppin, 1876~1943년, 자유주의 신학자이자 초기 교회사 석학인 아돌프 폰 하르나크Adolf von Harnack, 1851~1930년는 그 절반인 약 400만 명 정도로 추산했다.

확실한 것은 기원전 150년부터 서기 70년까지 지중해 세계에서 유대교도가 폭발적으로 늘어났고, 그 공동체들이 퍼져나갔다는 것이다. 당시 유대 지역 인구가 70만 명 정도였는데, 그 5배 정도의 유대교도가 이방에서 거주한 셈이다.

✡ 이방의 유대교도는 팔레스타인에서 기원했나?

주류 유대사가들은 이방에서 유대교도가 폭발적으로 늘어난 것은 기원전 8세기 아시리아의 북이스라엘 정복으로 시작된 이스라엘 원주민의 강제적 이산의 결과라고 주장한다. 즉, 400만여 명의 유대교도는 고국 땅을 떠날 수밖에 없었던 이스라엘 원주민의 후손이라는 것이다. 요세푸스 이후 유대사를 유대인 관점에서 처음으로 기술해 현대 유대사가의 아버지라고 불리는 하인리히 그래츠Heinrich Graetz, 1817~1891년는 유대인이 고난을 자신들의 도약으로 만든 것이라고 설명한다.

"잔인한 운명이 그들을 고국에서 쓸어내버리려고 했다. 하지만, 이 이산은 신의 섭리의 작품이었고, 축복으로 증명됐다. (…) 그리스 식민지들이 여러 민족에게서 예술과 문화에 대한 사랑을 발화시키고, 로마의 정착지들이 많은 땅에서 법으로 통치되는 공동체들을 탄생시킨 것처럼, 가장 오래된 문명화된 민족의 광범위한 이산은 이교도 세계의 오류를 제거하고, 관능적 악행들과 싸우는 데 기여했다."[13]

그래츠는 유대인 이산이 외부의 강제적 요인에 의한 것이었으나 그 전개와 결과는 그리스나 페니키아의 해외 진출 같은 것이었다고 지적했다. 그러나 유대인들이 그리스와 페니키아인들처럼 해외로 이주했는지는 의심스럽다. 고대에 인구 성장률은 높지 않았고, 사실상 정체 상태였다. 고고학적 분석이나 당시의 생산력을 감안하면, 유대 지역의 적정 인구는 50만 명 안팎이고 열심당원의 반란 전후 인구는 70만 명으로 추정된다. 이방으로 나간 이스라엘 원주민이 많고 그들의 인구 성장률이 아무리 높다고 해도, 400만 명의 유대교도라는 수치 자체가 불가능했다. 이스라엘 원주민만이 유독 출산율이 높을 수는 없는 노릇이다.

그리스와 페니키아는 해양민족들이었다. 뱃사람과 상인이 많았던 그리스나 페니키아는 그들의 생활 양식에 따라 지중해 연안 지대에 진출해 식민지를 개척했다. 반면, 이스라엘 원주민 다수는 농민이고, 바다는 그들의 무대가 아니었다. 농민들이 땅을 떠나기는 힘든 데다, 이방으로 이주해도 대부분 농업에 종사한다. 그런데 주류 유대사가들이 이방의 유대인 공동체라고 주장하는 이들은 대부분 대도시에 살고, 상업에 종사했다. 배를 이용하는 무역업에 종사하는 이도 많았다. 농업에 종사하는 공동체는 찾을 수가 없었다.

게다가 그리스 및 페니키아가 건설한 식민지와 공동체에서는 여전히 모국어를 썼다. 반면, 기원 전후 지중해 지역이 유대인 공동체는 유대 지역에서 사용하는 히브리, 혹은 아람어를 거의 쓰지 않았다. 현지의 언어가 통용됐다. 성서 역사에서 가장 중요한 사건 중 하나인 《70인역 성경》도 이 문제를 배경으로 한다. 기원전 250년경에 당시 그리스어로 번역된 《70인역 성경》에서 "부정할 수 없는 사실은 알렉산드리아, 안티오크, 다마스쿠스, 아테네 같은 도시의 유대인들이 히브리어를 잊어버리고 그리스어로 말하기 시작했다는 것이다."[14] 이들은 히브리어나 아람어를 잊어버린 것이 아니라 애초부터 몰랐던 것은 아니었을까? 이들은 이스라엘 원주민들의 후손이 아니라, 헬레니즘 세계에서 공용어였던 그리스어를 타고날 때부터 썼던 현지 토착 주민들이 아니었을까?

✡ 기원 전후 지중해 세계에 확산된 유대교 개종

기원 전후 지중해 세계 전역에서 유대교도가 폭발적으로 증가한 현상은 개종을 빼놓고는 설명이 안 된다. 이교를 믿던 현지 주민들이 개종해서 유대교도가 된 것이다.

기원전 3세기에 알렉산드리아에서 그리스어로 번역된 《70인역 성경》제작은 이스라엘 원주민 사이에서 발전해오던 야훼교가 '유일신교로서의 유대교'라는 모습과 정체성을 갖췄음을 말해주는 사건이었다. 경전인 성서가 다른 언어로 번역될 정도로 안으로 교리가 확립되고, 밖으로 나갈 준비가 됐다는 것이다. 그 후 300년간 유대교는 지중해 전역으로 퍼져나가, 서기 1세기 중반이 되면 로마 제국 인구의 7퍼센트 내외를 포섭하는 거대 신흥 종교가 됐다.

이스라엘 원주민이 믿던 야훼 신앙은 기원전 7세기 남유다 왕국 요시야 왕 때 예루살렘 신전에서만 야훼를 섬기는 일종의 종교운동이 일어나면서, 배타적 형태의 유일신교 모습을 갖추기 시작했다. 남유다 왕국의 멸망으로 바빌로니아 제국의 수도 바빌론으로 끌려간 남유다 왕국 성직 엘리트들에 의해 이 신앙은 기원전 5세기부터 유일신교로서의 내용과 형태를 본격적으로 갖춰갔다.

성서도 이때부터 본격적으로 제작됐다. 페르시아의 일신교인 조로아스터교, 그리스 철학에 바탕한 헬레니즘 문화가 차례로 유대교의 내용과 형태를 갖추는 데 결정적 역할을 했다. 페르시아 제국 말기부터 밖으로 전파되기 시작한 유대교는 헬레니즘 세계가 성립되자 그 문화 네트워크를 따라서 퍼져나갔다. 그 후에는 지중해 연안 로마의 도로를 따라서 폭발적으로 영토를 넓혀갔다.

개종을 통한 유대교 전파에 결정적 역할을 한 것은 기원전 2세기에 성립된 하스모니아 왕조의 유대 왕국이었다. 하스모니아 왕조 자체가 다신교 문화에 저항하는 유대교 사제들이 주도한 봉기로 성립됐다. 왕조가 들어선 뒤 즉위한 왕들 역시 사실상 사제 계급이었다. 하스모니아 왕조는 의심할 여지가 없이 최초의 유일신교 왕국이었고, 사실상의 신정일치 왕국이었다. 유일신교가 정부와 결합하고 사제가 주권자가 된 것은 하스모니아 왕조가 최초라 할 수 있다.[15]

하스모니아 왕조에서 유대교 전도는 공식 정책이 됐다. 신정일치 왕조에서 국가의 팽창은 바로 국교의 전파와 같은 말이었다. 사마리아, 갈릴리, 에돔, 이두매 등 유대 인근 지역을 정복해 영역을 넓히고 그 주민을 유대교도로 강제로 개종시켰다.

하스모니아 왕조 아래서 유대교는 헬레니즘 문화의 명암 모두를 확장 배경으로 삼았다. 헬레니즘 문화의 다양성, 개방성, 포용성은 배타적인 유일신교인 유대교에도 내용과 공간을 넉넉히 제공했다. 부족적 신앙인 야훼교의 잔재가 남아 있는 유대교를 보편주의적 가치로 무장하는 보편적 종교로 가는 길을 열었다. 자유분방하고, 구속력이 없고, 현세의 쾌락을 추구하는 헬레니즘 문화에서 살던 당대의 대중에게 유대교는 곧 소구력을 가졌다. 현세에서 도덕적 삶을 통해 내세의 구원을 얻는다는 유대교의 메시지는 삶에 지친 이들에게 위안과 안식의 도구가 됐다.

쾌락주의 문화의 위기, 집단적 가치에 대한 믿음의 부재, 제국의 행정체계를 오염시키는 타락 아래서 대중과 사회는 엄격한 규율 체계, 위로와 평안을 주는 제례 의식 등을 갈망했다. 유대교가 그런 욕구를 충족했다. 안식일, 상과 벌의 개념, 사후에 대한 믿음, 무엇보다도 부활이라는 초월적인 희망은 많은 사람을 끌어당겼다. 이에 더해, 공동체 정서도 제공했다. 제국이 확장하는 과정에서 과거의 정체성과 전통이 침식당했고, 그 결과로 옅어지던 공동체 정서를 대중은 유대교에서 찾았다.[16]

요세푸스는 《유대 전쟁사》에서 당시 유대교의 확산을 전했다. 로마 군인과 관리는 열심당원 반란이 진압된 뒤 다마스쿠스에서도 유대인을 학살하려고 했지만, 유대교에 빠진 부인들 때문에 주저했다고 전한다. 현재 이라크 쿠르디스탄 지역에 있던 아디아베네 왕국의 왕비 헬레나와 왕자 이자테스가 유대교로 개종했고, 적지 않은 백성도 유대교도가 됐다.

유대교는 특히 여성에게 빠르게 퍼졌다. 로마에서는 귀족 상류층 여성들도 신자가 됐다. 현재의 영국인 브리튼섬을 정복했던 아울루스 플라우티우스Aulus Plautius의 아내 폼포니아 그래시나Pomponia Graecina는 유대교도로 개종했다는 이유로 이혼당하고 재판까지 받았다. 네로 황제의 둘째 부인 포파에아 사비나Poppaea Sabina가 유대교도라는 것은 공공연한 비밀이었다. 상류층뿐만 아니라 도시 하류층, 그리고 병사와 해방된 노예 사이에서도 유대교는 자리를 잡았다.

유대교는 로마를 중심으로 로마 제국이 병합한 다른 유럽 지역, 즉 슬라브, 게르만, 남부 프랑스, 스페인으로 퍼져나갔다. 이는 유대인이 유럽에서 자리를 잡게 되는 원형을 제공했다.

로마 제국에서 유대교가 아무런 제지 없이 퍼진 것은 아니었다. 로마가 다른 종교에 대해 관대했던 덕분에 유대교도 합법이었다. 하지만, 유일신교의 배타성, 그리고 유대교도들이 다른 사람들을 개종시키려 하는 경향이 점차 문제가 되었다. 특히 유대교 개종자들이 로마의 신들을 거부하자, 신관들은 이를 기존 정치 질서에 대한 위협으로 받아들였다. 로마의 위정자들은 기원전 139년, 서기 19년, 49~50년에 걸쳐 세 차례나 유대교도를 로마에서 추방하는 조처를 내렸다. 유대교에 대한 로마의 입장과 조처는 이들이 나중에 기독교에 대해 어떻게 대처할지 미리 보여주는 것이었다.

✡ 유일신교 운동의 패권을 쟁취한 기독교에 밀려난 유대교

지중해 세계에서 유대교 확산이 절정에 이르던 때에 벌어진 로마-유대 전쟁은 지중해 세계의 거대한 유대화 물결을 종식시키는 계기가 됐다. 이 전쟁들 자체가 유대교 탄압을 불러온 것은 아니었다. 유대교의 기세가 꺾인 것은 이 전쟁을 계기로 새로운 유일신교 운동이 모습을 드러냈기 때문이다. 기독교였다.

유대교가 성장하면서 내부에는 이미 다양한 분파가 출현했다. 기독교의 구세주인 예수가 나타날 때 유대교는 율법 중심주의인 바리새파, 성전제례를 중시하는 사두개파, 금욕적 수련을 앞세우는 에세네파로 나뉘어 있었다. 곧 예수를 따르는 무리들도 출현했다. 이들은 이스라엘 원주민 중심의 기존 유대교 전통과 결별하기 시작했다. 바울이 지휘하는 이 유대교 분파가 이방의 비유대인을 향한 전도에 초점을 맞추기 시작했다는 의미였다. 이 분파는 이방의 비유대인을 신자로 확장하면서 기존의 유대교와는 다른 정체성을 보이기 시작했고, 곧 기독교라는 종교로 진화해갔다. 1세기 중반부터 2세기 초반까지 벌어진 세 차례의 유대인의 대로마항쟁이 끝나면서, 유일신교 운동은 랍비 유대교와 바울 기독교로 나뉘었다. 그리고 그 주도권은 기독교로 급속히 넘어갔다.

유대교는 예루살렘 성전이 아닌 이방 각지의 유대인 공동체에 세워진 시나고그(유대교 회당)에서 율법학자인 랍비가 주도하는 랍비 유대교로 모습을 갖추기 시작했다. 랍비 유대교는 밖으로의 포교보다는 안에서 기존 신자들을 챙기는 데 주력할 수밖에 없는 상황이었다. 랍비 유대교는 토라의 율법을 해석하는 미쉬나와 탈무드를 세상에 가져와서, 유대인의 삶을 규율해갔다.

반면 바울의 기독교는 기존 유대교의 할례나 음식율법 등을 모두 벗어던지고는 문턱을 낮추었다. 율법이 아니라 믿음으로 구원이 이뤄진다며, 바울 기독교는 믿음을 강조하는 공격적인 포교에 나섰다. 기원 전후 지중해 세계에서 유대교가 걸어갔던 길을 기독교가 이어받게 된다. 이는 유대교가 먼저 걸어가며 닦아놓았던 길, 즉 전도와 개종의 인프라를 물려받은 것이었다. 기독교의 공격적인 포교는 기존의 유대교가 닦아놓았던 길이 없었다면 불가능했을 것이다. 그렇게 유일신교 운동의 패권은 기독교로 넘어가게 됐다.

서기 135년 바르 코크바의 반란이 진압된 뒤에도 유대교는 여전히 세력을 유지했지만, 개종자 수가 줄면서 포교의 동력은 약해졌다. 무엇보다도, 전쟁 전까지는 구분이 힘들던 유대교와 기독교가 정체성을 다르게 드러내기 시작했다. 대중도 이를 알 수 있게 됐다. 유대교로 인해 대중에게 이미 불붙은 유일신교에 대한 관심과 열망을 기독교가 흡수하게 된다.

지중해 전역에서 유대인의 수는 이슬람이 도래할 때까지 안정적으로 유지되기는 했지만, 3세기부터 서서히 줄기 시작했다. 바빌로니아와 서부 북아프리카에서 유대인 수가 줄어든 이유는 봉기로 인한 사망자나 이교로의 개종 때문이 아니었다. 기독교로 개종했기 때문이었다. 4세기에 기독교가 로마의 국교가 되자, 유대교의 확장 동력은 멈춰섰다.[17]

기독교를 국교로 선포한 콘스탄틴 황제는 유대인으로 태어나지 않은 남자의 할례를 금지하는 등 유대교에 족쇄를 채우기 시작했다. 유대교도는 자기 노예를 할례 등을 이용해 유대교도로 개종시키는 것이 불가능해졌다. 또 유대인은 기독교도 노예를 소유할 수도 없게 됐다. 이를 어기면 모든 재산이 몰수되는 처벌을 받았다. 유대교도로 개종하는 것 또한 모든 재산을 잃을 위험을 감수해야 했다. 콘스탄틴을 이은 황제는 유대교로 개종한 여성들의 세례 의식을 금지하고, 유대인 남성이 기독교 여성과 결혼하는 것도 금지했다. 기독교로 개종한 유대인에게 위해를 가하면, 화형에 처했다.[18]

그리스, 로마의 이교 세계에서 유대 신앙은 비록 탄압을 받기는 했지만 존경할 만한 합법적 종교였다. 하지만, 기독교가 제패한 로마에서는 유대교는 점점 유해하고 경멸스러운 사교 취급을 받았다. 기독교 교회는 유대교를 박멸하려고 하지 않았다. 오래전에 추종자가 사라진 낡고 비천한 존재로 보존하기를 원했다. 유대교를 기독교 승리의 증거로 남겨두려는 의도였다.[19]

✡ 기독교 세계에서 유대교의 생존 전략

기독교 세계에서 유대인은 성서에 적혀 있는 대로 하느님이 자신의 계시를 드러내는 도구인 '특별한 민족' '선택된 민족'이었다. 하지만, 그들은 예수를 거부했다. 그래서 저주받고, 천한 신분으로 떨어지는 징죄를 받았다. 유대인은 세상을 구원하는 재림할 예수를 인정할 때까지 그런 징죄의 상태에 처해 있는 존재이다. 즉, 기독교 세계는 예수가 재림해 세상을 구원하는 기독교의 승리를 증거하는 도구로 유대인은 남겨둔 것이다.

이미 기독교와의 경쟁에서 밀려난 랍비 유대교로서도 기독교의 패권 아래서 유대인 공동체를 보전해야 한다는 과제가 더 절박해졌다. 랍비들은 비유대인에 대한 개종을 포기하는 율법을 만들었다. 기독교가 득세한 상황에서 유대교 개종자를 확보하는 것 자체가 기존 교도들에게 위험을 부를 가능성이 있었다. 무엇보다도 랍비들은 유대교에 너무 많은 이방인 개종자가 생기면 앞으로 유대인으로 생존하려는 의지가 약해질 것을 두려워했다. 이방인과 기독교도는 유대교도가 되려면 유대인의 허락을 받아야 했다.

더 나아가 랍비들은 기존의 개종 흔적을 지우려 했다. 모든 유대인은 팔레스타인에서 추방되어 유배된 이스라엘 원주민의 후손이라는 신화를 만들어냈다. 모든 유대인 공동체 성원이 타고난 유대인이라는 의식을 불어넣어야만, 기독교의 공세와 탄압 앞에서 유대인 공동체를 유지할 수 있었기 때문이다. 예루살렘이 있는 그 '약속의 땅'은 모든 유대인이 팔레스타인을 떠나온 이들의 후손임을 말하는 기제이다. 다만 팔레스타인은 영적인 고향으로만 남아야 했다. 그래서 팔레스타인을 찾아서 유대 국가를 세운다는 계획을 포기하는 율법도 만들었다.

모든 유대인은 팔레스타인에서 추방된 이들의 후손이라는 신화가 20세기 들어 더욱 강력해진 것은 정치적 시오니즘 때문이다. 영적인 고향으로 남아 있던 팔레스타인을 이제는 현실에서 돌아가야 할 국가 건설지로 바꾸려 했기 때문이다. 유대인은 팔레스타인에서 추방된 이들의 후손이라는 종교적 담론을 '역사적인 사실'로 탈바꿈시킨 것이다.

4장

유대인 공동체의 형성과 확산

유대인 공동체는
어떻게 퍼져나갔나?

"긴 머리, 신앙심, 잔학함으로 유명한 아라비아의 왕 유수프 아사르 야타르(일명 두 누와스)가 악취 진동하는 전장을 뒤로한 채 피로 얼룩진 백마를 타고 홍해의 해안가로 내달렸다. 적군에 패해 도망치는 그의 등 뒤로는 승리한 기독교군이 재물을 강탈하고 왕비를 사로잡기 위해 왕궁 쪽으로 진격하고 있을 터였다. 정복자가 그에게 자비를 베풀 이유는 없었다. 유수프는 기독교도들에게 그 정도로 악명이 자자했다. 2년 전 아라비아 남서 지역을 그가 믿는 신앙의 근거지로 삼기 위해, 그 지역의 기독교 중심지 나지란을 점령한 뒤에 벌인 학살이 요인이었다. 유수프가 10년도 채 못 되는 기간을 단속적으로 지배한 홍해 연안의 힘야르 왕국의 경계를 한참 벗어난 지역의 기독교도들에게 그가 자행한 일은 가히 충격과 공포 그 자체였다. (…) 유수프의 만행까지 용서되지 않았다. 기독교 왕국 에티오피아(악숨)의 대군이 홍해를 건너와, 힘야르군을 궁지에 몰아넣은 뒤 교전 끝에 패주를 시킨 것이다. (…) 하느님의 선택된 예언자에게 부여된 율법에 복종한 것도 그를 파멸에서 구해주지 못했다. 유수프가 천천히 말을 앞으로 몰아갔다. 그렇게 물살을 헤치며 나아가다가 육중한 갑옷 무게에 눌려 그는 수명 밑으로 가라앉았다. 아라비아를 지배한 최후의 유대인 왕 유수프 아사르 야타르는 이렇게 생을 마감했다."[1]

영국의 대중적인 역사 논픽션 작가 톰 홀랜드가 쓴《이슬람 제국의 탄생》은 현재 예멘에서 서기 6세기 초까지 번성했던 유대 왕국인 힘야르의 군주 유수프의 최후를 묘사하면서 시작한다. 100여 년 뒤 출현할 이슬람과 그 제국의 기원을 파헤치는 데 역사에서 잊힌 아라비아의 한 유대 왕국의 최후로 시작한 것은 유대교가 미친 영향력 때문이다.

서로마 제국이 멸망하고 이슬람 제국이 출현하기 전까지인 '고대 후기late antiquity'는 향후 인류의 문명에 큰 축이 되는 유일신교가 본격적으로 전파되며 정체성을 확보하던 시기였다. 우리는 앞서 유대교가 예수 시대 즈음에 이미 지중해 연안으로 확산돼 많은 개종자가 생겨났다는 것을 확인했다. 이것은 유대인의 디아스포라가 로마의 팔레스타인 정복 때문이 아니라 그 전후로 진행됐던 유대교 포교에 따른 유대교도의 확산 때문임을 말해준다. 유대교는 기독교의 출현으로 유일신교 운동에서 주도권을 잃기는 했지만, 여전히 많은 신도와 세력을 유지했다.

홀랜드는 "유수프 군대와 에티오피아 군대 사이의 충돌에도, 다투기 좋아하는 군 지도자들의 야망을 상회하는 문제가 걸려 있었다"며 "유대교의 대의를 위해서 싸우는 측과 그리스도의 이름으로 싸우는 측 간의 차이는 화해 불가능할 정도로 컸다. 두 왕국 모두 자신들이 숭배하는 신이 유일신이라 믿었고, 그것이 양쪽의 대립을 격화시켰다"

고 지적했다. 그는 "신을 특별하게 해석하는 이런 열정이 남부 아라비아는 물론 문명 세계 전역에서 수백만 사람들의 삶을 결정짓는 정서가 되었다"고 지적했다.[2]

홀랜드는 이슬람은 아라비아의 척박한 사막 한가운데에서 탄생하지 않았다고 주장한다. 유일신 개념이 논쟁을 통해 정교해지던 당시 제국들의 중심이던 현재 이라크나 시리아의 도시 지역이 배경이라는 것이다. 특히, 유대교 랍비 등 율법학자들이 전파하던 유일신 개념과 교리가 결정적이었다.

✡ 팔레스타인 밖의 최초 유대교 왕가 아디아베네

힘야르 왕국처럼 유대교가 왕이나 지배 엘리트에 의해 신봉되거나, 국교 차원으로까지 수용된 왕국들도 있었다. 유대교 개종자가 늘어나는 데 이곳들이 큰 역할을 했음은 물론이다. 기독교와 이슬람이라는 양대 패권 종교가 확립되면서 이 왕국들이나 세력들은 주목받지 못하거나 잊혔다. 이들 왕국이 쇠망하면서, 유대교를 믿던 주민은 대개 기독교나 이슬람으로 개종했지만, 여전히 유대교도로 남은 이들도 있었다. 이들은 지중해와 중동 전역에 퍼져 있던 유대교 공동체를 구성하는 한 기원이 됐다.

팔레스타인 지역 이외에서 통치 세력들이 유대교를 신봉한 최초의 국가는 기원후 1세기 아디아베네Adiabene이다. 요세푸스의 《유대고대사》를 비롯해 몇몇 문헌에는 아디아베네 통치자들의 유대교 개종 이야기가 담겨 있다. 아디아베네는 '비옥한 초승달' 지대 북쪽, 현재의 쿠르드족 거주 지역인 쿠르디스탄에서 아르메니아 근처까지 걸친 지역, 즉 북부 메소포타미아에 자리했던 나라이다.

기원전 2세기 중반부터 왕국으로 존재하던 아디아베네는 당시 중근동의 지배적인 종교인 이교를 믿다가, 서기 1세기 중반에 왕비 헬레나Helena의 주도로 지배층의 유대교 개종이 일어났다. 국왕인 모노바주스 1세Monobazus I의 부인이자 누이였던 헬레나는 남편이 죽자 서기 30년에 아들인 이자테스Izates와 함께 유대교로 개종했다. 이자테스가 왕위에 오른 뒤, 동방의 관례대로 다른 형제들은 투옥되고 죽음에 처할 위기에 빠졌다. 하지만, 헬레나와 이자테스는 유대교의 교리에 따라 그들을 인도적으로 대해서 로마로 보냈다.[3]

헬레나가 주도한 유대교 개종이 아디아베네에서 순조롭게 진행되지는 않았다. 요세푸스에 따르면 귀족들은 통치 가문의 개종에 분노했고 반란까지 일으켰으나, 이자테스에 의해 진압됐다. 이를 계기로 왕가의 다른 사람들도 유대교로 개종했다. 귀족들이 반란을 일으킨 데서 보듯 아디아베네에서 유대교 개종은 보편적이지는 않았던 듯싶다. 다만, 아디아베네에서 왕가의 유대교 개종은 유대교가 팔레스타인 지역 유대인만의 전유물이 아니라 다른 지역에서도 유력한 종교로 번져나가고 있었다는 명확한 추세를 보여준다.

✡ 아라비아반도 홍해 교역로를 지배한 유대교 왕국, 힘야르

현재의 예멘이 있는 아라비아반도 남동단에 자리했던 힘야르는 기원전 110년부터 존재했던 고대 왕국이다. 힘야르는 홍해에서 인도

양으로 나가는 길목에다가 아라비아반도와 아프리카 대륙을 접한 요충지여서, 동서 교역에서 중요한 역할을 했다. 이 때문에 힘야르에서는 다양한 인적·물적·사상적 교류가 이뤄졌고, 자연스럽게 유대교도 전파됐다.

　이교가 지배적인 종교였던 힘야르에서 왕가 등 지배 엘리트가 유대교로 개종한 것은 서기 380년께로 기록되고 있다. 아라비아반도에서 유대교의 전파는 이미 그 이전부터 진행되고 있었다. 이슬람의 선지자 무함마드가 선교 초기에 유대인과 협력하거나 갈등했다는 역사적 사실에서 보듯이, 유대교는 메디나 등지의 아랍 부족들 사이에서 전파되고 있었다. 아라비아반도 지역에서 유대교가 부족 차원이 아니라 국가 차원에서 수용된 것은 힘야르의 지정학적 이해가 반영된 것으로 해석되고 있다.

　힘야르의 왕가가 유대교로 개종하던 4세기 후반은 중근동의 양대 제국인 비잔틴 제국과 사산 제국이 격돌하던 때이다. 당시, 비잔틴 제국은 테오도시우스 대제 때 기독교를 국교로 채택했다. 사산 제국에서는 조로아스터교와 마니교가 성행하고 있었다. 힘야르는 경쟁하던 두 제국 사이에서 원만한 교역 관계를 지키는 중립을 유지하려 했고, 이런 지정학적 이해관계가 유대교 개종으로 이어졌다. 특히, 홍해와 아라비아해 교역권을 놓고 숙명적인 경쟁을 벌이던 에티오피아 악숨 왕국이 328년에 기독교 왕국으로 바뀌어 비잔틴 제국과 우호관계를 맺은 주변 정세가 큰 영향을 끼쳤다.

　비잔틴 제국은 인도와의 향료 교역을 노리고 오랫동안 홍해 연안을 차지하려고 했다. 주민들을 기독교로 개종시켜서 속주로 만들려는 노력은 아라비아 북부 지역에서 그치고, 교역의 결정적인 요충지인 힘야르에서는 성공하지 못했다. 힘야르의 국왕 아부 카리브 아사드Tub'a Abu Kariba As'ad, 재위 기간 390~420년가 점차 커지는 비잔틴 제국의 위협에 대처하고자 북부 아라비아로 군사원정을 나선 것이 유대교 개종의 계기로 전한다.

아부 카리브는 아라비아반도의 교역 중심지 중 하나인 야트리브, 즉 현재의 메디나를 공략하다가 그 지역 유대인들의 중재로 평화협정을 맺고 철수했다. 야트리브에는 유대인 세력이 적지 않았다. 이들은 아부 카리브의 군사작전에 적극 동참했고, 결국 평화협정을 끌어내는 데 결정적인 역할을 했다. 아부 카리브는 힘야르로 돌아가는 길에 유대교 현자 두 명을 동행시켜, 유대교로 개종했고, 주민들에게도 개종을 요구했다. 아부 카리브의 개종 배경에는 다목적인 정치적 계산이 있었음이 분명하다. 비잔틴 제국과 사산 제국이라는 양대 제국 사이에서 균형 관계를 유지하는 한편 아라비아 전역에 퍼져 있던 유대인 세력의 지지도 얻으려는 포석이었다.

힘야르에서 유대교는 부침이 있었다. 하지만, 4세기의 마지막 사반세기부터 6세기의 첫 사반세기까지, 즉 하스몬 왕국의 존속 기간과 거의 맞먹는 120~150년 동안 힘야르는 강력한 일신교 유대 왕가의 통치를 받았다.[4] 이는 힘야르에서 유대교가 왕가뿐 아니라 귀족, 일반 주민들 사이에서도 광범위하게 자리를 잡은 신앙이었다는 얘기이다. 힘야르에서 유대교가 번성한 이유는 이 나라의 생명선인 향료 등의 교역권과 연관이 있다. 비잔틴 제국은 이 교역권을 차지하려 했고, 비잔틴 제국의 우호국인 에티오피아의 악숨 왕국이 그 대리 세력으로 힘야르를 위협했다. 힘야르의 유대 왕가는 비잔틴 제국과 악숨 왕국에 맞서 이 이권을 보호하는 데서 단호했다. 귀족과 일반 주민의 이해와도 일치했기 때문이다.

이런 갈등은 힘야르와 악숨 왕국 사이의 끊임없는 분쟁으로 이어졌고, 결국 힘야르 왕국이 몰락하는 배경이 되기도 했다. 교역권을 둘러싼 분쟁은 유대교와 기독교의 종교 전쟁 형태로 힘야르 내에서도 불거졌다. 비잔틴 제국과 악숨 왕국이 배후인 기독교 선교를 힘야르의 유대 왕가들은 잔인하게 탄압했고, 이는 악숨의 침공과 보복을 불렀다. 힘야르의 마지막 통치자 유수프가 몰락하게 된 배경도 기독교도가 다수였던 북부 도시 나지란에서 일어난 반란이었다. 유수프가 이 반란을 잔인하게 진압하자, 악숨 왕국은 이에 대한 보복을 구실삼아서 힘야르를 침공했다. 악숨 왕국은 비잔틴 제국으로부터 배를 제공받는 등의 지원을 받고 홍해를 건너왔다. 유수프는 길고 암울한 싸움 끝에 525년에 패배했다. 수도 자파르는 파괴됐고, 왕족 50명이 포로로 잡혀갔다. 이로써 아라비아반도 남부의 유대 왕국의 명맥은 끊겼다.

우리가 아는 사실은 힘야르의 유대 공동체는 에티오피아 및 그 이후 페르시아의 치하에서도 계속 존속했다는 것이다. 이슬람 예언자 무함마드의 군대가 이 지역에 왔을 때에도 지역민을 이슬람교로 개종시키려는 강압은 없었다. 힘야르의 유대교 신자 다수는 그 이전에 분명 기독교로 개종했을 것이고, 나중에는 이슬람교로 개종했을 것이다. 하지만, 상당수가 계속해서 힘야르의 유대교 하느님인 '라흐만'을 믿었다. 유대 공동체는 바빌로니아 중심부와 신학적 유대 관계를 유지함으로써 20세기까지 살아남았다.[5]

힘야르가 있던 예멘의 유대 공동체는 전 세계 유대교 공동체 중 가장 역사가 오래되었다고 유대교에서도 인정하고 있다. 예멘의 유대인은 "모든 유대인 중에서 가장 유대인적"으로 히브리어를 가장 잘 보존해온 이들로 평가받는다. 현대 이스라엘이 건국된 1948년에 예멘 유대인 인구는 5만 5천 명이었다. 이 인구 중 대부분(4만 5천 명 이상)이 예멘 유대인을 건국된 이스라엘로 집단 이주시키는 '마법 양탄자 작전'에 따라 이스라엘로 이주했다. 현재 예멘계 유대인은 전 세계

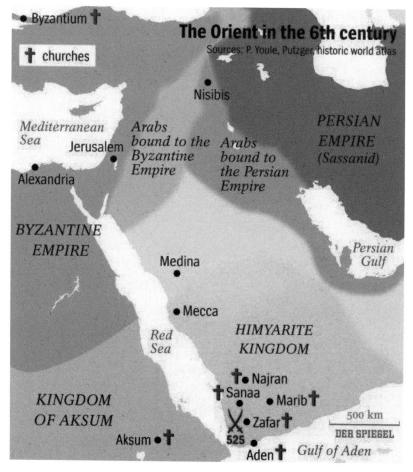

◆ 6세기의 오리엔트 지도. 기독교를 국교로 채택한 비잔틴 제국과 조로아스터교와 마니교가 성행한 사산 제국 사이에서 있던 힘야르는 4세기 후반부터 6세기 초반까지 유대 왕가의 통치를 받았다. P. Youle, Putzger, 〈historic world atlas〉.

적으로 53만 명으로 추산된다. 이스라엘에 43만 5천여 명, 미국에 8만여 명이 거주한다. 예멘에는 2021년 현재 7명만이 남은 것으로 기록된다.[6]

✡ 베르베르족과 카히나의 유대교 개종

아랍의 이슬람 군대들이 본격적으로 정복에 나선 7세기 말 현재의 북아프리카 알제리와 튀니지 접경지대에서는 강력한 항전이 벌어졌다. 알제리 동부 아우레스 산맥 지대에서 항전을 주도한 지도자는 제라와Djeraoua 부족의 여왕 디흐야 알-카히나Dihya al-Kahina, ?~703/704년였다. 카히나는 우마이야 왕조의 아랍 군대가 690년대 전후 마그레브 정복에 나서자, 이에 맞서 강력한 항전을 주도하고, 그들을 패퇴시키기도 했다. 이슬람군이 현재 튀니지 일대인 카르타고를 점령하자, '베르베르의 여왕'이라고 불리던 카히나는 689년 여러 부족을 연합해 하산 이븐 알-누만이 이끄는 아랍 정복군들을 패퇴시켰다. 카히나는 초토화 전술을 구사할 정도로 아랍 정복군에 강력하게 맞서다가, 결국 증파된 아랍 지원군에 의해 전사했다.

근대 이후 알제리의 프랑스 식민당국은 아랍과 무슬림이 침략자였다는 것을 강조하려고 카히나의 신화를 전파했다. 알제리가 독립한 뒤에도 카히나는 현지에서 민족주의를 고취하는 수단으로 쓰여 프랑스의 잔 다르크와 같은 대우를 받았다. 카히나와 제라와 부족은 사하라 사막 이북 북아프리카 지역인 마그레브의 원주민 베르베르족이었는데, 당시 이들은 유대교도였다.[7]

카히나의 부족 등 베르베르족의 유대교 개종은 중세 이슬람 세계를 대표하는 역사가인 14세기의 이븐 할둔이 대표적으로 주장했다. 그는 《베르베르족의 역사와 북아프리카 이슬람 왕조》에서 베르베르족 일부가 유대교를 믿었고, 카히나의 제라와 부족 등 7개 부족이 유대 베르베르족이라고 기록했다. 이븐 할둔에 따르면, 이 베르베르 부족들이 믿은 유대교는 '시리아의 강력한 이스라엘 이웃'에게서 전해 받은 것이다. 아랍인의 정복 때 카히나가 목숨을 잃었고, 나중에 마그레브에 도착한 이드리스 1세가 이들 종교의 흔적을 모두 없애버리고 부족들의 독립도 분쇄했다고 이븐 할둔은 적고 있다.[8]

베르베르족이 살던 마그레브가 지중해 연안이라는 점을 고려하면, 베르베르족도 기원 전후로 지중해 연안에서 벌어진 유대교 전도 등 유일신교 운동의 영향권에 속해 있었을 것이다. 이븐 할둔이 베르베르족이 믿는 유대교는 '시리아의 강력한 이스라엘 이웃'에게서 받은 것이라고 적었는데, 이는 페니키아인들을 지칭한 것이 분명하다.

현재의 레바논 일대에서 발원한 페니키아는 고대 지중해 전역에 진출한 해상 민족이었다. 특히 페니키아는 마그레브의 연안 지대에 진출해 식민지를 개척했고, 현재 튀니지 일대를 근거로 한 카르타고가 대표적이다. 이들이 건설한 카르타고는 지중해의 패권을 놓고 로마와 겨룬 포에니 전쟁기원전 264~146년으로 유명하다. 로마는 이 전쟁에서 승리해, 지중해 패권을 장악한 거대 제국으로 성장하는 계기를 잡았다.

이 카르타고가 포에니 전쟁에서 로마에 패망한 뒤는 지중해 지역에서 유일신교 운동이 시작되던 때였다. 팔레스타인에서 최초의 본격적인 유대교 왕조인 하스몬 왕조기원전 140~36년가 성립돼, 공격적인 유대교 개종 운동이 인근 지역뿐 아니라 동지중해 연안 일대에서도 벌어지고 있었다.

페니키아는 가나안의 핵심 세력이었다. 성서가 질타하는 바알신 등 우상숭배와 타락의 본향이었다. 하지만, 고대 이스라엘 역시 가나안 부족에서 발원했다는 것을 우리는 앞서 확인했다. 유대교가 본격적인 유일신교로 자리 잡는 하스몬 왕조 때까지는 유다 땅의 주민 대부분과 그 주변 지역 주민들 사이의 종교적 차이가 크지 않았다. 유다의 주민과 인근 지역 주민 모두 유일신교로 본격화된 유대교가 퍼져나가는 대상이었다.

페니키아의 도시 티레와 시돈에 기원을 둔 카르타고의 기존 주민들 역시 유대교를 흡수하는 배경에서는 언어나 종족 면에서 동일했다. 특히, 나라가 포에니 전쟁에서 패해 로마에 의해 탄압받는 상황에서 찾아온 유대교는 카르타고 주민들에게 정신적인 도피와 새로운 정체성을 찾을 안식처가 되기에 충분했을 것이다.

구약의 언어와 고대 페니키아어가 비슷하다는 점과 카르타고 주민 중 일부가 할례를 받았다는 사실도 이들의 유대교 개종을 손쉽게 했을 것이다. 마르셀 시몽Marcel Simon 등 마그레브 지역의 고대 종교를 연구한 프랑스 종교학자들은 카르타고인 중 많은 수가 유대인으로 바뀌었다는 의견을 제시했다. 유다 지역의 왕국이 멸망한 뒤 그곳에서 온 포로나 유민에 의해 개종이 더 자극받았을 수 있다. 카르타고의 페니키아인들이 오랫동안 품어온 로마에 대한 적대감이 개종의 공통분모였을 것이다. 실제로, 서기 70년 예루살렘을 함락한 로마 장군 티투스는 유대인 포로를 현재 마그레브에 해당하는 모레타니아Mauretania로 추방했다. 이들 중 다수가 카르타고에 정착했다는 것은 역사적 기록이다.

시몽은 마그레브 지역에서 유대인은 페니키아의 카르타고 시대 이전부터 존재했는데, 유대인과 유대화된 베르베르족들은 "베르베르족에서 기원한 다양한 다신교적 관습을 채택한 혼합주의적인 다양한 형태의 유대교"를 믿었다고 지적했다. 그는 로마의 세베루스 왕조서기 193~235년 때 카르타고 지역 등 마그레브에서 유대교가 퍼져나갔다고 분석했다. 현재 리비아 트리폴리 출신의 장군인 셉티미우스 세베루스에서 시작된 세베루스 왕조는 마그레브에서 기원한 데다 셈족 문화를 가진 왕조였다. 이 때문에 세베루스 왕조의 황제 대부분은 유대교에 관용적인 정책을 폈다. 유대교는 베르베르족뿐 아니라 로마 제국 전역에서 별다른 제한 없이 퍼져나갔다. 유대인들은 로마 시민의 모든 권리와 특권을 부여받았고, 심지어 그들의 신앙과 충돌하는 의무는 면제받기도 했다.[9]

이처럼 마그레브에서 유대교는 기원 전후로 카르타고의 페니키아인을 중심으로 전파되다가 원주민인 베르베르족으로까지 확산한 것으로 분석할 수 있다. 그리고 이것이 이슬람의 아랍 정복군들이 도래했을 때 강력한 현지의 저항 세력 내에서 카히나로 상징되는 유대화된 베르베르족도 있게 된 배경으로 보인다. 베르베르족이 유대교로 개종했다는 주장은 20세기 초 알제리의 프랑스 식민당국 시절에 본격적으로 제기됐다. 이슬람 도래 이전에 관습과 종교를 재평가하는 한편 프랑스의 식민통치의 근대적 요소들과 갈등하는 이슬람법이 원주민들에게 유일한 거버넌스가 아님을 강조하기 위해서였다.

✡ 세파르디 유대인의 형성

마그레브에서 페니키아 및 베르베르족의 유대화가 중요한 이유는 근대 이후 유대인 공동체에서 양대 산맥이던 세파르디Sephardi 유대인 형성과 관련이 깊기 때문이다. 흔히 지중해 연안 유대인을 지칭하는 세파르디는 동유럽계 유대인인 아슈케나지Ashkenzi와 함께 유대인 공동체에서 양대 산맥이다. 세파르디는 히브리어에서 스페인을 지칭하는 세파라드Sepharad에서 연유했다. 세파르디는 정확한 의미에서는 스페인이 있는 이베리아반도에서 15세기 말에 살았던 유대인의 후손들을 일컫는다.

8세기 이후 이슬람 세력에 정복된 이베리아반도에서는 이슬람 왕조가 번창했다. 유대인도 그곳에서 관용적인 정책으로 사회·정치·경제적으로 활약했다. 유럽의 기독교 세력들은 11세기 이후부터 이베리아반도에서 이슬람 세력을 몰아내고 기독교 세계로 회복하는 레콩키스타Reconquista 운동을 벌였다. 레콩키스타가 완성된 뒤 1492년 유대인 추방령(알함브라 칙령)이 내려져, 이곳에서 쫓겨난 유대인들은 유럽과 지중해 전역으로 흩어졌다.

이들 세파르디는 근대 이전까지 유대인 디아스포라 공동체에서 주류 세력이었다. 특히, 서유럽으로 간 세파르디는 대서양 무역에 종사해, 유대인 산업자본과 금융자본의 시효가 됐다. 서유럽의 세파르디는 나중에 기독교 세계에 동화됐다. 현대 이스라엘에서는 세파르디가 북아프리카 등 이슬람권 출신 유대인을 일컫는 용어로 쓰인다.

스페인 등 이베리아반도에서 유대인은 기원 전후부터 존재한 것으로 확인된다. 기독교를 전파한 사도 바울은 로마에서 스페인으로 마지막 전도 여행을 했다. 그가 쓴 신약의 로마서에는 "여러 해 전부터 언제든지 서바나로 갈 때에 너희에게 가기를 바라고 있었으니 (…) 너희가 그리로 보내주기를 바람이라"(로마서 15:23~24)라는 대목에서 서바나는 스페인을 지칭한다. 그는 당시 바울은 주로 유대-기독교도 공동체를 기반으로 설교와 전도를 했는데, 그의 스페인행은 그곳에 유대인이 존재했음을 보여주는 대목이다.

이베리아반도에서 유대교는 로마 제국의 지중해 연안 다른 식민지와 마찬가지로 기원 전후로 전파됐다. 주로 개종한 로마 군인, 노예, 상인, 여성을 중심으로 전파된 것은 이베리아반도라고 다르지 않았을 것이다. 서로마가 망한 뒤 이베리아반도는 서고트족 치하로 들어갔는데, 나중에 유대인들은 심한 차별을 받게 됐다. 서고트 왕국 치하에서 유대인에게 호의적이었던 아리우스파가 가톨릭 세력에게 밀려나자, 유대인과 유대교는 차별과 탄압에 봉착했다. 6세기 후반 서고트족 왕가가 아리우스파에서 가톨릭으로 개종해, 국왕과 교회는 유대인들을 추방, 강제개종, 노예화, 처형 등에 처했다. 7세기 초반 많은 유대인이 몹시 나빠진 상황을 피해 북아프리카로 갔다. 이렇게 이베리아반도에서 밀려나 마그레브로 이주한 유대인들은 약 100년 뒤 이슬람 세력의 이베리아 침공 때 가세했다.

711년부터 시작된 이슬람의 이베리아반도 정복에서 주요 병력은 마그레브의 베르베르족이었지만, 그 과정에서 현지 유대인들은 주요한 조력 세력이었다. 정복군의 총사령관이 이끈 최초의 침공 병력 7천 명 중 수천 명이 유대인이었다. 북진하는 이슬람 정복군들은 점령한 후방을 유대인에게 맡겼다. 코르도바의 방위를 유대인이 관할했으며, 그라나다, 세비야 등 주요 도시도 유대인이 참가한 군대에 맡겨졌다.

이슬람 세력이 이베리아반도를 정복한 때를 곧 유대인들은 '황금시대'라 불렀다. 이슬람은 기독교와는 달리 유대교 등 다른 종교를 포용했다. 이슬람 신자에게는 세금 혜택을 주었으나, 개종을 강요하지도 않았고 다른 종교 공동체도 인정했다. 이베리아반도에서 성립된 알안달루시아 왕국 등 이슬람 왕조는 다양한 종교 세력이 혼재하는 현실을 반영하는 관용적인 다종교 사회를 가꾸었다. 특히, 유대인들은 교역이나 학문 분야뿐 아니라 궁정에서도 중요한 역할을 했다.

　당시 유럽의 기독교 세계는 중세 암흑시대로 들어가서, 지중해 연안 전역에 퍼져 있던 유대인들의 이주 물결이 이슬람 통치 초기의 이베리아반도로 몰아쳤다. 이베리아반도의 유대 공동체는 정복과 이주 물결 속에서 번창해, 세파르디 유대인 공동체를 형성하게 됐다. 이런 과정을 보면 세파르디 공동체는 베르베르족 등 지중해 연안의 여러 민족이나 종족이 유대교로 개종해 형성된 것임을 추측할 수 있다. 이 세파르디 유대인은 1492년 유대인 추방령에 밀려 네덜란드나 프랑스, 영국 등으로 가 상업과 교역에서 중요한 역할을 맡는다. 세파르디 유대인은 서유럽에서 근대 초기까지 유대인의 주류였으나 기독교 사회에 동화해갔다.

　세파르디가 기독교 세계에 동화하자, 동유럽에서 몰려든 아슈케나지가 유대인을 대표하는 지위에 오른다. 아슈케나지 역시 세파르디와 비슷하게 유대교의 전파가 낳은 산물이 아닐 수 없다. 동방에서 제국의 규모로 융성한 한 왕국이 유대교를 믿으면서, 이 현상이 아슈케나지가 형성되는 것과 관련이 있을 것이란 주장이 나온다.

✡ 동방의 유대 제국 하자르

이슬람 세력이 이베리아반도를 정복해 유대인에게 '황금시대'가 열리던 서기 8세기, 유럽의 그 반대편 동쪽에서 유대교가 번성하고 있었다. 제국의 규모로까지 커진 왕국에서 유대교는 국왕이나 지배층의 종교로 받아들여져, 거의 국교의 지위에 올랐다. 유대교를 받아들인 왕국은 하자르 카간국650~965년이었다.

흔히 하자르 왕국으로 불리는 하자르 카간국은 전성기 때에 볼가-돈강 스텝 지대에서부터 크림반도, 코카서스 북부 지역까지 지배하는 광대한 제국으로 발전했다. 북서쪽으로 키예프(키이우)에서 남쪽으로는 크림반도, 그리고 볼가강 상류에서 현재의 조지아까지 이르는

◆ 10세기의 하자르 왕국 지도. 하자르 왕가는 8세기~9세기 초반에 유대교를 받아들였고, 오늘날 유대인의 대다수를 차지하는 아슈케나지의 기원으로 추측되기도 한다.

방대한 영역이었다.

하자르 왕가가 유대교를 받아들인 때는 8세기에서 9세기 초반 사이로 추정된다. 12세기 스페인 출신의 위대한 유대인 철학자, 시인, 랍비인 예후다 할레비는 그의 대표 저작인 《쿠자리(경멸받는 종교를 위한 논박과 증거의 책)》에서 하자르 왕가가 유대교로 개종한 시점을 740년으로 특정한다. 이 책은 한 랍비와 하자르 왕 사이의 토론 형식을 통해 유대교, 이슬람, 기독교를 논하는 종교철학서이다. '하자르서'라고도 불리는 이 책에서 나오는 하자르 왕은 유대교 랍비를 초대해 기독교 및 이슬람에 대비한 유대교의 교리를 가르침받는다.

이 책의 설정처럼 10세기 중반 코르도바의 칼리프 궁정에서 외무장관 격이었던 하스다이 이븐 샤프루트와 하자르의 왕 요셉 벤 아론이 교환했다는 서신이 남아 있다. 이 편지들은 '하자르 서신'으로 불리는데, 하스다이가 요셉 왕에게 하자르 왕국과 그 유대교 현황에 대해 묻고, 요셉 왕이 왕가의 기원, 하자르 왕국과 그 유대교에 대해 설명한다. 학자들은 전해지는 편지들이 두 사람이 실제로 교환한 것은 아니고 후대에 들어서 많이 윤색되고 각색된 것이라고 평가하지만, 편지의 내용은 당시 상황을 잘 반영하고 있다고 본다. 즉, 유대교로 개종한 하자르 왕국에 대한 당시 이슬람권의 관심과 호기심이 이 편지의 배경이라고 할 수 있다. 예후다 할레비도 이 편지를 잘 알고 있어서 《쿠자리》에서 이용한 것으로 보인다. 하자르 왕가가 할레비의 주장처럼 한순간에 개종한 것으로 보이지는 않는다. 하자르에서 유대교 전파는 오랜 시간에 걸쳐 이뤄졌다고 보는 것이 타당하다. 유대인들이 하자르 영역으로 들어온 게 개종에 직접적인 영향을 줬을 것이다.

하자르의 영역인 흑해 연안의 상업 도시들에는 고대 시대 때부터 유대인이 거주했다. 그리스의 식민 도시였던 크림반도의 도시들에 유대인 공동체가 존재했다. 이는 헬레니즘 시대 때부터 유대교가 지중해와 중근동 지역으로 전파됐음을 고려하면 당연한 현상이라 할 수 있다. 흑해 연안의 오데사 인근의 고대 그리스 명문들은 서기 1세기 기독교 시대 때부터 흑해 북부 연안에 유대인 공동체들이 세워졌음을 보여준다. 비잔틴 제국의 유대인 박해는 유대인의 하자르 영역 유입을 촉진했다. 또 페르시아 사산 왕조나 그 이후 이슬람 통치 아래서 간헐적으로 일어난 유대인 차별과 탄압도 유대인의 하자르행을 재촉했다.

중세 시대 때 범유라시아 교역 네트워크를 운영했던 라다나이트 Radhanite 같은 유대인 상인들에게 하자르는 중요한 교역 중심지였다. 라다나이트는 중세 초기에 주로 기독교 세계와 이슬람 세계의 교역을 중심으로 중국까지 그 영역을 확장했던 유대인 상인들이다. 서로마가 망한 뒤인 약 500년대부터 활동을 시작한 이들은 로마의 교역로를 유지하다가, 1000년대에 들어서 사라진다. 중국의 당 왕조와 하자르 왕국이 망하면서 유라시아 대륙을 관통하는 기존의 실크로드가 무너졌기 때문이다. 중국에서 출발해 하자르가 있던 흑해 연안으로 도달하던 육상 교역로가 두 왕조의 쇠망으로 와해된 것이다. 라다나이트와 하자르 왕국은 그 전성기가 거의 일치한다. 이는 간접적으로 하자르에서 라다나이트를 비롯한 유대인 상인들이 활약했고, 중요한 정치·경제적 영향력을 가졌을 것임을 말해준다.

라다나이트 외에도 흑해와 카스피해 사이의 캅카스 산악 지역의 '산악 유대인' 역시 하자르 왕국의 주요 신민이었다. 이들 유대인의 존재가 하자르 왕가 등 지배 엘리트들이 유대교로 개종하는 데 영향을 미쳤을 것이 분명하다.

국제정치적인 고려도 작용했다. 8세기 들어서 이슬람 제국과 기존의 기독교 세력인 비잔틴 제국 사이에 놓인 하자르 왕가로서는 유대교 개종이 독립성과 중립성을 담보하는 한 방안이었을 것이다. 당시 이슬람은 아브라함 종교인 유대교를 존중했기 때문에, 하자르 왕가의 유대교 개종은 이슬람 세력과의 관계를 고려한 조처였다. 하자르의 왕, 즉 카간으로서 유대교로 처음 개종한 이는 8세기 중반에 재위한 불란Bulan이다. '하자르 서신'에서도 요셉 왕은 자신들의 유대교 개종 기원을 불란 왕 때라고 말한다. 기록에 따르면, 불란은 사브리엘Sabriel이라는 유대 이름도 있었다고 한다. 8세기 말에서 9세기 초의 카간인 오바댜는 구약에 나오는 '오바댜서'에서 이름을 딴 전형적인 유대식 이름을 가졌다. 오바댜는 랍비를 초청하고 시나고그(회당)를 짓는 등 유대교를 부흥시켰다. 최근 발굴된 830년대 하자르의 동전에는 '모세가 하느님의 전령'이라는 글귀가 새겨져 있다. 9세기께에 하자르에서 유대교가 국교 차원으로 퍼졌다고 추측할 수 있다는 말이다.

하지만, 하자르의 주민들이 여러 부족과 민족, 인종으로 구성된 연합체임을 감안하면, 하자르에서 유대교가 전일적인 종교로 자리 잡지는 않았을 것이다. 하자르에서 이슬람, 기독교도 전파되고, 기존의 이교와 샤머니즘을 믿는 주민 역시 많았다는 기록이 무수히 남아 있다. 다만 유대교는 하자르에서 왕가 등 지배층을 중심으로 번지다가 일반 주민에게로 적지 않게 전도되어 주요한 종교가 된 것으로 보인다.

✡ 하자르의 멸망이 부른 러시아와 동유럽으로의 유대인 이주

하자르는 10세기 들어서 속국이던 키예프 공국이 강성해지면서 쇠락했다. 역사계에서는 러시아의 기원이 되는 키예프 공국이 비잔틴 제국과 동맹을 맺고는 965년 하자르의 도시 사르켈을 공격해 점령한 것을 하자르 제국의 공식적인 해체로 받아들인다. 하자르가 완전히 망한 것은 아니나, 패권을 잃고서는 해체의 길로 들어선 것이다. 곧 키예프 공국의 블라디미르 1세가 크림반도를 점령하고 동방정교회로 개종하면서 슬라브 문명이 시작되고, 이 지역의 지배적 문명으로 들어섰다.

하자르가 쇠락한 뒤 하자르의 유대교도를 포함한 하자르 주민들은 대부분 여전히 그 영역에 남았다. 하지만, 13세기 초 칭기즈칸과 그 아들이 이끈 몽골의 침입은 하자르의 완전한 종말을 확정하는 등 서아시아와 동유럽의 모든 것을 바꾸었다. 정복한 지역의 모든 것을 파괴하고 또 진군하는 몽골의 침입은 중동과 중앙아시아의 문명을 철저히 무너뜨려 긴 저개발의 시대로 접어들게 했다는 평가이다. 특히, 몽골은 이 지역의 관개 시설을 파괴해 주요 산업인 농업을 황폐화했다. 중세시대에 가장 빛나는 문명을 일궜던 중동 지역이 아직도 저개발에 시달리는 데에는 몽골의 침입에 따른 당시 파괴의 피해가 큰 영향을 줬다는 분석도 있다.

하자르의 영역은 몽골의 킵차크한국 지배 아래에 들어갔다. 하자르의 대평원에서는 넓은 강에서 물을 끌어다 관개 시설로 포도와 벼 등을 재배했다. 이런 관개 시설이 파괴되고 사람들이 도망가자 대평원은 수백 년 동안 버려진 땅으로 바뀌었다. 유대교도를 포함한 하자르 주민들이 다른 곳으로 이주하는 것은 당연했다.[10]

이들은 이주한 영역과 그 주변에서 나중에 여러 민족과 공동체를 탄생시켰다. 아프가니스탄 등 중앙아시아의 하자라, 헝가리, 카자흐, 돈강 지역의 코사크, 부하라 유대인, 무슬림 쿠미크(다게스탄, 체첸, 북오세티야 등 북 코카서스 지역의 튀르크계족), 크림차크(튀르크어계 랍비 유대교도에서 기원한 크림반도의 유대인 공동체), 크림반도의 카라이트 유대교도, 창고(루마니아의 몰다비아 지역, 특히 바차우에 살고 있는 헝가리계 소수민족), 산악 유대인(캅카스 산악 지대의 유대인) 등이 그들이다. 다종교, 다민족, 다언어의 하자르 주민들은 이들 민족과 종족, 종교공동체가 발생하는 데 한 몫을 했다.

하자르의 유대인들이 몽골의 지배에서 벗어난 유럽 쪽으로, 특히 가까운 우크라이나 서부 지역으로 이동해 폴란드와 리투아니아 땅에까지 닿는 것은 당연한 수순이었다. 하자르 유대인이 흘러드는 그 땅에는 곧 폴란드-리투아니아 연맹Polish-Lithuanian Union, 1385년이 결성돼 동유럽의 최대 왕국으로 떠오른다. 이 왕국은 폴란드-리투아니아 연합 왕국Polish-Lithuanian Commonwealth, 1569~1795년으로 발전하고, 근대로 접어들면서 유대인의 최대 거주지가 된다.

✡ 아슈케나지의 등장

3세기가 지난 18세기 초가 되면 폴란드 전체 인구 1,270만 명 중 유대인은 80만 명으로 늘어난다. 20세기 전야 전 세계의 유대인 인구를 보면, 그중 80퍼센트는 동유럽계인 아슈케나지였다. 1900년 전후 전 세계 유대인 인구 1,127만여 명 중 러시아에 390만 명, 폴란드에

131만 명, 헝가리에 85만 명이 거주했고, 미국에 150만 명이 있었다. 당시 미국 유대인의 절대다수가 독일과 동유럽에서 이주한 아슈케나지였다. 당시 러시아에서 유대인은 전체 인구 중 3.17퍼센트, 폴란드에서는 무려 16.25퍼센트나 됐다.[11]

팔레스타인에서 발원했다는 유대인들이 2천 년이 지나서 러시아 등 유라시아 대륙 서쪽 내륙의 초원유목 접경지대에 왜 집중적으로 거주했는지는 지금도 논쟁거리이다. 시오니스트 주류 유대사가들에 따르면, 아슈케나지는 유럽에서 라인란트 계곡과 인근 프랑스 지역에 살던 유대인들이었다. 이들은 로마 시대 때 팔레스타인 땅을 떠나 이곳까지 온 유대인이다. 주류 유대사가들은 11~13세기 십자군 운동 때 서유럽에서 유대인 박해가 시작되자 이들이 동쪽의 슬라브족 지역인 폴란드, 리투아니아, 러시아로 이주해서 동유럽 아슈케나지를 형성하게 됐다고 본다. 이 후손들이 17세기를 전후해 동유럽에서의 박해와 서유럽에서의 유대인 거주 허용이라는 조류를 따라서 서유럽으로 다시 이주해 서방 세계 유대인의 중추가 됐다는 것이다.

아슈케나지의 대부분은 언어학적으로는 '고지 독일어High German'로 분류되는 독일어 방언인 이디시어를 쓰고 있어서, 이들이 독일에서 기원했다는 게 주류 유대사가들의 해석이다. 학자들은 이 아슈케나지가 썼던 이디시어가 독일어권 남동쪽인 중부 유럽의 유대인 공동체에서 히브리어와 슬라브 계통 언어들과 섞이면서 기원한 것으로 분석한다. 그런 이유로 아슈케나지를 독일계 유대인이라고도 부른다.

14세기 말부터 서유럽 유대인들이 박해를 피하려고 집단 이주하는 일은 유대인의 인구 분포를 바꾸는 중요한 기점이기는 했다. 14세기 말에 전 세계에서 유대인이 가장 많은 곳은 이슬람 왕국들이 있던 이베리아반도였다. 기독교 세력들이 이베리아반도를 회복하는 레콩키스타가 1391년부터 본격적으로 시작되면서, 유대인들은 기독교 세력의 박해를 피해 이곳을 떠나야만 했다. 레콩키스타가 완료된 1492년에 발표된 공식적인 유대인 추방령을 정점으로 유대인 15만~20만 명이 이베리아반도에서 쫓겨났고, 그 대부분이 북아프리카나 이스탄불 등 지중해 연안의 이슬람권으로 갔다.

이들이 이때 발걸음을 향한 곳 중 하나가 폴란드였다. 폴란드는 1385년부터 리투아니아와 폴란드-리투아니아 연맹을 결성해, 동유럽의 최대 왕국으로 떠올랐다. 폴란드의 카지미에시 대제Kazimierz III, 1333~1370년는 유대인의 집단 거주를 허락하고, '왕의 백성'으로 보호하면서 유대인에 대한 각종 박해를 금지했다. 폴란드에서 유대인은 카할kahal이라는 자신들의 독립적인 공동체를 운영하는 혜택을 받았다. 시오니즘에 입각한 주류 유대사가들은 폴란드-리투아니아 연합왕국이 우크라이나, 벨라루스로 세력을 넓혀가면서 유대인도 그 지역으로 퍼져나갔다고 주장한다.

하지만, 당시 프랑스와 독일의 라인란트 지역에서 살던 유대인은 그 수가 많아야 몇천 명 수준이었다. 그러니 폴란드 등 동유럽으로 이주한 수는 더욱 적었을 게 분명하다. 그리고 서유럽 유대인이 십자군 운동 때 박해를 피해 자기 마을을 떠나기는 했으나 동유럽이 아닌 인근 지역으로 피했고 곧 다시 돌아왔다는 역사적 기록이 우세하다.

독일 인구통계학자이자 시오니즘 지도자인 아르투르 루핀에 따르더라도, 아슈케나지는 라인란트 지역에서 동유럽으로 이주를 시작한 11세기에 전 세계 유대인 가운데 3퍼센트에 불과했다. 하지만, 아슈케나지는 유럽에서 홀로코스트 등 유대인 대박해가 시작되기 직전에는 전 세계 유대인의 92퍼센트를 차지했다.

러시아에서도 유대인 인구는 1800년에 100만 명을 넘기 시작해, 1834년에 120만 명으로, 그리고 1855년에 320만 명, 1887년에는 550만 명으로 빠르게 늘어났다. 러시아에서 유대인 인구가 100년 만에 다섯 배로 늘어난 것은 단순히 인구증가율로는 설명이 되지 않는다.

러시아에서도 유대인 인구는 근대에 접어들면서 급격히 눈에 띄기 시작했다. 18세기에 독일 및 오스트리아와 함께 폴란드를 분할해 그 영토의 일부를 합병할 때 그 지역에 살던 유대인을 떠안기도 했다. 하지만, 러시아에서 유대인의 존재는 합병한 폴란드 지역뿐 아니라 북쪽의 발트해 인근부터 남쪽의 코카서스에 이르는 모든 지역에서 뚜렷이 드러났다.

근대에 접어들면서 러시아 등 동유럽에서 유대인이 갑자기 늘어난 것은 그동안 드러나지 않던 유대인들이 가시화됐기 때문으로 짐작된다. 민족주의와 이에 기반한 국민국가의 형성이 그 배경이다. 국민국가를 형성하는 민족들이 형성됨에 따라 이에 속하지 않은 이들도 드러날 수밖에 없었다. 그동안 묻혀서 지내던 유대인들이 대표적이다. 민족주의와 국민국가 형성에 따른 차별은 유대인에게도 유대인이라는 정체성을 구체화하는 동력이자 계기이기도 했다. 그 이전까지 통계에 잡히지 않던 러시아의 유럽과 아시아 지역에 퍼져 있던 유대인들이 아슈케나지 공동체에 합류하면서 모습을 드러낸 것으로 추정된다.

✡ 아슈케나지는 누구이고, 어디서 왔나?

그렇다면, 그 이전부터 존재하던 동유럽과 러시아의 아슈케나지는 어디서 왔고, 누구인가? 갑자기 존재감을 드러낸 동유럽 아슈케나지의 기원에 관한 가장 큰 논란은 하자르 왕국 기원설이다. 우리는 이미 서기 7~10세기 흑해 연안 중심으로 러시아 남부에서 성립됐던 하자르 왕국이 지배층을 중심으로 유대교로 개종했다는 역사를 살폈다. 이 왕국이 멸망한 뒤 유대교도들이 러시아 등 유럽 쪽으로 이주한 것이 근대 이후 갑자기 러시아와 동유럽에서 유대인이 늘어난 것의 근원이라고 보는 연구들이 있다. 즉, 아슈케나지의 다수는 하자르 왕국의 유대교도를 뿌리로 한다는 주장이다.

아슈케나지의 하자르 기원설은 애초부터 유대인, 특히 아슈케나지 내부에서 제기됐다. 1867년에 저명한 유대인 학자 아브라함 하르카비 Abraham Harkavy는 저서 《유대인과 슬라브족 언어》의 서문에서 "러시아의 남부 지역에 온 첫 유대인들은 많은 저술가가 믿는 것처럼 독일에서 기원한 것이 아니라 흑해 연안의 그리스 도시에서 왔고, 아시아에서 캅카스의 산맥을 넘어 왔다"고 썼다. 하르카비는 나중의 이주 물결로 독일에서 유대인이 왔고, 이들의 수가 많아서 이디시어가 결국 동유럽 유대인 사이에서 주된 언어가 됐다고 언명했다. 하지만, 17세기에도 동유럽 유대인은 슬라브 언어를 썼다고 그는 지적했다.[12]

하르카비가 이 이론을 주장하자마자, 남부 러시아의 유대교 종파인 카라이테의 사제이기도 한 아브라함 피르코비치라는 유명한 작가이자 고고학자가 자신의 부족은 유대교로 개종한 투르계가 기원이라고 주장했다. 하르카비를 비롯해, 러시아의 유대계 역사학자인 시몬 두 브로프Simon Dubnow, 1860~1941년, 시오니스트이자 폴란드의 사회경제사가인 이츠하크 쉬퍼Yitzhak Schiper, 1884~1943년 등 내로라하는 근현대 유대 역사학자들이 하자르 주민들이 아슈케나지 형성에 기여했음을 인정했다.

특히, '20세기의 가장 위대한 유대인 역사가'로 평가받는 살로 배런Salo Wittmayer Baron, 1895~1989년 미국 컬럼비아대학교 역사학 교수도 하자르 유대인의 이주로 동유럽 유대인 공동체가 형성됐다고 주장했다. 배런은 자신의 역저《유대인의 사회 및 종교 역사》에서 하자르 영토에서 유대인과 그곳 주민이 뒤섞여 하자르 유대인이 만들어졌을 것으로 추정했다. 그는 "몽골의 격변 전후로 하자르는 많은 분파를 정복되지 않은 슬라브 땅으로 보내서, 궁극적으로 동유럽의 거대한 유대인 중심지들을 건설하는 데 도움을 줬다"고 분석했다. 그는 하자르 제국이 쇠퇴한 뒤 "그들(하자르 난민)이 독일과 발칸에서 온 유대인들과 함께 16세기 폴란드 등에서 유대인 공동체의 기초를 놓기 시작했다. 이 공동체는 인구밀도뿐 아니라 경제 및 사회적 힘에서 다른 동시대의 유대인 거주지를 능가했다"고 주장했다.[13]

아슈케나지의 하자르 기원설은 셈족 언어와 문명, 종교에 관한 전문가인 프랑스의 유명한 역사학자인 조제프 르낭Joseph Ernest Renan, 1823~1892년에 의해 19세기 말 서방에 퍼졌다. 민족주의와 민족의 기원에 관한 현대적 이론을 정립한 르낭은 유럽의 아슈케나지는 유대인들의 혈통 기원인 셈족이 아니라 하자르 왕국의 투르크계에서 유래했다고 주장했다. 그는 유대인을 혈통상 단일민족으로 보는 견해를 반대했다.

✡ 반유대주의로 몰린 아슈케나지의 하자르 기원설

현대에 들어서 사람들이 이 문제에 관심을 두게 된 것은 헝가리계 유대인 출신의 영국 작가인 아서 케슬러Arthur Koestler 때문이다. 1976년대에 케슬러는 자신의 책《13번째 지파The Thirteenth Tribe》에서 아슈케나지 유대인은 고대 이스라엘 주민들이 아니라 흑해와 카스피해 사이와 그 북쪽에 있던 하자르 제국의 튀르크계 주민들에서 발원했다고 주장했다. 그는 서기 8세기에 유대교로 개종한 하자르인들이 12~13세기 때 하자르 제국이 망하자 서쪽으로 이주해서 현재의 동유럽, 주로 우크라이나, 폴란드, 벨라루스, 리투아니아, 헝가리, 독일로 들어왔을 것으로 가정했다.

인류학자나 역사학자가 아닌 케슬러가《13번째 지파》에서 쓴 내용과 주장들은 관련 학자들이 연구한 결과물들을 모은 것이었다. 하지만, 유명 작가인 그는 기존 연구를 솜씨 좋게 포장해 대중의 공감을 불렀다. 케슬러는 태생은 유대인이었으나 유대교를 믿지 않았고 유대인으로 살지 않았다. 그는 유대인들은 이스라엘로 가거나, 아니면 자신들이 사는 나라에 완전히 동화돼야 한다고 주장한 사람이다. 유대주의나 반유대주의 모두에 비판적이었다. 그는 아슈케나지 유대인이 성경의 유대인과 생물학적으로 관련이 없다는 증거가 입증된다면 유럽의 반유대주의의 인종적 토대가 제거될 것이라고 주장했다.

케슬러는 유대인의 하자르 기원은 "그들의 선조가 요르단이 아니라 볼가강, 가나안이 아니라 아리안 인종의 요람으로 믿어지는 코카서스에서 왔다는 것을, 유전적으로는 아브라함, 이삭, 야곱의 후손보다는 훈, 위구르, 마자르족과 더 밀접하게 연관된 것을 의미한다"며 "그럼,

반유대주의라는 용어는 의미가 없어진다"고 말했다.[14] 유럽의 백인들이 코카서스에서 발원해 여러 인종과 민족이 섞이면서 형성된 것처럼, 유대인도 그와 같은 과정을 거쳐서 형성됐기 때문에 인종적으로 비슷하다는 것이었다.

아슈케나지의 하자르 기원설이 퍼지게 된 배경 중 하나는 케슬러의 논지처럼 서방의 반유대주의에 반대하는 담론으로서 제기됐기 때문이다. 즉, 유대인 중 다수를 차지하는 아슈케나지의 기원이 팔레스타인에서 기원한 셈족이 아니라 백인들의 기원인 코카서스를 포함한 하자르 왕국이라면 반유대주의라는 인종주의의 대상이 될 이유가 없다는 논리였다. 유럽에 살고 있는 유대인들이 혈통적으로 따지면 배타적인 민족이 아니라 피가 섞인 혼혈로 결국 평균적인 유럽인들과 크게 다르지 않다는 것을 내세워, 인종주의에 바탕한 반유대주의에 맞서려는 것이었다.

아슈케나지의 하자르 왕국 기원설은 유대인의 정체성 논란을 일으킨 주요 사안이기도 하다. 처음에는 반유대주의에 맞서는 주장으로 제기됐지만, 팔레스타인 땅에 유대인 국가를 건설하자는 시오니즘 운동이 커지고 현대 이스라엘이 건국되면서 이 주장은 오히려 반유대주의로 공격받았다. 유대인이 그 땅에서 기원했으니 팔레스타인 땅에 현대 이스라엘 국가를 세울 역사적 권리가 있다는 논리로 건국을 정당화한 시오니스트들로서는 다수 유대인인 아슈케나지가 팔레스타인에서 기원한 게 아니라면 그 정당성이 훼손되는 것이기 때문이다. 그런 이유로《13번째 지파》역시 출간됐을 때 영국 주재 이스라엘 대사에게서 "팔레스타인인들에게서 자금 지원을 받은 반유대주의적 저술"이라는 비난을 받았다.

힘야르 왕국, 북아프리카 베르베르족, 하자르 왕국의 유대교 개종 등은 개종 유대인들의 존재와 확산을 역사적으로 증명하는 사실들이다. 현대 유대인의 주류인 아슈케나지나 세파르디가 역사적으로 분포한 지역과 그곳의 인구 성장 등을 감안하면, 이들 집단이 팔레스타인에서 기원한 주민의 후예라고만 보기는 힘들 것이다.

　민족은 인종이나 생물학적 종족 개념이 아니다. 유대인을 하나의 민족이라고 가정한다면, 그 역시 문화적·언어적 동질성을 바탕으로 만들어진 것이다. 현대에 들어서 유대인은 이스라엘이라는 국가를 형성하고, 히브리어라는 언어를 공유하고, 무엇보다도 유대교라는 종교를 바탕으로 민족화됐다. 이런 민족화가 유대인이 팔레스타인에서 기원한 동일한 종족이라는 것을 의미하지도 않고, 그래서도 안 된다.

5장

유대인 정체성의 탄생

유대인은 '고리대금업자'를
강요받았나, 선택했나?

윌리엄 셰익스피어의《베니스의 상인》은 서구 기독교 문명 세계에서 인식하는 유대인의 전형을 보여주는 대표적인 문학 작품이다. 샤일록은 돈밖에 모르는 냉혹한 고리대금업자 유대인이라는 이미지 그 자체였다. 유대인에게는 예수를 부정하고 죽인 유대교도라는 오명에 더해 고리대금업으로 상징되는 비생산적이고 기생적인 직역에 종사하는 혐오스러운 집단이라는 주홍글씨까지 찍혀 있던 것이다. 유대인의 정체성은 이렇게 종교적인 차원에 더해 사회경제적인 차원의 차별과 배제, 혐오가 만들어지면서 점차 굳어졌다.

　유대인이 고리대금업으로 상징되는 기생적인 직역에 종사하게 된 것은 중세 기독교 사회에서 차별과 배제를 당한 결과라는 게 일반적인 분석이다. 즉, 중세 유럽의 봉건체제에서 배제돼 농사를 지을 수 없었던 유대인들에게는 직업을 선택할 여지가 많지 않았고, 중세 기독교 사회도 고리대금업을 부정한 일로 간주해 유대인에게 떠넘겼다는 것이다. 게다가 이런 차별이 다시 유대인에 대한 박해로 이어졌다는 게 특히 유대인 쪽의 해석이다.

유대인=고리대금업이라는 등식과 이미지는 어쨌든 근대로 갈수록 유대인의 정체성과 박해로 이어지는 중요한 요인이 됐다. 이는 과연 기독교 세계가 유대인에게 강제한 것이고, 유대인은 단순히 기독교 세계의 강제로 '기생충'이 되어서 박해를 받은 피해자일 뿐인가?

유대인 문제에서 중요한 이 사안은 기원 이후 유럽과 중근동의 역사 속에서 생존하려는 유대교 공동체의 대응이라는 관점에서도 살펴야 한다. 유대인이 중세 시대 때 봉건체제의 주산업인 농업에 종사하지 않고, 금융업이나 상업 등 중계적인 직역에 종사하게 된 것은 기독교 세계의 배제와 차별의 결과도 있지만, 유럽과 중근동의 역사 속에서 유대교 공동체가 진화한 결과라는 측면도 있기 때문이다.

바울 기독교가 정립되는 서기 2세기쯤이면 유대교도 랍비 유대교로서 정체성을 갖추게 됐음을 3장에서 살폈다. 기원 전후 지중해 지역의 유일신교 운동의 주도권을 놓고 진화한 바울 기독교와 랍비 유대교는 애초부터 그 관계가 대척적일 수밖에 없었다.

후발 주자인 바울 기독교는 구원을 받기 위해서는 모세의 율법을 엄격하게 준수하는 것보다는 예수를 구세주로 믿는 것이 중요하다고 확신하고 가르쳤다. 이교異敎를 믿다가 개종한 새로운 신도들에게 할례 등 유대교 율법을 강요하지 않았다. 기존의 유대 신앙에서 나온 교리와 의식 등에 대한 정통성이 자신들에게 있음을 주장하려면, 기존 유대교에 대한 부정이 불가피했다.

유대교로서는 예수가 구세주라는 기독교의 본질적인 교리를 거부할 수밖에 없었다. 예수가 신성을 가진 구세주라는 것을 인정한다는 건 기존 유대교를 부정하고 기독교로 동화됨을 의미했기 때문이다. 그렇게 예수를 인정하지 않는 유대교를 거부하는 견해는 기독교에 내재한 일부가 될 수밖에 없었다.

　기독교의 반유대교 입장은 중세 유럽의 기독교 세계에서 유대교도를 '억압받으나 보존해야 할' 소수자로 제도화했다. 기독교 신학에서 유대인은 교리적으로는 '예수의 살해자'라는 배역을 맡았다. 그리스도의 신성에 대해 그들이 눈감은 결과로 종속적이고 비참한 상태에 처해 있어야 했다. 하지만, 이는 그들이 보존돼야 함을 의미하기도 했다. 왜냐하면, 유대인은 예수 재림 때 예수와 기독교의 승리를 증거하는 목격자로서 남아야 했기 때문이다. 따라서 유대인은 서방 기독교 세계에서 용인되는 유일한 소수 종교집단이 됐다.[1]

　기독교도에게 유대인은 타자였으나, 내부의 타자였다. 유대인이 기독교 세계에 살고 있기도 했고, 기독교 서사의 역사적 증거물인 구약의 백성이었기 때문이다. 유대인은 성서에서 말하는 대로 여전히 하느님의 '선택된 백성' '특별한 백성'으로 남았다. 그들은 하느님의 섭리를 드러내는 선택된 백성이기는 했다. 예수 그리스도를 거부함으로써 저주받고 비천한 상태에 처하고, 예수의 재림과 함께 그들도 해방되는 역할로 신의 섭리를 드러내는 선택된 백성이었다.

　유대인 역시 자신들을 신에 의해 선택된 백성으로서, 고향 땅에서 추방된 족속으로 인식했다. 자신들의 죄 때문에 추방됐다는 점에서 기독교도 등 탄압자들과 의견을 같이했다. 하지만, 유대인은 자신들의 추방을 하느님이 선택된 백성에게 내리는 고난 차원의 죄라고 생각했다. 부정한 우상숭배자인 여러 이방 민족 사이로 추방된 유대인은 모든 대가를 치러서라도 이 우상숭배자들의 감언과 악한 영향에 맞서 하느님을 증거해야만 했다. 결국은 무한한 자비의 하느님이 선택된 백성인 자신들을 구원하고 무구함을 증명할 것이기 때문이다.

유대인의 정체성 문제는 기독교가 로마에서 국교로 인정된 때부터 근대까지는 그리 크지 않았다. 기독교 세계에 유폐된 선택된 백성이라는 합의가 양쪽 사이에 있었기 때문이다. 기독교도나 유대인 자신들이나 서로가 다르고 분리된 존재임을 인정했다. 이는 기본적으로 종교적 교리 차원에서 문제이기도 했다.

하지만, 근대로 갈수록 유대인의 정체성 문제는 심각한 갈등 요소가 됐다. 근대로 다가가면서 이 종교적 교리 차원의 분리와 배제는 현실 세계에서의 유대인 차별과 탄압으로 모습을 바꾸었다. 이는 또 서구 기독교 세계의 사회경제적 변화에 따른 유대인의 역할 변화와도 관련이 깊었다. 근대 이후 고리대금업으로 상징되는 유대인의 사회경제적 역할이 어떻게 형성되는지는 유럽과 중근동의 역사 속에서 살펴야만 한다.

✡ 유대인, 중세 봉건체제에서 차별과 함께 자유를 얻다

중세 유럽에서 대금업 등이 유대인의 전유물이 되고 이로 인해 유대인에 대한 편견과 차별이 심화한 것은 종교, 경제, 사회적 요인들이 복합적으로 결부된 역사적 결과이다.

첫째, 중세에서는 기독교가 이자 수익을 부정한 것으로 간주해 이를 금지했기 때문에, 유대인에게 대금업자 역할이 넘겨진 것이라는 해석이 있다. 유대인들은 기독교 교리를 적용받지 않는 기독교 세계 내의 타자였기에, 고리대금업을 하는 것이 문제가 없었고, 그런 악역을 떠맡았다는 것이다.

유대인은 중세 봉건체제에 속하지 못했다. 영주 등 귀족, 사제 등 성직자, 농민 등 주민으로 구성되는 봉건체제의 일원이 아니었다. 봉건제의 사회경제적 토대인 토지를 받을 수 없어서 농민이 될 수 없었다. 장인 등 수공업자 조합인 길드에도 낄 수가 없었다. 중세 봉건체제가 굳어지면서 유대인에게 남겨진 것이라곤 기독교가 부정시하는 돈놀이, 즉 이자 수익에 기댄 대금업자 정도였다. 또 토지에 묶여 있지 않던 유대인들은 마을이나 도시를 돌아다니는 행상이나 교역 등 상업 활동에 종사했다.

경제 측면에서 보자면, 박해가 계속된 탓에 유대인으로서는 토지 등 고정적인 물적자본에 투자할 동기가 나날이 줄어들었다. 그 결과, 이동성이 중요한 가치가 된 유대인들은 인적자본에 대한 투자를 중시했다. 지식과 전문기술을 쌓는 것은 어디에 가서도 쓸모가 있었고, 빼앗길 염려가 없었기 때문이다. 유대인들이 도시 및 숙련기술 직역으로 이동하게 된 것은 박해받는 소수 종교 집단이라는 처지에서 가진 것을 지키기 위한 이런 대응들의 결과라는 것이다.

봉건제도는 단 세 계급만을 위한 것이었다. 11세기 유머를 빌리자면 "전쟁했던 귀족들, 기도했던 성직자들, 마지막으로 노동했던 농노들"이 바로 그 세 계급이다. 시민이나 상인 계급은 없었다. 이 틈을 채운 것이 유대인이었다.[2]

유대인들은 중세 유럽 기독교 세계에서 차별받고 유폐된 결과, 봉건체제에서 제외됐다. 이는 역설적으로 유대인이 봉건체제에 얽매이지 않는 결과를 가져왔다. 기독교도들은 봉건체제 안에 갇혀 살며 거주 이전과 직업 선택의 자유를 잃었지만, 유대인들은 상대적으로 사는 곳을 옮기고 하는 일을 선택할 자유를 누렸다. 기독교도들이 봉건제도 안에 갇혀 지낼 때 유대인들은 그 제도 밖에서 상대적으로 자유롭게 살았다.[3] 교회는 유대인을 봉건제도에서 배제한 조처가 자기 쪽 사람들은 감옥에 가두고 유대인은 해방시켰다는 것을 깨닫지 못했다.[4] 근대와 함께 자본주의가 발흥하자, 유대인들의 직역이 그 중심 무대가 됐다. 유대인들은 자본주의와 관련한 학문과 직업에서 선도적이고 중심적인 역할을 맡았다.

✡ 유대인 공동체 생존 전략이 만든 유대인 정체성

둘째, 대금업으로 상징되는 유대인의 직업과 경제적 역할은 유대인 공동체의 진화 과정에서 선택된 측면도 크다는 주장이다.

유대교가 지중해 세계에 전파될 때 도시 중심으로 공동체가 형성됐다. 농업은 애초부터 지중해 연안 디아스포라 유대인의 직업이 아니었다. 팔레스타인 지역에서는 유대인이 대부분 농민이었던 반면 지중해 전역의 디아스포라 유대인은 도시 지역에서 개종한 유대교도로서 처음부터 농민이 아니었다. 이 디아스포라 유대인들은 중세 기독교 세계 초기부터 농업이 아닌 상업, 행정, 금융 등에 종사했다.

무엇보다도 기독교 출현 이후 유대교 공동체가 유대인의 사회경제적 활동과 지위를 도시의 지적 전문직으로 굳혔다. 유대교 율법과 공동체 교육 덕분에 유대인들은 대부분 문해력을 갖추었기 때문이다. 유대인 공동체에 속해 유대인으로서 존속하는 것 자체가 농업에서 벗어나 도시의 지적 전문직으로 진화할 것을 요구했다는 것이다.

이는 서기 70년 제2 예루살렘 성전 파괴 이후 유대 신앙의 주류로 자리 잡은 랍비 유대교와 그 공동체가 구성원들을 규율한 결과이다. 랍비 유대교 공동체는 아이들이 토라를 읽고 쓸 수 있도록 6~7살 때부터 시나고그 등에서 초등교육을 실시했다. 유대인으로 존속한다는 것은 이런 문해력을 습득했음을 의미했다.

이탈리아 보코니대학교의 경제사학자 마리스텔라 보티치니Maristella Botticini와 이스라엘 텔아비브대학교의 경제학자 즈비 에크스테인Zvi Eckstein은 랍비 유대교 공동체의 교육이 유대인들의 사회경제적 역할, 디아스포라, 인구 변화를 규정했다고 주장한다. 차별, 제한, 박해, 학살 등 외인성 요인과 종교적 제례를 유지하려는 자발적인 격리, 단체 정체성을 보존하기 위한 자발적인 이주 등 내생적인 선택이라는 두 요인만으로는 유대인이 농업을 떠나서 디아스포라 주민이 된 것을 충분히 설명할 수 없다는 것이다.

이들에 따르면, 랍비 유대교가 유대교 공동체 성원에게 요구한 의무적인 초등교육 등은 유대인들에게 탈농업이 아니면 개종을 강제했다. 즉, 고대와 중세 때 의무적 초등교육과 문해력은 농업에 종사하던 대다수 주민에게는 너무나 큰 비용이었다. 농업에 계속 종사하려는 유대인들은 결국 유대교도로서 살기를 포기하고 다른 종교로 개종할 수밖에 없었다. 반면 초등교육과 문해력을 갖춘 유대인들은 이 교육을 이용해 더 큰 수익을 낼 수 있는 도시의 전문직종으로 이전해갔다.

특히 의무적인 초등교육에서 더 나아가 토라 율법에 바탕한 통일된 율법체계, 랍비 법정 및 레스폰사(율법과 관련한 질문에 대한 랍비들의 답변) 등 법적인 제도와 장치 덕분에 유대인들은 거래와 계약을 진행하고 촉진하는 상황에서 선진적이었고, 큰 우위를 차지할 수 있었다. 이와 더불어 지중해 전역, 더 나아가 아라비아해 연안까지 퍼진 유대인 네트워크 역시 원거리 교역과 차익거래 등에서 유리한 입지를 조성했다. 유대인들이 금융과 교역 분야에서 독점적이고 우월한 지위를 차지한 배경이다.[5]

유대인 인구가 줄고, 농업 인구가 없어지고, 도시 지역에서 거주하게 된 것도 이를 배경으로 한다. 즉, 팔레스타인 등 중동에서 애초 농업에 종사하던 많은 유대인은 이런 교육과 문해력 획득을 위한 기회비용을 감당할 이유가 없었기에 기독교나 이슬람 등으로 개종했다는 것이다. 유대인 공동체에 남은 성원들은 자신들의 문해력 등으로 농업이 아닌 더 수익이 높은 도시의 전문기술직을 찾아 전 세계로 자발적으로 대이산했다는 분석이다.

✡ 유대인 공동체 진화의 3단계

유대인의 인구 변화, 개종, 이동 등의 관점에서 보면, 유럽과 중근동의 유대인 공동체 세계는 기원 이후 근대의 여명 전까지 크게 세 시기로 구분될 수 있다.

첫 시기는 서기 66~70년 로마에 대한 유대인 봉기와 제2 예루살렘 성전의 파괴부터 이슬람의 도래까지이다. 유대인은 대부분 동지중해와 중근동 지역에 몰려 있었고, 팔레스타인에서는 농업이 유대인의 주요 산업이었다.

두 번째 시기는 서기 7~8세기 우마이야드 및 아바스 왕조의 이슬람 제국 창건부터 몽골의 침략 때까지이다. 도시화와 함께 지중해 전 지역으로 교역 네트워크가 넓어지면서, 유대인들이 지중해 전역으로 퍼져나가고, 도시의 금융·상업 분야에서 중계적인 직역군으로 자리 잡았다.

세 번째 시기는 13세기 중근동에 대한 몽골의 침략부터 15세기 말 이베리아반도에서 이슬람 세력이 완전히 축출되고 유대인 추방이 시작된 시기까지이다. 서유럽 세력들이 신대륙을 발견하고 근대의 여명이 밝아오던 때까지라고도 일컬을 수 있겠다. 유럽의 부상과 함께 유대인 공동체의 중심도 중근동에서 유럽으로 이동했다. 유대인에 대한 차별과 배제는 종교적인 차원에서 더 나아가 사회경제적인 차원으로까지 강화됐다.[6]

✡ 토라, 유대인을 도시의 중계직역 집단으로 만들다

예수의 시대부터 무함마드의 등장까지 7세기 동안인 첫 시기는 유대인 공동체의 제도와 규율을 확립한 탈무드의 시기서기 3~6세기를 포함한다. 이 시기 동안 소수 종교집단으로서의 유대인 정체성이 정립됐고, 사회경제적 소수자라는 정체성 또한 그 단초가 나오기 시작했다.

이 첫 시기 동안 지중해와 중근동에서 유대인 인구는 빠르게 줄어들었다. 3장에서 설명한 것처럼, 서기 1세기께에 이 지역에서 유대인 인구는 개종의 물결 덕분에 크게 늘어, 적어도 400만 명으로 추정된다. 하지만, 이 시기가 끝나는 서기 7세기 초가 되면, 유대인 인구는 100만~120만 명 정도로 급감한다. 유대인 인구 감소는 유대인이 가장 많이 살던 팔레스타인에서 가장 극적으로 일어났다. 그 결과 이슬람 출현 이전인 서기 7세기 무렵 유대인의 중심지는 팔레스타인이 아니라 도시 문명이 있는 메소포타미아와 페르시아로 옮겨져, 유대인의 75퍼센트가 이 지역에서 거주하게 된다.[7]

전쟁과 관련한 학살과 전반적인 인구 감소는 유대인 인구가 줄어든 원인을 절반밖에 설명할 수 없다. 유대인이기를 포기한 개종이 유대인 인구가 감소한 가장 큰 원인이었다. 서기 1세기에 유대인이 가장 많이 살던 로마에 이은 비잔틴 제국의 지배 아래서, 불이익과 박해를 견디지 못하고 기독교도로 개종한 유대교도가 많았다. 이에 더해, 농업이 주산업인 팔레스타인 지역에서 농민이 유대교도로 살기에는 너무 큰 비용이 들었기 때문에, 농민 대다수는 개종을 선택했던 것이다.

서기 70년에 끝난 로마에 대한 유대인 봉기에서 큰 피해를 입은 유대교는 살아남기 위해 큰 변화를 꾀한다. 예루살렘 성전이 파괴되며 종교의 구심점이 사라지자, 유대교는 성전 희생 제례에 기반한 종교에서 율법 중심의 종교로 바뀐다. 즉, 모든 교도에게 경전인 토라를 읽고 학습해서 율법을 준수하게 했다. 교도들이 모여 사는 각 지역마다 회당인 시나고그를 중심으로 종교 및 학습 활동이 이뤄졌고, 율법학자 또는 스승을 뜻하는 이들인 랍비가 중심이 되어 교도들을 지도했다. 이른바 랍비 유대교가 정립하기 시작한 것이다.

우리는 3장에서 이미 기존 유대 신앙의 바리새파에서 랍비 유대교가 진화되어 나왔음을 살폈다. 유대인들은 대로마 항쟁의 결과로 바리새파의 율법 중심주의를 더욱 강화할 수밖에 없는 환경에 처했다. 또, 이미 유대인 공동체가 지중해 전역에 산재해 있어서, 각자가 살고 있는 곳에서 유대인을 규율하고 유대교를 존속하는 수단은 율법일 수밖에 없었다.

유대인 공동체에서는 일종의 무료 중등교육기관 설립이 장려됐다. 2세기 말이 되면 '모든 유대인 아버지는 6~7세의 아들이 히브리 토라를 읽고 공부할 수 있도록 초등교육기관에 보내라'는 유대교 법령이 선포됐다. 독실한 유대인이 된다는 것은 토라를 읽고 공부하고, 자신의 아이들을 그렇게 할 수 있도록 학교에 보내는 것과 동일시되어갔다.

3세기 들어서 팔레스타인 갈릴리 지역의 랍비들은 랍비 유대교를 본격적으로 정립하는 미쉬나와 탈무드를 만들어낸다. 수세기 동안 구전으로 내려오면서 축적된 구전토라, 즉 구전율법을 문서로서 체계화한 것이다. 서기 200년경 랍비 유다 하나시Judah haNasi는 6권의 미쉬나 편찬을 완료했다. 이 미쉬나는 이후 전 세계 유대인들에게 법의 기준이 된 탈무드로 이어졌다.

토라를 읽고 공부하는 데 초점을 둔 종교적 규범의 시행은 유다 하나시 시대의 유대인들에게 상당한 비용을 발생시켰다. 당시에 읽고 쓰기를 배운다는 것은 상류 혹은 지배 계층들의 소임이었다. 일반 유대인들에게 토라를 해석하는 읽고 쓰기를 배운다는 것은 상당한 비용과 시간이 드는 일이었다. 생계와 직업에 도움을 준다면야 시간과 비용을 들여서라도 문해력을 꾸준히 계발했을 테지만, 농업이 주요 산업이고 농촌이 대부분인 팔레스타인에 사는 유대인들에게 문해력 획득을 요구하는 종교적 규범을 계속 준수한다는 것은 편익보다는 소요 비용이 너무 컸다. 팔레스타인에서 유대인 인구가 줄어든 것은 문해력을 요구하는 종교적 규범을 이행할 수 없었던 유대인들이 그런 종교적 규범을 포기하는 개종을 선택했기 때문이다.

그렇다고 편익이 없는 것은 아니었다. 아니, 결과적으로는 큰 변화를 불렀다. 유대인 인구가 상대적으로 적어지면서, 도시 문명이 발달한 메소포타미아와 페르시아가 유대인이 가장 많이 모여 사는 중심지가 되었다. 지중해 연안 지역에서 기원전에 개종한 유대인들은 애초부터 도시에서 살았다. 문해력 습득을 요구하는 랍비 유대교의 종교적 규범과 관행은 이들 도시 유대인에게 상업이나 무역, 금융업 등에서 경쟁력을 주었다. 또, 유대교 신앙을 포기하지 않은 비도시 지역의 유대인들도 자신들의 문해력을 활용하기 위해 도시로 가서 전문직으로 전업해갔다.

✡ 이슬람 제국과 함께 퍼져나간 유대인

무함마드가 창시한 이슬람의 출현은 지중해와 중근동에 거대한 제국을 만들어냈고, 이는 유대인들의 도시화와 전문직화를 더욱 재촉하는 두 번째 시기의 시작을 의미했다.

무함마드 사후 두 세기 동안 무슬림의 우마이야 및 아바스 칼리프 왕조는 인도부터 이베리아반도를 아우르는 제국을 세웠다. 제국이 포괄하는 거대한 지역은 아랍어라는 공용어, 이슬람이라는 종교와 더불어 그에 상응하는 법과 제도로 정비됐다. 농업 생산력이 늘고, 다양한 분야에서 기술적 진보가 일어나 새로운 산업들이 개발되고, 지역 내에서의 단거리 교역뿐 아니라 장거리 무역도 확장됐다. 새로운 산업과 교역의 중심지로 도시들이 메소포타미아와 페르시아뿐 아니라 북아프리카, 시리아, 이베리아반도, 시칠리아 등지에서 생겨났다. 도시에서는 교역과 금융업에 종사할 숙련 전문인력의 수요가 늘어났다. 그 자리를 채우는 주요 인력은 문해력을 갖추고 지중해 연안의 네트워크가 있고 분쟁과 계약 처리에 익숙한 유대인들이었다.

750년부터 900년 동안 메소포타미아의 페르시아의 유대인은 전 세계 유대인의 75퍼센트를 차지했다. 이들은 이슬람 제국 치하에서 가장 교역과 도시가 번성했던 아바스 왕조 초기에 도시로 몰려들었고, 다양한 숙련 전문직종에 종사했다. 당시까지 비도시 지역에 남아 있던 유대인들도 예멘, 시리아, 이집트, 마그레브 등의 도시 지역으로 이주했다. 비잔틴 제국 안팎으로의 유대인 이주는 이탈리아를 거치면서 유럽 유대인의 근거지를 마련했다. 이집트와 북아프리카 지역인 마그레브의 유대인들도 이베리아반도, 시칠리아, 남부 이탈리아로 가서 자리를 잡았다. 지중해 지역의 유대인인 세파르디가 형성되기 시작한 것이다.

12세기 중반 스페인 투델라의 유대인 여행가 베냐민은 이베리아 반도부터 중동까지의 여행기에서 자신이 방문하거나 들었던 유대인 공동체에 대해 기록했다. 유대인들은 투델라에서 인도의 맹갈로르까지 거의 모든 지역에서 찾을 수 있었다고 그는 적었다. 그때쯤이면, 유대인의 도시 숙련 전문직 이전은 완성됐다.

✡ 몽골의 침략이 완성시킨 유대인 정체성

1219년부터 시작된 몽골의 북부 페르시아 및 아르메니아 침략은 중근동 지역을 황폐화하는 재앙을 초래했다. 몽골 침략은 유대인과 그 공동체에도 충격을 줬다.

몽골의 페르시아와 메소포타미아 정복은 그 후 30년 동안 지속되며 도시와 교역의 붕괴를 야기했고, 큰 인구 손실을 낳았다. 몽골이 바그다드를 파괴했던 1258년, 아바스 왕조는 사실상 무너졌고 몽골 침략은 절정에 올랐다. 몽골군의 악명 높은 약탈과 파괴로 인해 메소포타미아와 페르시아는 다시 자급 농업과 유목 목축 단계로 되돌아갔다. 몽골 침략 이후 2세기 동안 유대인 인구는 기원 이후 최저로 떨어졌다.

몽골의 침략을 면한 유럽이 유대인의 새로운 중심지로 바뀌었다. 1450년경에 전 세계 유대인 인구는 100만 명 남짓으로 줄었고, 그 절반 이상은 기독교 유럽에 거주했다. 유럽이 유대인의 중심지가 되면서, 유대인의 정체성은 완성되기 시작했다. 기독교 세계의 차별받고 박해받는 유일한 공식적인 소수자라는 정체성이다.

유럽에서 유대인들은 이미 로마 시대 때부터 로마의 진출에 따라서 라인강변까지 진출했었다. 로마가 제국을 확장하면서 유대교 역시 제국 영역의 전역으로 퍼져나갔고, 현지인들이 유대교로 개종했다. 유대인은 기원전 2세기에 이탈리아, 기원전 1세기에 프랑스, 수백 년 뒤에는 에스파냐까지 진출했다. 3세기 말에는 유럽 북쪽의 독일 쾰른까지 들어갔다. 동쪽에서 야만족들이 서유럽을 침입하기 수백 년 전부터 유대인은 이미 그곳에서 정착해 살아온 상태였다.

이런 유대인들은 로마가 사라진 자리에 세워진 게르만족 계열 왕국들에서 초기에 없어서는 안 될 역할을 맡는다. 로마 제국의 멸망과 야만족의 침입으로 기존 상업과 교역망이 붕괴된 암흑기였다. 지중해 전역에 퍼진 공동체 네트워크를 가진 유대인들을 통해서 교역과 상업이 그나마 유지됐다. 야만족들이 세운 왕국에서 왕이나 귀족도 글을 읽지 못하는 상황이었다. 율법 교육으로 문해력을 갖춘 유대인들은 세수 등 행정과 교역, 외교를 담당하는 특수한 집단으로 기능했다. 중세 초기에 유럽 기독교 세계에서 문해력을 갖춘 집단은 성직자 계급인 사제와 유대인이었다. 교회에서만 지냈던 사제와 달리 유대인은 세속 세계에서 살았다. 유대인들은 초기 기독교 중세세계에서 접착제, 윤활유 역할을 했다.

이탈리아에 정착한 5세기 말 동고트족 왕국의 테오도리크 대제는 유대인을 로마, 나폴리, 베네치아, 밀라노, 새 수도인 라벤나 등 왕국의 대부분 도시에 정착할 수 있도록 배려했다. 이탈리아에 정착한 유대인은 상인, 은행가, 판사, 농부, 보석상, 장인이었다. 8세기에 서유럽을 통합한 프랑크 왕국을 건설해 프랑스, 독일, 이탈리아 등 현대 유럽의 원형을 만든 샤를마뉴 대제는 유대인들을 초청하기까지 했다. 또한 유대인에게 관대한 자치 정책을 허용했다. 그는 유대인들이 도시에 살면서 산업을 일으키고 상업의 국경을 넓히기를 기대했다. 많은 유대인이 샤를마뉴 왕궁의 고위 공무원이 됐다.

샤를마뉴 대제 이후 루트비히 1세 등 프랑크 왕국의 카롤링거 왕조의 왕들도 유대인을 배려했다. 교회 역시 유대인을 배려하기도 했다. 1084년에 슈파이어의 대주교가 슈파이어에 유대인을 정착시키기 위해 유대인 구역에 방호벽을 건설하는 등 특혜를 보장했다. 유대인 공동체는 1066년 이후 라인강 하류 지방에서 강변을 따라서 잉글랜드까지 뻗어 나갔다.

중세 시대 때 유럽 유대인의 주류는 지중해 지역의 유대인이었다. 로마 시대부터 유럽의 중심이자 여러 문화가 발달한 지역인 지중해 연안에 유대인이 많았다. 또, 앞서 이야기한 대로 이슬람 제국이 성립한 뒤 지중해 무역이 번성함에 따라 비잔틴 제국과 북아프리카, 중근동의 유대인들이 이베리아반도, 시칠리아, 남부 이탈리아로 이주해 다양한 도시 전문직에 종사했다. 반면, 지중해 이북의 프랑스, 영국, 독일,

북부 이탈리아 등지에서 유대인은 소수였고, 그 직종은 주로 대금업에 집중됐다.

중근동이 몽골의 침략으로 황폐해지고 그 지역 유대인들도 도시와 교역에 기반한 경제가 파괴돼 고난을 받을 때, 유럽의 유대인들도 차별과 배제, 박해에 직면하기 시작했다.

✡ 십자군 운동으로 본격화된 유대인 차별과 박해

로마 시대 때부터 유대인에 대한 차별과 박해는 존재했지만, 11세기 십자군 운동 전까지 기독교 세계에서 유대인은 기본적으로 교리 차원의 분리와 배제를 받았다. 그때까지 현실 세계에서 유대인과 기독교도를 구분하는 차별과 배제는 많지 않았다. 그러나 11세기에 십자군 운동이 시작되면서 유대인에 대한 박해와 탄압은 무게를 더했고, 유대인을 외형적으로 구분하는 표지들도 등장했다. 유대인의 모습도 기독교도와 달라졌다. 유대인은 구부러진 코, 물갈퀴가 있는 발이 달린 존재로 그려졌고, 심지어는 악마의 모습으로 형상화됐다. 이는 근대로 다가갈수록 인종적인 반유대주의anti-Semitism로 진화했고, 나치독일의 홀로코스트로 절정에 올랐다.

십자군 운동은 유대인을 바라보는 시각과 태도를 바꾸는 계기가 됐다. 십자군 운동 자체가 기독교도 주민들에게 정체성을 불어넣는 계기였다. 이교도에 점령된 성지 예루살렘을 탈환한다는 십자군 운동은 기독교도인 '우리'와 이교도인 '저들'을 인식하고 구분시키는 계기가 됐다. 예루살렘을 점령한 무슬림뿐 아니라 유대인 역시 '저들'인 이단일 수밖에 없었다. 십자군 행군 과정에서 유럽의 유대인 마을들을 공격한 명분은 '이단 척결'이었다.

1095년 클레르몽페랑에서 처음 소집된 십자군은 다음 해인 1096년 프랑스 루앙에서 유대인 마을을 습격해 학살을 저질렀다. 습격은 곧 라인강 연안의 전 도시로 퍼져나갔다. 현실적으로는 약탈에 불과했다. 유대인들은 현금을 많이 갖고 있다는 이유로 십자군에게 좋은 표적이 됐다.

교회 역시 교리 차원의 유대인 분리와 유폐를 현실의 공식적인 정책으로 채택한다. 1215년 교황 인토켄티우스 3세는 라테란 공의회에서 유대인에게 노란 배지 착용을 강제하는 등의 내용이 담긴 반유대 칙령을 제정했다. 이로써 기독교 세계에서 유대인에 대한 유폐와 차별은 세속 세계의 공식 정책이 됐고, 조직적 박해가 뒤따른다.

✡ 멸시와 열패감의 양가감정에 기반한 반유대주의의 형성

그동안 도대체 무슨 일이 있었던 것일까?

첫째, 11세기까지 기독교 세계와 교회는 유대인에 신경을 쓸 여유가 없었다. 로마의 멸망과 게르만족의 침입에 따른 암흑기이자 혼란기에서 자신들이 생존이 절박했기 때문이다. 11세기를 넘어가면서 중세 봉건사회가 정착하자, 기독교 세계와 교회는 유대인을 살필 여유가 생겼다.

둘째, 로마 멸망 뒤 초기 기독교 봉건 세계에서 사회와 경제를 지탱하는 한 축을 맡았던 유대인의 필요성이 줄어들기 시작했다. 유대인이 맡았던 사회경제적 역할에 대한 필요성도 줄었다. 기독교도 주민으로 대체할 수 있었기 때문이다.

이런 사태 뒤에는 차곡차곡 쌓여온 기독교도 주민들의 반유대인 정서가 있었다. 유대인에 대한 차별과 박해는 그들에 대한 기독교 세계 주민들의 양가감정으로 촉발된다. 유대인들은 자신들보다 비천한 존재여야 하는데, 세속 세계에서는 자신들이 아쉬워해야 하는 처지였기 때문이다. 멸시와 열패감이라는 양가감정이었다. 이는 유대인이 기독교 봉건 세계에서 농노 등 주민들을 상대로 세금을 징수하거나, 재산을 관리하면서 지배층과 피지배층을 연결하는 중간숙주 계급 역할을 했기 때문이다.

따라서 영주 등 지배계급에게 유대인들은 자신들의 부와 권력을 일구고 관리하는 데 필요한 존재였다. 하지만 동시에, 비천한 지위에 있어야 하는 혐오스러워야 할 존재였다. 이는 필요하면 유대인의 재산을 빼앗는 명분이 됐기 때문이다. 주민들에게도 유대인은 영주를 대신해 세금을 징수하는 대리인이거나, 돈을 빌려주는 대금업자였다. 유대인은 고혈을 빨아가는 착취자로 각인될 수밖에 없었다.

유럽의 중세 기독교 세계에서 지배층이나 피지배층에게 유대인은 종교적으로나 경제사회적으로나 마땅히 경멸받아야 할 해로운 존재였다. '고리대금업자로서 유대인'이 이런 인식에 가장 크게 기여했다. 대금업자는 유대인의 상징이었다. 대금업과 유대인의 관계는 유대인 문제를 관통하는 핵심 사안이기도 했다.

유대인에 대한 박해는 13세기부터 대량 추방으로 본격화됐다. 1290년 잉글랜드에서, 1306년, 1321~1322년, 1394년에 프랑스에서, 그리고 이베리아반도에서 무슬림 세력을 완전히 몰아내고 기독교 세계를 복원한 레콩키스타가 완성된 1492년 스페인에서 추방은 절정에 달했다. 시칠리아에서도 1492~1493년에, 포르투갈에서도 1496~1497년에 유대인을 대량 추방했다. 이탈리아의 도시들, 신성로마제국 영역 내의 공국들에서도 유대인 추방이 일어났다.

유대인이 가장 많이 살고 번성했던 이 무렵의 이베리아반도에서 유대인이 대량 추방되는 사태는 유대인 역사에서 새로운 국면을 자아낼 수밖에 없었다. 이베리아반도에서 쫓겨난 유대인들은 서유럽, 중북부 유럽, 지중해 전역으로 다시 퍼져나갔다. 유대인이 이베리아반도에서 추방되던 그해에 콜럼버스는 신대륙을 발견했다. 신대륙의 발견은 유럽의 중심, 아니 세계의 중심을 대서양변의 유럽, 즉 서유럽으로 옮기게 했다. 곧 세계를 제패할 유럽의 근대가 시작됐다. 유대인의 중심지도 서유럽과 중북부 유럽으로 옮겨져, 유대인도 유럽의 근대에 편입됐다.

기독교 세계의 소수자로서 유대인의 정체성도 비로소 완전히 정립되기 시작했다. 유대인이 유럽의 근대에 편입된 계기였던 이베리아반도에서의 대추방은 그 유대인의 정체성을 상징했다. 기독교 세계에서 기독교도로 상징되는 다수자의 정체성을 형성하고 강화하는 데 필요한 소수자였다. 그 소수자는 종교적 차원뿐 아니라 사회적, 경제적 차원에서 소환되어 혐오스럽고 사악한 집단으로서 다수자들의 정당성을 보완하는 역할을 맡았다.

6장

게토의 유대인, 궁정의 유대인

유대인은 왜 멸시와 질시의
대상으로 양분됐나?

유럽의 기독교 세계가 중세를 지나면서 유대인은 두 계층으로 양극화됐다. 궁정의 유대인과 게토의 유대인이다.

소수 유대인은 주로 금융업자로 성공하며, 유럽 각국 궁정의 돈 관리를 해주는 막강한 특권집단으로 자리 잡았다. 하지만, 대다수 유대인은 게토라는 집단격리구역에서 갇혀서 비천한 삶을 사는 기독교 세계의 국외자였다.

✡ 빈민촌의 대명사 게토,
유대인을 수용하면서도 유폐하던 격리구역

게토는 애초 중세 말기에 유대인들이 스스로 자치구역을 요청해 만들어졌다. 유럽 기독교 세계의 중세 봉건체제는 각 단위별로 자치적인 사회를 영위한 세계였다. 기독교 세계의 신민이 아니었던 유대인이

자치 거주지를 영위한 것은 당연한 귀결이기도 하고, 제 나름대로 배려를 받은 것이기도 했다. 스페인과 이탈리아에서 이렇게 게토가 생겨났다. 게토는 유대인이 적대적인 기독교도 주민에게서 떨어져 살면서, 자신들의 문제를 유대 율법에 따라 처리하면서 살아가는 자치구역이었다.

하지만, 유럽 기독교 세계는 중세를 지나면서, 게토를 유대인들의 자치구역뿐 아니라 '가축 우리'로 자리매김하기 시작했다. 16세기 종교개혁이 시작되면서 게토의 유대인들이 본격적으로 탄생했다. 로마 가톨릭 교회와 합스부르크 왕가 등 기성 권력들은 신교 세력들의 도전에 반종교개혁으로 응전했다. 그 불똥은 유대인에게 더 많이 떨어졌다. 이단과 불신자를 축출하려는 반종교개혁에 신교 세력들은 저항할 수 있었지만, 유대인들은 기독교 세계의 경계 밖으로 영원히 격리돼야 했다.

1215년 교황 인토켄티우스 3세가 라테란 공의회에서 제정한 반유대칙령에 따라 유대인에게 강제된 노란 배지, 게버딘(긴 능직 코트), 고깔모자만으론 부족했다. 유대인들의 필요에 따라 1516년 베네치아에 첫 게토가 세워진 지 50년 만에 로마에 교황 바오로 4세의 칙령에 따른 첫 공식 게토가 세워졌다. 다른 구교 세력권의 왕국과 영지도 이를 따라갔다. 독일 북부의 신교 세력 영지에서도 종교적 통일성을 지킨다는 목적과 명분으로 유대인을 게토로 몰아넣는 칙령들이 발표됐다.

서부와 중부 유럽에서 유대인을 게토에 공식적으로 유폐시키기 시작한 것은 중세 봉건체제의 균열에 따른 경제적 변화와도 관련이 있다. 자유도시 등에서 늘어나는 상업과 교역 필요성 때문에 그런 직종에 주로 종사하는 유대인들이 필요하면서도, 그들의 진출을 억제할 필요도 있었다. 중세 때 유대인이 진출했던 대금업을 위시한 교역업, 기술직 등 비농업 직종에 기독교도 주민들도 본격적으로 진출하기 시작했기 때문이다. 유럽의 기독교 세계는 유대인이라는 존재가 여전히 필요했지만, 자신들의 필요에 맞게 최대한 억제하고 통제해야 했다. 유대인을 받아들이지만, 더 주변으로 밀어내서 존재시켜야 했던 것이다. 기독교 세계는 유대인을 여전히 유럽의 기독교 세계 주민들이 꺼리는 한계 직종으로 한정시켰다.

✡ 프랑크푸르트의 게토, 유덴가세

유대인의 프랑크푸르트 거주는 12세기로 거슬러 올라간다. 약 200명으로 시작된 이곳에서의 유대인 거주는 14세기에 사실상 끝장났다. 당시 유럽 전역에 창궐한 흑사병의 원인을 유대인의 소행으로 돌리는 박해 때문이었다. 유대인들은 기독교 주민에 비해 흑사병으로 인한 피해가 적었다. 다수 주민인 기독교도 주민들과 격리되어 살았기 때문이다. 손을 잘 씻는 전통적인 종교 관습도 감염을 줄이는 작용을 했을 테다. 하지만, 기독교도 주민 사이에서 유대인들이 흑사병을 퍼뜨렸다는 소문이 돌았고, 이는 유대인 학살로 이어졌다.

이미 11세기 십자군 운동 때부터 시작된 유대인 박해는 12세기에 유대인이 기독교도 소녀와 아동을 도륙해서 그들의 피를 자신들의 제례 의식에 쓴다는 소문으로 기독교도 주민 사이에서 일반화됐다. 영국에서 1290년 유대인을 공식적으로 추방하는 등 프랑스와 독일 등 서유럽의 유대인들도 삶의 터전에서 쫓겨났다. 14세기의 흑사병 창궐은 유대인을 서유럽에서 몰아내는 결정적 계기였고, 15세기 이슬람 세계

◆ 1700년대 신성로마제국에 남은 네 개의 자유시 중 하나인 프랑크푸르트의 게토 유덴가세Judengasse 는 게토를 둘러싼 유대인들의 스산하고 비참한 역사와 삶을 잘 보여준다. 위키미디어 코먼스 갈무리.

에서 기독교 세계로 회복된 이베리아반도에서 유대인들이 추방되던 때가 그 절정이었다. 이렇게 쫓겨난 유대인들은 북아프리카나 폴란드 등 동부유럽, 또는 오스만튀르크 제국의 수도 이스탄불에서 안식처를 찾았다. 스페인 등 지중해 지역의 유대인인 세파르디는 주로 북아프리카나 오스만튀르크 제국의 수도 이스탄불에서 안식처를 찾았고, 프랑스 남부와 네덜란드, 이탈리아 등으로도 이주했다. 독일과 프랑스 북부의 유대인 아슈케나지 일부는 폴란드로 이주했다.

17세기가 되어서야, 서부 및 중부 유럽에서 유대인들은 공식적으로 다시 거주를 허가받았다. 신교와 구교 세력 사이의 전쟁인 30년전쟁이 끝나 종교적 증오가 잦아들었던 17세기 중반에 합스부르크 왕가의 페르디난드 3세가 프라하와 부다페스트, 프랑크푸르트 등 자유도시에 유대인이 재정착하도록 허락했다. 독일의 다른 공국들도 이를 따랐다. 물론 유대인들은 이미 공식화된 게토에서 살아야만 했다.

✡ 돼지 오줌을 받아먹는 유대인

18세기 프랑크푸르트의 게토 유덴가세는 이런 역사를 고스란히 드러낸다. 프랑크푸르트를 가로지르는 마인강 하류의 작센하우저 다리를 건너 도심의 상업지구로 깊숙이 들어가면, 갑자기 커다란 나무 대문에 가로막힌다. 나무 대문은 도심 안에 또 다른 작은마을로 들어가는 입구이다. 입구에는 무장한 보초가 서 있어서, 감옥을 연상케 한다.[1]

유덴가세 게토를 둘러싼 담장에 그려진 벽화는 이곳에 사는 주민들이 감옥의 죄수만도 못한 존재임을 말해준다. 벽화에는 암퇘지를 둘러싼 유대인 세 명이 그려져 있다. 한 명은 돼지의 젖을 빨고, 유대교 성직자인 랍비 복장을 한 또 다른 한 명은 돼지의 꼬리를 들어주고 있으며, 다른 한 명은 돼지 오줌을 받아먹고 있다. 담장 위에는 더 끔찍한 조각이 놓여 있다. 수많은 칼자국으로 난자된 어린 아기의 시체를 형상한 조각이다. 시체에는 아홉 개의 단도가 꽂혀 있다. '1475년 세족식 목요일, 두 살인 지몬이 살해됐다'라는 글귀도 있다. 유대인들이 제례의식에 쓰려고 죽였다는 트렌트 마을의 지몬 사건에 대한 상기이다.[2]

벽화와 조각은 당시 유덴가세의 유대인들이 어떤 삶을 살고 있는

◆ 독일 비텐베르크에 있는 한 교회 벽에 반유대인 메시지를 담은 암퇘지와 유대인들의 조각이 새겨져 있다. 위키미디어 코먼스 갈무리.

지를 말하는 표지이다. 당시 유덴가세는 0.25평방마일(약 0.644제곱킬로미터) 크기에 3천여 명의 주민이 살았다. 인구가 늘어도 공간이 더는 허락되지 않은 탓에 건물들은 위로 확장할 수밖에 없었다. 건물은 대부분 얼기설기 보수해 4층짜리로 키를 높인 형태였다. 화재에 취약해 18세기에만 세 차례의 대형 화마가 이곳을 휩쓸었다. 1794년 여행자로서 이곳을 방문한 독일 문호 요한 볼프강 폰 괴테는 "지옥 같은 빈민촌"이라고 탄식했다. "프랑크푸르트 유대인의 대부분은 인생의 절정기인 사람조차도 말하는 시체처럼 보였다. (…) 그들의 시체 같은 창백한 안색은 다른 주민들과 뚜렷이 구별짓게 했다."[3]

유덴가세의 유대인들은 직업 활동 외에는 이 유폐구역을 벗어날 수 없었다. 일요일이나 기독교의 성일에는 해가 지면 입구가 잠겼고 유대인들은 바깥세상과 격리됐다. 유대인들은 오직 낮에 일 때문에만 이곳을 나가서 주변 마을을 찾아갈 수 있었다. 하지만, 공원, 여관, 찻집에 들어갈 수 없었다. 좋은 산책로도 이용할 수가 없고, 성당 주변에도 갈 수 없었다.

게토를 나가서 주변 마을을 방문하는 것도 공짜는 아니었다. 다른 마을이나 도시에 들어가려면 특별 인두세인 '라이브졸'을 내야 했다. 유대인은 뮌헨에 들어가려면 3굴덴(옛날 독일 금화 혹은 은화)를 내야 했고, 그곳에서 하루를 머물려면 40크로이처를 냈다. 마인츠에서 지역 세리들에게 유대인은 관세의 한 종류였다. 꿀, 홉(맥주 원료), 장작, 석탄, 치즈 등과 함께 유대인도 관세 품목이었기 때문이다.[4]

주변 지역의 성직자와 직업조합인 길드의 요청에 따라서, 게토의 유대인에게는 오직 기독교도 주민들이 경멸하는 직업만 허용됐다. 서부와 중부 유럽의 유대인 중 4분의 3은 노점상과 행상, 거리의 대금업에 종사했다. 일부 유대인은 작은 가게를 차리기도 했으나, 대부분은 그렇지 못했다. 거지, 칼잡이, 뚜쟁이, 심지어 도둑 등의 상당수가 유대인이었다. 이는 유대인은 비천하고 비열하다는 기독교도의 편견을 강화했고, 다시 유대인을 박해하는 악순환을 만들었다.

라이프치히 시장에서 유대인은 노란 배지를 달아 신분을 표시하라는 명령을 받았다. 함부르크에서는 1710년 유대교 회당인 시나고그의 건축을 불허하는 한편, 유대인은 열 가족 이상의 사적인 모임도 할 수 없었다. 기독교도 여성과 장사하는 것도 금지됐다. 유대인들은 군중이 모이는 곳에 모습을 드러내서는 안 됐다.

✡ 게토의 유대인, 차별과 박해를 대가로 자유를 얻어 도약하다

이런 지독한 차별과 천시도 당시의 시대적 맥락에서 파악할 필요가 있다. 유대인은 도시의 기독교도 주민보다는 권리가 적었지만, 당시 유럽의 농촌 대중보다는 의무도 적었고 혜택을 누렸다. 유럽의 대부분 농촌 마을 주민들은 17세기 말이 되어도 여전히 '농노'로 땅에 묶여 있었다.[5] 유대인들이 해가 뜨면 게토에서 나와 주변 마을을 돌아다니다 해가 지면 게토에 다시 갇혔다면, 농촌 주민들은 해가 뜨면 가축 우리 같은 집에서 나와 농토에서 묶여 일하다 해가 지면 그 가축 우리로 돌아와 갇혀 지냈을 뿐이다.

18세기 독일과 프랑스의 농민은 왕이나 영주에게 내는 토지세, 교회에 내는 십일조, 성직자에 내는 세금, 부역 대신에 납부하는 면역세에다가 도로와 다리를 이용하는 통행세 등 각종 세금을 내야 했고, 군역에도 종사해야 했다. 또 왕이나 영주가 독점하는 기본식료품들을 사야만 했다. 도시에 거주하는 유대인들도 자의적이고 많은 세금을 내야 했지만, 기독교도 농촌 주민에 비한다면 결코 심하다고 볼 수 없었다. 특히 봉건적인 군역을 면제받는 것은 유대인에게는 더할 수 없는 '특혜'였다. 상대적으로 자유롭게 돌아다닐 수 있는 것 역시 유대인의 경쟁력이었다.[6]

유럽의 농민이 왕이나 영주에게 징집되어 생업을 박탈당하고 목숨을 잃는 동안 유대인은 이곳저곳을 돌아다니면서 세상의 변화를 깨닫고 그에 맞춰 변신을 할 수 있었다. '유럽의 기독교 봉건 세계는 유대인을 배제하는 차별을 했으나, 이는 사실 유대인을 그 속박에서 해방시켰다'는 유대 역사학자 맥스 디몬트의 지적은 유대인의 역사를 이해하는 열쇠이다.

유럽이 근대로 나아가면서 성장하는 제조업과 상업이 전통적인 직업조합인 길드의 영역을 넘어서자, 유대인들이 제 경쟁력을 바탕으로 대금업과 행상을 넘어 더 넓고 새로운 직업 영역으로 나아갔다. 18세기가 지나면서 독일의 공국들이나 합스부르크 제국 영역 내의 유대인들은 가축, 목재, 섬유의 거래인으로 역할을 넓히기 시작했다.

중세가 마감되고 근대로 접어드는 시기에 유대인의 경제적 지위에 미묘한 변화와 향상이 있었음은 1646년부터 1724년까지 살았던 한 유대인 여성 하멜른 글뤽켈Gluckel of Hameln이 남긴 일기장에서 잘 묘사된다. 그의 일기는 당시 유대인 여성이 쓴 유일한 이디시어 회고록으로 유명하기도 하다.

글뤽켈은 젊은 시절에 독일 하노버에서 살면서, 남편과 남매들과 함께 집집마다 돌아다니며 오래된 금을 사고파는 행상으로 생계를 꾸렸다. 글뤽켈과 이웃한 한 부인은 키엘 장터에서 여성용 방물들을 팔았다. 다른 유대인 이웃들은 리본, 철물, 식기를 팔거나, 그들의 전통적인 업종인 소규모 대금업, 혹은 전당업에 종사하거나, 중고보석을 취급했다. 점차 글뤽켈의 친지들은 가축, 섬유, 보석, 주류, 담배 등의 소매업으로 진출했다.

이런 변화는 놀라웠다. 몇 년 동안 유대인의 상당수가 암스테르담, 단치히, 폴란드에서 오는 원자재를 대량구매하는 일에 뛰어들어 이를 유럽 주요 도시의 장터에서 팔았다. 18세기 말 유럽에서 최대인 라이프치히 정기시定期市, fair에서 가설매장의 1/4를 유대인들이 운영했다. 라이프치히에서는 1713년이 되어서야 단 하나의 유대인 가정만 영구거주를 허락받았고, 두 번째 가정이 거주를 허락받은 것도 40년이 더 지나서였다. 이런 차별을 받는 상황에서도 유대인은 라이프치히 정기 시에서 큰 역할을 하고 있었던 것이다.

✡ 궁정 유대인의 부상

글뤼켈의 일기가 말해주듯 18세기 말이면 차별과 멸시를 받으면서도 게토의 유대인 중 일부가 경제적으로는 신흥 중산층으로 발돋움하고 있었다. 또, 이미 소수의 유대인은 그 훨씬 이전부터 유럽의 궁전에서 재정과 군수조달을 책임지는 특권층으로 자리를 잡아가고 있었다. 이른바 궁정 유대인이다.

18세기 초부터 유대인들은 유럽 대륙에서 실크 원단이나 고급 견직물 등 사치품의 유통업자로서 등장했다. 그보다 앞서 17세기 초부터 신대륙 광산과 교역망을 갖춘 네덜란드가 유럽의 금은괴 및 자금 시장으로 성장하자, 네덜란드 유대인들은 유럽 각국의 궁정을 대리하는 경화(금속화폐) 매매를 주도했다. 네덜란드의 유대인이 제공하는 상품들을 받은 유럽 전역의 유대인은 금, 은, 귀금속을 다루는 선도적인 상인으로 등장했다. 이는 유대인들이 유럽 궁정의 재정을 쥐락펴락하는 역할로 이끌게 된다. 네덜란드 유대인은 근대 유럽 궁중 유대인의 뿌리이다.

1581년에 시작된 독립전쟁을 거쳐서 스페인으로부터 독립한 네덜란드(네덜란드 7개 주 연합공화국)는 1609년 완전한 종교자유를 선포했다. 네덜란드 독립의 한 명분은 구교 세력인 스페인의 종교적 탄압으로부터의 자유였다. 종교 자유 선포는 교파를 불문한 유럽 전역 신교도들의 세력을 얻으려는 목적도 있었다. 그런데 도피자 신분이던 유대인들이 조금씩 무리를 지어 네덜란드로 들어왔다. 대개는 1492년 스페인이 유대인 추방령인 알함브라 칙령을 선포함에 따라 이베리아반도에서 추방된 세파르디 유대인이었다. 네덜란드는 이들을 거부할 명분이나 이유가 없었다. 곧 이들은 유럽의 다른 지역에서는 상상할 수 없었던 자유를 누리며, 네덜란드나 유대인 모두에게 중요한 역할을 하게 된다.

이베리아 유대인 문제는 오랜 역사를 가졌다. 기독교 세력권이던 이베리아반도는 8세기 초 무슬림 세력인 우마미야 왕조의 침공을 받아 프랑스 남부 지역까지 그 치하에 들어갔는데, 무슬림 체제에 유대인들이 중요한 역할을 수행했다. 1500년대 이후 유럽의 르네상스의 연료는 무슬림 치하에서 남아 있던 그리스-로마 시대의 고전과 그 번역들이다. 그런 고전 보전과 번역 작업에 유대인들이 크게 기여했다. 또, 유대인들은 외교, 행정, 교역에 종사했다. 이베리아 세파르디는 유럽의 어느 유대인보다 학식, 기술, 재력, 지위에서 우월했다. 지중해 지역 유대인 네트워크의 핵심으로, 유대인 커넥션의 원조라 할 수 있다.

기독교 세력들의 이베리아 회복 운동인 레콩키스타는 11세기부터 본격화됐다. 이는 1492년에 완전히 종료되는데, 유대인 추방령이 선포된 때이다. 이베리아반도가 기독교 세계로 회복되면서, 유대인은 이중적인 존재가 됐다. 이교도와 투쟁한 끝에 다시 세워진 기독교도 왕국에서 교역, 행정, 학문을 위해 필요한 존재이면서도, 종교적 정통성을 흐리는 존재였다. 레콩키스타 과정 초기에 유대인들은 전쟁 와중에서 무슬림과 같은 대우를 받으며 희생됐다. 하지만, 사태가 정리되면 유화적인 대접을 받았다. 유대인들의 기량이 필요했기 때문이다.

✡ 콘베르소와 마라노, 궁정 유대인의 뿌리가 되다

레콩키스타가 진행되면서 개종운동도 시작돼, 많은 유대인이 기독교로 개종했다. 이베리아반도에서 이렇게 기독교로 개종한 유대인을 콘베르소Converso(개종자)라고 불렀다. 적지 않은 콘베르소는 진짜로 기독교로 개종한 게 아니었다. 생존과 성공을 위해서 겉으로만 개종하고는 실제로는 유대인으로 남았다. 이 때문에 이들은 다른 유대인들에게서 마라노Marrano라고 불렸다. '돼지' 또는 '돼지 새끼'라는 뜻이다.

콘베르소는 이베리아의 기독교 왕국들에서 중요한 역할을 했다. 상업과 교역은 물론이고, 권력의 자리까지 나아갔다. 심지어 교회의 주교나 추기경이 되기도 했다. 레콩키스타가 완료된 15세기 말이면, 콘베르소는 스페인 왕국의 골칫거리가 됐다. 기독교도들이 콘베르소의 득세를 시기했다. 특히 교회는 이들의 영향력이 커지는 것에 불안할 수밖에 없었다. 결국 콘베르소는 이단 종교재판에 회부됐다. 이른바 '마라노 이단'이었다. 하지만, 개종하지 않은 유대인들은 종교재판의 대상이 될 수 없었다. 결국 1492년 스페인은 유대인 추방령을 공식적으로 발표했다. 약 15만 명의 유대인 중 10만 명이 떠나거나 죽었다. 나머지 5만 명은 체류 대가를 지불하고, 기독교로 개종한 뒤 잔류했다. 남은 유대인은 대부분 돈 많은 상류층이었다. 이들 콘베르소는 스페인에서 여전히 상업과 교역의 중심 세력으로 일했다.

유대인 추방령이 발표되던 해에 콜럼버스가 아메리카 신대륙을 발견해, 곧 스페인은 유럽 최강국으로 떠오른다. 신대륙에서 발견된 금과 은이 흘러들었고, 교역이 활성화됐다. 이는 유럽 전역에서 중상주의를 발흥시켰다. 각국은 이제 기독교가 아니라 무기를 사고 병사를 부릴 수 있는 금과 은이 더 중요했다. 이 경쟁에서 먼저 스페인이 앞서 나갔다. 스페인의 유대인, 즉 콘베르소가 다시 큰 역할을 했다. 콘베르소들은 기존의 교역 네트워크에 신대륙도 추가했다. 스페인에서 추방된 유대인 중 일부가 카리브해 서인도 제도와 남미로 가서 유대인 네트워크를 확장했기 때문이다.

스페인에 이어 포르투갈에서도 추방된 유대인들의 절반 이상은 대부분 북아프리카와 오스만 제국에서 안식처를 찾았다. 일부가 서유럽으로 흘러들었고, 네덜란드도 그 대상이었다. 이는 결과적으로 유대인 네트워크를 확장하는 효과를 냈다. 네덜란드는 그 중심이 됐다. 앞서 말한 것처럼 유대인이 가장 자유롭게 살 수 있었던 곳이었던 데다, 스페인에 이어 무역패권을 쥐게 됐기 때문이다.

네덜란드는 북유럽 최대 내륙 교통망인 라인강 하류에 자리 잡고 있다. 네덜란드 최대 도시 암스테르담은 라인강 하구에 있는 데다 심해 항구여서, 곧 대서양 무역의 중심항이 됐다. 15세기 이후 중상주의가 몰아치면서 네덜란드는 유럽, 중동, 신대륙을 잇는 수익성 높은 교역의 중심지로 떠오르며 무역패권을 쥐기 시작했다. 네덜란드가 운용한 교역의 상당 부분은 과거의 적이자 경쟁 상대인 스페인과 포르투갈 제국을 상대로 했다.

그 교역에서 유대인들이 중요한 역할을 했다. 스페인의 교역에서 큰 역할을 하는 콘베르소 유대인과 네덜란드에 온 유대인은 그 뿌리가 같다. 인종, 언어, 상업적 관행을 공유했다. 네덜란드 유대인이 스페인과 포르투갈의 콘베르소와 거래를 하게 된 것은 자연스러운 귀결이었다. 이들은 곧 네덜란드의 생명선인 교역에서 중요한 입지를 다졌다.

네덜란드는 1657년 해외에 주재한 공사와 대사 등 외교 사절에게 유대인 상인에게도 네덜란드 시민과 같은 외교적 보호를 제공하도록 지시했다. 네덜란드의 5천~6천여 명 유대인은 네덜란드의 동인도회사와 서인도회사에서 영향력 있는 소수집단이 됐다.

✡ 궁정 유대인의 발원지가 된 네덜란드

이렇게 부상한 네덜란드 유대인은 네덜란드뿐 아니라 유럽 전역의 상업과 교역에 중대한 영향을 미친다. 유럽 다른 나라의 유대인 상인도 이들이 취급하는 금은과 보석, 신대륙의 원자재와 상품들을 받아 거래했고, 이를 계기로 각국에서 유대인 상인은 궁정에 영향력을 갖게 됐다.

18세기 말이 되면 유대인 상인들은 유럽 각국에서 화폐를 만드는 은을 제공하는 계약을 따내는데, 이런 거래를 하는 유대인 상인은 현찰과 신용 동원력이 생겼고, 본격적인 은행업에 다가가게 됐다. 또 한편으로는 군복 등 군수품의 조달과 제조도 맡았다. 유대인 상인들은 궁정 재정에 밝은 데다 섬유와 의류업 등 웬만한 분야에 모두 포진한 유대인 거래망을 활용할 수 있었던 덕에 정부 조달업자로서 경쟁력이 높았다.

네덜란드에서 유대인 세력이 힘을 얻게 된 것이 유럽 각국의 유대인에게 미친 영향은 영국에서 잘 드러난다. 영국에서 유대인들은 1290년에 공식적으로 추방됐다. 소수의 유대인이 은밀하게 남았으나, 그 수도 17세기까지 100여 명에 불과했다. 영국은 1651년 네덜란드의 무역패권에 도전하는 항해조례를 발표했다. 이것이 두 나라 유대인의 지위와 운명에 영향을 준다. 항해조례는 영국의 식민지 사이 무역에서 네덜란드 상선 이용을 금지한 것이다. 이는 대서양 무역을 주관하는 암스테르담의 유대인에게 큰 위협이 됐다. 이들에게 대서양 무역이권을 유지하는 한 해결책은 런던에서 거래하는 것이었다.

1655년 네덜란드 유대인 대표단이 런던에 도착해, 유대인의 영국 재정착을 청원했다. 당시 청교도혁명 정부의 수장인 호국경 올리버 크롬웰은 공격적인 중상주의 정책을 추진했고, 항해조례도 그 일환이었다. 크롬웰은 유대인이 자신들의 중상주의 정책에 도움이 될 것이라고 보고, 그들에게 우호적이었다. 하원이 유대인 재정착 허가를 머뭇거렸지만, 크롬웰은 비공식적으로 네덜란드 유대인 상인들의 입국을 허락했다.

크롬웰 이후 1660년 왕정이 복원돼 왕위에 오른 찰스 2세는 1664년 런던에서 유대인 구역을 설치할 것과 유대인의 자유로운 활동을 약속했다. 찰스 2세는 망명 중에 네덜란드의 유대인 금융인들에게서 지원을 받았었다. 그 이후로 유대인들은 영국에서 공개적으로 평화롭게 경제활동에 참가할 수 있었다. 1700년이 되면 영국에서 유대인 수는 6천 명으로 늘어난다. 1800년이 되면 네덜란드, 중부 유럽, 북아프리카에서 이주한 유대인이 가세해 그 인구는 3만 명으로 늘어나고, 유대인 상인들이 영국의 대서양 무역에 중추적 역할을 했다.[7]

프랑스 남부에서는 이미 14세기부터 이베리아 출신 세파르디 유대인이 프랑스의 교역에 큰 몫을 차지하며 조용히 지내고 있었다. 프랑스 남부 프로방스 공국은 14~15세기에 이베리아 출신 세파르디에게는 초기 안식처였다. 루이 11세 국왕이 1481년 프로방스 공국을 병합하면서 이 난민 세파르디 유대인을 추방하는 칙령을 내렸으나, 소수

의 세파르디 유대인은 잔류했다. 이들은 기독교로 개종했으나 사실은
유대인으로 남아 있던 마라노였다. 이 중 일부는 수출입업자, 금융가로
서 프랑스를 중동 및 카리브해와 연결하는 교역에서 중요한 역할을 했
다. 일부는 보르도와 생테스프리 등의 호화저택에서 거주했다. 18세기
초에 프로방스의 세파르디 유대인은 거의 5천 명에 달했고, 자신들의
유대인 정체성을 굳이 숨기려 하지 않았다. 1723년 루이 15세 국왕은
이들 '포르투갈 유대인'을 특정하며, 거주 및 교역 특혜를 확인해줬다.

✡ 대금업자 유대인, 전쟁을 통해 신흥 산업자본가로 부상하다

유럽에서 교역과 제조업이 발흥하면서 전통적인 직업조합인 길드
의 영역을 넘어서자, 유럽 각국 절대 왕정의 중상주의는 국제적인 거
래를 감당할 수 있는 이들이 필요했다. 특히 수많은 전쟁을 치른 유럽
각국의 절대주의 왕정에는 군수품 조달이 중요한 과제였다. 군수품 조
달자는 거의 예외 없이 유대인이었다. 유럽 각국뿐 아니라 신대륙과
중동에 흩어진 유대인 사업가들은 전쟁에 필요한 물자와 그 재정을 조
달하는 광범위한 경험과 네트워크를 가지고 있었다. 특히 유대인 상인
들은 17세기 전반부에 유럽 중앙에서 벌어진 30년전쟁 와중에 교전
당사자들의 자산을 인수하거나 팔면서 부를 축적해 그 기반을 닦았다.
유럽 궁정의 군수품 독점 조달자의 대표적 선두주자가 하이델베
르크의 자무엘 오펜하이머 Samuel Oppenheimer of Heidelberg, 1630~1703년였다.
오펜하이머는 1660년대 신성로마제국의 라인강 지역의 팔츠 선제후
의 군수계약자로 떠올랐다. 합스부르크 왕가가 프랑스와 일련의 전쟁

을 치르자, 레오폴트 1세는 오펜하이머에게 오스트리아군 전체의 군수 조달을 책임지게 했다. 당시 유럽 최강의 군대였던 오스트리아군의 군수 조달은 지난한 과제였다. 오펜하이머는 유럽 전역에서 다른 유대인 거래인들을 통해 식량, 사료, 의류, 화약 등을 신속하고 풍부하게 조달했다. 1683년 빈이 오스만튀르크군의 포위를 견딜 수 있었던 것도 오펜하이머 덕분이었다. 오펜하이머가 빈을 지키는 군에 풍부한 물자를 조달해 폴란드 국왕의 응원군이 올 때까지 버티게 해줬던 것이다. 그는 이런 공로로 '제국 최고 조달업자'라는 뜻의 '최고 상인Oberfaktor'이라는 공식 직함을 부여받았다. 게토에서 성장한 오펜하이머는 게토에서 벗어나 궁정의 특권층으로 올라선 일부 유대인의 전형이었다.

독일의 많은 공국에서도 유대인 군수조달업자들이 활약했다. 궁정 유대인 부상의 단초를 제공한 네덜란드의 세파르디 유대인도 예외는 아니었다. 나중에 영국 국왕 윌리엄 3세가 되는 네덜란드의 빌렘 3세의 군대에 군수품을 이들이 조달했다. 유럽 각국이 프랑스의 루이 14세와 벌인 긴 전쟁 동안, 안토니오 알바레즈Antonio Alvarez Machado와 야곱 페레이라Jacob Pereira의 도급회사는 유럽 전역의 도급 네트워크를 통해서 연합군 전체의 '총 군수업자'로 부상했다.

유대인 상인들이 군수조달업자로 활발히 활동한 것은 이들의 공급망 네트워크 때문만은 아니었다. 유대인들이 직접 군수물자를 생산하는 유력한 기업인이 되었기 때문이다. 18세기 프로이센에서 레비 울프Levi Ulff는 샬로텐부르크에 군복 옷감 공장을 세웠다. 다비드 히르시David Hirsch도 베를린에 군복 공장, 포츠담에 벨벳 공장을 설립했다. 베나민 엘리아스 불프Benjamin Elias Wulff는 베를린의 사냥터에 면직과 옥양목 공장을 차렸다.

당시 모험 사업이던 면직 등 섬유 공장은 프로이센의 유대인 사업가들의 전유물이었다. 게토에서 벗어나야 할 유대인들은 발흥하는 자본주의의 첨단 분야로 나아가는 위험을 충분히 감당할 동기가 있었다. 반면 기독교도들은 자본이 있다고 해도 자신들의 기득권을 두고 그런 위험을 감당할 동기가 부족했다.

면직 공장을 세운 유대인 대부분은 금융인이었다. 자본이 충분했다는 뜻이다. 이들이야말로 근대 이후 유럽 궁정에 막강한 영향력을 미친 궁정 유대인의 전형이었다. 앞서 언급한 대로 17세기 초부터 신대륙 광산과 교역망을 갖춘 네덜란드가 유럽의 금은괴 및 자금 시장으로 성장하자, 네덜란드 유대인을 시작으로 유대인들은 유럽 각국의 궁정을 대리하는 경화 매매에 앞장섰다. 개종한 지중해 유대인인 세파르디 콘베르소가 운영한 로페즈 은행the banking House of Lopez이 효시라 할 수 있다. 5명의 세파르디 콘베르소가 리스본, 툴루즈, 보르도, 앤트워프, 런던에 전략적으로 자리 잡고는 유럽 전역의 경화 매매를 주도했다. 이는 대금업으로 출발한 유대인들이 각국 궁정에 막강한 영향력을 가지고 거대 국제 은행자본가로 변신하는 과정의 시작이었다. 네덜란드의 로페즈 은행 가문이 그 효시라 할 수 있다.

곧, 독일어권 지역에서는 유대인들이 궁정 자금책으로 명성을 얻기 시작했다. 대표적인 인물이 잠존 베르트하이머Samson Wertheimer, 1658~1724년이다. 베르트하이머는 17세기 말 빈에서 궁정 귀족들을 위해 일하는 대금업자로서 경력을 쌓았다. 스페인왕위계승전쟁1701~1714년은 베르트하이머를 비롯해 아론 비어Aaron Beer, 히르시 칸Hirsch Kahn, 베렌트 레만Behrend Lehmann 등 유대인 금융업자들을 부상시키는 계기였다.

합스부르크 왕가의 레오폴트 1세가 이 전쟁을 치르며 이들로부터 수백만 굴덴을 빌렸다. 이들과 군수조달업자 오펜하이머의 도움이 없었다면 합스부르크 왕가는 프랑스와 오스만튀르크 등과 동시에 치른 전쟁을 감당할 수 없었을 것이다. 베르트하이머는 1703년 '궁정 유대인Hofjude, Hoffaktor'으로 임명됐다.

✡ 음모론의 원조가 되는 궁정 유대인

요제프 쥐스 오펜하이머Joseph Suß Oppenheimer는 궁정 유대인을 둘러싼 논란과 음모론의 시작이었다. 삼촌인 궁정 군수업자 자무엘 오펜하이머 밑에서 훈련받은 그는 곧 신성로마제국의 헤스다름슈타트 공국의 은행가로 일했고, 뛰어난 투자 역량으로 명성을 얻었다. 30대였던 1732년 그는 부템베르크 공국의 카를 알렉산더 대공의 궁정 대금업자, 보석수집상, 개인 은행가로 발탁됐다. 대공의 재정관리를 장악한 그는 상상력과 잔인함으로 자신의 연줄을 최대한 이용했다. 정부 계약을 따내주는 대가로 뇌물을 챙겼다.

그를 시기한 기독교도 궁정 관리들은 알렉산더 대공에게 그가 벌인 부정부패를 알렸다. 하지만 대공에게는 쥐스가 가져다주는 이익과 충성이 더 달콤했다. 1737년 알렉산더 대공이 숨지고, 후견인을 잃은 쥐스는 사기와 횡령, 그리고 기독교 여인과의 '육체관계' 혐의로 재판에 넘겨져 단두대에서 처형됐다.

그러나 그가 생전에 누린 부기와 권세는 대단했다. 쥐스는 프랑크푸르트, 슈투트가르트 등 주요 도시에 저택을 마련하고는, 궁정을 방불케 할 만큼 호화롭고 사치스럽게 꾸몄다. 루벤스 등 거장의 예술품, 비싼 중국 자기, 희귀한 조각품 등으로 곳곳을 치장한 것도 모자라 정원 연못에 금으로 된 배를 띄우기도 했다. 그의 저택은 귀족과 각국 대사가 모여 즐기며 이권을 주고받는 사교장이었다.

18세기 후반 프로이센에서 궁정 유대인 혹은 궁정 관리인Hofagent 직함을 받은 유대인 가문은 11곳이다. 이들은 쥐스처럼 유대인에게 가해진 모든 제약에서 해방돼 막강한 특권층이 되었고, 그 지위를 상속했다. 하지만, 쥐스의 처형이 말하듯, 이들 궁정 유대인은 유대인을 둘러싼 논란에서 태풍의 눈이 됐다. 돈만 밝히는 탐욕스러운 유대인, 배후에서 세상의 모든 일을 조작하는 유대인으로 요약되는 유대인 음모론은 이들의 영향력과 이들에 대한 시기 속에서 피어났다. 궁정 유대인으로서뿐 아니라 현대 국제금융 자본의 원조가 되는 로스차일드 가문은 그런 논란과 음모론의 정점에 있다.

7장

유대인 음모론의 확산

로스차일드 가문은
어떻게 음모론의 원조가 됐나?

나폴레옹 전쟁으로 유럽 각국의 재정은 파산 상태가 됐다. 기존 세
수만으로는 전쟁 적자를 메꿀 수 없었다. 전쟁의 참화로 세수마저 줄
었다. 유일한 해결책은 국가가 빚을 내는 것, 즉 채권 발행이었다. 하
지만, 각국의 경쟁적인 재정 수요를 충족시킬 정도의 채권을 발행하는
것은 쉬운 일이 아니었다. 그런 채권을 소화할 금융시장이 발전하지
않았고, 이를 인수할 자금력을 가진 사람도 드물었다. 독일에서 강대국
인 프로이센에서 채권 거래에 종사하는 이는 2천 명 남짓이었다. 이들
도 정부 채권은 거의 다루지 않았다.

　여기서 다시 유대인이 등장한다. 17~18세기 유럽 궁정의 재정을
관리하던 궁정 유대인들이 나설 수밖에 없었다. 유럽 각국의 채권 발
행과 인수 업무를 맡음으로써, 유대인들은 해당 정부와 긴밀히 연결될
수밖에 없었다. 자본주의 발흥으로 유럽 경제가 성장하면서, 정부 채권
을 취급하는 유대인 금융인들은 거대 국제금융자본가로 성장했다. 이
런 유대인 금융자본이 유럽 각국의 정부, 더 나아가 세계 질서를 좌지

우지한다는 음모론이 피어나게 된 배경이다.

유대인들이 전쟁을 배후에서 조종한다는 음모론 역시 마찬가지이다. 유대인 금융가들이 다루는 정부 채권 중에는 전쟁 자금을 조달하려는 채권이 많았는데, 전쟁의 발생 여부나 승패에 따라 전쟁 국채의 수익이 좌우됐다. 여기서 유대인 금융가들이 채권의 수익을 극대화하려고 전쟁을 조장하거나 조작한다는 음모론이 나오게 된다. 이는 유대인이 세계를 단일정부로 지배하거나 배후에서 은밀히 통치한다는 세계정부 음모론으로도 발전했다.

✡ '프랑크푸르트 전통'의 시작, 로스차일드의 다국적 금융자본화

베를린에서 1812~1815년 사이에 최상층 32개 은행 중 17개가 유대인 소유였다. 7개는 기독교로 개종한 유대인 소유였다. 이들 중 9개 유대인 은행이 정부 채권 업무를 했다. 정부 채권을 취급하는 비유대인 은행은 없었다.[1]

특히, 18세기 이후부터 독일 지역의 금융 중심지인 프랑크푸르트의 유대인 은행가들은 정부 채권 업무에서 막강한 영향력을 발휘했다. 19세기 초 프랑크푸르트에는 약 600여 유대인 가구가 거주했다. 이들 대부분은 여전히 과거의 게토인 칙칙한 유덴가세에 남아 있었다. 하지만, 이들이 프랑크푸르트의 12대 은행을 소유했다.[2]

비옥한 라인란트 지역에 위치한 프랑크푸르트는 대서양 중심항인 암스테르담과 지중해의 교역 제국이었던 베네치아를 연결하는 중심

교역도시였기 때문에 이곳에서는 중상주의 시대 때부터 유럽에서 유통되는 각종 통화의 환전 업무가 번성했다. 자연스럽게 국제적인 상업채권 발행과 거래도 성행했다.

18세기부터 국제적인 상업채권 업무에 특화된 프랑크푸르트 유대인 금융인들이 나폴레옹 전쟁 이후 정부 채권 발행과 인수에 두각을 나타낼 수밖에 없었다. 이는 '프랑크푸르트 전통'으로 불리게 된다. 이 프랑크푸르트 전통은 곧 전설적인 한 가문과 동의어가 된다. 로스차일드 가문이다. 프랑크푸르트 출신인 이들은 애초 독일어 이름으로는 로트실트Rothschild이나, 각국으로 퍼져나가 국제적인 금융자본가 가문으로 성장하며 영어식인 로스차일드로 불렸다.

프랑크푸르트의 게토 유덴가세에 태어나고 자란 마이어 암셸 로트실트Mayer Amschel Rothschild, 1744~1812는 당초 유대교 랍비가 되려 했다. 그렇지만 부모를 일찍 여의면서 생업에 나서야 했다. 7살에 고아가 된 그는 하노버의 궁정 유대인인 오펜하이머 집안에 들어가 희귀한 주화와 메달 매매 업무를 배웠다.

그의 고객들은 왕족과 귀족이었다. 그중 헤센카셀의 빌헬름 대공이 최대 고객이 됐다. 마이어는 25살인 1789년 대공에 의해 궁정 유대인으로 임명되어 로스차일드 금융가문의 문을 열게 된다. 특히 빌헬름 대공은 유력한 채권 매매업자여서, 마이어는 대공의 채권 업무를 중개하면서 유럽 각국의 궁정과 폭넓은 관계를 맺을 수 있었다.

나폴레옹이 프로이센군을 격파해 독일뿐 아니라 전 유럽을 손에 넣었음을 알린 예나 전투가 벌어진 1806년, 빌헬름 대공은 나폴레옹의 점령을 피해 자신의 모든 재산을 마이어에게 넘기고 관리를 요청한다. 나폴레옹 전쟁 와중에 마이어는 대공의 재산을 크게 불렸다.

그 비결 중 하나는 예나 전투가 일어나기 9년 전인 1797년에 마이어 암셸이 취한 조처였다. 마이어 암셸은 셋째 아들 네이선(나탄) 마이어 로스차일드Nathan Mayer Rothchild, 1777~1836년를 영국 맨체스터에 보내 현지 법인을 맡겼다. 이 조처를 통해서 마이어 암셸은 나폴레옹의 프랑스와 교전 당사국인 영국 쪽에도 투자할 수 있었다. 이는 영국의 전쟁 승리로 로스차일드가 천문학적인 수익을 올리는 결과를 낳았다. 무엇보다도 이 조처로 로스차일드는 지역 금융자본에서 벗어나 다국적 금융자본으로 성장하는 선두주자가 됐다.

이 무렵 영국에서 일어난 산업혁명의 본거지인 맨체스터에서 네이선은 당시 세계 최첨단이던 영국 섬유를 구매하는 회사를 차렸다. 네이선은 영국 섬유제조업자들과 직접 교섭하면서 충분한 물량과 수익을 얻을 수 있었다. 그는 1803년 런던으로 옮겨 와 면화, 밀, 무기를 거래하는 지사를 차렸고, 곧 금융업에도 뛰어들었다. 아버지 마이어 암셸이 유동화한 빌헬름 대공의 재산이 네이선의 회사에 전해졌고, 네이선은 이를 영국에서 로스차일드 은행 업무를 확장하는 담보로 활용했다. 그 결과로 빌헬름 대공과 로스차일드 모두 막대한 이익을 얻었다.

로스차일드가 영국으로 진출한 것은 다국적 금융자본화 과정의 시작이었다. 나폴레옹 전쟁 와중에서 마이어 암셸은 다른 두 아들에게 파리와 프랑크푸르트를 책임지도록 했다. 1812년 그가 숨진 뒤 나머지 두 아들도 나폴리와 빈으로 진출했다. 다섯 아들은 아버지의 유산을 공평하게 20퍼센트씩 상속받고는 각자의 도시에서 아직 미개척 분야인 정부 채권 발행·인수 업무에 종사하며 천문학적으로 재산을 불려갔다. 이들이 구축한 유기적인 국제 네트워크가 주효했다. 오스트리아가 전형적인 예이다. 나폴레옹 전쟁 막바지인 1816년, 프란츠 1세 황제는 빈의 유대인 금융가들에게 크게 의존했다. 황제는 빈에 새롭게 진출한 로스차일드 가문의 살로몬Salomon으로 거래선을 바꾸었고, 살로몬 등 로스차일드 가문의 금융 역량 덕분에 황제의 재산이 불어났다. 황제는 1822년 클레멘스 폰 메테르니히 재상의 권고에 따라 로스차일드 가문 전체에게 두 번째로 높은 귀족 신분을 부여하고는 남작 작위를 수여했다.

✡ 로스차일드 신화를 만든 나폴레옹 전쟁

로스차일드 신화가 본격적으로 쓰인 곳은 런던이었다. 나폴레옹 전쟁 동안 런던의 네이선은 유럽 대륙에서 싸우는 영국군에 전달되는 전비의 주요 통로가 됐다. 로스차일드가 가진 국제 네트워크 때문이다. 1812년 영국의 군수책임자 존 헤리스John Herries는 네이선에게 스페인에서 나폴레옹 군과 전투를 하던 웰링턴 공의 군대에 군수를 조달하는 전비를 전달하는 임무를 맡겼다. 적국의 영토를 거쳐서 아군에게 군수를 조달할 수 있도록 전비를 챙겨주는 일은 지난하고도 위험한 임무였다.

네이선은 런던 금 시장에서 금괴를 구매해서, 이를 프랑스 해안으로 몰래 운반했다. 파리에 있는 형제 제임스가 이를 받아서 파리 금 시장에서 환전했다. 이 돈들은 스페인의 은행가들에게 전달돼, 웰링턴 공의 부대에 스페인 화폐인 페세타로 지불됐다. 로스차일드의 네트워크와 신용이 아니라면 이뤄질 수 없는 업무였다. 전쟁이 채 끝나기도 전에, 로스차일드는 이런 금괴 밀송을 할 필요도 없어졌다. 로스차일드의 신용이 각국 정부와 은행들 사이에서 높아져서 그들의 어음만으로도 전비 전달이 충분했기 때문이다.[3] 유럽의 현지 업자들은 로스차일드로부터 어음을 받으면 군말 없이 영국군에 군수품을 제공했다.

존 헤리스는 네이선에게 영국의 동맹국들에 영국의 자금 지원을 제공하는 임무도 맡겼다. 1812~1814년 동안 영국은 오스트리아, 프로이센, 러시아 등 동맹국들에 4,200만 파운드를 지원했다. 이 돈은 로스차일드의 현지 대리인들을 통해 지급됐다. 네이선은 이 업무를 착수금 같은 것도 한 푼 받지 않고 수행했다. 일을 그르치면 엄청난 손해배상을 해야 하는 위험한 일이었다. 하지만, 성사되면 2퍼센트의 수수료를 받았다. 로스차일드는 이 위험천만한 임무를 성공적으로 완수했다.

무엇보다도 나폴레옹 전쟁 동안 각국의 전쟁 채권 발행과 인수가 결정적이었다. 이는 전황과 국제관계에 따라 요동치는 위험스럽고 복잡한 업무였다. 1812~1814년 동안 네이선과 형제들은 유럽 대륙의 정세를 면밀히 관찰하면서 영국과 그 동맹국들의 채권을 구매했다. 전쟁이 영국과 동맹국들의 승리로 끝나자 로스차일드가 큰 이익을 얻었음은 물론이다.

국제적으로 퍼진 자신들의 네트워크를 연결하는 수단은 로스차일드의 경쟁력을 배가했다. 초기부터 로스차일드는 유럽의 각국의 외교관보다도 빠르게 정치 관련 소식을 들을 수 있는 자신들의 전령 체계를 갖고 있었다. 때로는 전령 비둘기를 날려 보내 주가 등 시장 소식들을 교환했다.

✡ 워털루 전투를 둘러싼 로스차일드의 행적, 유대인 음모론의 시작

　나폴레옹의 몰락을 결정지은 워털루 전투를 둘러싼 로스차일드 가문의 행적은 로스차일드 신화의 정점이자 근대 이후 유대인 음모론의 본격화였다.

　그 신화는 워털루 전투의 승패를 미리 파악한 런던의 네이션이 이 정보를 가지고 런던 채권 시장에서 거액의 수익을 올렸다는 것이다. 이는 더 나아가 네이션 등 로스차일드 가문이 동맹군이 패배했다는 허위 정보를 퍼뜨려 영국 정부의 채권 가격을 폭락시킨 뒤 이를 매집했다는 음모론으로도 발전했다. 승전보가 공식적으로 알려지자 로스차일드가 거대한 매매 차익을 거뒀다는 것이다.

　이는 유대인이 국제질서와 각국 정부를 배후에서 조종한다는 유대인 음모론에서 로스차일드를 그 수장으로 만든 신화이기도 하다. 워털루 전투의 승패를 누구보다도 미리 알았고, 이를 가지고 채권 업무에 대응했다는 로스차일드 가문의 행적은 반유대주의 음모론이 아니어도 정보의 중요성을 강조하는 대표적인 사례로서 사실상 정착했다. 반유대주의 시각에서 쓰이지 않은 저명한 유대인 역사가나 역사서도 이를 사실로 기록하고 있다.

　네이션 등 로스차일드 가문은 정말로 워털루 전투 승패를 미리 파악했고, 이를 채권 매매에 이용했는가? 이는 근대의 반유대주의를 촉발하는 중요한 재료였다. 하지만, 그 진위는 200년 동안 제대로 검증되지 않았다. 영국 런던 킹스턴대학교의 저널리즘 교수 브라이언 캐스카트Brian Cathcart는 이 문제를 탐사 취재해, 지난 2015년 5월 3일자 〈인디펜던트〉에 그 신화의 진위를 파헤치는 글을 실었다.

'로스차일드 가문에 대한 중상비방: 워털루 전투에 나온 반유대주의 비방이 일축되는 데 왜 200년이 걸렸는가?'라는 제목의 이 기고문은 네이선이 워털루 전투의 승패를 일찍 알았다거나, 이를 가지고 런던 채권 시장을 조종하거나 거대한 수익을 올렸다는 것은 근거 없는 가짜뉴스라고 결론 내렸다.[4] 캐스카트 교수에 따르면, 이 신화는 워털루 전투가 끝난 지 30여 년 뒤인 1846년 파리에서 반유대주의자인 조르주 데른바엘Georges Dairnvaell이 '사탄'이라는 가명으로 발간한 정치 팸플릿에 처음 등장했다. 이 팸플릿이 나왔을 때 신화의 주인공인 네이선은 이미 사망한 뒤라 이 소문이 헛소리라고 반박할 수 없었고, 반유대주의 쪽에서는 이 주장을 기정사실화했다는 것이다.

'유대인 왕 로스차일드 1세의 교훈적이고 흥미로운 역사Histoire edifante et curieuse de Rothschild Ier, roi des juifs'라는 제목의 이 팸플릿이 주장하는 워털루 전투와 네이선의 행적을 캐스카트 교수가 요약했다.

"로스차일드 은행의 런던 지사 창립자 네이선 로스차일드는 1815년 6월 그날 전장의 관측자였다. 밤이 다가오면서, 그는 프랑스군의 완전한 패배를 지켜봤다. 그가 기다리던 것이었다. 빠른 말들을 갈아타면서 그는 벨기에 해안에 달려갔다. 그러나, 폭풍이 모든 배들을 항구에 묶어두고 있는 것을 보고는 격노했다. 탐욕이 불가능을 인정하겠는가? 폭풍우가 치는 날씨에 굴하지 않은 네이선은 한 어부에게 왕의 몸값에 해당하는 거금을 주고는 바람과 파도를 뚫고 영국 해안까지 데려다주기를 부탁했다. 네이선은 워털루 전투에서 영국의 웰링턴 공의 승리가 영국에 공식적으로 알려지기 24시간 전에 런던으로 들어왔다. 로스차일드는 전쟁의 승패를 알고는 주식시장에서 떼돈을 벌었다. 네이선은 단번에 2,000만 프랑을 벌었다."[5]

데른바엘의 팸플릿에 처음 등장한 네이선의 행적은 그 후 변주를 거듭한다. 네이선은 당시 런던에 머물고 있었고, 전쟁의 승패를 미리 파악하고 전달한 것은 로스차일드 가문의 연락책들이었다는 것으로 바뀌기도 한다. 전투의 승패가 갈린 6월 20일 새벽 워털루에서 출발한 한 연락책이 배를 타고서 영국 포커스톤항에 도착해 네이선의 직원에게 그 소식을 전했다는 것이다.

네이선이 동맹군이 패배했다는 허위정보를 흘려서 영국 정부 채권값을 폭락시킨 뒤 매집해서는 승전보가 알려진 뒤 가격이 폭등한 채권을 높은 값에 팔았다는 시장 조작설도 그런 변주의 하나이다. 당시 네이선이 런던 금융시장에서 채권과 주식을 사고팔던 생생한 장면도 묘사됐다.

여기서 제기되는 의문은 네이선이 전쟁의 승패를 먼저 알았다고 해도 그 정보로 당시의 금융시장에서 거액의 차액을 남길 수 있었는가다. 네이선은 하루 정도 일찍 승패를 파악했을 것이다. 당시 거래량이나 정보의 전파 속도 등 금융시장 상황을 고려할 때 그가 떼돈을 벌 정도로 채권 가격이 요동칠 수 있었을지 의문이다.

또한 캐스카트 교수의 조사에 따르면 네이선은 당시 워털루나 벨기에 해안에 있지 않았고, 그날 도버해협에는 태풍도 불지 않았다. 특히 네이선은 그날 금융시장에서 떼돈을 벌지도 않았다고 그는 지적한다. 당시 런던 금융시장에 가격 폭락이나 급등도 없었다는 것이다.

✡ 로스차일드는 워털루 전투 승전보를 먼저 알았거나, 조작해 돈을 벌었나?

캐스카트 교수의 추적을 따라가보자. 데른바엘의 팸플릿에 등장한 주장의 신빙성은 1815년 6월 20일자 〈런던 쿠리에〉라는 신문의 보도로 뒷받침된다고 주장됐다. 그날자 신문은 전투가 끝난 지 이틀 뒤였고, 공식 승전보가 전해지기 하루 전에 발행됐다. 신문은 "로스차일드가 많은 주식을 구매했다"고 보도했다는 것이다. 하지만, 그날 〈런던 쿠리에〉에 그런 보도는 없었다. 1848년 스코틀랜드의 역사학자 아치발드 앨리슨이 처음으로 이 신문 보도를 인용한 것으로 밝혀졌다. 문제의 팸플릿이 발간돼 네이선의 승전보 파악 신화가 대중화된 지 2년 뒤였다. 결국, 앨리슨도 데른바엘의 주장을 짜깁기한 것으로 분석된다.

당시 런던을 방문한 미국 특사 제임스 갤러틴James Gallatin의 1815년도 일기도 그 주장을 뒷받침하는 것으로 거론됐다. 갤러틴은 1812년 미국과 영국의 전쟁을 종식한 겐트 조약을 중재한 미국 외교특사로 일했다. 그는 워털루 전투 당일 일기에서 벨기에에서 일어난 사건으로 대중의 우려가 크다며 "그들은 로스차일드 씨가 브뤼셀에서 오스텐드까지 연락책과 쾌속선들을 준비해서 무언가 결정적인 일이 일어날 순간을 헤쳐나갈 준비가 됐다"고 적었다. 하지만, 갤러틴의 일기는 19세기 말에 조작된 것으로 1957년에 밝혀졌다.

로스차일드 가문의 후손인 영국의 빅터 남작은 1980년대에 조상인 네이선에 관한 책을 쓰면서 데른바엘 팸플릿의 주장 대부분을 반박했다. 하지만, 그는 네이선이 남긴 기록에서 그가 워털루 전투의 승패를 일찍 알 수 있음을 보여주는 편지를 발견했다. 파리의 로스차일드 은행 직원이 워털루 전투 한 달 뒤 네이선에게 보낸 편지였는데, 내용 중에 "군수담당 화이트 경이 당신이 워털루에서 승리했다는 빠른 정보를 가지고 잘 대처했다고 저한테 말했습니다"라는 구절이 있었다. 이 편지는 워털루 전투를 둘러싼 네이선 신화를 다시 부활시켰다.

하지만, 편지는 또 워털루 전투를 전후한 네이선의 실제 행적을 푸는 단초도 제공했다. 워털루 전투가 벌어진 주에 발행된 신문들을 조사한 결과, 런던에서 그 승패를 알게 된 첫 인물은 네이선이 아니라 '도버의 미스터 C'라는 익명의 인물이었다. 그는 벨기에의 겐트에서 동맹군의 승리를 알고는 곧장 영국으로 가 6월 21일 수요일 아침부터 런던에 그 소식을 전파했다. 공식적인 승전보가 도착하기 12시간 전이다. 그날 오후에 세 개 신문에서 워털루 전투의 소식이 인쇄됐다. 수요일 저녁에 작성된 뉴스에 따르면, 네이선은 겐트에게서 편지를 받고는 이를 정부에 전달했다. 이를 고려하면, 네이선은 전황을 일찍 파악하기는 했으나 이 소식을 유일하게 알았던 사람은 아니었다.

그럼, 네이선은 채권과 주식을 쓸어 담을 시간이 있었을까? 물론 그럴 시간은 있었으나, 당시의 금융시장 규모와 작동체계를 보면 떼돈을 벌만큼 충분한 시간은 아니었다. 무엇보다도 그날 수요일 시장에서는 자산이 폭락하는 사태가 벌어지지 않았다. 승전이 확인되면서 채권과 주식이 오르자, 네이선은 분명 자신의 매매에 '잘 대처'했을 것이다. 하지만, 그의 수익도 경쟁을 벌이던 다른 투자자들의 수익에 비해서는 보잘것없었다는 평가이다. 많은 투자자가 워털루 전투 전에 이미 영국 정부 채권을 더 싸고 많이 매입한 상태였다.

결국 네이선의 기록에서 발견된 그 편지는 그가 승전 전황에 맞춰 거래를 무난하게 했다는 일반적인 평가나 인사치레에 불과하다고 캐스카트 교수는 평가했다. 그의 연구에 따르면, 워털루 전투의 소식은 최소한 다섯 명에 의해 런던에 경쟁적으로 일부씩 전달됐고, 공식적인 승전보가 발표되기 전에 런던에서는 알만한 사람들은 적어도 부분적으로 전황을 파악하고 있었다. 네이선도 그중 한 명임은 분명하다. 하지만, 그 정보로 그가 시장을 조작하거나 떼돈을 벌지 않았고, 그럴 수도 없었다는 것도 확실하다.[6]

니얼 퍼거슨 등 금융사가들은 로스차일드는 오히려 워털루 전투의 승전 소식이 공개된 이후에 큰 수익을 올린 것으로 분석했다. 네이선은 이 전투의 승리로 인한 전쟁의 종식이 영국 등 정부가 전비를 마련하려는 자금 차입 필요성을 줄일 것으로 내다봤다. 즉, 영국 국채 가격이 오르리라 본 것이다. 네이선은 워털루 전투 뒤에 과감하게 영국 국채를 매집했다. 전후 복구가 마무리되는 2년 뒤인 1817년에 채권값이 급등하자 40퍼센트의 이익을 남기고 팔았다. 이는 금융 역사상 가장 대담한 거래 가운데 하나로 평가받는다.

✡ 로스차일드 음모론을 탄생시킨 유대인 금융자본과 권력의 제휴

워털루 전투의 정보를 독점해서 떼돈을 벌었다는 로스차일드 음모론을 처음으로 제기한 데른바엘의 팸플릿은 로스차일드 등 유대인 금융자본의 영향력이 절정으로 오르던 당시 상황을 배경으로 한다.

나폴레옹 전쟁 뒤 수립된 유럽의 빈 체제에서 유대인 금융자본가들은 전례 없는 성장을 했다. 로스차일드의 경우, 19세 중반에 그 재산이 60억 달러에 달했다. 이는 실물가치로 보면 역사상 어떠한 금융자본도 능가하는 재산이었다. 이 때문에 로스차일드는 유럽의 '제6왕조'로 불렸다.[7] 영국의 윈저, 프랑스의 부르봉, 오스트리아의 합스부르크, 프로이센의 호헨촐레른, 러시아의 로마노프 왕조에 이은 '로스차일드 왕조'라는 의미였다.

나폴레옹 전쟁 수행으로 막대한 이익을 챙긴 유대인 금융자본가들은 전쟁을 수습하고 질서를 복원하는 빈 체제에서도 큰 역할과 영향력을 가질 수밖에 없었다. 혁명과 전쟁에서 복고된 각국의 보수적 왕조들은 바닥난 정부 금고를 채우는 데 필요한 채권의 발행과 판매를 유대인 금융자본에 의지할 수밖에 없었다.

정부 및 왕조의 재정을 놓고 거래하는 유대인 금융자본가로서는 그들의 정책이 바로 자신들의 이익과 직결됐다. 자신들에게는 채무자인 정부와 왕조의 안정이 중요할 수밖에 없었다. 빈 체제는 왕정이 복고된 유럽 각국이 세력균형을 이루는 것을 목표로 하기 때문에, 혁명이나 전쟁 없이 각국의 정치 및 국제 질서가 안정되는 게 중요했다. 유럽의 다국적 금융자본인 로스차일드 등 대부분의 유대인 금융자본가 역시 이런 빈 체제와 이해를 같이했다. 특히 빈 체제의 설계자로서 정치 안정을 우선시하는 오스트리아의 메테르니히 총리 등 보수적 정치인들과 이해관계가 일치했다. 솔직히 그들은 민주주의를 불신했다.[8] 하지만, 빈 체제의 평화는 그들에게도 중요했고, 이를 위해 영향력을 아끼지 않았다.

로스차일드는 1831년 프랑스의 새 입헌군주 루이 필립이 합스부르크 왕가의 위성 지역인 롬바르디-베네치아에서 혁명 정부들을 지원하지 못하도록 개입했다. 파리의 제임스 로스차일드는 빈의 살로몬에게 보낸 편지에서 "나는 전하에게 카시미르 페리에를 각료로 데려오면 그의 신용이 올라갈 것이라고 통보했다"고 밝혔다. 페리에는 신중한 금융인으로 군사적 모험주의를 싫어해서, 이탈리아 내의 혁명운동에 대한 루이 필립의 지원을 저지할 것으로 로스차일드 쪽은 생각했다. 루이 필립은 로스차일드의 권고대로 페리에를 재상으로 임명했고, 북부 이탈리아에 대한 프랑스의 개입 논의는 중단됐다. 프랑스 정부와 로스차일드로부터의 신용거래 라인은 개선됐다. 1839년 벨기에의 레오폴트 1세가 룩셈부르크에 군사공격을 준비하자, 로스차일드가 중단시켰다. 빈의 살로몬은 파리의 제임스에게 "벨기에 정부는 우리에게서 반푼도 받지 못할 것이다. (…) 벨기에가 양보해서 평화가 복원되면 내가 보상받는 느낌일 것이다"고 말했다. 레오폴트는 양보했고, 로스차일드는 벨기에에 채무연장을 해줬다.[9]

1840년 프랑스의 이집트 개입 시도나 1850년대 이탈리아의 피에몬테에 대한 오스트리아의 두 차례 예방적 군사공격 시도를 로스차일드가 돈을 끊겠다고 경고해 좌절시켰다. "로스차일드가 전쟁 발발을 막으려고 모든 것을 해야만 한다는 것은 당연하다. 이 사실은 로스차일드와 거래하는 데 얼마나 정교해야만 하는지를 보여준다." 프로이센이 재무장을 추진하던 1863년 오토 폰 비스마르크가 한 말이다.[10]

로스차일드 등은 정치인·정부와 이해를 공유했기에, 든든한 후원을 아끼지 않았다. 영국이 수에즈 운하 지분을 뒤늦게 얻게 된 것은 로스차일드의 지원 덕택이다. 수에즈 운하가 1869년 프랑스의 주도로 개통된 뒤 영국은 그 운하 회사의 주식 40만 주가 다른 사람들의 손으로 가는 것을 지켜봐야만 했다. 영국에 운하 주식은 경제적 이익뿐 아니라 대영제국 패권의 기초인 주요 무역로 통제에 필수적인 도구였다.

1875년 벤저민 디즈레일리 당시 총리 정부는 오스만튀르크 제국의 이집트 총독 이스마일이 재정 파산 직전이어서 자신이 소유한 운하 주식 20만 주를 고작 400만 파운드 헐값에 팔겠다는 정보를 유대인 출판인 헨리 오펜하임에게서 들었다. 의회의 승인을 받기에는 너무 급한 상황이었다. 디즈레일리는 네이션 로스차일드의 아들인 라이어널 로스차일드Lionel Rothschild에게 도움을 요청했다. 나중에 의회가 운하 주식 구매를 불허할 위험이 있었지만, 라이어널은 그 자리에서 수락했다. 디즈레일리 정부는 로스차일드로부터 돈을 받아서 지체 없이 운하 주식을 구매할 수 있었다. 나중에 의회는 이를 승인했고, 이 조처는 영국의 전략적 이익에 크게 기여했다.[11]

✡ 권력자 뒤의 유대인 은행가

빈 체제가 저물고 유럽 열강들의 쟁패가 다시 거세진 뒤에도 각국의 궁정 유대인과 금융자본가들은 정부와 보조를 취하게 된다. 빈 체제가 저물면서 유럽 정세에 태풍을 몰고 올 프로이센의 독일 통일을 주도한 오토 폰 비스마르크 뒤에는 유대인 은행가 게르손 블라이흐뢰더Gerson Bleichroder, 1822~1893년가 있었다.

비스마르크는 유대인을 혐오하던 보수정치인이었다. 그는 1847년 독일연방 의회에서 유대인 해방을 반대하고, 그들이 기독교 국가의 행정에 참여해서는 안 된다고 주장했다. 하지만, 그도 1859년 러시아 주재 대사로 발령 나면서, 자신의 재산을 지켜줄 유대인 은행가가 필요해졌다. 비스마르크는 프랑크푸르트의 마이어 카를 로스차일드에게 자문을 구했고, 블라이흐뢰더를 추천받았다.

환전상의 아들인 블라이흐뢰더는 로스차일드 은행에서 일하며 유력한 은행가로 성장했다. 비스마르크는 1859년 블라이흐뢰더를 만난 뒤 자기 재산을 모두 맡겼다. 블라이흐뢰더는 비스마르크의 기존 재산뿐 아니라 그의 봉급까지 받아서 관리하며 크게 불려줬다.

비스마르크와 블라이흐뢰더의 관계는 곧 정경 동맹으로 깊어졌다. 재상으로 발령이 나 프로이센에 돌아온 비스마르크는 독일 통일이라는 야망에 박차를 가했고, 블라이흐뢰더도 동참했다. 유럽의 세력균형을 중시한 로스차일드와는 달리 블라이흐뢰더는 독일 중심의 새 질서에 적극 나아갔다. 그는 일찌감치 프로이센의 재무장을 위한 3천만 달러를 조성하는 은행 연합체인 '프로이센 컨설티움' 창립을 주도했다. 루르 지역의 풍부한 석탄 탄광을 민영화해 전비를 조달했다. 비스마르크는 1866년 오스트리아를 상대로 개전해, 승리하며 독일 통일로 향한 본격적인 걸음을 내딛었다.

4년 뒤 비스마르크의 프로이센은 프랑스를 상대로 놀랍고도 전격적인 승리를 거둬, 블라이흐뢰더의 역할이 중요해졌다. 그는 베를린과 파리를 오가며 프랑스의 배상금 책정에 중심 역할을 했다. 그가 자신의 은행을 통해 독일과 프랑스 모두에 배상금 보증을 섰다. 파리의 로스차일드가 재보증을 섰다. 그는 독일에서는 최초로 일급 귀족 신분에다가 남작 지위를 받은 유대인이 됐다.[12]

파리의 로스차일드 가문도 루이 18세 복원 왕정 정부의 총리 빌레르 백작과 친밀한 관계를 유지했다. 로스차일드는 곧 1830년 입헌군주 루이 필립으로 충성 대상을 바꾸었고, 1848년 혁명에서도 살아남았다. 이미 공화주의자들과의 교류뿐 아니라 나중에 황제가 되는 루이

나폴레옹과 금융거래를 통해 관계를 증진했기 때문이다. 1876년 제3
공화국이 들어서자, 로스차일드뿐 아니라 카몽도, 카앙 당베르 등 프랑
스의 유명 유대인 금융가문과 함께 사회적 명성을 유지했다. 루이 나
폴레옹의 제2제정 아래서 성장해 3공화국의 주역이 된 파리 교외 신
흥 부르조아지의 후원자 역시 유대인 금융자본가들이었다.

영국에서 라이오널 로스차일드, 에드워드 스페이어Edward Speyer,
어니스트 캐슬Ernest Cassel 등 유대인 금융가들은 남작 작위를 받고 완
전히 귀족 상류층으로 정착했다. 라이오널의 런던 저택 및 거너스버
리 공원에 있는 그의 유명한 시골 저택은 영국 사교계의 살롱이었다.
유럽의 대공, 대사, 주교, 의원 등 상류층 유명 인사들이 모여서 와인
과 재치가 흐르는 분위기 속에서 서로에 대한 적의를 숨기고는 각자
의 이익을 챙겼다. 영국 국왕 에드워드 8세로 즉위하는 웨일스 대공은
1881년 눈보라를 뚫고 런던의 유대교 회당에서 열린 로스차일드
집안의 결혼식에 참여하기도 했다.

각국 왕조와 정부는 유대인 금융가들의 재정적 협조를 얻기 위해
귀족 신분이나 훈장을 경쟁적으로 부여했다. 합스부르크 왕가 영역에
있던 헝가리에서는 19세기에 300명 이상의 유대인이 귀족 신분을 받
았다. 헝가리 전체 귀족의 20퍼센트였다.[13]

✡ 근친혼과 족내혼에 바탕을 둔 유대인 네트워크

유대인 금융가들은 서로 경쟁자라기보다는 협력자였다. 자신들의
유대인 네트워크가 사업과 성공의 중요 요인이었기 때문이다. 집안 내

의 근친혼이나 유력 유대인 금융 가문 사이의 혼인은 재산을 지키고 네트워크를 강화하는 수단이었다. 이는 또 금융을 발판으로 한 거대한 프로젝트 수행을 위한 합작사업을 가능케 했다. 유대인 금융자본가들은 19세기 후반 들어서 철도 등의 분야로도 사업 영역을 확장했다.

사촌과 육촌 사이의 근친혼은 유럽 전역에 퍼진 로스차일드 은행 네트워크를 유지하는 수단이었다. 창업자 마이어 암셸 로스차일드의 다섯 아들이 프랑크푸르트, 런던, 파리, 빈, 나폴리에서 현지 법인을 차린 뒤 자신들의 자녀들끼리 혼인시켰다.

나폴리의 창업자인 칼 마이어 로스차일드Carl Mayer von Rothschild는 자녀 넷 중 세 명을 가족혼으로 결혼시켰다. 특히 둘째 마이어 칼과 삼촌 네이선의 막내딸인 사촌 루이스Louise의 결혼은 로스차일드 금융 가문을 지탱하는 주요 혼맥이 됐다. 19세기 말이 되자, 로스차일드 내의 가족혼은 50건에 달했다.

유력한 유대인 금융 가문 사이의 혼맥은 강력한 사업체 동맹으로 이어졌다. 현재 독일과 프랑스의 최대 국제은행인 도이치은행Deutsche Bank AG와 비엔피 파리바BNP Paribas S.A. 역시 비쇼프스하임Bischoffsheim과 골드슈미츠Goldschmidt 가문 사이의 '결혼 동맹'에 그 뿌리를 둔다.

✡ 유럽 대륙에 철도를 놓은 유대인들

앞서 유대인 금융 가문들이 궁정의 재정을 관리하다가 국가의 명운이 걸린 전쟁의 군수를 조달하고, 전후 복구를 위한 정부 채권을 발행·인수하면서 전 유럽에 걸친 막강한 자본력을 갖게 된 것을 살폈다.

그렇다면 그다음 행보는 무엇이었을까? 이들이 정부 시책과 자본력을 결합하는 새로운 사업 영역에서 중심적 역할을 맡게 되는 것은 필연이었다. 특히, 여러 국가의 영역에 걸치는 대형 철도 부설 사업은 각국 정부 권력과 유착된 네트워크를 가진 유대인 금융자본의 영역이 될 수밖에 없었다. 로스차일드, 블라이흐뢰더, 히르시 등 유대인 국제자본이 그 선두에 섰다.

오스트리아 빈의 살로몬 폰 로스차일드는 1838년 빈을 동쪽의 갈리시아 소금광산, 오스트라바의 석탄 분지, 비트코비체의 철광소 등으로 연결하는 카이저-페르디난트 노르드반 철도 노선에 자금을 조달했다. 살로몬은 아들 안셀름과 함께 1844년 막강한 은행연합체인 크레디탄슈탈트Creditanstalt을 만들어, 합스부르크 제국의 철도 건설에 지속적으로 자금을 조달해줬다. 프랑스에서도 로스차일드는 1833년 이 나라의 첫 철도인 파리-생제르맹 노선 건설의 채권 발행과 인수 작업을 했다. 독일에서 1860~1870년대 게르손 폰 블라이흐뢰더는 중부 유럽과 이탈리아를 연결하는 철도 노선의 개통을 위해서 알프스산맥을 남북으로 통과하는 고트하르트 터널 건설 공사의 자금을 조달했다.

19세기 유럽의 동서 철도망 조성에서 결정적인 역할은 막강한 두 유대인 금융가문인 비쇼프스하임과 히르시 가문의 연합에 맡겨졌다. 오스트리아, 러시아, 발칸반도를 잇는 철도망을 짓는 사업에는 이 두 가문의 직접적인 금융연합에 혼맥으로 얽힌 로스차일드, 골드슈미트 가문들까지 가세했다. 특히, 19세기 유럽 철도 건설에서 가장 야심적인 사업인 중부유럽과 콘스탄티노플을 잇는 발칸횡단 철도노선Trans-Balkan Railroad은 히르시 가문의 3세인 모리츠Moritz de Hirsch, 1831~1896년의 역작이었다.

합스부르크와 오스만튀르크 제국의 주요 도시들을 잇는 250킬로미터 길이의 이 철로는 발칸반도의 험준한 산맥 등 복잡한 지형을 통과해야 했다. 유럽과 법과 제도가 다르고 근대적 의미의 자본력도 취약한 오스만 제국의 영역 내에서 철도를 건설하는 건 더 큰 도전이었다. 오스만 제국 영역 내에서 철로 1킬로미터를 놓는 데는 25만 프랑이 필요했다. 이 엄청난 자금을 조달하는 일에 모리츠 히르시가 앞장섰고, 대부분이 유대인 소유였던 11개 은행 연합이 보증을 섰다. 철도 건설이 시작되자, 채권을 추가로 발행하는 일 역시 이들 은행의 몫이었다. 1869년에 시작된 이 프로젝트는 1888년에 완공돼, 콘스탄티노플은 빈 등 서방의 주요 도시와 연결됐다. 이 철도 건설로 모리츠 히르시는 세계 최고 부자 중 하나가 됐다.[14]

✡ 로스차일드는 쇠락했지만, 유대인 자본은 더 커졌다

로스차일드는 분명 국제금융자본의 선두주자로서 유럽뿐 아니라 전 세계에 엄청난 영향을 미쳤다. 하지만, 현재 로스차일드 은행은 영국의 '엔엠NM 로스차일드 & 손스'라는 소박한 국제은행으로 남아 있다. 로스차일드 가문은 프랑스 등지에서 자선사업가나 예술품 수집가, 와인업자로 살아가고 있다. 양차대전과 극악한 반유대주의를 거치면서 많은 재산이 몰수되고, 다른 거대 국제은행들이 등장하며 상대적으로 쇠락했기 때문이다.

프랑크푸르트 본사는 후손이 없어서 일찌감치 나폴리의 로스차일드에 흡수됐다. 2차대전이 터지자, 오스트리아 빈의 로스차일드 은행은 나치에 모든 재산을 몰수당했다. 나치가 점령한 프랑스에서도 파리의 로스차일드는 재산이 몰수됐다. 전쟁 뒤 파리의 로스차일드는 재건됐으나, 1981년 사회당이 집권하면서 은행국유화로 다시 국가에 귀속됐다. 몇 년 뒤 파리의 로스차일드 은행은 재건됐으나, 영국의 로스차일드와 합병해 지금의 '엔엠 로스차일드 & 손스'로 변신했다.

로스차일드의 쇠락은 무엇보다도 20세기 이후 세계의 중심이 된 미국으로 진출하지 못했기 때문이다. 엔엠 로스차일드의 회장인 에벌린 로스차일드는 지난 1988년 12월 4일자 〈뉴욕타임스〉 회견에서 "우리는 200년 동안 사업을 해왔으나, 미국에서 주도권을 잡지 못했다"며 "이는 우리 가족이 범한 실수 중 하나이다"라고 말했다.

그렇지만 지금도 로스차일드는 음모론의 원조로 소환되고 있다. 그만큼 로스차일드가 선도한 유대인 금융자본과 이에 바탕한 산업자본의 성장은 대단했다.

1882년 독일 10대 은행들의 소유주나 이사의 43퍼센트가 유대인이었다. 빈에서는 그 비율이 무려 80퍼센트였다. 합스부르크 제국 내의 보헤미아 왕국에서 은행업은 거의 유대인들의 직업이었다. 1890년대에 프라하, 부다페스트, 빈 등 합스부르크 제국의 주요 도시에서 신흥 산업들을 선도한 것은 유대인이었다. 합스부르크 내 15대 섬유공장은 유대인 소유였다. 초콜릿, 기성복, 가구, 가죽 제품, 식품업은 압도적으로 오스트리아 유대인들의 전유물이었다. 날염, 인쇄, 출판 등도 유대인들의 사업이었다. 20세기로 접어들면서, 독일 유대인 사업가의 거의 절반은 섬유, 의류, 신발, 가구 등의 분야에 종사했다.

유대인들은 특히 새롭게 떠오르는 중산층의 소비를 겨냥한 사업에서 두각을 드러냈다. 독일과 오스트리아에서 유대인들은 백화점 사업의 창립자들이었다. 물론 유대인 사업가 중 다수는 소매 자영업자였다. 과거 다수 유대인의 전형적인 직업이던 행상과 노점이 20세기로 접어들면서는 주요 도시와 마을에서 주민들의 생필품들을 챙겨주는 소매 자영업자로 변신한 것이다.

유대인 음모론과 근대의 반유대주의

유대인 음모론의 최고봉 《시온의정서》는
어떻게 홀로코스트까지 이어졌나?

1차대전이 끝난 직후인 1920년 중동에 주둔하던 영국군 사이에서는 작은 책자 하나가 나돌았다. 곧 이 책자는 파리에서 열린 1차대전 강화회담인 파리평화회의에 참석한 서방 대표단 사이에서도 유포됐다. 영어본은 약 100쪽가량에 저자도 없었다. 그럼에도 발행처가 한때 영국 왕실의 출판사였던 '에어 & 스포티스우드Eyre & Spotteswoode'라는 사실은 독자들에게 신뢰감을 심어줬다.

　《시온 장로 의정서The Protocols of the Elders of Zion》(이하 《시온의정서》)라는 제목을 단 이 문건은 당시까지 세간에 떠돌던 유대인 음모론의 집대성이고 결정판이었다. 이 문건이 아돌프 히틀러의 반유대주의에 영향을 주는 등 계량할 수 없는 부정적인 효과를 일으켰다. 게다가 이 얇은 책자가 그 후 등장하는 모든 음모론의 틀을 제공하는 원조가 될 줄은 당시에는 누구도 알 수 없었다. 도널드 트럼프 전 미국 대통령과 그 지지 세력들은 '모종의 비밀집단이 미국 정부와 사회를 조종하고 있다'고 주장하곤 했다. 그들의 이 '딥 스테이트Deep State'론 역시 그 뿌리는

《시온의정서》에 있다. 《시온의정서》는 한국을 비롯해 전 세계에서 여전히 번역·출판되며, 현지의 역사와 현실에 맞춰 편집·가공되고 있다.

✡ 《시온의정서》의 등장과 확산

《시온의정서》는 프라하의 공동묘지에서 12명의 유대인 '현인'들이 비밀 모임을 갖고 세계 지배를 음모했다는 내용이다. 이 유대인 도당의 고위 인사들은 세계 지배를 위한 24개의 강령을 정했다. 내용은 '자유·평등·박애'라는 프랑스대혁명의 구호 사용에서부터 프리메이슨 등 무신론 비밀집단들을 통한 자유주의와 사회주의의 전파, 국제금융위기를 조장하기 위한 금 가격 조작까지 다양했다. 당시, 세계를 휩쓸던 전쟁과 혁명, 경제위기와 관련된 모든 세력과 현상은 이 유대인 장로들이 세계 지배를 위해 짜낸 24개 강령으로 설명될 수 있었다.

주요 강령은 다음과 같다. "세계의 모든 나라에는 우리 자신 외에는 오직 프롤레타리아 대중, 우리의 이익에 헌신하는 몇몇 백만장자, 그리고 우리 자신들의 경찰과 병사들만이 있어야만 한다." "세상의 모든 사람에게서 신에 대한 믿음을 상실케 하고, 당국에 대한 공적인 비판을 조장함으로써 국가의 힘을 잠식한다. 금융위기를 촉발하고, 유대인의 손에 있는 금의 가격을 조장해, 물가를 올린다." 종국적으로, "우리 외에도, 우리의 병사와 경찰에 헌신하는 프롤레타리아 대중과 소수 백만장자들이 세상의 모든 나라에 있어야만 한다." 일단 방대한 임무가 완수되면, 인류는 "유대인 주권 아래" 유대교라는 단일종교로 통일될 것이라고 이 문건은 결론 낸다.

의정서에서 말하는 유대인 장로들의 세계 지배 방법은 사실 당시 러시아나 프랑스 등 유럽의 반혁명세력, 보수세력이 반대하고 두려워하는 현대의 모든 사안과 겹쳤다. 이런 복잡하고 심각한 사안이 한밤 중 공동묘지에 모여서 얘기하고 결정될 수 없다는 점, 설령 그런 모임이 있었다고 해도 현장에서 지켜보며 받아적은 것처럼 기술될 수 없다는 점, 장로들이 주고받는 대화들이 연극의 대사처럼 과장되어 있는 점, 그리고 무엇보다도 저자가 확인되지 않는 점 등을 고려하면, 이 책이 소설적인 창작품이라는 것을 쉽게 추측할 수 있다.

《시온의정서》는 19세기 말부터 반복되던 경제공황, 혁명과 전쟁 등 사회 혼란과 불안이 유대인들의 세계 지배를 위한 음모라고 시사한다. 세기말 혁명과 전쟁에 동요하던 서방의 일부 지식인과 대중의 불안과 공포 속에서 《시온의정서》와 그 논리는 퍼져나갔다. 특히, 세기말 현상을 증명하는 듯한 1차대전, 그 와중에서 발발한 볼셰비키 혁명 앞에서 《시온의정서》는 보수적 지식인과 대중에게 자신들의 불안과 공포를 설명하는 희생양을 제공했다. 《시온의정서》는 그들이 고통받던 경제공황, 그들이 증오하던 진보적 이데올로기와 사회운동 들을 하나의 음모론 틀로서 명쾌하게 묶고는 설명했다. 그 모든 것은 유대인들이 세계 지배를 노리고 조작한 결과라는 《시온의정서》의 지적은 서방 금융계를 좌지우지하고 진보적인 혁명운동도 주도하던 유대인의 존재와 정확히 겹쳐졌다.

《시온의정서》는 당시 유대인의 세계 지배 음모를 폭로하는 사실적 기록물로 받아들여졌다. 이런 《시온의정서》가 나오고, 이를 세상에서 일어나는 진실로 받아들이는 배경은 반유대주의의 고조를 말해준다. 저자가 없는데도 영국 왕실과 관련된 런던의 유명 출판사에서 영역본이 출간된 것은 유럽에서 반유대주의가 가장 옅은 영국에서도 상황이 달라졌음을 드러냈다.

영국에서만 《시온의정서》는 6쇄를 거듭해 팔려나갔다. 보수적 권위지 〈더 타임스〉는 그해 5월 8일 《시온의정서》의 내용이 사실이라면, 영국은 1차대전에서 독일의 세계 지배인 '팍스 게르마니카'를 저지했지만 결국 유대인의 세계 지배인 '팍스 유다이카'로 빠져버렸다고 논평했다. 대중지인 〈더 모닝 포스트〉는 '세계 불안의 원인'이라는 제목을 단 연재물에서 《시온의정서》가 제시한 관점으로 전 역사를 해석하는 기사를 내보냈다.[1]

다음 해인 1921년이 되자 《시온의정서》는 서방 국가 대부분에서 출판되면서 전 세계로 퍼져나갔다. 특히, 미국에서는 당시 자동차를 대중화한 신흥 재벌인 헨리 포드가 《시온의정서》를 대중화하는 데 앞장섰다. 지독한 반유대주의자였던 포드는 자신의 반유대주의 선전 신문인 〈디어본 인디펜던트Dearborn Independent〉에서 《시온의정서》에 기초한 기사를 91개나 쏟아냈다. 이 신문은 포드 사 영업사원들의 손에 들려 미국 전역으로 배부됐다. 이 기사들은 《국제 유대인The International Jew》이라는 책자로도 묶였다. 초판은 3쇄를 거듭하며 20만~50만 부가 배포됐는데, 저작권도 주장하지 않았기 때문에 16개 언어로 번역돼 전 세계로 거침없이 퍼져나갔다. 신망 있는 사업가가 배포한 이 책자가 대중에게 '유대인이 세계 지배 음모를 꾸민다'는 믿음을 심어주고 강화했음은 물론이다.

✡ 영국 언론이 밝혀낸 《시온의정서》의 정체

《시온의정서》가 역병처럼 퍼져나가던 1921년 〈더 타임스〉의 콘스탄티노플 주재 특파원인 필립 그레이브스는 볼셰비키 혁명으로 타도된 러시아 차르를 지지하던 망명객 미하일 라슬로블레프Mikhail Raslovlev를 만났다. 라슬로블레프는 그레이브스에게 책자를 하나 건넸다. 1864년 망명객인 프랑스 변호사 모리스 졸리Maurice Joly가 브뤼셀에서 발간한 작은 소설책이었다.

이 책은 당시 프랑스의 나폴레옹 3세 황제 정권을 풍자했다. 황제에 대한 직접적 비판이 프랑스에서는 금지돼 있었던 탓에, 졸리는 프랑스의 계몽주의 철학자 몽테스키외와 이탈리아의 현실주의 정치철학자 마키아벨리 사이의 대화 형식을 빌렸다. 제목도《몽테스키외와 마키아벨리의 저승 대화Dialogue aux Enfers entre Montesquieu et Machiavel》였다. 몽테스키외는 자유주의를, 마키아벨리는 전제주의를 대변했다. 이 소설에서 나온 대화 중 적어도 3분의 1이《시온의정서》에서 표절됐다.

《시온의정서》는 졸리의 작품에 나온 대화들을 그대로 가져다 쓰지는 않았다. 《시온의정서》가 실제로 가져다 쓴 것은 독일의 작가 헤르만 괴드쉐Hermann Godsche가 1868년 졸리의 작품을 표절한《비아리츠Biarritz》라는 멜로드라마 소설의 내용이었다. 《비아리츠》의 한 장이 '프라하의 유대인 공동묘지'인데, 졸리가 쓴 글을 고쳐 미래에 대한 유대인의 조악한 예언 형식으로 만들어낸 것이었다.

졸리의 작품은 또 다른 사람들의 손을 거치게 된다. 1892년 차르의 비밀경찰인 표트르 라코프스키Piotr Rahkovski는 우익 출판업자 세르게이 닐루스Sergei Nilus에게《비아리츠》의 '프라하의 유대인 공동묘지'

장을 《작은 것 안의 위대함The Great Within the Small》이라는 책으로 펴내게 했다. 애초 이 책은 차르 가족들의 여흥을 위한 것이었다. 볼셰비키 혁명에 이어 러시아 내전이 벌어지자, 볼셰비키 혁명을 반대하는 백군에 연관된 러시아 보수반동 진영에서 닐루스가 펴낸 《작은 것 안의 위대함》에서 《시온의정서》를 만들어냈다. 애초의 의도는 러시아 내전에 서방 국가들이 군사적으로 개입하도록 설득하려는 것이었다. 러시아 내전은 단순한 내전이 아니라 모든 정부를 유대인 지배 아래 두려는 유대인의 국제적 음모에서 진행되는 것이기 때문이라는 게 그들의 주장이었다.

필립 그레이브스는 자신이 취재한 이런 내용을 1921년 8월 〈더 타임스〉에 세 차례에 걸친 장문의 연재 기사로 폭로했다. 《시온의정서》가 표절에 바탕한 위서라는 사실은 그레이브스의 취재로 명백히 드러났다. 그럼에도, 《시온의정서》는 그 생명력을 그 이후에도 더욱 키워나갔다. 서방에 만연해지는 유대인 음모론은 유대인이 관련된 사건이 터질 때마다 《시온의정서》를 소환했다.

《시온의정서》가 미친 영향은 홀로코스트를 자행한 나치 독일의 아돌프 히틀러의 인식에서 잘 드러난다. 히틀러가 쓴 책 《나의 투쟁》에서 "(《시온의정서》는) 위조에 기반한다고 〈프랑크푸르터 차이퉁〉은 매주 불평하나 (…) 중요한 것은 《시온의정서》가 긍정적이면서도 놀라울 정도로 확실하게 유대인의 본질과 행동을 드러내고, 그들 내부의 맥락과 궁극적이고 최종적인 목적을 폭로한다는 것이다"라고 주장했다. 특히 '자동차 왕' 헨리 포드가 서방 국가 전역에 배포한 《국제 유대인》은 《시온의정서》의 주장을 더욱 증폭해 전파했다.

영국에서는 1924년 소련이 세운 국제공산주의 운동 조직인 코민

테른의 의장인 유대인 그리고리 지노비에프Grigori Zinoviev가 영국 공산주의자들에게 보냈다는 이른바 '지노비예프 서한'이 유대인 음모론이 작동한 대표적인 사례였다. 이 서한은 당시 영국 총선에서 공산주의자들은 노동당에 전폭적인 지지를 보내라는 지령이었다. 이 서한이 폭로되면서 영국 노동당은 치명적인 타격을 입고 총선에서 패배했다. 하지만, 이 서한은 나중에 위조된 것으로 밝혀졌다.

《시온의정서》는 비록 위서이기는 했지만, 19세기 후반부터 서방에서 점증하던 반유대주의 이론과 주장을 집대성한 결정판이었다. 이미 축적되어온 반유대주의 이론과 주장이 있었기 때문에 《시온의정서》는 위서 여부와 상관없이 그 위력을 이어간 것이다.

✡ 반유대교주의에서 반유대주의로

'반유대주의'라는 용어는 1879년 독일의 선정적인 언론인 빌헬름 마르Wilhelm Marr의 〈게르만주의에 대한 유대교의 승리Der Sieg des Judentums uber das Germanentum〉라는 팸플릿에서 처음으로 등장했다. 《시온의정서》가 집대성한 반유대주의는 이 용어가 처음 등장한 1870년대를 전후해 서방 사회에서 모습을 드러낸 것이다.

근대 이후 반유대주의Anti-Semitism를 글자 그대로 해석하면, 반셈족주의이다. 유대인이 기원한 팔레스타인이 있는 중동 지역의 인종인 셈족을 겨냥한 인종주의적인 용어이다. 반셈족주의는 말 자체로는 유대인뿐 아니라 아랍인을 포함한 중동의 셈족 전체를 지칭하지만, 유독 유대인만을 겨냥하는 용어로 정착됐다.

근대 이전의 반유대교주의Anti-Judaism는 유대교에 대한 반대와 차별에 기반한다. 유대교와 유대인에 대한 반대가 기본적으로 종교적 차원이었다. 반면, 근대 이후 반유대주의는 반셈족주의라는 인종주의와 민족주의가 중핵인, 유대인에 대한 사회경제적인 배제와 차별을 의미한다. 서구 사회의 작동 방식이 변함에 따라 유대인 차별의 양태가 종교적 차원에서 세속적 차원으로 바뀐 것이다. 이 배경에는 프랑스대혁명이 부른 유대인의 사회경제적 해방이 있다.

유대인에 대한 봉건적·종교적 속박은 근대에 들어 자본주의가 발흥하며 그 이전부터 와해되고 있었다. 이는 프랑스대혁명을 기점으로 유럽 각국에서 '유대인 해방'이라는 제도적 형태로 확인됐다. 프랑스 혁명정부는 혁명이 추구하는 '모든 인민이 법 앞에서 평등할 것'이라는 이념을 유대인에게도 적용했다. 프랑스는 나폴레옹 전쟁으로 점령한 나라에서도 법 앞의 평등 개념 등 혁명 이념을 전파해 강제했다. 이는 해당 국가에서 유대인 해방 칙령으로 나타났다.

1791년 프랑스는 유대인에게도 똑같은 시민적 권리를 부여하는 법을 통과시켰다. 유대교 신앙을 가진 개인들에 관한 법령들에 삽입된 모든 차별적 조처를 취소하도록 규정하는 내용이었다. 이 법에 따른 '유대인 해방'은 유대인이 근대적 국민국가의 시민으로서 편입됨을 의미했다. 이는 그 이전에 유대인이 기독교 세계의 국외자로서 권리도 없는 대신에 의무도 없었던 상황의 종언을 뜻했다. 법령은 "시민적 선서를 할 유대교 신념을 가진 개인들에게 (…) 그 선서는 모든 금지뿐 아니라 그들에게 유리하게 부여됐던 예외들의 포기로 간주될 것이다"라고 규정하고 있다.[2]

'그들에게 유리하게'라는 구절은 유대인 공동체에 부여됐던 자치권을 지칭했다. 유대인 공동체 내에서 자체적으로 수행됐던 사법, 행정, 조세 권한을 폐기하는 대신에 근대적 국민국가의 시민으로서 권리와 의무를 똑같이 부여하겠다는 것이다. 이는 근대 국민국가의 계몽된 인본주의와 평등주의적 조처이다. 또한, 모든 주민을 전일적으로 동원하려는 중앙집권적 행정주의이기도 하다. 당시 유대인으로는 더는 독립된 공동체의 일원으로서 살아갈 수 없다는 의미였다.

프랑스 내에서 이미 상류층으로 진입한 세파르디 유대인들은 이 유대인 해방령을 적극적으로 환영했다. 하지만, 여전히 천시받는 영세 대금업이나 노점, 행상에 종사하던 아슈케나지 유대인들은 이 조처를 선뜻 받아들이기 힘들었다. 자신들의 열악한 사회경제적 처지를 그나마 보완하던 자신들의 독립적 공동체를 법 앞에서의 평등을 의미하는 동등한 시민권만으로 대체하기에는 당시까지는 역부족이었다. 이런 조처는 또 유대인들에게 기독교 세계의 일원으로 동화됨을 의미하기도 했다.

아슈케나지 유대인이 주로 살던 알자스 지방의 유대인 대표인 베르 이삭 세르베르Berr Isaac Cerfberr는 혁명세력이 포진한 국민회의에 유대공동체의 랍비 재판소만은 예외로 남겨줄 것을 은밀히 청원하기도 했다. 물론 이 청원은 거절됐다. 유대인들 앞에는 이 해방령을 적극적으로 수용해 자신들의 기회로 만드는 선택지밖에 없었다. 세르베르는 동료 유대인에게 프랑스 국민으로 적극적으로 동화할 것을 촉구했다. 그는 "새로운 교육 기회를 잡고" "우리의 영광스러운 애국주의를 증명할 것"을 촉구했다.[3] 프랑스의 대부분 유대인 역시 이에 따랐다. 게토에서 나와야 했던 유대인들로서는 주어진 기회와 권리를 적극 활용해 사회경제적 지위를 높여가는 한편 국민의 일원으로서 의무를 다하는 쪽이 바깥 세계에서 생존하는 길일 수밖에 없었다.

✡ 유대인 해방이 부른 반유대주의

유대인들은 혁명을 수호하고 전파하는 국민군에 자원했고, 헌병대의 관리로 일했고, 혁명 민병대에 많은 재정적 기여를 했다. 회당에서 유대 율법 교육을 받아 기독교 주민들에 비해 문해력이 높았던 유대인들은 근대적 교육 기회 앞에서 두각을 보였고, 이를 사회경제적 성공의 발판으로 삼았다.

하지만, 이는 근대의 반유대주의를 만들어내는 과정이기도 했다. 근대 자본주의 사회의 중추적 직역과 중산층으로 진출하는 유대인들은 자본주의의 사회경제적 질서에서 낙후되는 기존 주민들의 불만과 분노의 대상이 됐다. 이는 해방 이후 유대인의 사회경제적 역할을 '기생충적'으로 보는 반유대주의 형성의 시작이기도 했다.

유대인 해방을 상징하는 가장 극적인 장면은 1807년 2월 파리에서 열린 '산헤드린'이었다. 산헤드린은 고대 이스라엘에서 유대 율법에 의거한 판관들의 최고 회의이다. 산헤드린 의식은 황제 나폴레옹의 명령에 따라 재현됐다. 유대인들이 프랑스로부터 부여받은 평등한 시민권을 유대의 공식적 전통 의식을 통해 수락해야 한다고 명령했기 때문이다.[4] 나폴레옹은 유대인이 유대공동체의 성원이 아니라 프랑스의 국민이고, 그 의무와 책임을 똑같이 수행해야 하고, 이를 위해서는 시대에 뒤떨어진 유대인의 종교적 관습이나 비난받는 사회경제적 행태를 포기해야 한다고 생각했다. 앞서, 유대인 대표 82명은 반년에 걸쳐 이런 내용을 담은 이른바 유대인에 관한 '열두 가지 질문'에 대한 입장을 정리했다. 산헤드린은 이를 최종적으로 승인하는 절차였다.

산헤드린은 아홉 가지 조항을 최종적으로 채택했다. 그 핵심 내용은 유대인의 조국은 프랑스이고, 유대인들의 결혼 등 관습과 관련해서도 국법이 우선한다는 것이다. 이에 더해, 유대교에 의거해 직업을 결정할 수 없고, 유대인들에게 농업 노동 예술을 장려했다. 가장 주목할 조항은 마지막에 있었다. 동료 유대인이나 기독교도를 상대로 고리대금업을 금지했다. 나폴레옹은 유대인 해방 과정에서 빚어진 알자스 지역의 유대인 대금업자와 주민 사이의 분쟁을 접하고, 산헤드린에 유대인의 대금업을 비난하라고 주문했다.

산헤드린이 채택한 결의는 법적인 구속력이 없었으나, 이는 유대인 해방이 무엇을 의미하는지에 대한 선언이었다. 유대인은 여전히 기독교도의 피를 빨아먹는 기생충이었다. 유대인 해방은 유대인에게 법적인 평등을 줬으나, 기독교 문명 차원에서의 사회경제적 해방까지 뜻하지는 않았기 때문이다. '기독교도의 피를 뽑아서 제례를 치른다는 유대인의 흡혈 의식'은 근대에 들어서 '기독교도의 부를 빨아먹는 유대인의 고리대금업'으로 변형됐다. '기독교도의 피를 빨아먹는 유대인'이라는 알레고리는 봉건 시대나 근대에도 변하지 않은 것이었다.

근대 이후, 고리대금업으로 상징되는 중개 및 유통 직역이 유대인에 의해 더욱 성장하면 할수록, '기생충 유대인'이라는 알레고리는 더욱 강화됐다. 이는 19세기 후반 들어서 유럽 전역에 발흥한 민족주의와 반복되는 공황 등 경제위기 와중에서 유대인을 희생양으로 삼으면서 강화됐다.

✡ 유대교 제례 살인 사건 조작으로 확산된 반유대주의

이는 서유럽에 비해 근대화가 더디고 민족적 갈등이 심했던 중부 유럽에서 중세 때와 같은 유대인 제례 흡혈 의식 사건이 조작되면서 급속히 퍼져나갔다.

1882년 합스부르크 제국의 헝가리 지역 작은 마을인 티스자-에스즐라에서 한 소녀가 실종돼 사망한 사건이 반유대주의를 폭발시켰다. 부활절 전에 에스테르 솔리모시라는 열네 살짜리 하녀가 실종됐는데, 지역 치안 당국은 유대교 회당의 관리인인 요제프 샤르프Joszef Sharf를 범인으로 체포했다. 그가 기독교도의 피를 바치는 유대교 제례의 희생물로 소녀를 죽였다는 것이다. 소녀의 사체는 나중에 강물에서 발견돼 사건이 반전되는가 했지만, 경찰은 이 사체가 소녀의 사체가 아니라고 부검을 조작했다. 더 나아가, 유대인들이 엉뚱한 여인을 살해해서 자신들의 혐의를 벗어나려고 했다고 사건을 확대했다.

이 사건이 전국에서 문제가 되자, 헝가리 의회에서 자유주의적 의원이던 카를 폰 외트뵈시Karl von Eotvos가 변호인으로 나서서 그 조작된 상황들을 밝혀냈다. 샤르프가 석방되자, 이에 항의하는 반유대주의 폭동이 부다페스트에서 일어나 유대인들이 공격당하고, 유대인 상점들이 약탈당했다.

합스부르크 제국 내에서 기독교도의 유대교 제례 살인 사건은 1880년과 1890년대에 주기적으로 반복됐다. 중세 때의 미신이 근대에 들어서도 위력을 발휘한 것은 제국 내의 낙후되고 인종적으로 뒤섞인 지역에서 유대인이 가장 취약한 소수집단이었기 때문이다. 민족주의에 따른 주민 집단 사이의 갈등에다가, 근대화 과정에서 사회경제적으로 취약해진 중하류층의 불만이 가장 취약하고 눈에 띄는 집단인 유대인에게 몰렸다. 특히, 유대인들은 제국 내에서 사회경제적 지위가 상대적으로 향상돼, 그들에 대한 질시가 집중됐다.

합스부르크 제국 내의 낙후된 동부 지역인 갈리시아, 부코비나, 모라비아, 슬로바키아에 주로 거주하던 유대인들은 19세기 들어서 프라하, 부다페스트, 빈 등 대도시 지역으로 이주해갔다. 유대인 해방령과 자본주의 발전에 따른 유대인들의 대응이었다. 1910년에 빈의 유대인 인구는 19만 5천여 명으로, 이 도시 인구의 9퍼센트에 달했다.

유대인들은 빈에서 처음에 자신들의 집단 빈민 지역에 몰려 거주하다가, 점점 사회경제적 지위를 키워 중산층으로 변모해갔다. 오스트리아 지역에서 유대인은 서유럽에서처럼 제철, 철도, 섬유, 설탕, 육류 가공 등의 분야를 육성한 주역이었다. 특히, 이들의 전통적 분야인 금융업에서 두각을 나타내, 대형 은행 가운데 절반이 유대인 소유였다. 의류 소매는 유대인의 독점 분야였다. 1918년, 오스트리아에서 450명, 헝가리에서 346명의 유대인이 작위를 받았다. 빈의 김나지움 학교 학생 3명 중 1명이 유대인이었다. 빈대학교 학생 4명 중 1명이, 특히 법대와 의대 학생 3명 중 1명이 유대인이었다.

1873년 빈 등 유럽 주요 도시의 증시가 폭락한 데 이어 경제위기가 닥치자, 금융업을 장악한 유대인에 대한 지식인과 대중의 우려와 분노가 폭발했다. 이는 반유대주의를 내세운 정치세력의 등장으로까지 이어졌다.

제국의회의 의원인 카를 루에거Karl Lueger는 1880년대에 로스차일드 가문이 소유한 카이저-페르디난트 철도 회사를 국유화하자고 주장하면서, 반유대주의를 자신의 정치적 도구로 삼았다. 그는 1891년 기독교사회주의당을 결성해서는 가톨릭 교도들에게 일자리를 주겠다며 빈 시장직에 도전해 세 번이나 당선됐다. 프란츠 요세프 황제는 그의 과격한 반유대주의와 포퓰리즘을 우려해 그의 시장 취임을 불허하다가, 결국 승인할 수밖에 없었다. 시장으로 재직하는 동안 루에거의 반유대주의적인 행보는 완화됐지만, 그의 시장 취임은 오스트리아에서 반유대주의가 빈 대도시의 화이트칼라 중산층에서도 만연했다는 증거였다. 반유대주의는 정치적으로 제도화된 것이다.

✡ 교회, 프랑스의 반유대주의에 불을 지르다

프랑스에서도 반유대주의는 19세기를 지나며 터져 나왔다. 프랑스에서 유대인은 19세기 말에 8만~9만 명 정도로, 그 비중이 상대적으로 작았다. 프랑스의 토착 유대인인 세파르디들은 유대인 해방령 이후 사회 각계로 진출하며 거의 동화됐다. 하지만, 가톨릭 국가인 프랑스에서 교회는 세속화와 자유주의의 근대화로 그 입지가 축소되자 반유대주의를 무기로 보수반동 세력과 결탁했다. 독일의 통일을 부른 프로이센-프랑스 전쟁에서 당한 치욕적인 패배는 1880년대 내내 프랑스 애국주의를 주창하는 정치세력의 발호를 불렀다.

대표적인 세력이 불랑지스트Boulangist 운동이다. 1880년대 중반 전쟁장관을 지낸 조르주 불랑제Georges Boulanger 장군은 독일에 대한 복수 전쟁을 주장하며 지지 세력을 끌어모았다. 이들은 공화국 체제는 개신교도, 프리메이슨, 유대인의 포로라는 가톨릭 제수이트 교단의 선동을 적극 전파하며, 호전적 프랑스 애국주의를 전파했다. 1899년 총선에서 불랑제는 다수 의석을 획득하고 공화국 체제를 뒤엎는 쿠데타 직전까지 다가갔다가 벨기에로 망명했다.

불랑제는 망명했으나, 그 추종 세력은 반유대주의를 고리로 세력을 더 크게 불렸다. 1890년 2월 파리 교외에서 불랑제주의자를 비롯한 민족주의 세력들이 대형 집회를 열고는 프랑스에서 정치적 반유대주의의 탄생을 알렸다. 집회는 새로 결성된 '반유대주의 연맹Ligue Antisemitique'이 주최했다. 그 핵심 인물은 '프랑스 반유대주의 교황'으로 불리게 되는 에두아르 드뤼몽Edouard Drumont, 1844~1917년이었다.

젊은 시절부터 언론에 관심이 많았던 드뤼몽은 보수적인 가톨릭 언론에 유대인의 경제적 기생충주의를 비난하는 기사로 두각을 보였다. 그는 자신의 이런 주장을 집대성한 《유대인의 프랑스La France juive》라는 책을 썼다. 이 책은 나중에 프랑스의 문호 알퐁스 도데의 도움으로 출판됐다.

드뤼몽은 이 책에서 가톨릭의 보수주의, 프랑스 민족주의, 선동적인 대중적 반유대주의를 합쳐놓았다. 프로이센과의 전쟁에서 프랑스의 패배는 유대인에 의해 조종되는 반역적인 프리메이슨의 작품이라고 주장했고, 프랑스의 자유주의적 공화정 체제는 유대인의 창조물이자 그들의 돈줄이라고 강조했다. 프랑스의 가톨릭 가치와 미덕을 수호하던 왕정은 유대인에 의해 무너졌고, 특히 유대인 금융가인 로스차일드, 블라이흐뢰더, 히르시 가문 등이 그 중핵이었다. 그러니 필요하다면 전면적인 학살을 통해서라도 유대인을 프랑스에서 몰아내는 게 진정한 프랑스인의 임무라고 촉구했다.

1886년에 출간한 《유대인의 프랑스》는 날개 돋친 듯 팔려나갔고, 드뤼몽의 명성은 높아졌다. 1892년 그는 한 부유한 사업가의 후원으로 〈라 리브르 파롤〉이라는 신문의 책임자가 됐다. 그는 이 신문을 반유대주의와 포퓰리즘에 입각해 공화정을 공격하는 영향력 있는 신문으로 키웠다. 프랑스에서 파나마 운하 건설을 위해 투자자를 모은 뒤 건설사가 파산한 사건인 '파나마 운하 스캔들'은 이 신문의 영향력을 더욱 키웠다. 드뤼몽은 이 사건을 '유대인들이 프랑스인을 상대로 벌인 사기 행각이자, 프랑스 경제를 파괴하는 음모'라고 몰아붙여서, 유대인을 혐오하는 대중의 신뢰를 더욱 얻었다.

반유대주의의 대표적 사건인 드레퓌스 사건은 드뤼몽의 이 신문이 사실상 촉발했다. 이 사건은 1894년 10월 29일 이 신문이 알프레드 드레퓌스 프랑스 육군 대위가 독일의 스파이라고 폭로하면서 시작돼, 1905년 12월 22일 드레퓌스가 최종적으로 무죄 평결을 받을 때까지 11년 동안 진행되면서, 근대의 이성을 시험했다. 프랑스뿐 아니라 서방 세계 전체의 관심을 끈 이 사건은 결국 이성과 합리주의, 민주주의에 바탕한 프랑스 공화정 체제의 승리로 끝났다. 하지만, 근대가 낳은 산물인 인종주의, 광신적이고 폐쇄적인 국수주의인 쇼비니즘, 호전적 애국주의인 징고이즘 등 반동주의들이 반유대주의를 고리로 더 성장하고 확인하는 계기가 됐다. 이는 서방이 곧 겪게 될 두 차례의 세계대전과 그 와중에서 벌어지는 유대인 학살의 예고편이었다.

✡ 반유대주의, 독일 민족주의와 인종주의의 연료가 되다

반유대주의가 사상이나 사회의 기제로서 정착한 서방 국가는 독일이었다. 독일 통일 전후로 고조된 민족주의가 그 토양이었다. 독일에서 민족주의는 200여 개 이상의 공국으로 존재하다가 갑자기 통일된 제국의 접착제 역할을 해야 했다. 처음에는 중부 유럽 독일어권에 사는 게르만 민족의 동일성을 강조하다가, 그 우월성을 주장하면서 인종주의로 돌진했다. 게르만 민족의 동일성과 우월성을 말하려면, 비교 대상이 필요했다. 독일 사회에서 가장 눈에 띄던 소수집단인 유대인이 낙점됐다. 반유대주의는 독일의 민족주의, 인종주의의 연료였다.

1871년의 독일 통일로 가는 과정에서 범독일어권 지역에서는 게르만 민족주의가 부흥해 강력한 국민국가 건설이라는 열망의 기반이 됐다. 나폴레옹 전쟁을 전후해 칸트, 헤르더Johann Gottfried Herder, 피히테 등 독일 사상가들은 기독교-독일 국가가 개별적인 독일 시민보다 우선한다고 설파했다. 레오폴트 폰 랑케, 요한 드로이센 등의 역사가들은 이런 주장을 정당화하는 독일 역사를 기술했다. 1871년 비스마르크가 밀어붙인 독일 통일이 실현되자, 이런 보수적 민족주의는 통일 독일뿐 아니라 전 독일어권을 지배하는 이데올로기가 됐다.

통일 뒤 새로운 제국 질서의 성장에 깊은 인상을 받은 프리드리히 니체는 "속물적인 노예적 도덕성" 민주주의, 중산층의 "자기만족" 등을 구시대의 진부한 가치라며 경멸했다. 그의 저작 《권력에의 의지》 와 《차라투스트라는 이렇게 말했다》는 독일 지식인들에게 '힘이 정의를 만든다' '금발 야수' '초인' 등 소름 끼치도록 매력적인 구호를 제공했다. 니체는 결코 군사주의를 옹호하지 않았지만, 이런 금언들은 결국 제국의 공격적 민족주의의 이념적 도구가 됐다.

이런 공격적 민족주의를 완성시킨 것은 하이델베르크 대학의 역사학자 하인리히 폰 트라이치케Heinrich von Treitschke, 1834~1896년이다. 그는 독일 정신을 진정으로 구현하는 국가를 상정했다. 이런 국가는 세속에 존재하는 신의 의지를 구현하는 것이었다. 개인의 행동이나 도덕률을 뛰어넘는 자결적인 국가였다. 독일 정신을 진정으로 구현하는 국가 건설에는 정화가 필요했다. 정화를 정당화하려면 주변 민족들에 대한 독일 민족의 우월성을 증명해야 했다. 곧, '아리안주의'라는 인종주의 유사과학이 그 정당성을 제공했다.

1833년, 독일 언어학자 프란츠 보프Franz Bopp는 로망스, 게르만, 슬라브어가 인도유럽어족이라는 '아리안'어족에 공통적으로 속한다고 분석했다. 과학은 그 지점에서 끝나고 유사과학이 시작됐다. 곧 언어학자들은 같은 어족에 속하면 같은 인종적 기원을 갖는다고 추정했다. 아우구스트 포트August Pott, 테오도르 푀시Theodor Posch는 중앙아시아에서 유럽으로 이주했다는 금발과 푸른 눈의 민족을 가공해냈다.

1855년 프랑스 외교관 아르튀르 드 고비노Arthur de Gobineau 백작은 《인종 불균등론》으로 근대의 유사과학인 인종주의를 본격적으로 제시했다. 그는 인류학, 언어학, 역사를 동원해, 인종이 모든 것을 설명한다는 정교하고 풍부한 지적 구축물을 구축했다. 그 역시 언어적 증거를 인용해, 아리안족의 인종적 우월성 개념을 만들었다. 그에 기반한 아리안주의는 사랑, 자유, 명예, 영성이라는 덕목을 육화한다고 그는 주장했다. 문제는 아리안족들이 타락의 위협에 직면하고 있다는 것이었다. 그 위기의 근원은 다른 열등한 인종들과의 교잡이었다.

아리안주의는 프랑스가 아니라 독일에서 꽃을 피웠다. 강하고 우월한 독일을 열망하는 독일 민족주의에 적극 흡수됐다. 전형적인 아리안족은 독일 민족의 소유물이 되면서, 아리안의 덕목은 독일 민족의 덕목과 동일시되어갔다.

✡ 유사과학 우생학, 반유대주의를 완성하다

아리안족 순수성 회복이라는 인종주의를 뒷받침한 것은 우생학이라는 새로운 유사과학이었다. 이 무렵에는 찰스 다윈의 진화론에 기반해, 우수한 종자만으로 번식을 수행하면 종을 개량할 수 있다는 선발번식 개념이 유행했다. 다윈의 이복 이종사촌인 프랜시스 골턴Francis Galton, 1822~1911년은 1869년《유전적 천재Hereditary Genius》라는 저서에서 인간의 자질은 유전되는 것이라며, 부모가 누구냐에 따라 자녀들의 시민적 자질이 결정된다고 주장했다. 그는 '좋은 혈통'을 가진 개인들의 번식을 장려하고, '부적합'한 이들의 결합을 억제하는 것이 정부의 의무라고 주장했다.

골턴의 제자인 칼 피어슨Karl Pearson, 1857~1936년은 우생학에 바탕한 본격적인 인종주의를 개척했다. 현대 수학적 통계학의 개척자인 그는 아프리카, 아시아, 남지중해 지역의 민족들을 포함해 '열등한 혈통들'을 분류화했다. 동유럽의 유대인도 포함됐다. 러시아에서 이주해온 유대인 이민자에 초점을 맞춰, 유대인의 잠재적 병리증세를 드러내는 신체적 특성에 주목했다. 그는 나중에 나치 숭배자가 됐다.

우생학은 영국이 아니라 독일에서 동력을 찾았다. 독일 우생학 운동의 창립자인 알프레트 플뢰츠Alfred Plotz는 장신과 금발의 게르만족은 세계에서 가장 우수한 문화를 보유한 인종이므로 '열등한 종'과의 교잡으로부터 보호받아야 한다고 주장했다.

열등한 종 가운데에서, 독일 우생학자들이 게르만족 혈통에 대한 명확하고 유일한 위협으로 지목한 것이 유대인이었다. 유대인이 게르만족 사이에 섞여 있기 때문이었다. 우생학자 카를 스트라츠Carl Stratz

는 "유럽 유대인들은 주변의 다른 민족들보다 장애인 비율이 가장 높다"며 유대인들이 안짱다리, 평발, 곱사등, 새가슴, 그리고 무엇보다도 신경쇠약 등 다양한 유전적 질병에 시달린다고 주장했다. 독일 우생학은 유대인의 이런 생리적 특성을 그들의 사회적 행태와 연관시켰다. 유대인은 육체적 노동을 하기에 적합하지 않아서 병역 등 시민적 의무를 수행할 수 없다고 주장했다. 유대인이 고리대금업에 종사하는 것도 이런 인종적 열등함에서 비롯한다는 논리가 나왔다. 또, 유대인 상류층에서 빈번하게 이뤄지는 근친결혼을 두고서, 유대인들의 근친교배와 성적 타락이 유대인의 열등함을 가속화한다고 선전했다. 이런 주장들의 결론은 게르만족 혈통이 유대인과의 성적 접촉으로 위기에 처했다는 것이다.

20세기에 접어들면서, 유대인은 이제 종교적 신념이 문제가 아니라 인종적 유전에 문제가 있는 존재로 바뀌게 된다. 타락한 인종인 유대인은 타락한 행태를 보일 수밖에 없다는 근대의 반유대주의는 이렇게 완성됐다. 19세기 중반 이후 자본주의 전개가 부르는 다양한 사회경제적 위기는 반유대주의와 결합하면서 유대인에 대한 박해로 귀결되어갔다.

✡ 독일의 반유대주의를 격화시킨 배후중상설과 유대인 좌파 봉기론

특히 독일에서는 패전에 대한 국민적 분노가 반유대주의를 극렬히 부채질했다.

독일에서 1차대전 뒤 반유대주의가 격화한 직접 원인은 두 가지이다. 하나는 1차대전 패전은 전장에서의 패배가 아니라 국내에서의 배신 때문이라는 '배후중상설Dolchstoßlegende'이고, 다른 하나는 전후 좌파 봉기 때 유대인이 주도적 역할을 했다는 주장이다.

독일어로 '등에 칼을 꽂는다'는 뜻인 배후중상설은 국내에서 종전 요구와 파업, 혁명을 일으킨 세력이 전선에서 싸우는 독일군의 등에 칼을 꽂았다는 음모론이다. 1918년 3월 서부전선에서 독일군의 마지막 춘계공세가 실패로 돌아가자, 독일군 최고사령부의 파울 폰 힌덴부르크Paul von Hindenburg, 1847~1934년 원수와 에리히 루덴도르프Erich Ludendorff, 1865~1937년 참모총장은 빌헬름 2세 황제에게 정전협상을 벌일 것과 민간정부로 신속히 전환할 것을 종용했다. 1918년 11월에 정전협정에 서명한 독일 정부의 지도자들은 '11월의 범죄자'라고 비난받았다. 이들은 자신들이 전쟁을 패전으로 이끌고 정전을 실질적으로 주도했음에도 그 책임을 남에게 돌리려고 했다. 이들을 중심으로 한 군부와 우파 세력은 독일제국군은 전장에서 패전한 게 아니라 후방에 있던 일부 시민에게 배신당한 것이라고 주장했다. 파업과 노동소요를 일으킨 혁명적인 사회주의 세력, 호헨촐레른 황가를 타도한 1918~1919년 독일 혁명을 일으킨 공화정 정치인, 특히 유대인들에 의해 배신당했다는 논리였다. 이런 주장은 '등에 칼이 꽂혔다'는 말로 명징하게 표현됐는데, 이 단어를 퍼트린 이가 바로 패전에 가장 큰 책임이 있고, 정전을 주도했던 루덴도르프 전 참모총장이었다.

1919년 2월에 독일에 돌아온 뒤 루덴도르프는 자신의 명성을 더할 전력이랄 것이 없었다. 그는 극우 민족주의자들과 동맹을 맺고는,

바이마르공화국과의 어떠한 타협도 거부하고, 증오라는 자신의 무기고에 새로운 무기를 더할 기회를 놓치지 않았다. 1919년 가을의 한 저녁, 그는 영국군사단의 닐 맬컴 소장 및 그의 장교들과 만찬을 했다. 루덴도르프는 자신의 의례적인 열변으로 (독일) 최고사령부가 '국내전선'의 혁명에 의해 배신당했다는 것을 설명했다. 그의 연설은 따분하고 장황해서, 맬컴 소장은 그 의미를 한 문장으로 압축하려고 물었다. 맬컴 소장은 "장군, 당신들이 등에 칼이 꽂혔다고 의미하는 것입니까?"라고 물었다. 이에 루덴도르프는 눈을 빛내며 뼈다귀 앞의 개처럼 그 구절에 달려들었다. 그는 "등에 칼이 꽂혔다?"라고 반복하며, "맞습니다. 바로 그거에요, 우리는 등에 칼이 꽂혔습니다"라고 말했다. 결코 사라지지 않을 전설은 이렇게 탄생했다.[5]

◆ 1차대전 종전 이듬해인 1919년 당시 독일에 병합됐던 오스트리아의 한 엽서에 유대인이 독일군의 등을 단도로 찌르는 모습이 그려졌다.

루덴도르프는 '등에 칼이 꽂혔다'는 표현을 1919년 11월 18일 바이마르공화국 의회의 청문회를 통해 대중에 전파시켰다. 1차대전의 원인과 패전 책임을 따지는 의회 조사위에 소환된 힌데부르크와 루덴도르프는 이 조사위에서 답변을 거부하고는 패전의 책임을 돌리는 일방적인 성명만을 낭독했다. 힌덴부르크는 루덴도르프가 써준 성명의 말미에 "한 영국 장군이 아주 정확히 말한 대로, 독일군의 등에 칼이 꽂혔다"며 "야만인 하겐의 반역의 창에 쓰러진 지크프리트처럼 우리의 지친 전선은 무너졌다"고 선언했다.[6]

전후에 다양한 배후중상설은 사회주의 세력과 유대인에게 초점이 맞춰졌다. 사회주의 세력의 핵심은 유대인이어서, 배후중상설은 결국 유대인에게 책임을 묻는 주장이 됐다. 유대인의 상징인 매부리코를 한 흉측한 모습의 사람이 전투하는 독일군의 등에 칼을 꽂는 만평이 기승을 부려, 배후중상설로 더욱 격렬해진 독일의 반유대주의를 드러냈다.

✡ "유대인과 좌파 세력이 독일 혼란의 원흉"

패전 직후 독일 전역에서 일어난 좌파 봉기에서 유대인이 주도적 역할을 맡았다는 사실이 반유대주의를 더욱 격화했다.

1919년 1월 프리드리히 에베르트 사회당 정부를 전복하려는 베를린 봉기를 일으킨 스파르타쿠스 연맹은 유대인 출신 혁명가 로자 룩셈부르크가 창설하고 지도했다. 이 봉기는 베를린 시내에서 나흘간 무장투쟁을 벌인 끝에 정부군과 우익 민병대에 진압됐다. 룩셈부르크는 은신처에서 5월 초 군에 체포됐다. 그녀는 구타로 사망한 뒤 주검이

버려졌다가 5월 31일 한 운하에서 부패한 채 발견됐다. 룩셈부르크는 사회당의 전쟁 지지를 비난하며 철저한 반전 입장을 취했다. 그녀는 우파 세력에 의해 배후중상의 주역으로 몰린 데다 스파르타쿠스 연맹의 봉기로 완전히 독일을 파괴하는 유대인 배신자의 전형으로 부각됐다.

이보다 앞서 1918년 11월 4일 독일 남부 바이에른주에서는 독일 최초로 사회주의공화국이 수립됐다. 당시 패전 와중에 이 지역의 사회주의 세력은 평화적으로 바이에른 의회를 접수해 사회주의공화국을 선포했다. 독립사회주의당 바이에른 지구당의 지도자인 유대인 쿠르트 아이스너의 내각에 이어, 1919년 4월 베를린 중앙정부와 모든 관계를 끊는 완전한 소비에트 체제가 성립됐다. 이 정권의 중심 3인방이 다른 지역에서 온 유대인인 구스타프 란다우어, 에리히 뮈삼, 에른스트 톨러이다. 일주일 만에 레닌주의자에게 정권이 넘어갔다. 정권을 접수한 토비아 악셀로드, 막스 레비엔, 오이겐 레비네는 독일 시민도 아닌 러시아 출신 유대인이다. 이들은 소련의 지도자 블라디미르 레닌에 의해 파견돼, 붉은 군대 구성과 강제 집산화 프로그램에 착수했다.

베를린 정부는 육군의 지원을 받는 민병대인 자유군단을 파견했다. 소비에트 정부에 관여한 유대인 지도자 6명은 체포돼 즉각 처형되거나 장기징역을 선고받았다가 나치 정권 때 처형되는 등 모두 비극적 최후를 맞았다.

전후 독일에서 배후중상설과 좌파 봉기의 유대인 역할론에 노출된 전형적 인물이 아돌프 히틀러였다. 그는 1차대전에 참전해 한때 눈이 실명되는 부상을 입었다. 전역 뒤에는 좌파 세력을 염탐하는 군 정보기관의 정보원으로 활동했다. 히틀러에게 배후중상설은 최전선에 복무한 독일군 병사로서 훈장까지 받은 자신을 합리화하는 최적의 담론이었다. 또한 그는 전후 독일 사회의 혁명적 사회운동과 좌파 세력을 염탐하는 정보원 활동을 하면서, 독일 혼란과 타락의 원인이 좌파세력이고 그 중핵이 유대인이라는 철학을 굳힌다.

✡ 히틀러와 나치의 등장 … 홀로코스트로 가는 길

히틀러는 정보 활동 차원에서 가입한 독일노동당을 특유의 선동력과 실천력으로 자신의 당으로 개조하고 인종주의적 반유대주의를 중심 이데올로기로 세웠다. 히틀러는 당명을 '나치'로 약칭되는 국가사회주의독일노동자당으로 바꾸고 1920년 2월 당 강령의 24개 조항 중 6개를 반유대주의로 채웠다. 4항은 유대인의 독일 시민권 부정, 24항은 '유대인의 유물주의적 정신'에 반대하는 끊임없는 투쟁에 따른 기독교 보존을 모든 독일인에게 촉구했다.

히틀러가 사실상 창당한 나치는 10년 만인 1933년 집권에 성공했다. 나치가 집권으로 돌진하던 1920년대 독일 사회에서 유대인은 경제위기와 사회 혼란에 불만을 품은 대중에게 희생양이 될 사회경제적 위치에 있었다.

독일에서 유대인은 20세기 들어서 전체 인구에서 기껏해야 1퍼센트 남짓이었다. 1900년에 그 인구는 58만 7천 명으로 1.04퍼센트였다.[7] 나치가 집권하기 직전인 1933년 1월에는 약 52만 3천 명으로 독일 전체 인구 6,700만 명의 0.78퍼센트에 불과했다.

하지만 유대인은 특유의 사회경제적 위치 때문에 독일 대중에게 더 많아 보였다. 독일 유대인들은 19세기 초까지는 다수가 고립된 시골 마을이나 소읍에 살았다. 독일의 근대화와 산업화 속에서 이뤄진 유대인 해방령으로 유대인들은 20세기에 접어들면서 다수가 대도시로 진출했다. 1910년에 독일 유대인의 60퍼센트가 인구 10만 명 이상의 대도시에 거주했고, 1933년에는 대도시 인구는 70퍼센트에 달했다. 50퍼센트가 베를린 등 10대 도시에서 살았고, 베를린에서는 1925년에 16만 명으로 전체 인구의 4퍼센트에 달했다. 대도시에 사는 유대인의 다수는 중산층으로 올라섰다.[8]

그들의 직업은 대부분 소규모 자영업자였다. 하지만, 대도시에 거주하는 데다, 주민들이 빈번히 접촉하는 자영업에 종사하는 유대인의 존재는 여타 독일 주민들에게 실제 이상으로 비추어졌다. 특히, 교육 수준이 높은 유대인 엘리트의 진출과 산업계에서 활동하는 소수 유대인 대자본가들의 존재는 여타 독일 대중에게 유대인의 사회경제적 지위를 몹시 과장돼 보이게 했다.

1925년에 인구 10만 명 이상에 대도시에 살던 유대인 중에서 상업에 종사하던 비율은 60퍼센트, 전문직은 22퍼센트였다. 1930년에 유대인 자본가들은 독일 섬유산업의 거의 절반을 소유했다. 도매 식품 산업이 4분의 1, 대형 백화점과 연쇄매장의 3분의 2가 유대인 소유였다. 금융업에서 유대인 비중은 줄었어도 멘델스존, 블라이흐뢰더, 슐레징거, 바르부르크 등 금융재벌 가문들이 독일 민간은행의 절반을 소유했다. 독일의 2대 출판사인 울스타인과 모제스도 유대인이 소유했다. 자유주의적이고 좌파적인 언론에서는 유대인이 압도적이었다. 1930년 독일 의사의 11퍼센트, 변호사와 공증인의 16퍼센트가 유대인이었다. 베를린 변호사의 50퍼센트 이상이 유대인이었다.[9]

나치 집권 직전 독일 경제계에서 유대인의 존재와 영향력은 사실

과거에 비해 축소되고 있었다. 1914년에 프로이센 지역의 800대 부자 중에서 유대인 비율은 무려 23.7퍼센트에 달했었다. 하지만, 독일의 산업화가 진행되고 경제 규모가 커지면서 경제계에서 유대인 자본가 비중은 상대적으로 크게 줄었다. 소읍이나 대도시에 거주하는 다수 유대인들은 1차대전 뒤 경제공황을 거치면서, 1930년대가 되면 다른 독일 주민과 마찬가지로 약 25퍼센트가 복지 프로그램에 의지하는 경제적 곤궁에 처했다. 그러나 유대인의 압도적 다수가 영세자영업자이고, 대공황 때 독일 유대인 6만 명이 실직하는 등 유대인도 경제위기 앞에 똑같이 노출됐다는 사실은 무시됐다. 독일 대중의 눈에는 고급 전문직종에 유대인들이 비약적으로 진출한 것만이 도드라졌고, 유대인은 독일의 사회와 경제를 지배하는 세력으로 비쳤다.

나치가 집권하자 유대인은 이제 희생양이 될 완벽한 조건에 처했다. 서구의 유대인 문제는 결국 유대인 600만여 명 등 '열등한 인종'과 '반사회분자' 1,100만 명이 희생된 홀로코스트로 가는 길이었다.

9장

포그롬과 아슈케나지 유대인의 부상

동유럽 유대인들은
어떻게 유대인의 주류가 됐나?

근대 이후 유대인의 절대 다수를 차지한 아슈케나지는 사실상 유럽의 유대인과 동의어이다. 특히 동유럽의 아슈케나지는 미국 유대인과 현대 이스라엘을 구성하는 중심 세력이 되면서, 근대 이후 유대인 역사의 주인공이 됐다. 19세기부터 아슈케나지를 둘러싸고 벌어진 역사적 사건들은 현대 유대인 문제를 만들어냈다.

　19세기 초부터 러시아에서 시작된 유대인 박해인 포그롬은 그 시작이었다. 아슈케나지들은 박해를 피해 서유럽이나 미국으로 집단 이주했고, 이런 집단 이주는 미국을 유대인의 새로운 고향으로 만들었다. 반면, 서유럽에서는 동유럽에서부터 밀려드는 유대인들로 인해 반유대주의가 더욱 기세를 더했다. 반유대주의의 격화는 유대인에게 팔레스타인 고토로 돌아가 유대인 국가를 세우자는 시오니즘을 촉발했다. 반유대주의의 격화는 나치 독일의 홀로코스트로 귀결됐다. 홀로코스트는 시오니즘 운동을 더욱 자극해, 현대 이스라엘 건국으로 이어졌다.

✡ 지주, 귀족의 대리인이 된 폴란드의 유대인

서유럽이 중세 암흑기에서 벗어나기 시작하던 14세기 후반 동유럽에서 출현한 폴란드-리투아니아 연맹Polish-Lithuanian Union에서는 유대인들의 존재가 갑자기 뚜렷해졌다. 동유럽 최대 왕국인 폴란드-리투아니아 연합왕국Polish-Lithuanian Commonwealth, 1569-1795년으로 발전할 이 연맹에서 폴란드 왕들은 다른 민족과 주민들을 포용했고, 낙후된 봉건 경제를 쇄신하려고 했다. 유대인은 이들 통치자의 필요를 충족시킬 수 있는 존재였다.

문해력과 경험을 갖춘 상업 계급들이 필요했고, 유대인이 그 공간을 채워줬다. 유대인은 상업과 금융뿐 아니라, 영토가 확장되는 왕가와 귀족들의 영지 관리, 세금 관리와 징수를 맡는 계층으로 진화해갔다. 폴란드의 카지미에시 대제Kazimierz III, 1333~1370년는 유대인의 집단 거주를 허락했다. 폴란드에서 유대인은 카할이라는 자신들의 독립적인 공동체를 운영하는 혜택을 받아, 서유럽에서와는 달리 개종 압력이나 박해를 받지 않았다. 폴란드-리투아니아 연합왕국이 우크라이나, 벨라루스로 세력을 넓혀가면서, 유대인들도 그 지역으로 퍼져나갔다. 3세기가 지난 18세기 초가 되면 폴란드 전체 인구 1,270만 명 중 유대인은 80만 명으로 늘어났다.

이 왕국이 확장되는 과정에서 폴란드의 봉건 세력가인 슐라흐타szlachta 10여 명이 대부분의 토지를 소유하고는 농민들을 소작인으로 부렸다. 상업 계층이 가장 필요했던 곳이 새로 확장된 영지였다. 유대인이 신속히 그 역할을 맡아갔다. 유대인들은 주로 작은 소읍이나 마을에서 지주 귀족의 영지 및 사업 관리인으로, 혹은 우크라이나와 폴란드 농민들을 대상으로 한 소작료 및 세금 징수인으로 봉사했다. 귀족들의 방앗간을 운영하고, 그들의 삼림과 목재 판매를 감독하고, 농축산물을 판매하고, 양조장과 선술집을 관리하거나 임대해 운영했다.[1]

이런 역할을 수행하던 유대인은 봉건 농노 신분인 농민들에게는 봉건 지주 귀족 계급들이 자신들을 착취하는 데 봉사하는 기생계급으로 각인됐다. 하지만, 대부분의 유대인은 행상이나 소규모 수공업에 종사하는 천대받는 하층민이었다. 그럼에도 봉건귀족 주변에서 봉사하던 유대인의 역할은 폴란드나 우크라이나 등 동유럽 나라들에서 유대인의 일반적 성격을 규정했다. 이는 근대에 들어서 포그롬이라는 유대인 박해의 환경을 조성했다.

폴란드에서 유대인의 비중이 커지면서, 서유럽에서와 같이 기존 주민과의 마찰도 커졌다. 유대인의 거주지는 주로 폴란드가 16세기에 병합한 우크라이나 및 백러시아(벨라루스) 등 남동 지역이었다. 새롭게 식민화되는 이 지역으로 유대인들이 들어갔고, 작은 읍내와 마을에서는 유대인이 주민의 다수를 차지하기도 했다.

농민과 주민에 대한 폴란드 봉건귀족의 착취가 심해지면서 유대인이 그 희생양이 됐다. 유대인에 대한 증오는 우크라이나 지역에서 특히 심했다. 17세기가 되면 이 지역에서 압도적인 다수인 우크라이나 농민에게 유대인은 이중의 증오를 받았다. 유대인은 가톨릭인 폴란드인보다도 더 이질적이었던 데다, 폴란드 압제자를 대신해 지대와 조세를 거두는 착취자였다.

결국 1648년 우크라이나 하급귀족의 아들인 보흐단 흐멜니츠키 Bohdan Chmielnicki가 이끄는 봉기가 일어나, 동유럽에서 유대인의 향후 운명을 예고했다. 코사크족과 크림반도 지역의 타타르족과 연합한 흐멜니츠키의 봉기 대상은 폴란드인과 유대인이었다. 폴란드 지주, 가톨릭 사제, 우크라이나 신교도뿐 아니라 폴란드 압제자들을 위해 일하던 유대인을 무차별적으로 도륙했다. 봉기는 특히 유대인이 밀집해 있던 폴란드 남동부 지역을 휩쓸었고, 유대인들은 돼지와 함께 교수대에 매달려 처형됐다.

흐멜니츠키의 봉기는 1654년까지 계속돼, 유대인은 약 5만 명이나 희생된 것으로 추산된다. 그 후에도 몇십 년 동안 흐멜니츠키 봉기의 잔불은 우크라이나 지역에 계속 남아서, 7만 5천 명의 유대인이 더 사라지는 박해를 받았다. 17세기 말이 돼서야, 폴란드는 남동부 우크라이나 지역을 회복했으나, 동유럽 최강이던 폴란드 연합왕국의 위상은 저물기 시작했다. 18세기 중반부터 폴란드 쪽으로 팽창을 시작한 주변 강대국 러시아, 프로이센, 오스트리아는 18세기 말에는 폴란드 분할에 들어갔다.

1772년, 1791년, 1795년에 세 차례에 걸쳐 폴란드는 러시아 등 세 강대국에 의해 영토가 분할돼, 지도에서 사라진다. 폴란드 분할은 폴란드 유대인 문제를 그 영토를 획득한 국가로 옮기며 더욱 악화시켰다. 유대인이 많이 살던 폴란드 동부와 동남부 지역이 러시아로 병합되면서, 폴란드 유대인 중 다수가 러시아로 편입됐다. 폴란드 분할로 러시아는 갑자기 유대인의 최다 집단 거주지가 됐다.

✡ 최대 유대인 거주 국가가 된 러시아의 유대인 차별과 박해

러시아 제국이 성립되기 이전부터 유대인은 그 영역에서 고대 시대 때부터 존재했다. 기원 전후 그리스의 식민 도시였던 흑해 연안의 오데사에서 발견된 그리스 비문들을 보면, 유대인 공동체는 서기 1세기부터 이 지역에서 존재했다. 흑해 연안의 유대인 상인들이 판로 개척을 시도해, 러시아 내지로 들어갔다. 근동에서 비잔틴 제국의 박해도 유대인들을 러시아 내지로 이주시켰다. 특히, 서기 7세기부터 러시아 남부에서 성립된 하자르 왕국이 유대교로 개종했기 때문에, 이 왕국이 소멸한 뒤에도 크림반도 지역 등에서 유대인 공동체가 지속됐다.

러시아가 제국으로 발돋움하는 15세기 전후에 러시아정교회나 황제들이 유대교를 경계해 금지와 박해를 가한 기록들도 남아 있다. 러시아정교회는 1440년부터 유대교를 비난하며, 유대교도들을 공개적으로 화형에 처했다. '폭군 이반'이라고 불리는 차르 이반 4세는 러시아 내지인 모스크바 인근으로 폴란드 유대인 상인이 방문하는 것을 금지했다. 당시 러시아는 서쪽으로는 로마 가톨릭, 남쪽으로는 이슬람의 위협에 시달리는 상황이어서, 내부에서 이단 세력에 대한 단속이 심해졌다. 유대교와 유대인을 예수를 죽인 집단으로 보는 비잔틴 제국 동방정교회의 계승자로 자처하는 러시아정교회는 유대인을 러시아에서 종교, 문화, 경제적 금기로 설정하게 된다.

폴란드 분할 등으로 18세기 이후 영토가 비약적으로 확장되며 강대국으로 떠오른 러시아에서 갑자기 늘어난 유대인은 가장 눈에 띄는 이질적이고 이단적인 집단이었다. 중세적인 신앙에 머물고 있던 러시아 주민들에게 유대인은 단순히 행상이나 싸구려 중고의류 판매상이 아니라, 배교도이자 예수의 살인자였다. 18세기에 러시아를 제국으로 본격적으로 성립시킨 표트르 대제는 근대화를 추구하면서 수많은 외국인을 초빙했으나 유대인만은 금지했다. 그의 부인인 예카테리나 1

세는 서쪽 국경 지대에 있던 유대인 마을들을 즉각 추방하라는 명령을 내렸다. 후임 황제들도 이런 유대인 금압 및 추방 정책을 엄격히 이어 갔다.

유대인에 대한 러시아 제국의 정책은 1762년 무능한 남편을 대신해 제위에 오른 예카테리나 2세의 재임 시기에 본격화됐다. 예카테리나 2세는 제위에 오른 그해에 러시아 내에서 모든 외국인의 여행과 거주를 허락하면서도, 유독 유대인만을 제외하는 칙령을 내렸다. 1796년까지 이어진 예카테리나의 재위 34년 동안 러시아는 프로이센, 오스트리아와 함께 폴란드를 세 차례나 분할하며, 대규모 유대인 인구를 떠안았다. 예카테리나가 사망하기 전해인 1795년 마지막 3차 폴란드 분할이 끝나자, 러시아에는 80만 명의 유대인이 거주하게 됐다.

그 과정에서 유대인이 늘어나면서, 그들을 금지하거나 추방하는 정책은 현실성이 없어졌다. 계몽군주를 자처하는 예카테리나 2세는 1772년 1차 폴란드 분할 뒤 떠안은 그곳에 모든 주민을 환영하는 칙령을 발표하고, 유대인도 포함했다. 하지만, 러시아에서 유대인은 '기생충'에 불과한 존재인 게 현실이었다. 이는 폴란드 연합왕국 영역에서 유대인이 수행한 사회경제적 역할 때문이었다.

유대인은 주변의 기존 농민 사이에서 주류 판매 등으로 기생적·착취적인 경제활동에 종사한다는 질시와 비난을 받았다. 폴란드에서 유대인은 귀족의 영지와 주변 농촌 사이를 연결하는 중간계층으로 기능했다. 유대인은 수확한 곡물이나 감자를 사서, 술의 원료인 주정으로 만드는 사업으로 번창했다. 농작물을 주정으로 만든 것은 이 지역의 기후에서 농작물의 가치를 보존하는 한 방법이었다. 또, 농민들은 확실한 술 소비자였고, 유대인들은 그 최대 수혜자였다. 술 판매가 늘어나자,

예카테리나 2세는 농촌을 유대인으로부터 보호해야 한다는 데 결국 동의했다. 이는 유대인에 대한 가혹한 징벌적인 세금으로 귀결됐다.[2]

하지만, 연이은 폴란드 분할로 유대인 인구가 더 늘어나자, 조금 더 포괄적인 대책이 필요해졌다. 이는 러시아 내지에서 유대인의 거주를 금지하는 정책으로 귀결됐다. 즉, 유대인이 애초에 살았던 지역을 격리지구로 지정한 것이다. 예카테리나 2세는 폴란드 1차 분할을 한 지 10년 만인 1783년에 이어 1791년, 1794년에 세 차례에 걸쳐 유대인의 거주를 폴란드에서 합병한 지역으로 제한하는 칙령을 내렸다. 유대인은 특별한 허가를 받지 않고는 이 지역을 벗어날 수 없었다. 이 '유대인 격리 지정거주지'는 폴란드가 통치했던 우크라이나, 벨로루시, 리투아니아, 베사라비아 등을 포함한 당시 러시아의 북서, 남서 지역의 15개 주에 달하는 광활한 지역이었다. 러시아 내지와 유럽 사이에 놓인 지대였다.

유대인은 이 격리지 내의 주요 도시에서도 거주가 제한됐다. 유대인들이 경쟁력이 있는 도시의 근대적인 직업과 산업으로 진출하는 것을 막으려는 조처였다. 일부 유대인만이 격리지를 벗어나 거주할 수 있었다. 대학교육이나 작위를 받은 사람, 유력한 상인조합(길드)의 회원, 특수한 기능을 보유한 장인, 군인이나 군무원이 그 대상이었다. 거대한 게토였던 유대인 격리 지정거주지는 볼셰비키 혁명이 일어난 1917년까지 존속됐다.

✡ 유대인을 농촌에서 추방한 러시아의 '유대인 헌장'

러시아에서 유대인 격리지 확대로 유대인 차별이 절정에 오르던 18세기 말 서구에서는 프랑스대혁명이 일어나 프랑스를 필두로 '모든 인민이 법 앞에서 평등할 것'이라는 이념에 따라 유대인 해방 물결이 번졌다.

서구에서 유대인 해방령은 유대인에게 두 가지 의미를 지녔다. 첫째는 말 그대로 유대인 해방을 통한 법적·제도적인 차별과 금기의 폐지였다. 유대인을 국민국가 내에서 동등한 시민으로 인정함으로써, 법적으로는 기존의 차별과 금기를 폐지했다. 둘째, 차별과 금기를 폐지하는 대신에 그동안 유대인에게 부과하지 않던 의무가 생겼다. 유대인 자치가 없어지고, 군역 등의 의무가 부과됐다. 국민국가 내에서 동등한 시민으로서 인정한다는 것은 독립적인 유대인 공동체를 인정하지 않겠다는 의미이기도 했다.

유대인 해방령은 현실에서는 차별적인 효과를 낳았다. 유대인 상류층은 이 해방령을 전기로 제도적인 굴레를 완전히 제거하고, 세속화 속에서 주류 사회로 동화해갔다. 하지만, 대다수 하층 유대인에게는 관습적인 차별은 그대로 존재하고 유대인에 대한 기존 보호막만을 제거하는 효과를 가져왔다. 서방에서는 어쨌든 유대인에게 동등한 시민권을 부여하고, 그 공동체를 해체했다.

이런 유대인 해방 물결의 영향은 러시아에도 밀려왔다. 예카테리나 2세가 사망하고 아들 파벨이 궁중 쿠데타로 살해되고서, 그 아들인 알렉산드르 1세재위 1801~1825년가 즉위했다. 알렉산드르 1세는 할머니 예카테리나 2세로부터 서구식 자유주의 교육을 받은 데다 재위 기간

동안 프랑스대혁명의 물결이 전해져, 러시아의 근대화를 추진했다. 유대인 문제도 그 자장 안에 들어갔다.

알렉산드르 1세는 즉위 뒤인 1802년 '유대인 단체에 관한 법령'을 발표했다. 이는 나중에 '유대인 헌장'으로 불리게 되는, 유대인에 대한 포괄적인 정책이었다. 이 내용은 그가 즉위 전에 차르의 고문이자 제국상원의원인 가브리엘 데르자빈이 제출했던 유대인 보고서에서 반동적인 대책들을 완화하고 근대화의 이념을 반영한 것이었다.

유대인 헌장은 이성주의의 정신에 따라서, 유대인도 러시아 학교에서 세속교육을 받을 수 있는 권리를 부여했다. 그 대신에 유대인 자치기구인 카할의 조세권, 사법권을 박탈했다. 특히, 유대교 랍비의 사법권이라 할 수 있는 파문 권력을 금지했다. 유대인은 여전히 지정거주지에서 격리되어 살아야만 했으나, 농업 등 사회적으로 유용한 직업에 종사하면 토지를 자유롭게 사거나 임대할 수 있게 했다.

유대인 헌장은 서구의 유대인 해방령의 축소판으로 볼 수도 있었으나, 유대인에게 동등한 기회를 주기보다는 기존의 보호막이나 권리를 박탈하는 측면이 훨씬 컸다. 기존의 직업과 직역을 제한하고 부정했다. 유대인의 '기생적인 직업'을 포기시키기 위해, 농촌 지역에서 유대인의 술 제조와 판매를 금지했다. 무엇보다도 유대인은 네 개 직역 중에서만 선택해 등록하도록 했다. 상인, 읍민, 수공업자, 농부였다. 러시아에서 유대인은 결코 동등한 시민권을 부여받지 못했고, 기존의 공동체 해체가 가속화되는 가운데 제약도 강화됐다.

특히, 유대인은 격리 지정거주지의 농촌에서는 농부만이 살 수 있도록 했다. 농부가 아닌 유대인들은 4년간의 유예 기간 안에 격리 지정거주지의 농촌에서 나가야 했다. 이는 향후 러시아에서 유대인의 운명을 예고하는 재앙과도 같은 조처였다. 격리 지정거주지의 농촌은 100만 명이 넘는 유대인 다수가 살던 곳이었다. 유대인들은 이곳 농촌의 내지와 소읍을 연결하는 중간계층으로서 활동하며 그곳의 경제활동을 촉진하는 광범한 경제 네트워크를 구축해왔다. 그러나 이제 행상 등의 직업을 가진 유대인들은 지정거주지 농촌에서 경제활동이 금지되고, 도시와 소읍으로 추방돼야만 했다. 이는 유대인뿐 아니라 그곳의 지주와 귀족에게도 치명적인 영향을 미치는 조처였다. 50만 명이 넘는 유대인 상인이 농촌에서 사라진다면 무슨 일이 벌어질지는 자명했다.

이 조처를 철회해달라는 청원이 빗발쳤지만, 알렉산드르 1세는 요지부동이었다. 러시아 정부는 1804년 12월 지정거주지의 북서 변경인 리투아니아에서 유대인 6만 가구를 대상으로 시범적인 추방을 강행했다. 러시아의 혹한에서 헐벗은 유대인들은 고향에서 쫓겨나 아무런 연고가 없는 도시와 소읍으로 소 떼처럼 몰려가다가 얼어 죽거나 굶어 죽었다.

러시아 정부가 박차를 가하려던 농촌에서의 유대인 추방은 나폴레옹 전쟁이 러시아로 엄습하면서 중단됐다. 유럽에서 승승장구하던 나폴레옹의 프랑스 대육군은 1805년 12월 현재 체코 동남부 아우스터리츠의 전투에서 오스트리아-러시아 연합군을 궤멸시키고 프레스부르크 조약을 체결했다. 이 조약으로 프랑스군은 러시아 접경 지역을 압박하게 됐다. 정복지마다 유대인 해방령을 선포한 나폴레옹의 프랑스 제국이 코앞에서 위협하는 상황이 닥치자, 러시아는 유대인 추방을 중단할 수밖에 없었다. 유대인 추방과 박해를 계속하면, 그들이 프랑스에 협력할 것이라는 우려는 당연했다.

1812년 나폴레옹이 러시아에 대한 대대적 침공을 시작했다. 유대

인들이 나폴레옹군에 협력할 것이라는 러시아의 우려는 현실이 되지
않았다. 나폴레옹군이 모스크바로 진격하던 도정에 있는 유대인 격리
지정거주지에는 당시 복고적이고 신비주의적인 유대교 분파인 하시디
즘이 널리 퍼져 있었다. 하시디즘 유대인들은 나폴레옹의 서구의 유대
인 해방령을 유대인의 정체성을 파괴하는 악으로 여겼다.

　나폴레옹 전쟁은 알렉산드르 1세의 계몽주의적 입장을 일소하는
계기가 됐다. 전쟁에서 승리한 차르는 제국과 왕조를 위협하는 자유
와 평등의 이념을 되돌리는 반동 체제의 선두가 됐다. 차르는 유럽 강
대국의 기존 왕조들이 보수적인 신성동맹을 결성해 구체제로 복귀하
도록 하는 데 박차를 가했다. 이는 러시아에서의 유대인 처우가 나아
진다기보다는 나빠진다는 뜻이었다. 전쟁에서 승리한 러시아는 나폴
레옹이 세웠던 바르샤바대공국의 영토 중 5분의 3을 전리품으로 할양
받았다. 알렉산드르 1세는 이를 폴란드왕국이라는 위성국가로 받아들
였다가, 1815년에 완전히 합병했다. 이는 유대인 인구를 18만 명이나
더 늘리는 결과를 낳았다.

　전쟁 이전에 유대인에게 적용하던 제한과 금기는 그대로 존속됐
을 뿐 아니라 오히려 더 강화됐다. 전쟁 이전에는 선택된 범주의 유대
인들이 사업 목적으로 러시아 내지를 방문할 수 있었는데, 이마저도
금지됐다.

✡ 8살 소년까지 군대로 끌고 간 니콜라이 1세의 유대인 징집령

　1825년 알렉산드르 1세가 사망하고, 그의 동생 니콜라이 1세가

즉위하면서, 러시아 유대인의 상황은 더욱 나빠졌다. 타고난 군인이었던 그는 러시아 군국주의의 철저한 옹호자로서, 형인 알렉산드르 1세의 계몽주의적 치적을 대부분 원점으로 돌렸다. 특히, 그는 자신의 즉위에 반대한 러시아 최초의 근대화 봉기인 데카브리스트 반란을 접하고는 향후 통치의 성격을 규정했다. 러시아 군부의 진보적인 청년 장교들이 입헌군주제를 목표로 일으킨 데카브리스트 반란은 향후 러시아 혁명을 예고하는 역사적인 사건이었다. 취임 때 제위를 위협받는 사건을 겪은 니콜라스 1세가 전제적인 제정 체제를 유지하기 위한 보수적이고 반동적인 정책을 택하는 것은 당연한 반작용이었다.

니콜라스 1세가 생각하기에도 유대인은 기생적인 인종이자, 신을 죽인 이단 집단이었다. 특히 러시아에서 늘어나는 유대인 인구를 감안하면, 그들에 대한 속박을 완화해주는 서구의 모델이 적합하지 않다는 주변의 보고서에 동의했다. 1820년대 말과 1830년대 초, 러시아의 유대인 정책은 18세 이하 유대인의 결혼 제한 등 근대화에 어울리는 것도 있었으나, 철저히 '사회통제'라는 관점에서 시행됐다. 격리 지정거주지 내 농촌에서 비농민 유대인을 추방하기 위해서는 상업을 포기시키려는 정책이 강화됐다.

니콜라스 1세 치하에서 가장 두드러진 유대인 정책은 무엇보다도 유대인 징집령이었다. 유대인들은 해방령 전 서구에서와 마찬가지로 러시아에서 군역을 면제받았다. 이는 기본적으로 유대인에 대한 혜택이 아니라 기독교 세계의 일원이 아닌 그들을 군인으로 쓸 수 없다는 차별적 인식 때문이었다. 유대인은 군역을 면제받는 대신에 세금 등으로 그 대가를 치렀다.

광신적인 군사주의자였던 니콜라스 1세는 범죄자나 열등한 인간도 군사훈련으로 개조될 수 있다고 믿었다. 유대인이라는 열등하고 기생적인 인종도 군사훈련으로 개선될 것으로 그는 믿었다. 문제는 1827년 발효된 '유대인 징집에 관한 법령'은 유대인의 징집과 군역을 차별적으로 강제했다는 것이다. 당시 러시아에서 남성은 징집 기간이 25년이나 됐다. 하지만, 대부분의 러시아 남성은 직업군인이 아니면 민병대 형태로 징집 대기 상태로 지냈다. 유대인 징집령에서 유대인은 열두 살부터 징집 연령으로 설정됐다. 어릴 때부터 군사훈련을 받아야 러시아 사회로 동화가 가능하다는 사회통제 공학의 논리였다.

열두 살에 징집돼서는 사실상 유대인으로만 구성된 특별 '지역 부대'에서, 6년간의 혹독한 기초 예비군사 훈련을 받게 했다. 이 과정이 끝나면 25년간 제국 군대에 복무하도록 했다. 러시아 정부는 또 징집된 유대인 소년을 개종시키려는 정책도 펼쳤다. 징집된 유대인 소년들은 가혹한 훈련에다가 개종의 압력에 시달리게 된 셈이다. 징집은 유대인 공동체에 맡겼다. 징집을 둘러싼 부정과 부패가 만연했다. 가난한 유대인들이 희생양이 됐다. 심지어 여덟 살짜리가 징집되기도 했다. 당시 러시아에서 유대인 남성들은 15세가 되면 가정의 생계를 책임지는 가장이 됐고 결혼도 했다. 징집은 유대인 공동체와 정체성을 와해하는 조처였다.

니콜라스 1세는 1844년 유대인 자치기구인 카할을 공식적으로 폐지했다. 이는 예카테리나 2세 이후 유대인을 러시아에 동화시키고, 그 공동체를 해체하려는 공식적인 조처의 일단락이었다. 그동안 러시아는 유대인들을 격리 지정거주지로 몰아넣고, 유대인의 기생적인 직역을 일소하려는 정책을 일관되게 펼쳐왔다. 격리 지정거주지의 농촌에서 비농민 유대인을 추방하는 조처가 그 주요 수단이었다. 농촌에 있던 다수의 유대인은 농민으로 직업을 바꾸거나, 아니면 도시로 이주해야 했다. 또, 카할의 조세권과 사법권을 박탈하고, 징집령을 통해서 유대인들을 어린 나이 때부터 유대인 공동체에서 절연시키는 방식으로 유대인의 정체성과 그 공동체를 와해하려고 했다. 카할은 징집에 따른 부패와 부정으로 구성원들에게 권위를 잃은 데다, 정부의 공식적 폐지령으로 완전히 그 수명을 다했다.

✡ 알렉산드르 2세의 차별 완화책에 따른 유대인들의 진출과 갈등

1855년 니콜라이 1세가 자신이 일으킨 크림 전쟁의 와중에 사망했다. 패전으로 끝난 크림 전쟁은 러시아의 봉건적 낙후성을 개혁해야 한다는 목소리를 자아냈다. 후계자인 알렉산드르 2세는 선황의 봉건적 유제를 개혁해야 하는 시대적 과제를 피할 수 없었다. 그 자신도 선황과는 달리 계몽주의적 색채가 짙었다.

즉위하면서 그는 러시아의 모든 시민에게 공정과 관용, 인본주의를 천명하고, 검열과 여행 제한을 폐지했다. 그의 즉위와 함께 유대인 문제도 전면적으로 재검토돼, 격리 지정거주지 폐지를 권고하는 보고서도 제출됐다. 알렉산드르 2세는 1856년 악명 높던 유대인 조기 징집령을 폐지하는 데 그쳤다. 하지만, 이 조처만으로도 러시아 유대인 사회에서는 해방의 희망과 기대가 움트기 시작했다. 알렉산드르 2세는 1861년 러시아의 봉건성과 낙후성, 전제주의의 뿌리인 농노제를 폐지했고, 이로써 개혁과 희망의 물결은 더욱 고조됐다. 이 농노해방령은 4,700만 명의 농노를 땅 없는 소작인으로 바꾸는 데 불과했음에도, 개인적 자유를 천명한 사건으로 러시아 역사에서 한 획을 그었다.

알렉산드르 2세 치하에서 전통적인 반유대인 차별 정책이나 유대인 신분 제한도 완화됐다. 유대인 변호사가 나타났고, 많은 유대인 사업가, 숙련 장인, 대학 졸업자, 제대 군인이 러시아 내지로 들어가 거주할 수 있는 칙령도 내려졌다. 차르의 이런 조처는 단순히 유대인을 위한 것만은 아니었다. 러시아에서 자본주의적 발전이 진행되면서 유대인의 자본과 기술, 네트워크가 유용할 것으로 기대했다. 니콜라이 1세 치하에서 제한과 억압이 강화됐음에도 불구하고, 자본주의가 발흥하는 러시아의 사회경제 분야에서 유대인들의 진출을 막을 수는 없었다. 특히, 나폴레옹 전쟁 뒤 러시아에 합병된 폴란드 지역에서 유대인 진출은 두드러졌다. 은행가, 무역업, 유통업, 직물가공업 등에서 대형 유대인 사업가들이 등장했다. 1830년대 폴란드 바르샤바에서는 약 100명의 부유한 유대인 가족이 등장했고, 그 수는 1842년에 1천 여 가족으로 늘어났다. 1860년대가 되면, 약 7천여 명의 유대인 학생이 무역 및 상업 학교에서 재학했고, 유대인의 전문직종 진출이 늘어났다.[3]

알렉산드르 2세의 개혁 정책이 본격화된 1860년대 이후 러시아에서도 유대인 사업과 자본의 진출은 뚜렷해졌다. 격리 지정거주지 안팎에서 유대인 도매업자, 산업가, 학자, 기술자가 등장했다. 1859년 상트페테르부르크에서 귄즈부르크 은행을 설립한 조지프 귄즈부르크 Joseph Gunzburg는 대표적인 러시아 유대인 은행가였다. 귄즈부르크 가문을 필두로 폴리아코프, 크로넨베르크 등 유대인 은행 가문은 1880년대 러시아의 초기 철도 중 4분의 3을 건설했다.[4]

1861년, 공립학교 졸업생이면 유대인도 정부 관리로 취직할 수 있다는 차별 폐지령은 러시아에서 유대인 지식인 출현과 전문직종 진출을 가속화했다. 1880년이 되면, 고등인문학교인 김나지아 학생 중 유대인은 7,004명으로 무려 12퍼센트에 달했다. 1880년대에 러시아의 전체 대학교 학생 중 15퍼센트인 2천여 명이 유대인이었다. 1886년에 하르코프대학교와 오데사의 뉴러시아대학교에서 의학부와 법학부 학생 가운데 40퍼센트가 유대인이었다.[5]

러시아에서 유대인의 존재가 드러나기 시작한 예카테리나 2세 이후 유대인 정책은 차별과 제한을 강화하면서 이들을 사회 내로 동화시키려는 것이 기본 흐름이었다. 하지만, 유대인을 배척하면서 러시아 사회로 흡수할 수는 없었다. 유대인 격리 지정거주지를 설정한 것이나 그 안의 농촌에서 비농민 유대인을 추방하는 정책은 그런 유대인 정책의 상징이었다. 애초부터 무리였던 비농민 유대인 추방은 제대로 진행될 수 없었다. 유대인 조기 징집 등의 조처들로 기존 유대인 자치기구는 힘과 권위를 잃었으나, 유대인들은 시나고그를 중심으로 정체성과 공동체는 유지했다.

19세기가 시작되면서 100만 명이던 러시아의 유대인 인구는 50년 뒤에 320만 명, 1887년에는 550만 명으로 비약적으로 늘어서, 러시아 전체 인구의 4퍼센트에 달했다. 유대인 인구의 급증은 러시아로 합병된 폴란드 등에 거주하던 유대인들이 합쳐졌기 때문이기도 하다. 유대인의 조혼 풍습도 원인으로 지목되지만, 유독 근대에 들어서 인구가 급증한 요인으로는 부족하다. 무엇보다도, 그 이전에는 파악이 되지 않던 유대인 인구가 근대적 사회 체계가 확립되면서 통계에 잡힌 영향이 클 것이라고 분석하는 게 합리적이다. 유대인이 차별과 박해를 받기는 했으나, 농노 신분인 러시아 농민에 비해 그 처지가 결코 열악하지 않았다. 러시아에서 자본주의적 발전, 농노 해방과 유대인 차별 완화 등 자유주의적 개혁에 따른 유대인의 사회경제적 처지 완화가 유대인 인구 성장률을 높이기도 했다.

이에 따라, 유대인에게도 사회경제적으로 큰 변화가 일었다. 러시아 사회 내 여러 분야에 유대인의 진출이 늘어나긴 했지만, 이런 움직임은 계층 양극화 속에서 진행됐다. 소수의 중상류층 부르주아 계급이 출현해 사회경제적 진출을 독점한 반면, 다수의 하류층은 여전히 차별과 빈곤에 허덕였다. 이들 다수의 유대인 하류층은 도시로 몰려들었다. 러시아에서 자본주의적 발전과 농노 해방은 유대인을 포함한 모든 주민의 도시 집중을 자아냈기 때문이다. 특히, 유대인들은 예카테리나 2세 이후 격리 지정거주지 농촌 지역에서 추방 정책으로 도시로 집중이 가속화됐다. 농노 해방은 농노들을 땅이 없고 빚만 잔뜩 짊어진 농민 신분으로 바꾸어서, 도시로 몰려들게 했다. 도시로 몰려든 러시아 농민과 유대인은 서로를 자신의 생계를 위협하는 존재로 보고 갈등하게 된다.

도시로 몰려든 러시아 주민들은 유대인의 전통적인 경제 영역인 소상업을 위협했다. 러시아 도시 빈민들은 자신의 빈곤과 곤궁이 자신과 경쟁하는 유대인 탓이라고 생각했다. 이들 사이에 불만이 깊게 쌓여 유대인의 존재를 축소하라는 요구가 점차 강해졌고, 이런 분위기가 반유대주의의 고조로 이어졌다.

✡ 오데사 포그롬, 근대 유대인 박해를 예고하다

 늘어나는 유대인에 비례해 주변 기존 주민과의 갈등도 증폭됐고, 이는 결국 포그롬이라는 유대인에 대한 물리적 박해 사태로 귀결됐다. 포그롬은 서방에서 앞으로 닥칠 나치 독일의 유대인 학살인 홀로코스트 등 유대인 박해의 시작이었다. 그런 점에서 1881년은 유대인 근대 역사에서 전환점이었다. 그해 오데사에서 본격적인 포그롬이 시작됐기 때문이다.

 포그롬은 러시아에서 최대 유대인 공동체가 있던 오데사에서 1821년에 처음 발생했다. 1871년까지 네 차례나 계속된 이 오데사 포그롬은 그리스계 주민 공동체와 유대인 공동체 사이의 분쟁 성격이 컸다. 유대인들이 일방적으로 당하기는 했지만, 상권을 놓고 다투던 두 공동체 사이의 경쟁과 증오가 발단이었다.

 하지만, 1881년에 발생한 오데사 포그롬은 우크라이나 전역에서 유대인에 대한 약탈과 학살로 이어지는 전형적인 포그롬으로 발전했다. 1870년대부터 본격화된 러시아 산업화는 우크라이나 지역을 그 중심지로 만들었다. 석탄과 곡물이 풍부한 데다, 철도가 건설되고 하천 통행이 수월한 우크라이나 지역에는 러시아 전역에서 몰려든 농노 출신 노동자들이 일자리를 구했다. 다양한 민족으로 구성된 주민들 사이에서 긴장이 높아졌다.

 러시아정교회 부활절 축제 마지막 날인 1881년 4월 15일 엘리자베트그라드(현재 키로보흐라드)에서 술 취한 주정꾼이 유대인이 운영하는 주점에서 싸움을 벌였다. 이 싸움이 '유대인이 기독교도를 때린다'는 식으로 퍼졌고, 사람들이 모여들었다. 군중은 폭도로 변해서, 유대인 상점들을 약탈하고 파괴했다.

우크라이나 지역의 곡물 교역 중심지인 엘리자베트그라드에서 유대인은 주민의 3분의 1을 차지했고, 곡물 교역을 장악하고 있었다. 이미 축적되던 유대인에 대한 분노가 이 폭동으로 폭발해서는 주변 마을과 도시로 번져나갔다. 특히, 폭동이 일어나기 전인 3월 15일에 일어난 알렉산드르 2세의 암살에 유대인 여성이 관련돼 반유대주의에 불을 지폈다.

반유대주의 폭동이 열흘 만에 우크라이나 최대 도시 키이우(키예프)까지 번지면서, 우크라이나 남부 전역에 여름 내내 포그롬의 물결이 일었다. 8월 16일이 돼서야 포그롬 파고는 진정됐다. 유대인 사망 40명, 부상 3천여 명, 성폭행 200명, 4천~5천 가구와 상점이 파괴되는 피해가 발생했다.

하지만, 이것은 시작에 불과했다. 유대인 격리 지정거주지인 러시아 북서 지역의 민스크 등에서도 유대인 거주지에 대한 방화가 시작됐다. 유대인 1만여 명이 집을 잃고 파산했다. 결국 12월 13일 바르샤바에서 대형 포그롬이 발생했다. 유대인 가옥, 상점, 유대교 회당 등 건물 1,500채가 약탈당했고, 사태는 군대가 출동해서야 진압됐다. 다음 해인 1882년 3월 말에도 소요가 발생해 발타와 포돌리아의 유대인 마을에서 가옥과 상점 절반이 파괴되고 나서야 진정됐다. 엘리자베트그라드에서 시작된 포그롬은 1년 만에 진정됐다.

러시아 정부가 포그롬을 조장하지는 않았지만, 그 대처에 몹시도 나태하고 무능했다. 경찰과 법원은 폭동과 방화, 폭행, 심지어 살인을 저지른 사람들을 체포하고 처벌하는 데 극히 소극적이고, 무능했다. 러시아 관리 대부분은 포그롬이 유대인 책임이라는 뿌리 깊은 반유대주의에 사로잡혀 있었다. 러시아 주민들은 이를 유대인 약탈에 면죄부를 주는 신호로 받아들였다. 특히, 내무장관인 니콜라이 파블로비치 이그나티예프는 포그롬은 유대인의 착취에 대한 농촌 주민들의 항의라고 생각했다. 그는 포그롬이 농촌 지역에서 발생해 도시로 번진다고 오판했다. 하지만, 포그롬이 도시 지역에서, 러시아 빈민과 유대인의 경제적 마찰과 갈등에서 일어났다는 것은 대도시인 오데사에서 불이 붙었다는 데서 잘 드러난다.

이그나티예프를 비롯한 러시아 당국자들의 반유대주의와 오판은 오데사 포그롬 뒤 '5월법'이라는 악명 높은 반유대주의 법령 제정으로 이어졌다. 5월법은 애초에 포그롬에 대처하는 임시 대책으로 발동됐으나 1917년 러시아혁명 때까지 존속되고 강화되면서 러시아에서 유대인을 갈수록 옥죄었다. 1882년 5월에 발동된 5월법은 러시아 내의 모든 농촌 지역에서 유대인의 신규 거주를 금지했다. 심지어, 유대인 격리 지정거주지 내의 농촌에도 적용됐다. 5월법은 곧 유대인의 이동과 거주 제한을 강화하는 일련의 법령으로 발전했고, 거기서 더 나아가 유대인의 재산권 행사조차도 막았다.

1886년에 내려진 추방령으로 키이우에서 오랜 역사를 가진 유대인 주민들이 추방됐다. 1891년에는 모스크바에서 특권층을 제외한 유대인들이 추방됐다. 모스크바에 거주하던 유대인의 3분의 2인 1만 4천여 명이 쫓겨났다. 모스크바에서는 유대교 시나고그도 철거됐다.

1887년 유대인 격리 지정거주지 내에서도 중등학교 이상에 재학하는 유대인 학생 비율은 10퍼센트 이하로, 그 외 지역에서는 4퍼센트로, 상트페테르부르크와 모스크바에서는 3퍼센트로 제한됐다. 변호사 직종에서 한때 22퍼센트까지 올라갔던 유대인 비율은 1889년에 9퍼센트로 줄었고, 6년 뒤에는 법무부의 특별허가가 없이는 유대인은 변호사가 될 수 없었다. 유대인 의사도 5퍼센트로 줄었다.

5월법 발동 이후 유대인들은 마찰이 심해지는 도시 지역에서 탈출할 수조차 없었다. 통로가 막힌 상태에서 유대인의 도시화는 가속화됐고, 도시 내에서 유대인 게토화가 심해졌다. 자연스럽게, 도시 지역에서 러시아 빈민과 유대인의 마찰과 갈등의 골이 더욱 깊어졌다. 이런 연쇄반응은 결국 포그롬의 재발과 확산으로 귀결되는 악순환을 낳았다. 19세기 말이 되면, 러시아 유대인의 약 40퍼센트가 자선 구호에 부분적으로, 혹은 완전히 의존할 정도로 유대인 하층계급의 사회경제적 상황은 심각하게 나빠졌다.

1881년 포그롬을 시작으로 1903년 키시네프(키시너우), 1905년 키이우, 1906년 비알리스토크 등 대형 포그롬이 벌어졌다. 포그롬은 1917년 러시아 혁명 때까지 계속됐다. 혁명 뒤에도 1918년 리비우, 1919년 키이우에서 내전 중에 포그롬이 계속됐다.

✡ 근대 이후 유대인 역사의 빅뱅인 포그롬, 네 가지 물결을 낳다

1881년 이후 포그롬은 현대 유대인 근대 역사에서 빅뱅이었다. 이후 유대인 역사를 규정하는 큰 네 가지 물결을 자아냈다.

첫째, 포그롬을 계기로 러시아와 동유럽 국가 유대인의 엑소더스가 촉발됐다. 동유럽 유대인인 아슈케나지는 서유럽이나 미국으로 대대적으로 이주했다. 1881년부터 1914년까지 러시아, 루마니아, 갈리시아(폴란드 남부와 우크라이나 서부 지역) 등에서 미국으로 이주한 유대인은 240만 명에 달했다. 이는 동유럽 유대인 3명 중 1명꼴이다. 미국은 유대인의 새로운 고향이 됐고, 유대인들은 미국에서 강력한 세력을 형성하게 된다.

둘째, 반유대주의의 격화이다. 근대의 반유대주의는 포그롬으로 구체화됐다. 이는 결국 나치 독일의 유대인 대학살인 홀로코스트로 가는 길이 됐다. 포그롬이 자아낸 난민 사태는 서유럽에 유대인 문제를 격화시켰다. 동유럽에서 몰려든 아슈케나지 유대인은 서유럽에서 유대인에 대한 혐오와 기존 편견을 강화했고, 그에 따라 유대인을 둘러싼 사회경제적인 마찰과 긴장도 자연스럽게 강해졌다.

셋째, 포그롬 등 반유대주의 격화에 맞서 유대인 사이에서는 적극적인 정치운동이 촉발됐다. 사회주의 운동 등에서 유대인 지식인들은 중추적인 역할을 했다. 러시아를 비롯해 리투아니아, 폴란드에서 '분트'라고 불리는 '총유대인노동조합'이라는 유대인 사회주의 정당 운동이 일어났다. 분트 운동은 러시아혁명을 주도한 급진적인 볼셰비키 운동에서 유대인 활동가들을 배출하는 통로가 됐다. 곧 러시아의 레온 트로츠키, 독일의 로자 룩셈부르크 등 많은 급진적인 유대인 지식인은 볼셰비키 운동 등 유럽의 사회주의, 공산주의 운동에서 주요한 역할을 맡았다. 볼셰비키 등 급진적인 사회정치 운동에 유대인이 참여하고 중추적 역할을 맡은 것은 반유대주의를 격화시키는 반응도 낳았다. 보수 세력들은 유대인들이 기독교 세계를 뒤엎기 위해 사회의 소요와 혼란을 도모하는 혁명을 조장하고 있다는 음모론을 퍼뜨렸다.

넷째, 기독교 세계의 박해에 대응한 유대인의 사회정치 운동은 무엇보다도 시오니즘 운동으로 귀결됐다. 유대인들은 인종주의에 바탕한 근대의 반유대주의에 대응해 자신들을 종교적 공동체가 아니라 인종적·민족적 정체성을 갖는 집단으로 여기게 됐다. 이런 각성이 종교적 차원이었던 '시온으로의 귀환'을 세속 차원에서 현실화하려는 운동을 끌어냈다. 유대인들은 옛 영토였던 땅인 팔레스타인으로 돌아가 자신들의 국민국가를 세우는 것이 반유대주의를 극복하는 자신들의 유일한 생존책이라는 시오니즘 운동을 시작했다. 동유럽의 아슈케나지 유대인들은 이 시오니즘 운동의 대상이 됐고, 현대 이스라엘을 건국하는 중추가 됐다.

10장

미국의 유대인

미국은 어떻게
유대인의 새로운 조국이 됐나?

크리스토퍼 콜럼버스가 인도로 가는 신항로를 찾겠다고 출항하던 1492년 스페인에서는 또 다른 무리의 사람들이 대대적으로 떠나고 있었다. 유대인이었다.

콜럼버스의 출항이 아메리카 신대륙 발견으로 이어지던 그해는 이베리아반도 지역을 이슬람에서 기독교 세계로 회복하는 레콩키스타가 완료된 해였다. 레콩키스타 과정에서 기독교 세력은 유대인의 개종을 강요하다가 그해에 대대적인 추방령을 내렸다. 신대륙은 인류에게 큰 전환이었지만 추방령으로 내몰리는 유대인에게는 특히나 큰 전환과 기회였다. 이미 앞 장에서 설명했듯이 신대륙 발견에 이은 대서양 무역에서 유대인이 큰 역할을 했고, 신대륙에 세워지는 미국은 유대인들의 가장 큰 보금자리가 된다.

유대인들의 신대륙 이주는 크게 세 단계를 거쳐 이뤄졌다.

첫 단계가 신대륙 발견부터 미국 건국까지이다. 이베리아반도에서 쫓겨난 세파르디 유대인들이 신대륙 발견 초기에 스페인의 식민지인 중남미를 거쳐서 북미의 영국 식민지로 모이게 된다.

두 번째 단계가 미국 건국 이후 19세기 말까지 독일계 유대인들의 미국 이주이다. 독일인들의 미국 이주 붐에 편승해서 독일계 유대인을 중심으로 한 서부 및 중부 유럽 아슈케나지가 미국으로 몰려들었다. 독일계 유대인들은 곧 미국 사회의 한 중추로 자리 잡고, 미국의 유대인 공동체를 형성하게 된다.

세 번째 단계가 19세기 말부터 20세기 초까지 러시아 및 동유럽 아슈케나지의 대대적인 미국 이주이다. 동유럽의 유대인 박해인 포그롬은 이들 유대인의 대량 난민 사태를 빚었고, 이것이 미국 이주로 이어졌다. 동유럽 아슈케나지의 대규모 이주로 미국은 20세기 초반을 지나면서 유대인 500만 명이 사는 최대 보금자리가 된다.

✡ 신대륙 발견 초기의 유대인 이주

신대륙을 발견한 스페인은 중남미 지역에서 적극적인 식민화 정책을 수행하고, 이주를 장려했다. 스페인에 이어 브라질 지역을 차지한 포르투갈 역시 식민화와 이주 정책을 폈다. 그 이주 대열에서 유대인은 배제됐다. 개종 안 한 유대인은 물론이고, 개종한 유대인인 '콘베르소'나 겉으로만 개종한 '마라노' 역시 신대륙 이주가 금지됐다. 하지만, 신대륙이 추방당하는 유대인에게 금지된 땅이 될 수는 없었다.

유대인이나 콘베르소는 스페인 관리나 선장에게 뇌물을 제공하며 기회의 땅 신대륙으로 향했다. 특히, 1580년 스페인 왕조가 포르투갈까지 통치하게 되자, 포르투갈의 유대인들은 신대륙으로 탈출했다.

약 5천 명의 포르투갈 유대인들이 신대륙으로 떠나서, 1630년대가 되면 스페인령 아메리카의 거의 모든 마을에서 유대인을 어디서든 쉽게 찾을 수 있었다. 이들은 지중해 무역에서 큰 몫을 차지하던 유럽의 콘베르소들과 연계해 대서양 교역에 종사하거나, 남미 은광의 관리자, 혹은 식민지 관리로 활동했다. 신세계에서 이들 세파르디 유대인의 호시절은 일시적이었다. 유럽 본토에서 거세진 가톨릭 교회의 이단 척결 종교재판Inquisition 선풍은 스페인의 해외령에도 몰아쳤다. 겉으로만 개종하고 은밀히 유대교를 믿는 마라노를 색출해 고문하고 화형하는 종교재판은 17세기 초가 지날 무렵 스페인의 신대륙 영토인 뉴스페인에서 마라노를 비롯한 유대인의 존재를 거의 지워버렸다.[1]

유대인들은 다시 짐을 싸고, 종교 탄압이 심한 스페인령을 벗어나 새로운 땅을 찾아 나섰다. 그렇게 발걸음을 옮긴 곳이 종교적 관용을 보장하는 네덜란드와 영국의 아메리카령인 북미였다.

1654년 2월 포르투갈령 브라질 동북부의 중심 항구 레시페에서는 브라질계 유대인 난민을 태운 네덜란드의 범선이 출범했다. 이 범선에 몸을 실은 유대인들은 카리브해를 항해하던 중 스페인 해적에게 나포돼 종교재판을 받아 감금되는 우여곡절을 겪은 끝에 네덜란드의 북미 본토 식민지 전진 기지인 뉴암스테르담에 도착했다. 지금의 뉴욕 맨해튼이다. 13명의 아동을 포함한 유대인 23명은 도착하고서도 약속했던 뱃삯을 치르지 못해 그다음 해 10월까지 유치됐다. 이들은 네덜란드 본국의 친지와 현지 교회의 도움으로 풀려나기는 했으나, 현지 식민당국에 의해 추방당할 위기에 직면했다. 뉴암스테르담을 관할하는 총독은 고리대금업과 사기적인 교역에 종사하는 유대인들을 추방하겠다고 네덜란드의 서인도회사에 청원했다. 하지만, 서인도회사의 주주

였던 본국의 유대인들은 이들이 잔류할 수 있도록 회사에 조처했다.[2]

✡ 북미에서 유대인의 정착

북미 본토에서 유대인들의 힘겨운 정착이 시작된 것이었다. 이는 유대인들에게는 '새로운 예루살렘'인 뉴욕에서의 시작이었다. 뉴암스테르담에서 유대인들은 행상, 백정, 대장장이, 교역상으로 곧 자리 잡았다. 종교 자유가 허락된 네덜란드의 식민지라서 유대교 회당도 세웠다. 18세기 들어서 대서양 무역의 패권이 영국으로 넘어가면서, 뉴암스테르담은 주변의 영국 식민지에 포위되고 그 운명을 다했다. 유대인도 떠나 1명만 남았으나, 유대인들은 곧 이곳으로 돌아오게 된다. 뉴암스테르담을 접수하는 영국령 북미 식민지들의 번성이 유대인을 다시 불렀기 때문이다.

영국의 초기 북미 식민지는 당시 대서양 무역의 본거지인 카리브해의 서인도제도 섬들로 시작했다. 바베이도스, 자메이카, 네비스, 토바고, 세인트루시아, 안티구아 등에는 1700년대 초부터 스페인과 포르투갈의 아메리카령에서 온 마라노 유대인 난민이 들어왔다. 18세기가 되면, 유대인 약 2천 명이 이곳에서 정착해 소규모 교역상이나 노예상인, 커피와 설탕 재배자로 일했다. 영국 대서양 무역에서 가장 큰 몫이던 영국과 자메이카 사이의 교역은 유대인의 손으로 움직였다. 영국령 서인도 제도의 유대인은 곧 북미 대륙 본토로 흘러넘쳤다. 1667년 영국의 점령으로 뉴암스테르담이 뉴욕으로 바뀌자, 뉴욕은 곧 유대인의 북미 대륙 출입구가 됐다.

북미 본토의 영국 식민지들이 18세기를 지나면서 본격적으로 개발돼 모습을 갖추면서, 유대인들도 늘어났다. 북미 본토 식민지의 엄격한 칼뱅 신교 사회에서 유대인의 공직 참여나 유대교 회당 건설 등을 금지하는 차별과 제한이 있었으나, 유대인들은 곧 '동료 유럽인'으로 받아들여졌다.[3]

종교의 자유를 찾아 신대륙으로 온 신교도 개척사회에서는 유대인보다는 구교도에 대한 적대감이 컸다.

영국의 1740년 공통귀화법에 따라서, 영국령 해외 식민지의 주민들은 국왕에 대한 충성을 맹세하면 시민권을 부여받았다. 유대인도 예외가 아니었다. 미국 혁명 전야에 영국령 서인도 제도와 본토 식민지의 유대인들은 대부분 영국 시민으로 귀화해, 거주 교역 종교 등에서 동등한 권리를 누렸고, 곧 공직과 군 복무도 하게 됐다.

독립이 선언된 1776년 미국에서는 유대인이 2천여 명 거주했다. 뉴욕은 유대인의 최대 거주지였고, 이들은 모피교역상, 토지거래자, 농장주, 해운업자로 번성하기 시작했다. 자신이 원하는 곳에서 살며 교역에 종사할 수 있었고, 집을 구매할 수 있었으며, 심지어 식민지 지방선거에서 투표권도 행사했다.

독립이 선포되던 18세기 후반 미국의 유대인은 세계에서 가장 자유로운 유대인이었다. 독립전쟁에서는 유대인 200여 명이 혁명군에 복무하며 특유의 재능을 발휘해 승리에 크게 공헌했다. 상선을 보유한 아이작 모지스Isaac Moses와 아론 로페즈Aaron Lopez는 영국의 해상봉쇄를 뚫고 물자를 조달했다. 채권중개상 차임 살로몬Chaim Salomon은 전비 조달에 크게 기여했다. 혁명정부의 대륙 채권을 네덜란드와 프랑스에 매각한 살로몬은 전쟁이 끝난 뒤 미국 금융계의 유대인 인맥 원조가 된다.

✡ 행상으로 시작한 독일계 유대인, 산업자본가와 금융자본가로 성장하다

18세기 중반까지 북미 본토를 비롯한 신세계 전역에서 유대인들은 모두 세파르디계였다. 대부분이 기독교 개종자이기도 했던 이들은 차별과 억압이 없는 미국에서 자연스럽게 신대륙인으로서 동화되어갔다. 미국이 건국되고 19세기에 접어들 무렵에 이들 세파르디 유대인은 유대인으로서의 정체성을 거의 탈색하고 미국의 기성 세력으로 편입된 상태였다.

유대인 정체성이 약해진 세파르디 유대인을 대신해서 새로운 유대인들이 18세기 중반 이후 북미로 들어오기 시작했다. 북미 본토의 영국령 식민지가 경제적인 비중을 키우자, 구대륙으로부터 일반 이주민들이 들어왔다. 유럽 대륙, 특히 독일 지역에서 이주자가 들어오기 시작했고, 그중에는 독일계 유대인이 포함됐다. 이들 유대인은 도시가 아닌 '촌락 유대인Dorfjuden'이었다. 경제적으로 중상류층으로 발돋움하는 도시의 유대인과는 달리 촌락 유대인은 여전히 차별과 억압으로 경제적 기회가 제한됐다. 이들에게 신대륙이 자연스러운 탈출구가 됐다.

독일계 유대인들의 미국 이주는 산업혁명이 경제사회 구조를 근본적으로 바꾸자 속도를 더했다. 산업혁명은 유럽에서 기존 농민들을 도시 노동력으로 내몰았다. 1815년부터 1860년대의 남북전쟁 때까지 유럽, 특히 중앙유럽의 독일 지역에서 미국으로 이주 붐이 일었고, 유대인들도 동참했다.

미혼의 젊은 남성 유대인이 먼저 혼자 미국으로 가 어느 정도 자리를 잡은 다음 가족이나 친지를 불러오는 게 당시 독일계 유대인들의 미국 이주 패턴이었다. 정착에 성공한 유대인 한 명이 곧 열 명 이상의 유대인을 미국으로 불러들이곤 했다. 1820년 약 3400명의 유대인이 미국에 정착했는데, 1840년에는 1만 5천 명, 1850년에는 5만 명으로 그 수가 늘었다. 1848년부터 1860년에 미국으로 230만 명의 이주자가 쏟아져 들어왔는데, 그중 10만 명이 유대인이었다. 1858년 뉴욕에서 유대인 인구는 1만 7천 명에 달했다.

동부 도시 지역에 머물던 유대인들은 미국의 산업지도 확장에 따라서 내륙으로도 들어갔다. 중부 내륙의 물류 중심이 된 신시내티에서 유대인 인구는 1860년에 1만 명을 넘어섰다. 당시 미국으로 이주한 독일계 유대인들은 유럽에서처럼 행상과 잡화상으로 주로 일했다. 특히, 독일계 유대인들은 독일계 이주민들에게 필요한 잡화들을 조달하면서 그들과 동선을 같이해 내륙으로 함께 이주했다. 유대인 행상은 미국 건국 초기 '양키'라 불린 북부 장사꾼을 대체했다. 1860년께 미국 전역에는 약 1만 5천 명의 유대인 행상이 누비고 있었다.[4]

그 과정을 통해 유대인 이주자들은 마차를 끄는 행상에서 작은 잡화상 주인으로, 그리고 도매상으로 성장했다. 더 나아가, 의류 제조업자로 성장했다. 남북전쟁 전에 다양한 분야의 중간 도매상이나 의류와 잡화를 취급하는 소매상으로 자리 잡은 유대인은 흔했다. 유대인들은 유럽에서의 역사적인 사회경제적 역할을 미국에서도 그대로 재현해간 것이다.

미국의 서부개척에 동참한 독일계 유대인은 그곳에서 성공한 사업가로 속속 등장했다. 콜로라도의 초기 재벌인 프리드리히 살로몬 Friedrich Salomon은 잡화상으로 출발해서 맥주, 설탕, 부동산, 수도뿐 아니라 은행업으로도 진출했다. 애리조나의 마이클 골드워서Michael

Goldwasser는 조그마한 잡화상을 서부에 주둔하는 군 기지들의 주요 보급 센터로 키웠다. 그의 사업체는 애리조나의 최대 백화점 체인으로 성장했다. 그의 손자가 1960년대 공화당 대선후보까지 나섰던 유명한 보수정치인 배리 골드워터 상원의원이다. 청바지로 유명한 의류 대기업 리바이스는 1850년대에 레비 스트라우스가 캘리포니아의 골드러시에 몰려든 노동자를 대상으로 작업복 등을 팔면서 만든 기업이다.

✡ 남북전쟁 뒤 더 빨라진 미국 유대인의 진출

유대인에 대한 제도적 차원의 차별과 억압은 없었지만, 사회문화적인 차별과 질시까지 없었던 것은 아니다. '악독한 고리대금업자'라는 표현이 상징하는 유대인에 대한 기존 인식은 미국에서도 예외 없이 이어졌다. 미국의 분열과 대결이 절정에 오른 남북전쟁은 유대인에게도 가장 큰 시련의 시기였다.

전쟁이 일어나자, 유대인들은 자신이 소속된 북부와 남부의 대의에 충실했다. 모두 8,600명의 유대인이 종군했고, 이 중 6천여 명이 북군에 참가했다. 하지만, 전쟁이 부른 국가주의와 민족주의 속에서 반유대주의가 극성을 부렸다. 전쟁에 따른 경제적 압박과 불만으로 남부와 북부 모두에서 유대인 기업인들을 착취자, 사기꾼, 협잡꾼이라고 비난했다.

북군 사령관 율리시스 그랜트는 1862년 12월 북군 점령지인 테네시, 미시시피, 켄터키에서 유대인 집단 추방령을 내렸다. 유대인들이 면화 투기를 한다는 이유였다. 점령지로 몰려들어서 한몫 잡으려는 북부 뜨내기들 사이에 유대인도 끼어 있었지만, 유대인만 특정해서 추방령을 내린 것은 분명 차별적 처사였다. 이 명령은 에이브러햄 링컨 당시 대통령이 취소했지만, 미국이라고 반유대주의에서 비켜나 있지 않음을 말해줬다. 전쟁이 끝난 뒤 더 미묘한 사회문화적 차별이 유대인의 사회경제적 진출이 확대됨에 따라 그들 주변에 자리 잡았다.

남북전쟁이 끝난 뒤 미국은 도금시대Gilded Age라는 질풍노도의 경제 붐 시대를 맞이했다. 유대인들의 사회경제적 진출도 속도를 더했다. 1889년 미국 인구조사를 보면, 조사 대상이 된 유대인 가구는 1만 8천 가구였다. 남성의 50퍼센트가 상인이었고, 20퍼센트는 회계원이나 사무원이었다. 2퍼센트가 은행가, 중개인, 회사 중역이었고, 5퍼센트는 전문직업인이었다. 행상은 거의 남아 있지 않았다.

미국에서 유대인이 두각을 보인 산업 분야는 유럽과 마찬가지였다. 금융, 도소매, 백화점, 의류, 가구 등의 산업을 유대인이 주도했다. 특히, 백화점은 유대인이 개척하고 독점했다. 워싱턴의 가핑클, 리틀록의 탈하이머, 멤피스의 골드스미스, 휴스턴의 사코위츠 및 폴리, 뉴올리언스의 갓쇼, 애틀랜타와 리치먼드의 리치, 잭슨빌의 코언브라더스, 피츠버그의 카프먼, 보스턴의 필렌, 필라델피아와 뉴욕의 김벨스 및 삭스 피프스 애브뉴 등이다. 특히, 최대 도시 뉴욕의 백화점은 모두 유대인이 운영했다. 래저러스 스트라우스 가문이 창업한 메이시는 세계 최대 백화점 체인이 됐다.

직물과 의류도 유대인의 사업이었다. 1880년에 뉴욕에서 의류업체 소매의 80퍼센트, 도매의 90퍼센트가 유대인 소유였다. 남북전쟁 뒤에는 기성복 제조업은 유대인이 개척했다. 미싱이 발명되고 전쟁 때 군복을 대량생산하면서, 기성복 제조와 유통은 유대인 경제와 사회의

한 주축이 됐다. 뉴욕으로 들어오는 독일계 유대인 이민의 값싸고 우수한 노동력이 그 기반이었다.

금융은 미국에서도 유대인이 발군의 실력을 발휘하는 분야였다. 현재 월가의 대형 투자은행 중 다수는 유대인이 창업자이다. 유럽에서 나폴레옹 전쟁 때 로스차일드 은행 가문이 전쟁 채권 업무를 맡으며 성장했듯이, 미국에서도 남북전쟁 때 전쟁 채권 발행와 인수를 유대인이 주도하며 대형 투자은행이 탄생했다.

1837년 미국으로 이민한 조지프 셀리그먼Joseph Seligman은 행상으로 출발해서 펜실베이니아 랭커스터에서 잡화점을 창업했다. 그는 곧 유럽에서 남매 열 명을 데려와서는 서부와 중서부에서 지사를 확장했다. 셀리그먼 가문은 대부업을 시작한 후 번성하자 투자은행업에 전념했다. 뉴욕으로 사업체를 옮긴 뒤 남북전쟁이 발발하자 전쟁 채권 매매에 종사했다. 채권 인수는 이 가문의 특화 사업이 됐다. 전쟁 뒤 셀리그먼 & 컴퍼니는 미국에서 제일의 채권인수 회사가 됐다. 리먼 브러더스, 골드먼 삭스 & 컴퍼니, 살로몬 브러더스, 쿤, 로브 & 컴퍼니, 줄스 바크 & 컴퍼니, 라덴버그 탈먼 & 컴퍼니 등 다른 유대인 투자은행 가들도 비슷한 궤적을 걸었다.

유럽의 철도 등 대형 사회기반시설이 유대인 투자은행가들의 자본 조달에 의지한 것처럼, 미국에서도 유대인 투자은행가들이 철도 건설의 자본을 조달했다. 제이컵 시프Jacob Schiff가 대표적이다. 쿤, 로브 & 컴퍼니의 동업자인 솔로몬 로브의 먼 친척인 시프는 젊은 시절 미국으로 이민해 그 회사의 간부가 됐다. 로브의 딸과 결혼한 뒤 동업자 지위에 오른 시프는 회사를 철도 채권을 인수하는 미국 내 최대 은행으로 성장시켰다. 이 회사는 또 미국 제조업의 상징이 되는 웨스팅하우스, 에이티 & 티AT&T의 채권 발행과 인수를 담당했다. 20세기 초 월가에서 쿤, 로브 & 컴퍼니는 최대 유대인 은행이 됐고, 시프는 미국 유대인 사회에서 가장 영향력이 큰 인물로 성장했다.

난로를 청소하는 구리철사 브러시 제조업으로 출발해 미국 '구리왕'이 된 아돌프 루이손 Adolf Lewisohn, 난로 청소부로 시작해 미국뿐 아니라 멕시코, 칠레 등의 광산 개발로 광산왕이 된 마이어 구겐하임 Meyer Guggenheim 등도 유대인 사업가를 대표했다. 특히 미국의 3대 부자에 오른 구겐하임은 박물관 건립 등으로 문화예술계의 최대 거물이 됐다. 퓰리처상으로 유명한 조지프 퓰리처도 헝가리 출신 유대인이다. 세인트루이스의 독일어 신문 기자로 출발해, 신문사들의 인수합병을 통해 '신문왕'으로 등극했다.

19세기 말이 되면 미국 주요 산업의 상층부에 유대인이 포진했고, 중산층에 올라선 유대인은 법률·금융·회계·학문·언론·문화예술 분야 전문직으로 활발히 진출했다. 하지만, 유대인의 미국 정착이 끝난 것은 아니었다. 19세기 말부터 러시아와 동유럽에서 일어난 유대인 박해인 포그롬으로 수많은 동유럽 유대인이 미국으로 몰려왔다.

✡ 러시아와 동유럽 난민 유대인들의 미국 이주가 야기한 충격

1881년 11월 미국 뉴욕항에는 약 900명의 기이하고 초라한 행색을 한 무리가 도착했다. 이들은 당시 합스부르크 제국의 영역인 갈리시아의 브로디에서 출발했던 유대인 난민이었다. 이들은 카프탄이라는 동유럽 유대인 특유의 의상에다가 이디시어를 말해, 이미 미국에 정착해 동화되던 이제까지의 유대인과는 전혀 다른 사람들로 보였다. 미국의 유대인들은 마치 중세의 동유럽 시골에서 갑자기 나타난 모습을 한 이 동유럽 아슈케나지에 경악했다. 하지만, 이들이 앞으로 미국뿐 아니라 전 세계 유대인 공동체의 주축이 될 것을 당시는 아무도 몰랐다.

이들이 출발했던 갈리시아는 현재 우크라이나 서부와 폴란드 동남부 지역이다. 동유럽의 아슈케나지 유대인이 가장 많이 살던 지역이다. 1881년부터 오데사에서 시작된 러시아에서의 포그롬에 쫓긴 다른 유대인들이 몰려들었다. 수만 명이 모여든 대규모 난민 사태였다. 서유럽 국가의 유대인 단체들은 이 사태에 신속히 대처했다. 동족인 유대인 참상에 눈감을 수 없기도 했으나, 이 난민 사태를 방치하면 서유럽의 자신들 유대인 사회에도 부정적 영향을 미칠 게 분명했기 때문이다.

영국, 프랑스, 독일, 오스트리아의 유대인 자선단체들은 이들에게 구호품을 전달하는 한편 이들을 처리할 대책을 마련해야 했다. 프랑스의 대표적인 유대인 단체인 '세계이스라엘연대Alliance Israelite Universelle'의 사무총장 샤를 네테Charles Netter가 브로디에 파견돼 대책을 지휘했다. 네테의 임무는 일단은 구호였지만, "또 한편으로는 모든 대가를 치러서라도 이들 후진적인 '아시안인'을 서부 유럽에서 몰아내는 것"이었다. 합리적인 해결책 중 하나는 이들을 미국으로 질서 있게 이주시키는 것이었다. 네테는 파리의 본부에 보내는 편지에서 "모든 사람이 일을 하고 싶어 하는데, 이 사람들이 찾는 곳인 넓고 자유롭고 부유한 나라로 이들을 보내지 않는다면, 우리는 러시아 제국의 모든 거지를 받게 될 것이다"라고 보고했다.[5]

서유럽의 유대인 단체 대표들은 이들을 미국으로 보내자는 결론을 내리고는, 비용과 교통편을 마련해 이들을 뉴욕에 보냈다. 미국에 서는 '뉴욕위원회'라는 새롭게 조직된 유대인 대책기구가 이들을 맞게 했다. 뉴욕위원회는 도착한 이들의 행색에 놀라고, 이들을 보낸 유럽의 유대인 단체들에 분노했다.

뉴욕에 도착한 동유럽 유대인은 이들이 처음이 아니었다. 러시아 와 합스부르크 제국 폴란드 지역의 동유럽 유대인은 1860년대부터 미국으로 이주해, 이미 약 4만 명이 미국에 거주하고 있었다. 그러나 이들의 행색은 동유럽 유대인에 대한 부정적인 인식을 강화했다. 고루 한 종교적 관행을 고수하면서 이디시어를 쓰는 새 난민들이 기존 유대 인이나 미국 주민에게 쓸 만한 노동력이라는 첫인상을 심어주기란 불 가능했다. 포그롬에 쫓겨서 뉴욕으로 온 유대인 무리는 기존 미국 유 대인에게 더욱 깊은 우려를 자아냈다. 당시 남북전쟁이 끝난 뒤 미국 에서는 반유대주의가 움트기 시작했다. 거지 행색을 한 동유럽 유대인 이 집단으로 미국에 온다면, 그 영향이 어떠할지는 명확했다. 뉴욕위원 회는 뉴욕에 도착한 이 유대인 중 400명을 보스턴으로 보냈지만, 곧장 뉴욕으로 되돌려 보내졌다.

미국 유대인 단체 내에서는 유럽 유대인 단체에서 러시아 유대인 을 계속 보낸다면 이들의 입국을 불허하고 곧바로 송환시켜야 한다는 목소리가 터져 나왔다. 결국 유럽 유대인 단체들은 브로디에 있던 난 민 유대인을 러시아로 다시 돌려보냈다. 동유럽 난민 유대인 문제를 위해 설립했던 미국의 뉴욕위원회도 1883년 3월에 완전히 해산했다.

✡ 포그롬 이후 더욱 늘어난 동유럽과 러시아 유대인의 미국행

유럽과 미국의 유대인 단체들이 손을 떼자, 서쪽으로 밀려 나오는 동유럽 유대인들은 이제 자력으로 미국으로 향했다. 미국행 이주 물결은 오히려 더 고조됐다. 1881년부터 1883년까지 미국에 들어온 동유럽 유대인은 1만 9천 명이었고, 1880년대가 끝날 무렵에는 16만 1천 명에 달했다.

1881년 포그롬이 끝난 뒤에는 서방에서는 러시아 유대인에 대한 공포가 옅어졌다. 러시아 유대인 문제는 루마니아 등에서의 상황으로 오히려 관심에서 벗어났다. 19세기 말 발칸 지역, 특히 루마니아에서 유대인 상황은 극심한 빈곤과 박해로 나빠지고 있었다.

19세기 말 루마니아에서는 인구 600만 명 중 4퍼센트가 조금 넘는 24만 5천 명이 유대인이었다. 루마니아에서 유대인은 시민권이 없고, 재산권 행사가 제한되는 등 가장 핍박받았다. 서유럽 국가들이 나서 유대인 차별을 시정하라고 촉구할 정도였다. 1881년부터 1914년까지 미국으로 이주한 루마니아 유대인은 7만 4천 명으로, 1899년의 러시아 인구센서스 기준 루마니아 전체 유대인 수인 27만 명의 28퍼센트나 됐다. 특히 루마니아는 1899년 경제위기가 닥치자 대중의 관심을 유대인에게 돌려서 책임을 물었다. 루마니아 정부는 러시아와 헝가리 접경 지역의 유대인 행상은 사회적으로 수용할 수 없다며 추방했다. 이 조처로 수많은 루마니아 유대인이 걸어서, 마차로, 기차로 빈을 거쳐서, 북해의 항구로 향했다. 미국으로 가기 위해서였다.[6]

미국으로 이주한 러시아 등 동유럽 유대인의 수가 쌓이자, 미국은 이제 그들에게 더는 미지의 땅이 아니었다. 미국에 이주한 동유럽 유대인 공동체가 형성되고, 동유럽 현지와의 네트워크가 만들어졌다. 미국에 정착한 이들은 동유럽 고향의 친지들을 불렀다. 뉴욕항에 도착하는 동유럽 유대인은 친지의 손을 잡고 임시 숙소로 향했고, 곧 일자리를 얻었다. 초기의 동유럽 유대인 이민자는 젊은 남성 중심이었으나, 20세기 들어서는 여성과 어린이가 포함된 가족 이민이 거의 절반에 달했다.

✡ 뉴욕의 최대 집단이 된 동유럽 유대인

러시아 등 동유럽 유대인이 미국으로 이주하고 정착할 수 있었던 것은 팽창하는 미국 산업이 그들의 노동력을 필요로 했고, 소화할 수 있었기 때문이었다. 특히 남북전쟁을 거치면서 군복 수요가 늘고 재봉틀 등 봉제 기계가 발명돼 기성복 산업이 꽃피고 있었다.

동유럽 유대인은 미국의 기존 유대인이 개척하던 의류직물 제조업에 알맞은 우수하고 저렴한 노동력이었다. 유럽에서 온 다른 이민자가 대부분 농민인 데 비해 유대인은 장인이나 행상이었고, 바느질에 능했다. 미국에서 의류직물업을 경영하는 기존 유대인에게 이들은 말이 통하고 정서적 유대도 있는 값싸고 우수한 노동력이었다.

당시 미국 뉴욕 맨해튼에는 소규모 의류직물 제조공장이 밀집해 있었고, 대부분이 독일계 유대인 소유였다. 1910년에 맨해튼의 2만 3천 개 공장 중 47퍼센트가 의류 생산 관련 업종이었다. 뉴욕 산업 노동자의 46퍼센트인 21만 5천 명이 의류 생산 공장에 고용됐다. 그 노동력 중 압도적 다수는 유대인 이민자였다. 의류 공장의 대부분은 하청업체였다. 원청업자들은 더 싼 하청업체를 찾았고, 하청업체들은 노동력에서 비용을 절감해야 했다. 의류제조 하청업체를 운영하는 유대인 업주들은 항구에 도착하는 유대인 이민자의 손을 잡고는 벌집 같은 숙소로 데리고 가서는 자신의 공장 노동자로 변신시켰다.

20세기로 접어들면서, 약 33만 명의 동유럽 유대인이 맨해튼 남동쪽인 로워이스트사이드에 거주했다. 이들이 도착한 뉴욕의 항구에서 겨우 3킬로미터 정도 떨어진 곳이다. 이들은 '10 구역'으로 불린 약 40개 블록의 이 거주지에 빼곡하게 자리한 약 2천 개의 공동주택에서 살았다.[7] 한 방에서 10여 명 가까이 사는 열악한 환경이었다. 저임금과 열악한 생활 환경으로 노예 수준의 대우를 받았지만, 동유럽 고향에서 겪는 처우에 비할 바는 아니었다. 무엇보다도 미국에서는 위협과 박해가 없었고, 기회가 있었다. 이디시어를 쓰고, 유대교 의식과 식생활을 유지하면서, 더 나은 미래를 꿈꿀 수 있었다.

로워이스트사이드의 벌집에서 살던 동유럽 유대인은 몇 년이 지나면 이곳을 탈출해 더 좋은 거주지와 직업을 찾아 나갔다. 유대인 이민자가 로워이스트사이드에서 체류하는 기간은 평균 15년이었다. 이곳을 나가면, 부유한 독일계 유대인이 한때 살던 할렘으로, 다음에는 브롱크스와 워싱턴 하이츠, 그다음에는 코니아일랜드, 이스턴파크웨이 등으로 옮겼다. 자식들은 대학에 진학해 의사와 변호사 등 전문직업인이 됐다.[8]

1900년대에 들어가면, 맨해튼과 브루클린에 거주하는 유대인 수가 각각 60만 명을 넘어섰다. 브롱크스에서는 유대인이 인구의 38퍼센트를 차지했다. 뉴욕 전체로는 인구의 29퍼센트를 차지해, 당시로는 가장 큰 집단이었다. 1920년대에 164만 명의 유대인이 살던 뉴욕은 최대 유대인 도시이자 최대 이디시어 사용 도시였다.

이민 온 유대인 모두가 성실한 노동자가 된 것은 물론 아니었다. 미국 이민 제도의 부패와 이민자 사회의 가난을 고려하면, 부정과 범죄는 일반적이었다. 유대인도 예외는 아니었다. 이민자 수를 생각하면, 유대인은 뉴욕 등 대도시 범죄에서 주요한 세력이었다. 특히, 매춘에 유대인이 많이 관여했다. 먼저 미국으로 건너온 아버지 등 친지를 따라서 나중에 미국에 온 유동유럽 유대인 소녀는 매춘 산업의 먹잇감이었다. 매춘 조직 자체를 유대인이 꾸리는 경우가 적지 않았기 때문이다.

1880년대부터 에드워드 오스터먼 등은 뉴욕에서 최대 범죄집단을 운영했다. 민주, 공화 양당에 막강한 영향력을 행사하던 뉴욕시의 정치 후견 조직인 '타미홀'의 보스인 티모시 설리번은 오스터먼 등 갱 조직의 강력한 지원을 등에 업고 하원의원에 당선됐다. 20세기에 접어들어, 제이컵 젤리그Jacob Zelig는 뉴욕에서 가장 악명높은 공갈단을 운영했다.

1906년 뉴욕 주정부 통계에 따르면, 교도소에 수감된 젊은이 중 30퍼센트가 유대인이었다. 범죄 세계의 단골 비즈니스인 도박 역시 유대인 범죄집단에서 예외가 아니었다. 티모시 설리번은 유대인 불법 도박업체들을 보호해줬다. 로워이스트사이드를 주름잡는 불법 도박업체 제왕들은 유대인이었다. 그중에서도 아널드 로스테인Arnold Rothstein은 고리대금업, 불법추심, 매춘, 공갈로 악명을 떨쳤다.

1920년대 1차대전이 끝나면서 유대인 매춘은 시들해졌고, 유대인 범죄 역시 줄어들었다. 유대인 사회가 이민 온 소녀를 상대로 적극적인 계몽과 구호 활동을 하는 한편 그 근절을 위해 정부에 적극 협력했다. 연방 및 주 정부도 주요한 범죄 세력인 유대인 조직들을 소탕했다. 무엇보다도, 이 무렵 동유럽 유대인이 미국 사회에 안착한 것이 변화를 가져왔다. 가난과 착취에서 벗어나 안정된 생활을 영위하기 시작했고, 2세들도 고등교육을 마치고 전문직종에 진출했으니 가난의 소산인 범죄에 얽힐 이유가 적어진 것이다.

러시아 등 동유럽 유대인의 도래로 미국에서 유대인 인구는 20세기 초를 지나면서 대번에 500만 명으로 늘게 된다. 미국 사회의 최하층부에 일단 포진한 이들 동유럽 유대인은 저임 노동, 매춘과 갱단부터 시작해 공장에서 사회주의 노동운동의 중추 역할까지 맡아 나갔다. 미국은 유대인에게 새로운 조국이 됐고, 유대인은 미국을 더욱 발전시키는 효소 같은 역할을 했다.

11장

시오니즘

서구 기독교 문명 세계는
어떻게 시오니즘을 만들었나?

1895년 1월 5일 프랑스 파리에 있는 사관학교인 에콜 밀리테르의 모르랑 연병장에서는 독일 스파이 혐의를 받은 알프레드 드레퓌스 Alfred Dreyfus, 1859~1935년 육군 포병 대위의 군적 박탈식이 진행됐다.

북이 울리는 가운데 드레퓌스는 4명의 포병 장교들의 인솔 아래 군적 박탈 결정 주문을 내리는 장교에게 인도됐다. 드레퓌스의 군적 박탈을 선언한 장교는 그의 계급장과 휘장을 떼어버렸다. 그의 군도를 부러뜨리는 마지막 의식이 거행되자, "유대인에게 죽음을!"이라는 관중의 구호가 울려 퍼졌다.

유대인을 저주하던 관중 속에는 한 이방 유대인도 있었다. 빈의 신문인 〈신자유언론Neue Freie Presse〉의 파리 주재기자인 테오도어 헤르츨 Theodor Herzl, 1860~1904년에게 이 광경은 자신의 인생을 바꾼 계기였고, 서방 사회에서 유대인의 미래를 바꾸는 중대한 전기였다. 그 후 2년 6개월이 지난 1897년 8월 29일 스위스 바젤에서는 12개 유럽 국가와 미국, 알제리, 팔레스타인에서 온 유대인 대표 204명이 '시오니스트 기

◈ 독일 스파이 혐의를 받은 알프레드 드레퓌스 프랑스 육군 대위의 군적 박탈식 장면을 그린 앙리 메예 Henri Meyer의 〈반역자〉. 근대 서방 사회의 반유대주의를 드러낸 드레퓌스 사건은 현대 이스라엘 건국을 이끈 시오니즘 운동을 창시한 테오도어 헤르츨에게 직접적 영향을 줬다.

구'Zionist Organization'를 결성하고, 팔레스타인에 유대 국가를 세우자는 시오니즘 운동이 출범했다. 그 끝은 1948년 5월 14일, 팔레스타인 땅 에서의 현대 이스라엘 건국 선언이었다.

✡ 전쟁, 제국주의 정책, 기독교 시오니즘이 만들어낸 시오니즘

이 시오니즘은 현대 이스라엘의 건국으로까지 귀결됐다. 그러나 이는 근대 이후 유대인에게 유일하거나, 다수가 동의한 해법은 아니었다. 오히려 정통파 유대교도들은 시오니즘을 유대교의 정신과 교리를 심각하게 위협하는 것으로 받아들였다. 세속적인 유대인, 특히 서방 사회의 중상류층에 오른 유대인들에게도 현지 사회와 다른 민족과의 갈등을 조장하는 무모한 시도였다. 그런데도 시오니즘이 현대 이스라엘 건국이라는 성공을 거둔 것은 몇 가지 요인에 기인한다.

첫째, 무엇보다도 큰 원인은 전쟁이다. 두 차례의 세계대전은 국제 지정학에 큰 변화를 야기했다. 그 와중에서 나치 독일의 홀로코스트라는 극악한 반유대주의가 유대 국가 건설을 추동했다. 둘째, 전쟁을 야기한 제국주의와 식민주의이다. 팔레스타인에 유대 국가를 세우는 일은 그곳을 식민화하고 세력권으로 만들려는 영국 등 제국주의의 의도에 힘입었다. 셋째, 기독교 시오니즘이다. 현세의 종말과 예수가 재림하는 기독교 천년왕국의 도래는 예루살렘의 회복과 유대인의 귀환이 전제라는 기독교 시오니즘이 팔레스타인에 유대인 국가가 건설되는 것을 지지하는 여론을 영국 등 서방 국가에서 만들어냈다.

애초, 시오니즘은 유대인들은 언젠가는 성지인 예루살렘의 시온 언덕으로 돌아간다는 유대교의 교리에서 나왔다. 그 귀환은 죽은 자가 부활하고 메시아가 도래하는 현세의 종말에 이뤄지는 신의 뜻이다. 따라서, 유대교에서 유대인의 예루살렘 귀환이란 현세에서 이뤄질 수 없는 종교적 차원의 교리이다. 유대인들의 예루살렘 귀환에 대한 갈망은 그 교리의 실현을 희구하는 유대교 예배 의식일 뿐이다.

유대교에서는 이집트 노예 생활에서 탈출한 사건을 기념하는 유월절 예배에서 마지막에 '내년에는 예루살렘에서!'라는 노래를 부르고 의식을 끝냈다. 히브리 달력에서 다섯 번째 달인 '아브'(태양력의 11월에 해당)의 아홉 번째 날은 예루살렘 사원의 파괴를 추모하는 날이다. 예배자들은 이를 추모하는 단식을 하고 마치 자신들이 예루살렘 파괴를 목격한 듯이 애통해한다.

특히, 유대인에게 성지로의 집단적 귀환은 시온에서 최후의 집단적 구원을 징조하는 세상의 종말을 의미할 뿐이다. 시온이 있는 예루살렘은 종교적 성지일 뿐이다. 유대인의 조국 땅이거나, 나라를 재건할 곳은 아니었다. 기독교도, 무슬림, 불교도가 성지를 갈망하고 순례하기는 하지만 그곳을 조국이거나 돌아가서 종교 왕국을 세울 곳으로 상정하지 않는 것과 마찬가지이다.

유대인들이 팔레스타인으로 귀환해서 국가를 건설하자는 시오니즘의 출현은 근대 이후 반유대주의와 민족주의 조류를 배경으로 한다. 시오니즘을 국제적인 정치 운동으로 이끈 헤르츨 이전에 시오니즘은 중부 및 동부 유럽에서 18세기 이후 출현했다. 유대인을 물리적으로 박해하고 동화를 거부한 포그롬(조직적인 탄압과 학살) 등 근대의 반유대주의가 고조되는 사회에서 유대인들은 도피처를 찾을 수밖에 없었다.

이런 반유대주의는 민족주의 조류와 짝을 이뤄 출현했다. 그리고 민족주의 흐름을 맞이한 유대인의 대응 또한 제 정체성을 민족화하는 것이었다. 합스부르크 제국과 오스만튀르크 제국이 쇠락하는 가운데 그 영역 안에서 섞여 살던 종족과 종교 집단들이 민족주의를 추구하자, 유대인 역시 유대교를 기반으로 자신들을 '민족'으로 재정의한 것이다.

✡ 유대교 교리에서 현실 정치운동으로 전화된 시오니즘

근대 이후 유대인들 사이에서 시오니즘의 씨앗은 18세기 중부 및 동부 유럽에서 일어난 유대 계몽주의인 하스칼라Haskalah 운동에서 싹을 틔웠다. 중동부 유럽의 개혁적인 작가, 시인, 랍비 등은 전통적이고 종교적인 유대인 교육을 근대적이고 보편적인 과학, 문학, 철학의 영역으로 확장하는 운동을 벌였다. 이 과정에서 히브리어 복원 운동이 일어나고, 이를 민족주의로 연결하려는 움직임도 생겨났다. 유대교를 민족운동으로 재정의하는 한편 고대 조국으로 돌아가 팔레스타인을 식민화하자는 운동이 일어난 것이다. 유대인들에게 팔레스타인 식민화는 당시 제국주의 세력들에 의한 식민지화를 의미하는 것이 아니었다. 팔레스타인으로의 농업 입식入植, 즉 '농업 식민지' 건설을 위한 집단적인 귀환이었다. 이는 유럽에서 땅의 소유와 경작이 거부된 유대인들에게는 경작을 영위할 수 있는 자유로운 시민과 민족으로 재탄생하는 논리였다. 유대인도 농업에 종사하고 경작을 한다면 '기생충'이라는 딱지를 뗄 수 있다고 생각했다.

이러한 생각들은 1881년 러시아 오데사에서 본격적인 유대인 박해인 포그롬이 발발하면서 구체적인 운동으로 전환됐다. '시온을 사랑하는 사람들The Lovers of Zion'이라는 운동 조직이 결성돼, 1882년에 팔레스타인에 농업 식민지를 건설하는 것을 목표로 유대인 젊은이 수백 명이 파견됐다. 유대인들의 팔레스타인 집단 이주인 알리야Aliyah는 그렇게 시작됐다. 이스라엘 건국 때까지 모두 다섯 차례 알리야 물결이 이어졌는데, 1차 알리야1882~1903년 때까지만 해도 팔레스타인에 유대인 국가를 건설한다는 의제는 없었다. 단지, 유럽에서 박해받는 유대인들의 독자적인 농업 공동체를 건설하자는 낭만적인 운동이었다.

하지만, 동유럽과 서유럽을 가릴 것 없이 반유대주의가 극성을 부리자 유대인 지식인들부터 생각을 바꾸었다. 드레퓌스 사건을 지켜본 헤르츨이 대표적이었다. 그는 낭만적인 시오니즘을 정치적 시오니즘, 즉 정치운동으로 바꾸게 된다. 애초 빈의 부유한 유대인 가문에서 태어난 그는 세속적인 서구식 교육을 받고 유대인들의 현지 동화를 주장한 인물이다. 드레퓌스 사건으로 그는 유대인의 현지 동화란 불가능하다는 결론을 냈다. 헤르츨의 최대 공헌은 시오니즘을 유대인들의 국가 건설이라는 정치운동으로 재정립하고는 이를 국제사회의 의제로 만들어냈다는 것이다. 즉, 시오니즘을 유대인들만의 운동이 아니라 국제사회의 이슈로 전환시켰다.

그는 팔레스타인에서 유대인 국가를 세우는 것을 목표로 하는 활동가들의 세계 기구를 조직하고, 영국을 비롯해 독일의 황제 카이저, 오스만튀르크의 황제 술탄을 만나는 등 적극적인 외교와 로비를 펼쳤다. 이런 그의 노력은 1917년 11월 영국이 팔레스타인에서의 유대인 국가 건설을 지지한다는 '밸푸어 선언'으로 귀결됐다. 밸푸어 선언으로 이 문제는 국제 의제로 자리 잡게 된다.

헤르츨이 1896년 출간한 《유대 국가Der Juenstaat》는 이런 정치적 시오니즘에 불을 질렀다. 작은 팸플릿 형식이었지만, 이 책이 발간된 빈의 유대인 사회에서 곧바로 반향을 일으켰다. 빈의 시오니스트 대학생 사회가 반응했다. 오스트리아, 독일, 스위스 등의 대학에서 재학 중이던 많은 러시아계 유대인 학생들은 이 책에 흥분했다. 또한 동부 유럽의 유대인 사회에서도 상대적으로 호응을 얻었다.

✡ 시오니즘을 반대한 유대인들

하지만, 서방의 유대인 사회에서는 차가운 반응을 넘어, 조롱과 우려를 보냈다. 시오니즘은 처음부터 유대인 주류 사회의 지지를 얻지 못했고, 현대 이스라엘이 건국된 이후나 지금도 전 세계의 유대인 모두의 지지를 받는 것도 아니다.

헤르츨에게 유대인 국가 건설을 위한 첫 행동은 유대인 거대 자본가이자 자선가인 모리스 드히르시Maurice de Hirsch, 1831~1896년 남작을 만나는 것이었다. 헤르츨은《유대 국가》가 출간되기 전인 1895년 6월 2일 히르시의 파리 저택을 방문해, 유대인 국가 건설에 대한 지원을 요청했다. 유럽의 철도왕인 히르시는 10여 년 전에도 모두 3천여 명의 러시아 유대인 난민을 아르헨티나로 보내 농업공동체를 세우는 프로젝트에 수천만 프랑을 후원했던 터였다. 이 프로젝트는 참담하게 실패했으나, 유대인 난민에 대한 그의 후원과 자선은 지속됐다.

헤르츨은 히르시에게 "자선기금의 수동적인 수혜자로 계속 지내는 한 유대인들은 계속 허약하고 비겁한 채로 남을 것"이라며, 유대인에게 필요한 것은 자선보다는 자립, 궁극적으로 그들 자기 땅에서 자기 정부를 꾸리기 위한 정치적 교육이라고 말했다. 헤르츨이 이 계획을 상세히 설명하려 하자, 히르시는 단호한 반대로 말을 끊어버렸다. 헤르츨은 팔레스타인을 특정하지 않았지만, 히르시는 그곳이 궁극적 목적지임을 알아챘다. 히르시는 철도 부설을 놓고 오스만튀르크 제국 정부와 지루하고 불쾌한 거래를 한 경험이 있었다. 히르시는 오스만 제국 영내에서는 유대인들의 안전을 보장받지 못할 것이라고 생각했다. 그는 또 팔레스타인을 포함한 오스만 제국의 대부분이 "유대인의 최대 적"인 러시아의 손에 떨어질 운명이라고 확신했다. 그는 이런 견해를 이미 4년 전에 독일 유대인 자선단체에 밝힌 바 있었다.[1]

프랑스 로스차일드 가문의 수장인 에드몽 드 로스차일드 남작Baron Edmond de Rothschild은 당시 팔레스타인의 유대인 입식지에 관대한 후원을 하고 있었음에도 헤르츨의 계획에 비슷한 반응을 보였다. 1896년 7월 헤르츨의 방문을 받은 그는 유대 국가에 대해 10만 명의 거지들을 팔레스타인으로 데려가는 것 같다고 조소했다.[2]

히르시의 반대는 서유럽 등에서 중상류층으로 올라선 유대인 주류가 시오니즘에 보인 반응을 대표한다. 히르시나 로스차일드 가문 등 유대인 거대 자본가나 금융가뿐 아니라 세속적인 유대인 중상류층은 서방 사회로의 동화를 유대인 문제의 해결책이라 여겼다. 유대인 국가가 세워진다면 당장 여러 나라에 퍼져 살고 있는 유대인들이 각자가 속한 현지 국가에 어떤 식으로든 불만을 드러낼 가능성이 커지고, 이 것이 반유대주의를 더욱 심화할 것이라고 생각한 것은 당연했다.

시오니즘에 대한 반대는 개혁파 유대교 신자, 정통 유대교 성직자, 그리고 급진적인 유대인 사회주의 운동 세력 내에서도 마찬가지였다. 시오니즘이 등장한 19세기 말이면 미국과 독일 등에서는 유대교 종교 생활의 세속화를 추구하는 개혁파 유대교가 유대인에게 주류가 되고 있었다. 개혁파 유대교 신자들은 당시의 일반 기독교 신자들처럼 세속적인 생활을 똑같이 영위했다. 단지, 금요일에 유대교 회당인 시나고그에 가서 예배를 보고, 유대교 절기를 지키는 정도로 유대교 신자의 정체성을 유지했다. 이는 기독교 신자들이 주말에 교회에 가고 부활절과 크리스마스를 지키는 신앙생활과 같은 차원이다. 현지 사회의 세속적 생활을 하면서 유대교 신자로서의 정체성만을 지키는 개혁파 유대인들은 정교분리의 서구 사회에서 자연스럽게 동화되는 과정이었다. 대부분이 중상류층에 진입하거나 다가가려는 이들 개혁파 유대인에게 유대 국가 건설이라는 것은 그 필요성이나 정당성을 갖기 힘들었다.

미국의 개혁파 유대교의 선구자 랍비인 카우프만 쾰러Rabbi Kaufman Kohler, 1843~1926년는 "유대 땅이 유대인의 고향이라는 생각은 전 세계의 유대인에게 고향을 뺏는 것이다"라고 시오니즘을 공박했다. 또 다른 미국 개혁파 지도자인 랍비 이삭 메이어 와이즈Isaac Mayer Wise, 1819~1900년는 헤르츨을 돌팔이 연금술사라고 비난했다. 헤르츨의 고향인 빈에서도 랍비인 아돌프 옐리네크Adolf Jellinek, 1821~1893년는 시오니즘은 유럽에서 유대인의 입지를 위험에 처하게 하고, 대부분은 반대한다며 "우리는 유럽이 고향이다"라고 선언했다.[3]

1948년 현대 이스라엘의 건국 이후, 미국에서 가장 강력했던 개혁파 유대교 내에서도 시오니즘에 대한 반대 분위기는 잦아들었다. 이들 중 다수는 신개혁파 운동 단체를 조직해, 1999년에 이스라엘과 시오니즘을 공식적으로 인정했다. 하지만, 많은 개혁파 유대인은 이 조직에 참가하지 않고 1993년에 미국유대교위원회American Council of Judaism, ACJ를 결성해, 시오니즘을 비판하는 과거의 개혁파의 입장을 유지하고 있다.[4]

정통파 유대교 교단에서도 시오니즘을 완강히 반대했다. 많은 전통적 랍비들은 시오니즘을 '메시아가 올 때까지 유대인을 유배해놓은 신의 의지에 간섭하는 것'이라고 규정하고, 유대인의 전통적인 생활을 영위하면서 신의 약속을 기다려야 한다고 주장했다. 개인들이 순례 차원에서 팔레스타인을 방문할 수는 있지만, 집단적인 이주는 가능한 일이 아니었다.

현대에 들어서 초정통파 유대교의 한 갈래를 형성하는 유대교 영적 부흥 운동인 하시딤Hasidim의 독일 랍비인 드지코버Rabbi Yeoshea Dzikover 는 시오니즘은 수백 년 동안의 유대인 지혜와 율법을 누더기와 흙, 노래로 대체하려고 한다고 비난했다.[5] 시오니즘이 유대교 율법을 버리고 땅만을 추구한다는 비판이다. 초정통파 유대 공동체는 과거에 비해 세력이 꽤 줄었고, 그 일부가 이스라엘로 이주해 이스라엘 정치체제의 한 부분이 되기는 했지만, 현재까지도 많은 초정통파 유대공동체는 시오니즘을 완강히 반대하고 있다.

시오니즘을 찬성한 소수의 지도적인 랍비가 있기는 했다. 독일의 엘리야 구트마허Elijah Guttmacher 등 일부 랍비는 시오니즘을 지지해, 현대 이스라엘 건국 이후 중요한 역할을 한 종교적 시오니즘을 창시했다. 이들 랍비는 유대인에게 유럽을 떠나 팔레스타인 땅을 경작해 식민화하는 것은 유대인의 종교적·민족적 의무라고 주장했다. 팔레스타인으로의 입식 행위가 신의 의지와 충돌하지 않고, 그 반대로 예언자들의 예언을 실현하고 유대인들의 완전한 구원과 메시아의 도래를 앞당긴다는 주장이었다. '종교적 시오니즘의 아버지들'로 불린 이들의 종교적 시오니즘은 1967년 이스라엘이 6일전쟁으로 점령한 서안 지구 등에서 유대인 입식지를 개척하는 이데올로기를 제공했다. 이는 팔레스타인 분쟁을 고질병과 같은 문제로 만드는 배경이 됐다.

무엇보다도, 시오니즘을 반대한 최대 세력은 진보적인 사회운동을 펼치는 유대인들이었다. 스위스 바젤에서 시오니스트 세계대회가 열린 1897년에 러시아에서는 유대인 사회주의 운동의 집합체인 '분트 General Jewish Labour Bund in Lithuania, Poland and Russia'가 결성됐다. 분트는 정치운동이자 노조운동이었다. 분트에는 볼셰비키 등 범사회주의 세력이 참가했다. 분트에 참가한 유대인 사회주의자들은 유럽에서 유대인 문제는 사회주의 가치에 입각한 진보적인 사회를 실현해야만 해결된다고 믿었다. 그들에게 시오니즘은 현실도피주의일 뿐이었다. 유대인도 인권과 시민적 가치를 소중히 여기는 사회에서 안식처를 찾아야 한다고 유대인 사회주의자들은 생각했다.

하지만, 초기 분트 조직원 중에는 팔레스타인에서 노동공동체를 건설하려 시도하는 이도 있었다. 초대 이스라엘 총리가 되는 다비드 벤구리온David Ben-Gurion, 1886~1973년으로 대표되는 이들은 나중에 노동시오니즘을 형성해, 현대 이스라엘 건국의 주역이 된다. 2차대전 후 이스라엘로 갈 수밖에 없는 유대인 난민 중에는 사회주의자들이 많았고, 이들은 현실적으로 이스라엘의 일부로 정착했다. 이들은 1990년대까지 이스라엘의 집권 세력이었던 노동당의 기반이었다.

시오니즘이 유대인 사회 내에서도 큰 지지를 받지 못했는데도, 밸푸어 선언을 통해 팔레스타인에서 유대인 국가 건설을 국제적으로 인정받는 돌파구가 마련된다. 세계시오니스트대회가 열린 지 20년 만이었다. 밸푸어 선언은 분명 헤르츨 등 유대인 시오니즘 운동가들이 만들어낸 결실이었다. 하지만, 이를 발표한 영국에는 제국주의 이해관계와 기독교 시오니즘이 주된 동인이었다. 사실, 시오니즘 운동은 기독교 시오니즘에서 그 구체적 논리를 찾은 것이다.

✡ 기독교 시오니즘에서 논리와 동력을 제공받은 유대인의 시오니즘

15세기에 종교개혁을 추동한 마르틴 루터는 로마 가톨릭 교회의 권위에 맞서기 위해 성서를 유일한 종교적 권위로 주장했다. 그는 성직자들이 독점하던 라틴어 성서를 일반 신자들이 읽을 수 있는 독일어로 번역했다. 이는 유럽 각지의 현지어로 성서가 번역되는 계기가 됐다. 성서, 특히 구약도 일반 신자들의 활동에서 직접적인 역할을 하게 됐다. 성서가 로마 가톨릭 교회와 그 성직자들의 독점에서 벗어나자, 다양한 해석이 등장했다. 특히, 로마 가톨릭 교회의 부패에 대한 반작용으로 성서를 문자 그대로 받아들이는 근본주의적 신앙과 그 종파들이 생겨났다.

이들 개신교 근본주의적 신앙은 성서에 예언된 예루살렘의 회복, 즉 예루살렘에 제3 성전을 건설하는 것이 예수 재림의 조건이라고 주장했다. 예루살렘 회복의 예언을 실현하자는 이런 믿음은 시오니즘의 탄생에 기저가 됐다. 하지만, 그 시작은 기독교의 뿌리 깊은 반유대주의였다.

종교개혁에 불을 당긴 루터와 장 칼뱅은 기독교 교회가 정신적인 이스라엘이며, 예수 그리스도 이후 하느님과의 언약은 하느님의 백성인 신실한 기독교도가 배타적으로 독점하고 있다고 봤다. 루터는 〈유대인과 그들의 거짓말〉이라는 글에서 개신교로 개종하지 않는 유대인들을 격렬하게 비난했다. 칼뱅의 후계자인 테오도르 베자는 예수가 재림하는 세상의 종말에는 유대인들이 기독교로 개종하고 그 중심 무대가 팔레스타인이라고 설정했다.

칼뱅파의 이런 주장은 영국 청교도에 영향을 줬다. 현세의 종말과 예수가 재림하는 천년왕국의 도래를 주장하는 청교도에게 예루살렘의 회복과 유대인의 귀환은 그 전제 조건이었다. 유대인을 팔레스타인으로 귀환시켜야 한다는 믿음은 반유대주의에서 비롯했으나, 그 과정에서 유대인을 도와줘야 한다는 논리로 귀결되기도 했다. 올리버 크롬웰이 17세기 청교도혁명으로 영국에서 집권하자, 이런 신앙은 정치에 영향을 줬다.

유대인들은 13세기에 영국에서 추방됐으나, 크롬웰의 측근들은 네덜란드 암스테르담에 있던 유대인들을 다시 영국으로 불러들이는 것을 추진했다. 봉건귀족을 무력화하고 태동하는 신흥 부르주아지에 기대려는 크롬웰 청교도 정권에게 암스테르담에서 성업하던 유대인의 금융업이 필요하기도 했다.

크롬웰의 비서장관인 존 새들러John Sadler, 1615~1674는 〈왕국의 권리들The Rights of the Kingdom〉이라는 글에서 영국인들이 이스라엘 12지파 부족 중 잃어버린 10지파 중 하나라며 유대인과 친척이라고 주장했다. 암스테르담에 살던 영국인 침례교도인 조안나 카트라이트와 그의 아들 에베네제는 1649년 1월 토머스 페어펙스 전쟁장관에게 유대인의 영국 거주 금지를 해제하고, 팔레스타인으로의 이주를 도울 것을 청원했다. "영국 민족이 네덜란드 주민과 같이 이스라엘의 자녀들을 그들의 조상 아브람, 이삭, 야곱에게 영원한 유산으로 약속된 땅으로 배를 태워서 수송할, 처음으로 준비된 사람들이 될 것"이라는 논지였다.[6] 17세기 중반이 되자, 유대인들은 영국에서 재정착할 수 있게 됐다.

✡ 기독교 시오니즘의 본질은 반유대주의

이는 기독교 시오니즘의 출발이 됐다. 북미로 이주한 영국의 천년왕국주의 청교도들은 미국 사회의 문화적 유산에 깊은 영향을 남겼다. 천년왕국주의 청교도의 기독교 시오니즘 역시 미국에서 근본주의적인 복음주의 신앙의 한 날개가 되면서, 꽃을 피웠다.

미국의 초기 식민지인 매사추세츠만 식민지의 목사인 존 코튼John Cotton, 1585~1652년 등은 유대인의 영국 재정착은 그들이 팔레스타인으로 가는 궁극적 여정의 한 걸음이라고 주장했다. 17세기 하버드대학교의 초기 총장 중 한 명인 인크리즈 매더Increase Mather, 1639~1723는 자신의 대표 저서 《이스라엘 구원의 신비The Mystery of Israel's Salvation》(1669) 등을 통해 유대인의 팔레스타인 귀환을 주장한 대표적인 인물이다.

미국 건국의 아버지 중 하나이자 2대 대통령인 존 아담스John Adams, 1735~1826년도 "주 아버지께서 수만 명의 이스라엘인의 머리 위에서 그들과 함께하며 유대로 행진하고 그 나라를 정복하고, 당신의 백성을 그 영역으로 회복시키는 것을 나는 진정으로 원한다"며 "왜냐하면 나는 유대인이 독립된 백성으로 유대에 다시 있기를 정말로 원하기 때문이다"고 말했다. 그는 유대인의 팔레스타인 귀환을 희구한 이유에 대해 "유대인이 일단 독립된 정부를 회복하고, 더는 박해받지 않는다면, 그들은 곧 자신들의 조악하고 기이한 특성을 떨어내 버리고 곧 자유주의적인 기독교도가 될 것"인데 "왜냐하면, 그들의 여호와는 우리의 여호와이고, 그들 아브라함, 이삭, 야곱의 하느님은 우리의 하느님이기 때문이다"라고 말했다.[7] 결국 유대인을 기독교로 개종시켜야 한다는 반유대주의였다.

미국에서 기독교 시오니즘을 본격적으로 운동의 차원으로 끌어올린 이는 시카고의 부호에서 복음주의 전도사로 변신한 윌리엄 블랙스톤William Eugene Blackstone, 1841~1935년이다. 블랙스톤은 1871년《예수가 오신다Jesus Is Coming》에서 역사를 신의 섭리라고 해석하는 '천계적 사관dispensationalism'에 바탕해 유대인의 팔레스타인 귀환을 시작으로 현세에서 예수의 왕국이 실현된다고 주장했다. 기독교도들이 하늘로 승천하는 현세의 종말이었다.

그에 따르면, 유대인의 팔레스타인 귀환이 실현되면, 기독교도들이 하늘로 승천하는 황홀경이 일어나고, 불신자와 유대인들은 남겨지게 된다. 적그리스도가 출현해 중동을 장악하고는 유대인에게 그들의 성전을 재건하도록 허락해 이스라엘에 평화를 제공하는 척한다. 하지만, 적그리스도는 곧 유대인들에게 숭배를 강요하고, 이스라엘에 대한 세계적인 군사 복합동맹을 주도한다. 이 단계는 '야곱의 수난기'이고, 이때 유대인의 3분의 1이 기독교로 개종해서 구원받고 나머지는 살해된다. 그리고 예수가 앞서 승천했던 기독교들과 함께 재림해서 현세 종말에 일어나는 선과 악의 마지막 대전쟁인 아마겟돈에서 적그리스도를 물리치고 현세에 그의 왕국을 건설한다는 것이다. 이런 내용을 담은 블랙스톤의 책은 48개 언어로 번역돼, 전 세계에서 100만 권 이상이 팔렸다. 그의 담론은 미국에서 급진적인 보수 종교운동의 시작이자, 기독교 시오니즘이 행동에 나서는 출발이었다.

그가 주장한 유대인의 팔레스타인 귀환은 유대인을 위한 것이 아니었다. 귀환한 유대인의 3분의 2가 다가올 천년왕국의 희생물로 팔레스타인 땅에서 죽을 것이라고 말한 데서 드러나듯이, 그의 기독교 시오니즘은 철저히 반유대주의에 뿌리를 두고 있다. 실제로 그는 19세기 말 러시아 등 동유럽에서 벌어진 유대인 박해인 포그롬이 팔레스타인에서 유대인 조국을 건설하는 데 필요하다고 믿었다. 그는 1891년 존록펠러, 제이피 모건 등 대재벌과 정치인 등 미국의 유력인사 413명의 서명을 받아 유대인의 팔레스타인 귀환과 국가 건설을 미국이 지지할 것을 청원하는 로비에 앞장섰는데, 이것이 유명한 '블랙스톤 메모리얼'이다. 여기에는 박해를 피하려는 유대인을 유럽 국가들이나 미국 정부가 수용하지 말라는 내용도 담겨 있다. 유대인은 재림하는 예수의 왕국을 구현하는 희생양이 되기 위해 팔레스타인으로 가야 했기 때문이다.

> "러시아 유대인을 위해 무엇을 할 것인가? 러시아에 내정 문제를 놓고 지시하는 것은 현명하지 못하다. 유대인은 러시아의 영역에서 수세기 동안 외국인으로 살아왔고, 러시아는 유대인들이 자신들의 자원에 부담이 되고 농민의 복지에 악영향이라고 확실히 믿고 있다. 러시아는 유대인들이 떠나야 한다고 결심했다. 따라서, 스페인의 세파르디처럼, 이들 아슈케나지는 이주를 해야 한다. 그러나 그런 가난한 사람 200만 명이 어디로 갈 것인가? 유럽은 붐비고 더 많은 농민 인구를 위한 공간이 없다. 그들이 아메리카로 올 것인가? 이는 엄청난 비용이 들고, 몇 년이 걸린다."[8]

러시아 유대인의 서방 이주를 반대한 블랙스톤은 팔레스타인을 유대인에게 주자고 제안한다.

> "1878년에 베를린조약에 따라서 불가리아는 불가리아인에게, 세

르비아는 세르비아인에게 췄던 강대국들이 지금은 왜 팔레스타인을 유대인에게 돌려주면 안 되는가? (…) 루마니아, 몬테네그로, 그리스처럼 그 지역들을 터키에게서 빼앗아 그 원래 주인들에게 돌려줬다. 이스라엘은 유대인에게 정당하게 속한 것이 아닌가?"[9]

✡ 기독교 시오니즘으로 포장한 영국의 중동 정책

'블랙스톤 메모리얼'이 미국에서 나올 때 유럽에서 기독교 시오니즘은 제국주의 전략을 포장하는 신학적 이론으로 자리 잡고 있었다. 유럽 열강들의 쟁패인 나폴레옹 전쟁은 그 시작이었다. 프랑스의 유명한 작가이자 정치인인 프랑수아 르네 드 샤토브리앙François-René de Chateaubriand은 "유대인이 유대의 적법한 주인"이라고 주장해, 나폴레옹 보나파르트에게 영향을 줬다. 영국과 지중해 패권을 다투었던 나폴레옹은 이집트 정복에 나섰다. 나폴레옹은 중동을 정복하려는 시도의 일환으로 팔레스타인에서 유대인 공동체의 도움을 원했다. 유대인 해방령을 내리기도 한 나폴레옹은 유대인에게 "팔레스타인으로의 귀환"과 국가 건설을 약속했다. 그러나, 팔레스타인에서 건설될 국가는 유대인 국가는 아니었다. 그곳을 식민화하려는 기독교 프로젝트에 유대인을 앞장세우려는 것이었다. 시오니즘은 유대인의 운동이 되기 전에는 사실 기독교도 국가의 식민화 프로젝트였다.[10]

이는 기독교 시오니즘의 발상지인 영국에서 19세기에 더 구체화됐다. 팔레스타인을 접수해서 기독교적인 정치 실체로 만드는 전략적 계획의 중심에 유대인의 팔레스타인 귀환을 놓는 신학적이고 제국주의적 운동이 1820년대 빅토리아 시대 때부터 출현했다. 팔레스타인은 이집트와 메소포타미아 지역을 연결하는 데다, 동지중해의 해상 패권에도 중요한 지정학적 요충이었다.

팔레스타인으로의 유대인 귀환이라는 기독교 시오니즘을 영국 제국의 전략과 연결하는 고리를 놓은 이는 섀프츠베리 경인 앤소니 애슐리-쿠퍼Anthony Ashley-Cooper, 1801~1885년였다. 열렬한 기독교 시오니스트인 섀프츠베리 경은 자신의 종교적 신념을 영국 정가에 여론화했다. 무엇보다도, 장인인 파머스턴 경인 헨리 존 템플Henry John Temple, 1784~1865년을 설득했다. 외무장관이자 두 번이나 총리가 되는 파머스턴 경은 대영제국 극성기의 외교를 지휘한 인물이었다.

그는 1838년 섀프츠베리의 기독교 시오니즘 동료를 예루살렘에 주재하는 첫 영국 영사로 발령냈다. 섀프츠베리가 설득한 팔레스타인에서 유대인 국가 건설은 파머스턴 경에게는 기독교 시오니즘의 구현보다는 대영제국 중동 전략의 일환으로 수용됐다. "유대인이 붕괴되는 오스만 제국의 버팀목이 되는 데 유용할 수 있고, 따라서 그 지역에서 영국 대외정책의 핵심적 목표를 달성하는 데 도움은 준다는 견해"가 작용했다.[11]

당시 유럽 국제정세에서 가장 큰 현안은 '동방 문제'라 지칭된 오스만튀르크 제국의 쇠락이었다. 오스만 제국의 쇠락은 발칸 지역으로 러시아의 남하를 부르고 있었다. 러시아는 오스만 제국을 지도에서 지우고 지중해로까지 진출할 가능성이 있었다. 유럽의 세력균형에 중대한 위기이자, 영국의 지중해 패권을 위협하는 상황이었다.

오스만 제국을 유지시키는 일은 당시 영국 대외정책의 큰 축이었다. 파머스턴은 1840년 8월 11일 이스탄불 주재 영국 대사에게 편지를 보내, 유대인의 팔레스타인 귀환 허용은 오스만과 영국 모두에게 이익이라고 말했다.

> "유대인을 팔레스타인으로 귀환시켜 거주하도록 권장하는 것은 술탄에게 명백히 중요할 것이다. 왜냐하면, 그들이 가지고 갈 부가 술탄의 영역 내의 자원을 늘려줄 것이기 때문이다. (…) 그리고 유대인들은 (…) 모하멧 알리(무함마드 알리)나 그의 후계자의 향후 사악한 의도를 견제할 것이다."[12]

당시 오스만 제국의 봉국이던 이집트의 통치자 무함마드 알리 Muhammad Ali Pasha al-Mas'ud ibn Agha, 1769~1849년 지사는 사실상 제국으로부터 분리돼서, 오히려 이스탄불의 술탄을 거의 타도할 정도로 위협하고 있었다. 팔레스타인에 유대인들이 세력을 형성한다면, 알리가 이스탄불로 진격하는 길목을 막는 게 될 것이라고 파머스턴은 계산했다. 중동에 영국의 피보호구역을 둬서 오스만 정세에 개입할 구실을 가지려는 것 또한 유대인-팔레스타인을 옹호한 또 다른 목적이었다. 당시 중동에서 러시아는 정교회의 수호자로, 프랑스는 레바논 지역의 마론 교회의 보호자로 자처하면서 개입의 정당성을 주장하고 있었다.[13]

파머스턴이 이 편지를 보내고 며칠 뒤 〈더 타임스〉는 "유대인들을 그들의 조상 땅에 입식하는" 계획을 촉구하는 기사를 실었다. 신문은 이 계획이 "진지한 정치적 고려"를 거치는 중이라고 운을 떼우며, 섀프츠베리의 노력을 "실용적이고 정치가답다"고 치하했다.[14]

유대인의 팔레스타인 귀환을 주장한 이들은 이를 기독교가 원래의 모습을 회복해야 한다는 복원주의restorationism의 한 과제로서 이를 추진했다. 영국의 성공회 성직자들이 팔레스타인으로 가서 현지의 식민화와 유대인 입식을 돕는 작업이 시작됐다. 1887년에 성공회 목사인 조지 프랜시스 포펌 블라이드George Francis Popham Blyth가 예루살렘에 세인트조지 대학St. George College을 설립했고, 이 학교는 지금까지 현지 엘리트들의 산실로 남아 있다. 초기 영사였던 제임스 핀James Finn, 1806~1872년은 실제로 팔레스타인에서 유대인이 정착하는 걸 돕기 위해 영국 성공회 교회와 손을 잡고 일했다.

시오니즘을 구체적인 국제 정치운동으로 승격시킨 헤르츨도 팔레스타인에서의 유대인 국가 건설 논리를 기독교 시오니즘으로 대영제국의 전략을 포장한 영국 복원주의 정치가들의 논리에 바탕했다. 그는 1896년 출간한 《유대 국가》에서 팔레스타인에 세울 유대인 국가가 "아시아에 맞서는 유럽의 성벽 중 일부가 되고, 야만에 맞서는 문명의 전초를 구성할 것"이라고 설득했다. 헤르츨의 뒤를 이어 국제 시오니즘 운동의 지도자가 된 하임 바이츠만Chaim Weizmann, 1874~1952년은 〈가디언〉에 "20~30년 안에 유대인 100만 명을 그곳에 보낼 수 있으며 (…) 그들이 나라를 건설해 그곳에 문명을 돌려놓고 수에즈 운하에 매우 효과적인 방어선을 구출할 것"이라고 기고했다. 헤르츨에 앞선 독일의 초기 시오니스트인 모세스 헤스Moses Hess는 "유대인이 중동의 심장부에 건설한 국가는 서구 제국의 이익에 이바지할 것이며, 발달이 늦은 동양에 서구 문명을 옮기도록 도울 것"이라고 주장했다.[15]

✡ 영국이 시오니즘에 열어준 국제적 공간

유대인 사회에서도 다수의 지지를 받지 못하던 시오니즘에 국제 사회의 공간을 만들어준 이들은 기독교 시오니즘에 공감하던 영국의 정치인들이었다.

1902년 10월 2일 조지프 체임벌린Joseph Chamberlain, 1836~1914년 당시 식민장관은 1902년 10월 2일 헤르츨을 만나 시오니즘에 공감을 표했다. 대영제국의 식민지 정책을 이끈 열렬한 대영 제국주의자였던 그는 식민지에서 영국 통치의 수단으로 대리 세력을 사용하는 쪽을 선호했다. 그는 유대인이 영국의 중동 지배에 유용할 것으로 봤다. 그는 팔레스타인 인근 시나이반도 사막 지역의 알아리시al-Arish를 유대 국가를 세울 후보지로 제안했다. 시나이반도는 유대인에게는 엑소더스의 신화가 깃든 곳이다.

헤르츨은 당시 팔레스타인에서 유대 국가 건설 청원이 오스만 제국이나 독일 등에 의해 일축돼 탈출구가 필요한 상황에서 체임벌린의 제안에 흥미를 보였다. 그러나 체임벌린의 제안은 이집트의 영국 식민 당국이 이를 허가해야만 추진할 수 있었는데, 허가가 나지 않았다. 카이로 당국은 사막 지대의 관개 시설 부족을 이유로 내세웠는데, 이집트 주민들의 반발도 우려했다.

체임벌린은 시나이반도의 유대 국가안이 무산되자, 다른 대안을 내놓았다. 그는 보어전쟁 뒤 남아공을 방문한 뒤 귀국길에 동아프리카 케냐에 들렀다. 당시, 몸바사 연안에서 케냐 나이로비의 산악 지대까지 이어지는 동아프리카철도가 막 완성됐다. 체임벌린은 이 철도 부설을 계기로 이 지역, 특히 기후가 온화한 케냐 산악지대에서 유럽인 거주지의 확대를 계획했다. 그는 1903년 4월 헤르츨을 다시 만나, "여행 중에 당신들이 좋아할 만한 지역을 발견했다. 우간다이다. 연안 지역 은 더우나, 내륙은 기후가 유럽인들에게는 훌륭하다. 면화와 사탕수수 를 심을 수 있다. 내가 보기에 헤르츨 박사의 뜻을 펼치기에 알맞은 지 역이다"라고 제안했다. 사실 체임벌린이 제안한 지역은 정확히 케냐의 접경지대로, 현재의 우간다는 아니다. 체임벌린의 제안은 어쨌든 우간 다 프로젝트로 명명되며, 시오니즘 진영을 흔드는 사안이 됐다.[16]

팔레스타인에서 유대 국가를 건설하는 프로젝트가 진전되지 않 는 상황에서 1903년 5월 러시아에서 키시네프Kishinev 포그롬이 일어 났고, 이에 헤르츨은 우간다 프로젝트를 대안으로 받아들이게 된다. 헤 르츨은 유대 국가 건설을 유대인의 정신적 고향을 찾는 차원이 아니라 박해를 피하기 위한 국가를 만드는 차원으로 봤다. 그가 영국 등 강대 국들을 대상으로 청원하고, 국제사회의 인정을 얻으려는 외교 활동에 집중한 이유이다. 그에게 중요한 것은 팔레스타인이 아니라 유대 국가 그 자체였다.

그는 1903년 8월 2일 6차 시오니스트총회에서 우간다를 유대 국 가 건설지 후보로 제안했다. 우간다 프로젝트는 총회에서 격렬한 반발 을 불렀다. 동유럽의 시오니스트를 중심으로 한 반대자들은 총회에서 헤르츨을 범죄자, 반역자로 불렀고, 더 나아가 '자살하라'고 고함을 쳤 다. 우간다 안은 결국 투표에 부쳐져, 찬성 295, 반대 177, 기권 100 으로 통과됐다. 하지만, 반대자들은 '순수주의자' 진영을 결성해, 헤르 츨을 비난하고 팔레스타인 프로젝트를 포기하지 않았다. 우간다 프로 젝트는 사실상 동력을 잃고 내분만 격화시켰고, 시오니즘 진영은 두 쪽이 났다.

우간다 프로젝트는 이 소식을 들은 케냐 현지의 영국 주민들이 반대해 저절로 무산됐다. 체임벌린은 이 제안을 거둬들였다. 헤르츨은 그동안의 여독과 시오니즘 진영 분열로 인한 충격으로 건강이 나빠져, 1904년 봄 심장마비를 겪었다. 휴양지에서 가료를 하던 그는 결국 그해 6월 사망했다.

체임벌린에게서 나온 영국의 제안들 때문에 시오니스트 운동이 분열되는 위기를 겪었으나, 헤르츨은 그 제안들의 의의를 놓치지 않았다. 그 제안들을 계기로 당시 패권국인 영국이 국제사회에서 유대 국가의 공간을 열어준 것이다. 헤르츨은 "영국이 우리에게 유대 국가를 위해 팔레스타인을 양도해주려고 그 힘으로 모든 것을 할 때가 다가오는 것을 보게 될 것이다"고 말했다.[17]

헤르츨이 죽기 직전 우간다 프로젝트로 씨름하던 1903년 당시 영국 총리는 아서 제임스 밸푸어Arthur James Balfour, 1848~1930년였다. 13년 뒤 그는 데이비드 로이드 조지David Lloyd George, 1863~1945년 총리가 이끄는 연정의 외무장관으로 재직했다. 로이드 조지는 1903년 우간다 프로젝트 때 헤르츨의 의뢰를 받은 변호사로서 동아프리카에서 유대인 정착에 관한 첫 보고서를 작성한 경험이 있었다. 두 사람 모두 이렇게 유대 국가안에 익숙한 데다가, 기독교 시오니즘에 공감했다. 20세기 초 영국 정치권의 두 거물인 밸푸어와 로이드 조지는 헤르츨의 예측대로 유대 국가 건설에 돌파구를 내는 역할을 한다.

✡ 1차대전 와중에 영국이 중동에서 남발한 다중 약속들

　1914년 1차대전이 일어나자, 오스만튀르크는 독일과 동맹을 맺고 참전했다. 터키가 영국의 교전국이 됨으로써, 그 영역인 팔레스타인 등 중근동 지역의 지정학은 격변했다. 영국은 식민지였던 이집트를 근거지로 터키의 영역을 공략하는 데 나섰다.

　중근동에서 영국이 사활을 건 지역은 수에즈 운하였다. 오스만은 1915년 1월과 1916년 8월에 수에즈 운하를 점령하려는 공세를 펼쳤다. 영국은 간신히 방어했다. 독일과 오스만의 동맹국으로부터 수에즈 운하를 보호하려면, 팔레스타인 지역을 반드시 확보해야 했다. 팔레스타인은 오스만의 공세를 막을 가장 중요한 완충 지대이자, 오스만을 공략할 핵심 요충지였다. 육군 병력에서 열세인 영국은 오스만 치하의 여러 민족을 부추겨 반란을 일으켜 영국군 전력과 결합하는 전략을 택했다.

　이런 전략은 이슬람의 성지 메카와 메디나 지역을 다스리던 아랍의 유력 부족인 하시미테Hashemite 왕가의 둘째 아들 압둘라 알-하시미Abdullah al-Hashimi가 먼저 찾아와 제안했다. 이슬람 성지의 역사적 수호자인 하시미테 왕가의 압둘라는 이 전쟁을 계기로 아랍에 대한 오스만튀르크의 패권을 회수해 자신들이 통일 아랍왕국을 세우려는 원대한 꿈을 품었다.

　전쟁 직전에 압둘라는 이집트의 영국 총독 격인 고등판무관 호레이쇼 키치너Horatio Kitchener, 1850~1916년 장군을 찾아와, 오스만튀르크에 맞서 자신들의 왕국을 세우는 데 도움을 요청했다. 키치너를 이은 헨리 맥마흔 고등판무관과 하시미테 왕가의 수장인 셰리프 후세인Sherif

Hussein, 1854~1931년은 1915년 10월에 합의를 타결했다. 맥마흔은 10월 24일 후세인에게 양해각서 편지를 보냈다.

이 양해각서 서한에서, 영국 정부는 "셰리프가 요구한 범위(즉, 시리아와 아라비아, 이라크가 포함된 전체 아랍 직사각형 지역) 안에서 아랍인들의 독립을 인정하고 지지할" 준비가 됐다고 밝혔다. 하지만, 아랍인들이 독립할 범위에서 "다마스쿠스, 홈스, 하마, 그리고 알레포 지역들의 서쪽에 있는 시리아 부분들"은 예외로 했다. 현재의 시리아 서부 지역과 레바논을 제외한 아라비아반도 전체에서 하시미테 왕가가 주도하는 통일 아랍왕국을 건설하는 데 지지한다는 것이었다. 이를 조건으로 하시미테 왕가는 오스만튀르크와 싸우는 연합국 동맹에 참가했다.

하시미테 가문의 셋째 아들 파이잘이 이끄는 아랍 세력들은 1916년 6월 봉기를 시작했다. 약 2만 명의 아랍 봉기군들은 아라비아와 동부 팔레스타인에서 오스만군을 후방에서 교란하는 데 도움을 줬다. 이 봉기를 소재로 만든 영화가 〈아라비아의 로렌스〉이다. 영화에서처럼 주인공인 토머스 에드워드 로런스 영국 정보장교가 하시미테 가문에 파견돼 협상과 봉기를 이끌었다. 〈아라비아의 로렌스〉에서 피터 오툴이 연기한 주인공의 실제 인물이 로런스였다.

영국은 하시미테 왕가와 협상하던 시기인 1915~1916년 겨울에 삼국협상 동맹국과도 중근동을 나누는 협상을 벌였다. 1916년 1월 영국 대표 마크 사이크스Mark Sykes와 프랑스 대표 샤를 프랑수아 조르즈-피코Charles Francois Georges-Picot는 나중에 자신들의 이름을 딴 '사이크스-피코 협정'이라는 중동분할 비밀협약을 맺었다. 이 협약에서, 영국은 이라크와 요르단강 동부의 대부분 지역을 포괄하는 아랍 영역에 대한 관할권을 가졌다. 프랑스는 남부 터키, 시리아, 이라크 북부에서 지배력을 인정받았다. 나중에 세르게이 사조노프 러시아 외무장관과도 협정을 맺어서, 러시아에는 아르메니아 지역을 주기로 했다.

영국은 하시미테의 아랍 세력에게 통일 아랍왕국을 약속하고는 프랑스와는 아랍 세계를 나눠 먹는 비밀협약을 맺은 것이다. 영국은 아랍의 또 다른 유력 세력인 리야드의 이븐 사우드 부족에게도 하시미테 가문과 한 것과 비슷한 약속을 했다. 이븐 사우드의 부족은 현대 사우디아라비아 왕국을 건국하게 되는 세력이다. 영국의 이런 이중, 삼중 행각은 현대 중동분쟁의 불씨를 뿌리게 된다. 이에 더해, 유대 국가 건설 약속까지 하게 되기 때문이다.

팔레스타인과 그 주변 지역은 이런 일련의 협정에서 지위가 모호했다. 영국은 수에즈 운하와 인접한 이 요충지를 양보할 생각이 없었다. 하지만, 에드워드 그레이 당시 외무장관은 동맹국인 프랑스와 러시아도 배려해야 한다고 생각했다. 기독교의 성지인 팔레스타인에서 동맹국 모두가 영향력을 행사할 수 있는 모양새를 만들기로 했다. 영국이 팔레스타인 대부분을 차지하나, 프랑스에는 갈릴리 지역 북쪽을 포함한 북서 팔레스타인 지역을 할양했다. 무엇보다도, 성지인 예루살렘은 이탈리아를 포함한 모든 삼국협상 동맹국의 공동관리지역으로 만들었다.

✡ 로이드 조지, 대영제국의 지정학과 신앙을 팔레스타인에 결부시키다

1916년 여름부터 시나이반도와 팔레스타인은 중동에서 오스만튀르크와의 전쟁에서 핵심 전장이 됐고, 영국은 삼국협상 연합국 중에서 홀로 그 비용을 치렀다. 카이로의 영국 사령부는 1916년 6월 15만 명 병력의 이집트 원정대를 구성해 팔레스타인 공략에 나섰다. 원정대는 1917년 팔레스타인의 입구인 가자를 공략하는 데까지 진군했다가 두 차례나 격퇴당했다. 런던의 전쟁 내각에서는 영국이 피를 흘리며 싸우고 있는 팔레스타인을 나중에 다른 동맹국들에도 나눠줘야 하는지 회의를 표명하기 시작했다.

이런 회의는 1916년 12월 로이드 조지가 연정의 총리가 되면서 짙어졌다. 로이드 조지는 중근동의 동방전선이 전쟁의 중요 승부처라고 주장한 이른바 '동방주의자'였다. 그는 개전 초부터 발칸을 통한 공격으로만 독일을 격퇴할 수 있고, 발칸으로 들어가는 관문을 얻기 위해서는 오스만튀르크 제국을 쳐부숴야 한다고 생각했다.

그는 나중에 자신의 회고록에서 1916년 말 불가리아가 참전하기 전에 오스만튀르크를 패퇴시켰다면 "전쟁의 명운은 크게 달라졌을 것"이라고 말했다. 또 "터키와의 전투가 영국 제국에 특히 중요했던 것은 터키 제국이 육로 혹은 수로로, 동방에 있는 우리의 영토인 인도, 버마, 말라야, 보르네오, 홍콩, 오스트레일리아와 뉴질랜드 자치령을 가로막았기 때문"이라고 생각했다.[18]

영국은 전쟁 전에 독일령 아프리카를 점령했었다. 아프리카 남단의 케이프타운에서부터 지중해와 아프리카 대륙 북동단의 홍해를 잇는 수에즈 운하까지 이어지는 영토를 이미 차지하고 있었다. 팔레스타인과 메소포타미아를 보태면, 케이프타운에서 수에즈 운하까지의 영토는 영국령 페르시아 및 인도제국, 버마, 말라야, 태평양의 두 자치령인 오스트레일리아와 뉴질랜드까지 뻗은 영토와 연결될 수 있었다.

이 때문에, 로이드 조지는 전쟁 이후에 대영제국의 이익을 보장하고 확장할 곳은 중근동이라고 생각했다. 이 중에서 팔레스타인은 수에즈 운하를 보호하는 요충지일 뿐 아니라, 대영제국의 흩어진 조각들을 끼워 맞춰 대서양에서부터 태평양 중앙까지 하나의 사슬로 연결하는 중요한 고리였다.

로이드 조지는 이런 지정학적 관점에 더해 종교적 신념도 팔레스타인에 투영했다. 그는 우간다에서 유대 국가 건설 프로젝트의 초안을 만든 변호사로 일하기도 했지만, 성서를 배우며 자란 탓에 애초에 기독교 시오니즘의 가치를 지니고 있었다. 로이드 조지는 애스퀴스 내각에서 재무장관으로 재직하던 1915년 3월 팔레스타인을 영국 보호령으로 만들자는 허버트 새뮤얼Herbert Samuel 경의 비망록을 지지한 유일한 각료였다. 영국 최초의 유대인 각료가 되는 새뮤얼의 이 비망록이 제출되자, 로이드 조지는 "불가지론적이고 무신론적인 프랑스"에 팔레스타인의 기독교 성지가 넘어가게 하는 것은 언어도단적 행위라며 적극 옹호했다.[19]

로이드 조지는 회고록에서도 사이크스-피코 협정에서 명시된 팔레스타인 분할을 반대한 것은 그곳이 절단 나기 때문이라고 말했다. 그는 "주님의 앞에서 그곳을 토막 내기 위한" 것이 유일한 목적이라면 굳이 성지를 획득할 필요가 없다며 "팔레스타인이 회복되면, 생명체로서의 위대함이 되살아날 수 있도록 불가분의 단일체가 돼야 한다"고 주장했다.[20]

로이드 조지가 총리로 취임한 1916년 12월쯤, 전쟁은 영국이 참여한 삼국협상의 연합국이 승리를 장담할 수 없는 교착 상태에 빠져 있었다. 교전국들이 잘해야 현상유지나 할 수 있을 평화협정을 체결할 가능성이 있었다. 이럴 경우, 로이드 조지가 중요성을 강조한 지역의 지배권이 독일과 오스만튀르크에 넘어갈 가능성이 있었다. 로이드 조지가 총리로 취임하자, 영국 내각에서도 전후에 독일이 오스만튀르크를 독차지할지도 모른다는 우려가 커졌다. 그렇게 되면, 인도로 가는 길이 적국 수중에 떨어져 영국에는 큰 위협이 될 수 있었다.

그런 위험을 피하는 첩경은 오스만튀르크와 독일을 격퇴하고, 오스만튀르크의 남쪽 주변부를 차지해놓는 것이었다. 영국이 아라비아반도의 아랍 부족들과 협상해 튀르크에 대항케 해놓았으니, 이제 취약지는 팔레스타인이었다. 로이드 조지 연정 전시내각의 주요 참모였던 리오 에이머리Leo Amery는 전쟁 뒤 독일이 중동 지배를 통해 영국을 다시 공격할 가능성을 경고했다. 식민장관인 앨프리드 밀너Alfred Milner 사단의 대표 주자인 에이머리는 사이크스와 함께 당시 영국의 중동 정책을 입안하는 핵심 인사였다. 그는 1917년 4월 11일 내각에 보낸 비망록에서 "독일의 팔레스타인 점유는 앞으로 영국 제국이 맞닥뜨릴 최고로 위험한 요소" 중 하나가 될 수 있다고 경고했다.[21]

로이드 조지는 유럽의 서부전선에 모든 자원을 쏟아붓는 전략을 고수하는 영국 군부의 반발에 맞서, 자신의 동방정책을 밀고 나갔다. 그는 총리 취임과 동시에 군부에 시나이반도를 통한 팔레스타인 침공 작전을 촉구했고, 팔레스타인을 대영제국에 포함하는 작업을 추진했다.

로이드 조지 총리는 영국 이집트원정대의 팔레스타인 공세를 다시 준비하던 1917년 4월, 파리 주재 영국 대사에게 "프랑스는 팔레스타인에 대한 우리의 보호령을 수락해야만 할 것"이라며 성지에서 국제적인 공동체제는 "우리에게는 아주 참을 수 없는 것이다. 팔레스타인은 진정으로 이집트의 전략적 완충지이다"라고 통보했다.[22] 그는 당시 사이크스-피코 협정이 이미 체결된 것을 몰랐지만, 그에게는 별로 중요하지 않았다. 그는 5월 10일 열린 하원 비밀회의에서 영국이 전쟁 중에 점령한 아프리카의 독일 식민지를 반환하지 않고, 팔레스타인과 메소포타미아도 오스만튀르크가 보유하지 못하도록 하겠다는 강경 입장을 천명했다.[23]

로이드 조지는 유대인의 팔레스타인에 대한 영국의 통치는 대영 제국 외교의 논리적 절정인 역작이라고 생각했다. 그는 사이크스-피코 비밀협정에 대해 알고서는, 틀린 계산에 바탕한 "얼빠진 문서"라는 경멸을 감추지 않았다. 그는 시오니즘 운동이 그 밀약을 바꿀 가능성을 열어줄 것으로 믿었다. 그의 이런 견해에 앨프리드 밀너 식민장관, 로버트 세실 외무부 사무차관 등이 공감했다. 누구보다도 사이크스-피코 협정의 당사자인 사이크스 등 외무부에서 중동을 담당하는 젊은 차관 세 명이 동조했다.

영국 외무부에서 중동을 담당한 선임인 사이크스는 자신이 프랑스의 피코와 맺은 협정을 바꾸는 데 처음에는 주저했으나, 로이드 조지가 총리로 취임하고 몇 달 만에 생각을 바꾸었다. 사이크스는 중동에서 오스만튀르크에 대항하는 영국의 대리 세력으로 일련의 독립된 민족 사슬을 상정했다. 아르메니아, 아랍, 그리스 등이 그 대상이었다. 사이크스가 영국시오니스트연맹의 대표 하임 바이츠만을 만난 1917년 2월 7일 전후로 시오니즘을 표방하는 유대인도 그 대상에 포함됐다.

✡ 러시아 혁명, 영국의 뺄푸어 선언을 재촉하다

    헤르츨이 죽고, 1차대전이 발발하자, 시오니즘 운동은 분열됐다. 유럽 각국에 있던 시오니즘 운동가들은 전쟁이 터지자 자기들이 속한 나라의 입장을 지지할 수밖에 없었다. 1914년 전쟁이 일어났을 때 영국에서 시오니즘 운동은 헤르츨의 유산으로 그나마 정부와의 관계를 유지하며 영향력을 온존하고 있었다. 러시아 태생의 화학자인 하임 바이츠만 맨체스터대학교 교수가 사실상의 대표였다. 이스라엘의 초대 대통령이 되는 바이츠만은 시오니즘 운동의 성공과 이스라엘 건국은 영국과의 협력에 달렸다고 굳게 믿었다. 그는 유대인과 시오니스트들은 영국에 전적으로 협력해야 한다는 믿음으로 영국에 대한 지지와 충성을 보였다.

    바이츠만은 곧 영국 유대인 공동체의 유력 인사들로부터 시오니즘에 대한 충성스러운 지지를 얻어냈다. 영국 신문 〈가디언〉의 전신인 〈맨체스터 가디언〉의 논설위원이자 변호사인 해리 새처Harry Sacher, 1881~1971년, 내무장관이 되는 허버트 새뮤얼 지방정부위원회 의장, 찰스 스콧 〈맨체스터 가디언〉 편집인, 찰스 위컴 스티드Charles Wickham Steed 등은 전쟁이 나자 바이츠만을 적극 후원해, 영국 정계의 주요 인사를 연결해줬다.

    언론인인 스콧과 스티드를 통해서 바이츠만은 로이드 조지, 윈스턴 처칠, 로버트 세실 등의 정계 거물과 친분을 맺게 됐다. 바이츠만은 폭탄의 화약에 필수적인 원료인 아세톤 부족 사태를 해결해달라는 해군성의 요청을 받고, 대체 원료를 개발해줘서 영국 정부로부터 큰 신뢰를 얻었다. 바이츠만은 이런 기여를 바탕으로 영국 정계의 고위층과 교류하며 신뢰를 쌓았다.

사이크스는 1917년 2월 7일 바이츠만 등 영국의 시오니즘 지도자들과 회동했다. 바이츠만 등은 영국과 프랑스의 팔레스타인 공동 통치체제를 반대하고, 영국 보호령을 원한다고 밝혔다. 사이크스는 프랑스 때문에 공동통치안을 거부하기 힘들다고 말했다. 이튿날 그는 세계시온주의연맹의 임원인 나훔 소콜로프에게 프랑스 외무장관 피코를 소개해주며, 그를 설득해보라고 주선했다. 물론 피코는 프랑스가 팔레스타인에 대한 주장을 포기할 수 없다고 답했다.

그 무렵인 1917년 2월 러시아에서 혁명이 일어나 제정이 붕괴됐다. 4월에는 미국이 참전했다. 1차대전의 양상은 급변했다. 사이크스는 두 사건이 피코와의 협정에 미칠 영향에 주목했다. 러시아에 살고 있는 수백만 명의 유대인이 영향력을 행사해 러시아가 계속 연합국 편에 남아 싸우도록 할 필요가 있었다. 영국에서는 러시아 혁명에서 주요 세력인 급진 볼셰비키가 유대인의 영향 아래 있다고 믿었다. 미국의 참전으로 연합국들이 전후에 중동에서 권리를 주장하는 정당성을 인정받으려면 유대인, 아랍인, 아르메니아인 등 억압받는 민족들을 지원할 필요도 있다고 판단했다.

영국은 1917년 초부터 이집트에서 팔레스타인으로 침공을 시작했으나, 오스만튀르크군에 격퇴당해 전황이 지지부진한 상태였다. 유럽의 서부전선도 전황이 교착된 상태에서 러시아가 맡았던 동부전선이 특히 중요해졌다. 사이크스로부터 피코를 소개받은 나훔 소콜로포가 러시아계 유대인에 대한 영향력을 이용해 러시아를 연합국에 남게 하는 것을 지렛대로 프랑스의 팔레스타인 포기를 설득하겠다고 나섰다. 소콜로프와 프랑스 관리들의 논의는 순조롭게 진행됐다. 4월 9일 사이크스가 밸푸어 외무장관에게 "프랑스가 이제는 시온주의자들의 열망을 타당하게 보는 상황이 되었다"고 전문을 보냈다.[24]

그해 6월 4일 프랑스 외무부 사무국장 쥘 마르탱 캉봉Jules-Martin Cambon은 소콜로프가 러시아 유대인을 설득하기로 한 것에 대한 보상으로 팔레스타인에서 유대 국가 건설을 지지한다는 프랑스 정부의 보증서를 써줬다. 이 보증서는 사실 팔레스타인에서 유대 국가 건설을 지지한다는 것이지, 프랑스가 팔레스타인에서 권리를 포기한다는 것은 아니었다. 이도 저도 아닌 모호한 문서였지만, 프랑스는 제 꾀에 넘어갔다. 프랑스 정부의 보증서 자체가 영국에도 보증서를 쓸 수 있는 빌미를 제공했다.[25]

✡ 팔레스타인에서 유대 국가 수립을 지지한 영국의 밸푸어 선언

기독교 시오니즘에 공명했던 로버트 세실 외교담당 의회국무차관 등은 이 캉봉 보증서를 가지고 밸푸어 외무장관을 만나, 마침내 시온주의 지지 선언을 발표할 때가 됐다고 촉구했다. 선언서 초안 작업이 시작됐고, 바이츠만도 참가했다. 선언서 작성 작업은 9월까지 계속됐다.

밸푸어의 시온주의 지지 선언은 뜻하지 않은 복병을 만났다. 영국 유대인 사회의 지도급 인사들이 반대하고 나선 것이었다. 유대인 최초로 영국 각료가 된 사람 중 한 명인 에드윈 몬태큐Edwin Samuel Montagu, 1879~1924년 인도장관이 내각에서 앞장서 반대했다. 그는 시온주의를 자신과 가족들이 획득한 영국 사회 내의 지위를 위협하는 것으로 봤다.

유대인은 민족성이 아니라 종교로 결정된다는 것이 그의 지론이었다. 유대 국가를 건설한다는 것은 유대인을 국가를 가져야 할 민족으로 본다는 것이고, 이는 자신도 100퍼센트 영국인이 못 된다는 의미였다.

몬태규의 반대로 밸푸어의 시온주의 선언 작업은 중단됐다. 미국도 선언서 발표를 연기할 것을 권고해, 몬태규를 도왔다. 우드로 윌슨 미국 대통령은 시온주의를 지지하면서도 영국령 팔레스타인이라는 영국의 동기에 의혹의 눈길을 보냈다. 영국이 유대인을 명분 삼아 이집트에서 인도로 가는 길을 확보하려는 제국주의적 동기를 가졌다고 본 것이다.

하지만, 1차대전의 전황 교착과 혁명이 계속되는 러시아라는 위기 상황은 영국에게 시온주의 지지 선언에 더욱 매달리게 했다. 시온주의 지지 선언이 미뤄지면, 러시아 유대인들이 연합국에 등을 돌릴 것이라는 우려도 커졌다. 영국의 유력 언론 〈더 타임스〉도 시온주의 선언을 촉구하는 기사를 게재했다. 1917년 영국 내각은 몬태규 등의 반대를 무릅쓰고 시온주의 지지 선언을 발표할 수 있는 권한을 외무장관에 부여했다. 11월 12일 밸푸어 외무장관은 영국에서 가장 유명한 유대인인 라이오널 월터 로스차일드 남작에게 보내는 서한 형식으로 선언문을 발표했다.

"정부는 팔레스타인에 유대인의 조국을 건설하는 것을 호의를 가지고 보며, 그 목적이 달성되도록 최선의 노력을 기울일 것이고, 팔레스타인의 기존 비유대인 공동체들의 시민적, 종교적 권리, 혹은 여타 나라들에서 유대인이 누리는 권리와 그들의 정치적 지위를 손상시킬 수 있는 일이 행해져서는 안 된다는 것도 명확하게 양해됐다."

✡ 밸푸어 선언, 아랍 대 유대 민족의 대립 구도를 만들다

밸푸어는 선언문에서 "나는 내각에 제출되고 승인된 시온주의 유대인들의 열망에 공감하는 다음의 선언문을 전하의 정부에 대신해 전달하게 돼서 아주 기쁘다"며 "이 선언문을 시온주의 연맹에 전달해주면 감사하겠다"고 말했다. 밸푸어 선언문은 팔레스타인에서 유대 국가를 건설하기 위한 큰 이정표였다. 2천 년 이상 동안의 유대인 역사를 뒤바꿀 잠재력을 가졌다고 평할 만했다. 유대인을 종교공동체가 아니라 국가를 가질 자격이 있는 민족공동체임을 최초로 인정한 이 문서는 유대인 국가 건설이라는 길을 개척하기도 했지만, 향후 중동뿐 아니라 국제사회 전체에 큰 불씨를 뿌리는 시작이었다.

밸푸어 선언이 발표될 때 러시아에서는 볼셰비키와 반볼셰비키 사이의 내전이 막 시작되고 있었다. 영국 정부는 밸푸어 선언으로 러시아 유대인들이 볼셰비키를 반대하고 연합국을 지지할 것이라고 생각했다. 물론 이는 오산이었다. 볼셰비키에 참가하는 러시아 유대인들은 시오니즘을 반대했고, 볼셰비키 내에서도 유대인들의 영향력은 생각보다 크지도 않았다.

영국이 팔레스타인에서 유대 국가 건설을 지지한 배경은 무엇보다도 전후 중동에서 영역과 영향력 확장이었다. 영국의 이런 계산도 잘못된 것이었다. 팔레스타인에서 유대 국가 건설은 중동분쟁을 촉발하며, 중동에서 영국의 영향력을 오히려 급속히 추락시키게 되기 때문이었다.

밸푸어 선언에서 "팔레스타인의 기존 비유대인 공동체들의 시민적, 종교적 권리를 (…) 손상시킬 수 있는 일이 행해져서는 안 된다"는 표현은 향후 팔레스타인에서 벌어질 갈등과 대립을 예고했다.

이는 서구 기독교 세계가 만들어낸 유대인 문제를 중동으로 수출하는 것이었다. 서구에서 유대인 문제는 기독교 세계 내에서 유대인을 타자화하면서 생겼다. 즉, 기독교도라는 '우리'에 대비되는 비기독교도라는 '저들'이라는 구도를 만들어서, 기독교도라는 '우리'의 정체성을 강화하는 과정이었다. 이는 비기독교라는 '저들'의 정체성을 만들어내는 과정이었고, 차별과 박해의 과정이었다. 비기독교도라는 '저들'로는 기독교도와 같이 살던 유대교도가 선택됐다.

밸푸어 선언에서 "팔레스타인에서 기존 비유대인 공동체"라는 표현으로 그 지역에서 유대인 대 비유대인이라는 구도가 만들어지고, 국제적으로 인정됐다. 무엇보다도 이 선언으로 당시 팔레스타인에서 인구의 10퍼센트가 안 되던 유대인들이 주체가 되고, 90퍼센트 이상의 주민이 유대인이 아니라는 의미를 지닌 비유대인 커뮤니티에 속하게 됐다.

그 이전까지 팔레스타인 등 오스만 제국 영역의 이슬람권에서는 '유대인'이라는 개념이 없었다. '유대교도'만이 존재했을 뿐이다. 이들 유대교도는 무슬림이나 기독교도와 같은 종교 집단이었을 뿐이다. 팔레스타인에는 아랍어를 쓰는 유대교도, 아랍어를 쓰는 기독교도가 아랍어를 쓰는 무슬림과 공존했다. 19세기 중반부터 오스만튀르크 제국의 튀르크주의에 맞서는 아랍 민족주의가 발원할 때 아랍인이란 지역과 언어에 근거한 개념이었다, 아랍인은 아랍어를 쓰고 아라비아 지역에 살던 무슬림뿐 아니라, 기독교도, 유대교도를 포괄하는 집단이었다.

밸푸어 선언에서 "팔레스타인의 기존 비유대인 공동체"라는 표현으로 팔레스타인에서 아랍어를 모국어로 사용하던 기존의 유대교도는 이슬람권에 살던 한 소수 종파에서 비이슬람권의 유대인으로 지위가 격변해버렸다. 밸푸어 선언에 따르면, 비유대인은 유대인을 제외한 주민이므로 무슬림과 기독교도가 됐고, 시간이 갈수록 무슬림 아랍인들이 비유대인이 되어갔다. 무슬림, 기독교도, 유대교도가 섞여 살던 팔레스타인의 아랍인 공동체는 해체되고, 유대 대 아랍의 구도로 바뀌었다.

밸푸어 선언은 지금은 익숙해진 '2천 년 동안 계속된 아랍 민족 대유대 민족의 대립'이라는 표현의 시발점이기도 하다. 하지만, '아랍 대유대 민족의 대립'이라는 개념은 기껏해야 20세기 이후 성립된 것이다. 중동에서 팔레스타인 분쟁은 이렇게 서구의 기독교 세계가 유대인 문제를 이슬람권에 수출함으로써 기원했다. 서구의 유대인 문제에서 피해자이자 약자는 유대인이었는데, 중동으로 수출된 유대인 문제에서 가해자이자 강자는 유대인이었다.

12장

팔레스타인 땅과 그 주민

팔레스타인 주민은 누구이고,
그 땅은 비어있었나?

시오니스트들은 팔레스타인에 유대 국가를 건설하자는 시오니즘
이 태동하던 19세기 말에 그 땅은 텅 비고 황량한 황무지이거나 사막
이었다는 것을 그 운동의 정당성 중 하나로 내세웠다. 유대인의 팔레
스타인 이주로 피해를 볼 주민이 거의 없는 데다 그 땅은 유대인의 힘
으로 개척될 것이라는 논지였다. 하지만, 팔레스타인 땅과 그 주민들은
향후 이스라엘 건국의 정당성을 위협하는 가장 큰 가시가 됐고, 지금
까지 중동분쟁의 최대 원인으로 남아 있다. 그럼에도 시오니스트와 현
대 이스라엘 정부는 시오니즘 태동 이후 유대인이 입식한 팔레스타인
땅은 텅 빈 황무지였고 역사적 권리를 주장할 팔레스타인 원주민은 당
시 존재하지 않았다는 주장을 고수하고 있다.

✡ '팔레스타인은 텅 빈 땅'…
수사적 표현에서 이주 정당화 이데올로기로

팔레스타인이 주민이 없는 텅 빈 땅이라는 주장이 일반화된 계기는 유대인 시오니즘 운동의 기반이 된 기독교 시오니즘을 믿은 영국 정치가의 묘사였다. 팔레스타인으로의 유대인 귀환이라는 기독교 시오니즘을 대영제국의 전략과 연결하는 고리를 놓은 섀프츠베리 경은 1884년 자신의 회고록에서 팔레스타인을 "땅 없는 사람들을 위한, 주민 없는 땅"이라고 했다.[1]

팔레스타인을 텅 빈 황무지로 묘사하는 것은 초기 시오니스트의 일반적 서술이었으며, 유대인이 이주할 팔레스타인 땅에 대한 권리 다툼을 의식해서 쓴 표현이 아니었다. '땅에서 일을 하지 않는 기생충 유대인'이라는 기존의 관념을 불식시키기 위한 장소의 조건에 대한 묘사였다.

카를 마르크스와 함께 초기 공산주의 운동을 하다가 시오니스트로 변신한 모세스 헤스Moses Hess, 1812~1875년는 1862년 펴낸 《로마와 예루살렘: 마지막 민족 문제Rome and Jerusalem: The Last National Question》에서 황량하고 사람이 없는 땅에서만 유대인의 노동은 올바른 사회주의적인 원칙 위에서 조직 가능하다는 것을 발견할 수 있다고 주장했다. 그는 유대인이 귀환할 이상적인 땅으로서의 '이스라엘의 땅'을 그렇게 규정하고는, 이는 다른 민족의 땅에 있는 기생충이라는 자신들에 대한 전형적인 규정을 벗어나기 위한 길이라고 강조했다.

시오니즘 초기에 '텅 빈 황무지 팔레스타인' 담론은 그 땅에서 유대인이 재탄생함을 의미하는 수사적 표현일 뿐이었다. 하지만, 유대인의 팔레스타인 이주가 현지 주민 등과 갈등과 분쟁으로 귀결되자, '텅 빈 황무지 팔레스타인' 담론은 유대인 이주를 정당화하는 논리로 바뀌었다.

> 오스만 통치의 질이 점점 퇴화하면서, 그 지역은 만연한 방치에 시달렸다. 18세기 말에, 그 땅의 대부분은 부재 지주들이 소유해서, 착취받는 소작농들에게 임차됐고, 징세는 주체할 수 없을 정도로 자의적이었다. 갈릴리와 카르멜 산맥의 큰 숲들에서 나무들은 헐벗었고, 늪과 사막이 농경지를 파고들었다.[2]

각국에 주재하는 이스라엘 대사관의 홈페이지에 소개된 이스라엘 역사에서의 팔레스타인에 대한 설명이다. 시오니즘이 태동할 때 팔레스타인 땅은 부재 지주들이 소유했고, 그 농민들은 착취받는 소작농이었고, 땅은 대부분 헐벗은 황무지였다는 사실은 유대인의 팔레스타인 이주를 정당화하는 첫 조건으로 거론된다.

유대인 이주자들이 부재 지주나 토지투기꾼에게 구매한 황무지를 개간해 경작지가 늘어나자 기존의 현지 소작농들을 고용했고, 이를 통해 현지 소작농이 경작하던 농지도 구매하면서 정착지를 확대했고, 이런 과정은 팔레스타인 지역의 인프라와 경제를 개발하고 부흥시켜서 현지인들도 혜택을 봤다는 논리로 이어진다.

당시 팔레스타인이 황량한 빈 땅이었다는 주장의 논거로 1867년 팔레스타인을 방문한 미국 작가 마크 트웨인 등의 여행기 등이 자주 인용된다.

(제즈릴) 계곡에 움직이는 장면은 더는 없었다. 어떤 방향으로든지 30마일 이내에 전 지역에서 마을 하나도 없었다. 2~3개의 조그마한 베두인족 텐트촌만 있을 뿐 영구 주거지는 단 하나도 없었다. 주변의 10마일을 가도 열 사람을 볼 수 없다. 사람이 살지 않는 사막, 황량한 진흙 무더기, 이런 것들을 보려면 갈릴리로 오라. (…) 우리는 타보르에 안전하게 도착했는데 오는 도중 내내 한 사람도 보지 못했다. 나자레는 황량하고 (…) 3,000년 전 여호수아의 기적이 남겼던 저주받은 예리코는 현재 그을린 폐허에 누워 있다. 베들레헴과 베타니는 가난과 굴욕으로 그 도시들이 구세주가 태어난 고귀한 영광을 누렸다는 것을 상기시켜줄 만한 것이 전혀 없었다.[3]

✡ '주인 없는 땅 팔레스타인' 담론, 선주민의 권리를 부정하다

'텅 빈 땅 팔레스타인'이라는 담론에 더해 '주인 없는 땅 팔레스타인'이라는 담론이 시오니즘에서는 나중에 등장했다. '주인 없는 땅'이라는 개념은 토지소유권 차원이 아니라 팔레스타인에 대해 역사적 권리를 가지는 주민의 부재를 의미한다. 당시 팔레스타인은 토착민 비중이 급격히 줄어들고, 이방에서 몰려든 주민들이 뒤섞여서 들락거리는 정체성이 없는 지역이었다는 주장이다.

성서에서 요나가 그 운명적인 고행의 여정을 시작하는 도시로 유명한 팔레스타인의 역사적 항구 도시 자파는 18세기 중반에는 튀르크, 아랍, 그리스, 아르메니아 등 다민족 주민의 도시였다. 특히, 오스만튀르크의 무슬림 통치를 피해서 본국을 떠난 그리스 사람들이 대거 팔레스타인으로 이주했다. 팔레스타인 전역의 몇몇 마을에서는 19세기에 오스만튀르크 제국의 다른 지역에서 온 이주자들이 거의 거주하고 있었다고 한 기독교사학자는 전한다. 보스니아, 드루즈, 체르케스, 이집트 사람들의 마을이 있었다. 백과사전인 브리태니커의 1911년 판을 보면, 팔레스타인 주민이 50여 개 이상의 언어를 쓰는 상이한 종족들로 구성됐다고 설명하고 있다. 특히, 이집트에서 주민 유입은 마을들에서 여전히 지속되고 있어서, "팔레스타인의 민족학"에 대해 "간명하게 쓰는 것"은 벅찬 일이라는 것이다. 19세기 말과 20세기 초, 팔레스타인에서는 아랍인과 유대인에 더해, 쿠르드, 페르시아, 수단, 알제리, 사마리아, 타르타르 그루지아(조지아), 심지어 독일 루터교의 한 분파로 팔레스타인에서 예수 재림을 기다린다는 독일 템플러 교단의 신도들도 거주했다. 1984년에 한 학자는 이런 상황을 이렇게 요약했다. "유대인 거주가 시작되던 100년 전 팔레스타인에서 살았던 소수 아랍인은 그 지역 부족과 폭력적인 통치자 사이의 끊임없는 분쟁의 결과 가변적인 인구에서 자그마한 자투리에 불과했다. 말라리아 등 질병은 주민에게 큰 희생을 남겼다."⁴

"1882년에 팔레스타인에서 살던 무슬림 중 적어도 25퍼센트는 새로운 이주자이거나 1831년에 이집트에 점령당한 이후 온 사람들의 후손들이었다"고 열렬한 시온주의자였던 독일 법철학자 에른스트 프랑켄슈타인은 1943년 자신의 저서 《나의 민족을 위한 정의Justice for my People: The Jewish Case》에서 주장한다. 이집트 주민의 유입에 더해, 튀르크, 그리스, 알제리 주민의 대대적인 이주도 있었다. 또, 1882년과

1893년 사이에 서부 팔레스타인으로 온 팔레스타인 무슬림 중 다수
가 동부 팔레스타인, 즉 요르단강 서안과 동안에서 왔다는 것이다.

　이런 담론의 핵심은 유대인의 시오니즘 운동이 시작될 때 팔레스
타인의 주민 구성에서 지배적인 민족 등 주민집단은 없었고, 특히 이
곳의 토착민으로 여겨지던 아랍인은 그 인구 수가 퇴조해 소수에 불과
했다는 것이다. 19세기 말 이 지역을 여행하고 조사했던 역사학자, 인
구학자를 인용해 아랍 주민 인구가 "감소하고 있었고", 팔레스타인 땅
은 "희박한 인구에" "비어 었고" "주민이 살지 않고" "거의 버려졌다"고
시오니스트들은 주장한다. 1차 알리야로 팔레스타인에 온 유대인이
나중에 경작했던 샤론 고원은 "엄청난 인구를 먹여 살릴 수 있었지만"
"거주자가 없던 땅"이었다고 새뮤얼 매닝 목사는 1874년에 전하고 있
다.[5]

　팔레스타인 지역에 머물던 몇 안 되는 아랍 주민 역시 그 수가 줄
고 있었던 데다 일시적으로 체류하던 유랑 이주민이었다고 시오니스
트들은 주장한다. 19세기 스위스 여행가이자 지리학자인 요한 루트비
히 부르크하르트의 여행기는 시오니스트가 인용하는 대표적인 저작이
다. 그는 19세기 초에 팔레스타인에서는 "자신들이 태어난 같은 마을
에서 생을 마감하는 개인은 거의 없었다. 가족들은 끊임없이 이곳저곳
으로 이동했고, 동족이 좋은 대접을 받고 있다는 소문이 들리는 다른
곳으로 찾아갔다"고 전한다.[6]

　아랍 주민 인구가 보잘것없고, 감소 중이고, 일시 체류하는 이주민
에 불과했다는 담론은 당시 팔레스타인으로 온 유대인이 안정적이고
커져가는 주민 집단으로 진화하고 있었다는 담론을 위한 전제이다. 유
대인의 1차 알리야가 시작된 지 10여 년이 지난 1890년대 중반에 유

대인은 이미 팔레스타인의 민족 및 종교 구성에서 중요한 부분이 됐다는 것이다. 특히, 1947년 유엔이 유대인 국가 독립지로 분할한 지역에서 유대인 인구는 53만 8천 명으로 아랍계 주민 39만 7천 명에 비해 압도적 다수로 진화했다는 것이다.

✡ 50만 명이 살던 '텅 빈 땅'

마크 트웨인이 전하는 황량하고 텅 빈 팔레스타인 풍경은 과연 특별한 것이었을까? 사막과 황무지, 유목민이 거주하는 중동 전역에서 이런 풍경은 지금도 흔히 볼 수 있는 장면들이다. 북아프리카 대서양 연안에서 중동을 거쳐서 중앙아시아까지 이어지는 건조 지대는 오아시스가 있는 도시를 제외하고는 사막과 황무지로 이뤄진 비거주지가 대부분이다.

트웨인이 묘사한 풍경은 물질적 근대화가 전혀 이뤄지지 않은 160년 전 중동 전역에서 일반적이었고, 유럽의 변방에서도 그리 다르지 않았을 것이다. 유독, 팔레스타인만을 텅 빈 황무지와 사막이라고 서방에서 묘사하고 인식하는 것은 성경에서 나오는 약속의 땅에 대한 기존 관념이나 기대감과 관련이 있을 것이다. 그들이 성서나 역사에서 배웠던 현장을 직접 보니 남루한 고장에 불과하자, 그 남루함은 인상적으로 다가왔을 게 분명하다.

팔레스타인이 당시 텅 빈 땅이 아니었다는 것은 역사적 자료에서 잘 드러난다. 현재 이스라엘의 영토와 서안 및 가자 지구를 합친 팔레스타인은 유대인의 이주 물결인 알리야 1차 시기인 1880년대에 그 인구가 약 50만 명 내외로 추정된다. 당시 팔레스타인을 통치하던 오스만튀르크 제국의 한 기록에 따르면, 1878년 팔레스타인의 전체 인구는 46만 2,465명이다. 이 중 무슬림은 87퍼센트인 40만 3,785명, 기독교도는 10퍼센트인 4만 3,659명, 유대교도는 3퍼센트인 1만 5,011명으로 기록됐다.[7]

당시 통계의 수준이나 떠돌아다니는 유목민, 그리고 오지의 주민 등을 고려하면, 전체 인구는 50만 명 정도로 추정된다. 당시에 50만 명은 적은 인구가 아니었다. 특히 팔레스타인의 면적이 협소했음을 감안하면, 그 인구는 중동 지역에서 상대적으로 적지 않은 수다. 당시 팔레스타인의 내륙 사막과 황무지는 물론 다른 중동 지역의 사막 지대와 마찬가지로 인구가 희박하고 버려진 미개척지였다. 하지만, 연안 지역은 도시로 이어지면서 교역과 상업 중심지로 기능했고, 도시 주변은 농촌이었다. 팔레스타인 주민 다수는 1천여 개에 달하는 농촌 마을에 살았다고 역사적 기록들은 전한다.[8]

✡ 아랍 민족주의와 지역적 정체성이 확립되던 팔레스타인

팔레스타인 주민들이 정체성이 없고, 그 땅은 역사적 권리를 갖지 못한 뜨내기 주민들의 땅이었다는 담론 역시 서방의 시각에서 내놓은 주장에 가깝다.

19세기 후반에 오스만 제국 내의 지식인과 정치 엘리트는 근대화를 추구하면서 세속화와 민족주의 개념을 도입했다. 제국의 엘리트가 추구하는 민족주의는 오스만주의와 튀르크주의일 수밖에 없었다. 세속화는 이슬람 세계의 정교일치 권력인 술탄의 종교적 권위와 세속적 권력 모두를 잠식했다. 오스만주의와 튀르크주의의 강화는 아랍계 등 비튀르크계 지식인과 신민의 소외를 불렀다. 세속화에 따른 술탄의 권위 약화는 비튀르크계의 원심력을 더욱 강화했다. 이는 아랍 지역에서도 지역적 정체성, 더 나아가 민족적 정체성 문제를 제기했다. 1차대전때 아랍의 부족들이 영국과 협력해 오스만 제국에 맞서 봉기하고 독립을 추구한 것은 그 결과이다.

당시 팔레스타인은 오스만 제국 내의 다른 아랍 사회와 마찬가지의 발달 과정에 있었고, 동지중해 연안 지역과 다르지 않았다. 연안 지대 항구와 도시의 네트워크는 유럽과의 교역으로 경제 붐이 일었고, 내륙의 고원 지역은 육로를 통해 인근 지역과 교역했다. 18세기에 다에르 알–우마르1690-1775년 같은 정력적인 지역 지도자들 아래서 하이파, 세팜, 티베리아스, 아크레 등 도시들은 재개발되고 활력을 되찾았다.

팔레스타인은 고립되고 분리된 지역이 아니어서, 그 주민 역시 오스만 제국의 다른 문화권과 상호 접촉하고 있었다. 오스만 제국의 다른 지역에서처럼 밀려오는 근대화 조류에 노출돼, 새로운 정체성 형성 문제가 어른거리고 있었다.

19세기에 팔레스타인은 인근 지역과 마찬가지로 이스탄불의 제국 당국이 시행한 행정구역 개혁 와중에서 지정학적 단위로서 규정되고 있었다. 1872년 이스탄불 당국은 행정구역 개편을 통해 '예루살렘 산자크Sanjak'로 현재의 팔레스타인을 하나의 행정단위로 구획했다. 이런 과정을 통해, 팔레스타인 지역의 엘리트는 통합된 시리아, 더 나아가 통일된 아랍 국가 내에서의 자치와 독립을 추구하기 시작했다. 특히 팔레스타인이라는 문화적 단위는 아주 명백해, 통일된 소속감이 등장했다. 팔레스타인 주민들은 독자적인 아랍어 방언을 썼고, 독자적인 관습과 제례 의식이 있었다. 20세기 초, 〈필라스틴Filastin〉(1911년 창간)이라는 신문의 존재는 그 주민들이 자기 지역을 어떻게 바라보는지를 드러낸다.

팔레스타인 주민이 19세기 말 시오니즘이 도래할 때 '민족'으로서의 정체성을 형성했다고 볼 수는 없다. 하지만, 적어도 다른 지역과 구분되는 정체성을 형성하고 있었고, 이는 그 이후 아랍 지역의 정치경제적 상황에 따라서 민족적 정체성으로 진화할 가능성이 없다고 볼 수가 없었다. 특히, 팔레스타인 지역이 하나의 지리적 단위로 굳어지고, 더 나아가 지정학적 단위로 진화하는 상황이었다.

✡ 팔레스타인에 남은 유대 주민의 후예들

유대인이 시오니즘 운동으로 팔레스타인으로 올 때 무슬림 주민들이 그곳의 토착 주민이 아닌 뜨내기 이주민이었다는 담론은 무엇보다도 팔레스타인 땅에서 사는 그들의 역사적 권리를 부정하기 위한 것이다.

당시 팔레스타인 주민의 다수는 펠라힌fellahin이라고 불리는 아랍계 농민이었다. 이스라엘 건국으로 쫓겨난 아랍계 주민은 대개 이들 펠라힌이다. 시오니스트들은 이스라엘 건국으로 밀려난 펠라힌이 무함마드의 이슬람 창시 뒤 무슬림 제국이 팔레스타인을 정복한 이후 1,300년 동안 그 땅에서 살아온 원주민 아랍인의 후손이라거나 혹은 고대 시절부터 가나안 지역의 뿌리를 가진 원주민의 후손이라는 주장은 역사적 허구이고 신화일 뿐이라는 입장이다.

　기원 전후 로마 제국에 의해 정복된 유다 왕국 패망 이후 팔레스타인에서 살아온 주민들의 뿌리나 정체성은 시오니즘 운동 이후 논란의 대상이었다. 유대인이 로마에 의해 팔레스타인에서 추방됐다는 유대인 디아스포라 신화는 그 이후 팔레스타인에서는 고대 이스라엘의 주민 혹은 유다 왕국 주민의 종족적 뿌리를 가진 주민들이 사라졌다는 인식을 일반화시켰다. 이 사안에 대해 가장 논쟁적인 화두를 던진 사람은 텔아비브대학교 역사학자인 슐로모 산드이다. 유대인은 기원 전후 지중해 전역에서 개종한 사람들의 후손이라고 주장하는 산드는 고대 이스라엘이나 유다 왕국 주민들의 역사적 뿌리를 이어간 이들이 팔레스타인의 펠라힌이라고 주장했다.

　로마의 정복으로 유다 왕국의 주민인 유대인은 그 땅에서 추방되지도 않았고, 그럴 수도 없었다는 것이 역사적 상식임을 우리는 이미 3장에서 살폈다. 그럼 유대인이 자신의 뿌리라고 주장하는 고대 유대 주민은 어디로 간 것인가?

　팔레스타인은 로마에 정복당한 뒤 서기 7세기 무슬림의 정복 때까지 로마 제국 영향권에 남았다. 로마 제국이 멸망한 뒤에는 그 후신인 동로마 제국, 즉 비잔틴 제국이 영역으로 남았다. 기독교가 서기 313년 로마 제국의 황제 콘스탄티누스 1세에 의해 공인돼 지중해 지역이 패권 종교가 되면서, 팔레스타인은 그 성지로서 번영을 누리기 시작했다.

　콘스탄티누스 1세는 예루살렘에 예수의 묘지를 기리는 장대한 성묘교회를 축성해, 기독교의 최고 성지로 만들었다. 기독교가 380년에 데오도시우스 황제의 칙령에 의해 사실상 제국의 국교로 되는 과정에서 팔레스타인에 수많은 순례자가 찾아왔고, 지역 전체가 수도자들의 수행지가 됐다. 예루살렘은 기독교도가 다수인 도시로 바뀌었다.

이는 유대교도가 추방되고, 타지의 기독교도가 유입됐기 때문이 아니다. 기독교가 애초에 기존 유대교도에서 파생해 나온 데서 보듯이, 팔레스타인 지역의 많은 유대교도가 제국의 국교인 기독교로 개종했기 때문이다.

예루살렘은 기독교도가 다수인 도시로 변했지만, 여전히 유대교도, 사마리아인, 여러 이교도가 공존하는 종교 모자이크 도시로 남았다. 예루살렘 등 팔레스타인에서 유대교도가 건재했다는 것은 서기 614년 팔레스타인에서 티베리아스의 베냐민이 주도한 유대교도 반란으로 잘 증명된다. 이 반란은 비잔틴 제국의 유대교 탄압에 맞서 봉기한 팔레스타인에서의 마지막 유대교도 봉기이다. 베냐민이 이끈 유대교도 무장세력은 페르시아의 사산 왕조 군과 합세해, 예루살렘을 점령하기도 했다. 팔레스타인 지역에서 유대인은 기독교 제국인 비잔틴 제국의 탄압에도 불구하고 예루살렘 등지에서 유대교 회당인 시나고그를 계속 만들고 유대교를 지켰다.

✡ 팔레스타인에서의 유대인 추방은 무슬림의 정복 뒤인가?

전문적인 역사학자라면 서기 70년 로마의 예루살렘성전 파괴 등 팔레스타인 정복으로 유대인이 추방되지 않고 건재했다는 역사적 사실을 도외시할 수 없었다. 시오니스트 역사학자들도 마찬가지이다. 시오니스트 계열 유대사가이자 이스라엘 건국 뒤 히브리대학교의 초대 역사학 교수였던 이츠하크 베어Yitzhak Baer, 1888~1980년와 벤-시온 디누르 Ben-Zion Dinur, 1884~1973년 전 교육부 장관은 이를 잘 알고 있었다. 그래서, 이들은 팔레스타인에서 유대인 추방 시기를 600년 뒤인 서기 7세기, 즉 무슬림의 팔레스타인 정복 뒤로 늦추었다.

이들에 따르면, 팔레스타인에서 유대인 추방과 이방인 유입 등 인구학적 격변은 무슬림인 아랍인의 도래로 야기됐다는 것이다.[9] 디누르는 "이 지역으로의 사막 사람들의 끊임없는 침투, 이들과 시리아 아랍인과의 혼혈, 새로운 정복자들의 농지 확보 및 유대인 땅에 대한 탈취"로 팔레스타인은 주인이 바뀌었다고 주장한다.[10]

이들의 주장은 무함마드의 이슬람 창시 이후 팔레스타인이 무슬림 원정군에 의해 정복된 뒤 식민화됐다는 것이다. 즉, 무슬림인 아랍인이 팔레스타인으로 오고, 유대인의 땅을 빼앗아, 유대인은 밀려나게 됐다는 것이다. 물론, 무슬림 원정군이 팔레스타인 정복 이후 유대인을 대대적으로 추방했다는 역사적 자료나 사실은 없다. 이 때문에 시오니스트 역사가들은 "사막 사람들의 끊임없이 침투"나 혼혈 등 점진적인 주민 교체를 주장한다.

이런 주장에서 제기되는 의문들이 있다. 당시 팔레스타인뿐 아니라 중근동 전역을 석권한 무슬림 원정군이 팔레스타인에 잔류해 땅을 빼앗았을 수 있을까? 원정군이 아닌 무슬림 아랍인도 당시 기본적으로 사막 유목민이었는데 팔레스타인으로 와서 땅을 경작하는 정주 주민이 됐을까? 그렇다면, 수십만 명의 유대 농민은 어디로 갔는가? 땅을 경작하던 유대 농민이 팔레스타인을 떠나서는 이방인의 땅에서 상인이나 환전상, 고리대금업자가 됐는가?

로마의 정복자들이 팔레스타인에서 기존 유대 주민을 추방하거나 그들의 땅을 차지하지 않았던 것처럼, 무슬림 정복자 역시 마찬가지였다. 정복지를 자기 영역으로 만들고 기존 주민을 자기 신민으로 만들어서 자신들의 세력권으로 강화하는 게 일반적 정복 과정이었다. 정복지에서 새로운 도시를 건설한다거나 특정한 좁은 지역에 한해 정복자의 배타적 입식지를 만든 경우는 있지만, 기존 주민을 추방해서 얻을 실리는 별로 없었다.

무함마드 사후인 서기 638~643년에 중근동을 폭풍처럼 휩쓴 무슬림 원정군은 비교적 적은 병력이었다. 최대 4만 6천여 명으로 평가된다. 중근동 정복이 일단락된 뒤에는 병력 대부분이 경쟁 세력인 비잔틴 제국과 접경한 지역의 전선으로 파견됐다. 원정군 가운데 소수가 정복지에서 관리로 남고, 그 가족이 합류하기도 했다. 그 정도로는 정복지의 인구 변화를 초래할 수 없었다. 무엇보다도, 무슬림 원정군의 힘은 이슬람의 관대하고 포용적인 종교 정책에 기인해서, 정복지에서 병력 주둔이 필요하지 않았다.[11]

무슬림은 이슬람을 믿지 않는 이교도에게도 개종을 강요하지 않고, 종교의 자유를 보장하고 인두세만을 징수했다. 특히 무슬림으로 개종하면 인두세를 면제받아서, 정복지의 많은 주민이 자발적으로 개종했다. 이슬람이 단기간에 폭발적으로 퍼져나간 이유이기도 하다. 이슬람 제국의 이런 조세 정책은 나중에 심각한 세수 불균형에 따른 재정 적자를 불러서, 나중에 조세 정책을 바꿀 수밖에 없기도 했다.

특히 이슬람은 특히 유대교와 기독교를 같은 일신교로 보고 관대한 종교 정책을 펼쳤다. 예언자 무함마드가 유대교도와 기독교도를 '책의 민족', 즉 이슬람의 경전인 쿠란의 기원인 성서를 믿는 신자로 대우해 법적인 보호를 명령하는 계명을 남겼다.

비잔틴 제국 치하에서 가혹한 박해를 받았던 팔레스타인의 유대교도들이 무슬림 정복자를 환영하고 그들의 점령을 축하했다는 것은 놀라운 일이 아닐 것이다. 팔레스타인 유대교도가 무슬림 원정군의 점령을 돕고 그들의 원정에 참여했다는 역사적 기록도 풍부하다. 비잔틴 제국의 억압을 피해 도망친 유대 지역 사람 일부가 무슬림 원정군과 함께 돌아오기도 했다.

비잔틴 제국 시절에 탄압에도 불구하고 예루살렘에서 계속됐던 시나고그는 무슬림 통치가 시작되면서 점점 보기 힘들어졌다. 팔레스타인에서 유대교도 등 기존 주민의 추방이 없었고, 정복 세력의 대규모 유입도 없었다면, 기존 주민이 유대교를 포기해 시나고그가 줄어들기 시작했다고 보는 것이 타당하다. 이슬람 제국 치하에서 주민들이 무슬림으로 개종하는 일은 팔레스타인을 포함한 중근동의 유대교도에게도 예외가 아니었을 것이다.

✡ 시오니스트도 인정한
'팔레스타인 주민은 유대 주민의 후예'

무슬림 세력의 팔레스타인 정복 뒤 기존 유대인이 무슬림으로 개종하고, 이들을 이어서 후손들이 팔레스타인 주민의 다수로 남았다는 것은 시오니스트 역사가들 역시 인정한다. 텔아비브대학교에 '중동아프리카역사학과'를 설립한 역사가이자 열렬한 시오니스트인 아브라함 폴락Abraham Polak, 1910~1970년은 1967년 〈우리 나라의 아랍인들의 기원 The Origin of the Arabs of the Country〉에서 유대 사람들이 이슬람으로 개종했을 가능성이 상당히 크다고 봤다. 이런 추정은 농업을 하는 (이스라엘) 땅의 사람에게 고대에서부터 우리 시대까지 인구적 연속성이 있고, 이는 적법한 과학적 연구의 주제가 돼야만 한다는 것을 의미한다.[12]

초기 시오니스트 운동가 사이에서는 팔레스타인의 현지 주민 다수가 유대 왕국이 붕괴된 이후 계속 살아온 사람들의 후손이라고 생각하는 이가 적지 않았다.

1882년 팔레스타인에 정착해서 '빌루BILU(팔레스타인의 개척자들)'라는 농업정착운동을 벌인 이스라엘 벨킨드Israel Belkind, 1861~1929년는 팔레스타인의 고대 주민과 현재의 농민 사이에 밀접한 역사적 관련이 있다고 언제나 믿었다. 그는 죽기 전에 《이스라엘 땅에서의 아랍인》이라는 소책자에서 이와 관련한 생각을 남겼다.

> "역사가들은 티투스에 의해 예루살렘이 파괴된 뒤 유대인들이 전 세계로 흩어졌고, 그 지역에서 더는 거주하지 않았다고 말하는 데 익숙하다. 그러나, 이는 반드시 제거해야만 하는 역사적 오류이고 진실된 사실들이 발견돼야 한다. (…) 그 땅을 버린 사람들은 상류 계층, 학자들, 토라와 관련된 사람들로, 땅보다는 종교가 우선인 사람들이었다. (…) 아마 이동력이 있는 도시 사람들의 다수도 이주했을 것이다. 하지만, 땅의 경작자들은 그들의 땅에 붙어서 계속 남았다."[13]

시오니스트 좌파의 전설적인 이론가인 베르 보로코프Ber Borochov, 1881~1917년도 팔레스타인 주민이 유대인과 같은 종족이라고 주장했다. 그는 〈시온과 그 영토의 문제에 관하여〉라는 글에서 마르크스주의자답지 않게 종족 중심주의적인 논리까지 구사했다.

팔레스타인의 현지 주민들은 인종적으로 어떤 다른 민족보다도, 심지어 셈족보다도 유대인과 더 밀접히 관련된다. 팔레스타인의 펠라힌은 유대인 및 가나안 농업 주민의 직접적 후손일 가능성이 높다. 아랍의 피가 살짝 섞였을 뿐이다. 왜냐하면, 자부심 많은 정복자인 아랍인이 자신들이 정복한 지역에서 현지 주민과는 거의 섞이지 않았다고 알려져 있다. (…) 때문에, 디아스포라 유대인과 팔레스타인 펠라힌 사이의 인종적 차이는 아슈케나지와 세파르디 유대인 사이의 인종적 차이 정도이다.[14]

팔레스타인의 펠라힌이 고대 이스라엘 주민의 피를 지니고 있고, 그러니 유대인 국가 건설에서 동반자가 될 수 있다는 생각은 당시 시오니스트들에게는 결코 이단적인 인식이 아니었다. 이스라엘 건국의 아버지이자 건국 초기에 총리를 지낸 최고의 시오니스트인 다비드 벤구리온이 그런 인식을 하고 있었기 때문이다.

벤구리온은 1918년 미국 뉴욕에서 체류하는 도중에 이츠하크 벤-즈비Itzhak Ben-Zvi, 1884~1963년와 함께 쓴 《과거와 현재의 이스라엘의 땅Eretz Israel in the Past and in the Present》에서 그런 주장을 확고히 펼쳤다. 이스라엘 건국 뒤 10년 동안이나 대통령을 지낸 벤-즈비는 전문적인 역사학자이기도 하다. 따라서 이 책은 이스라엘 건국을 주도하고, 장기간 총리와 대통령을 지낸 건국 영웅들이 전문적인 역사학 지식과 관점으로 쓴, 팔레스타인과 유대인의 관계에 대한 역사사회학적인 저서다. 팔레스타인에서 7세기 이후 살아온 주민들의 기원은 무슬림 정복자가 그 지역에서 왔을 때 있었던 유대 농민계급에 있다고 이들은 자신 있게 서술했다.

펠라힌은 서기 7세기 이스라엘 땅과 시리아를 점령한 아랍 정복자들의 후예가 아니다. 아랍의 승자들은 그곳의 농민 주민을 파괴하지 않았다. 그들은 이방의 비잔틴 통치자들만을 축출했고, 현지 주민을 건드리지 않았다. 아랍인은 정주를 위해 오지도 않았다. 아라비아 사람들은 자신들의 전 거주지에서도 농업에 종사하지 않았다. (…) 그들은 거의 존재하지 않는 그들의 농민층이 거주할 새로운 땅을 구하지 않았다. 새로운 지역에서 그들의 모든 관심사는 정치, 종교, 물질적인 것으로, 이슬람을 전파하고 세금을 징수하는 것이었다.[15]

벤구리온과 벤즈비는 팔레스타인 펠라힌의 유대적 기원은 현지 지명과 인명 등을 통해 확인할 수 있다고 강조했다. 약 210개 마을에서 명확하게 히브리 인명을 가진 주민들을 찾을 수 있는 등 '이스라엘 땅Eretz Israel'의 성서 시대 용어 흔적들이 남아 있다고 지적했다. 역사학자인 벤-즈비는 1929년에 〈팔레스타인에서 우리의 주민Our Population in the Country〉이라는 글에서 이 문제와 관련해 더 진전된 연구를 내놓았다. 그는 "모든 펠라힌이 고대 유대인의 후예라고 말하는 것은 잘못됐으나, 그들 대부분이나, 핵심층에 대해서는 그렇게 말할 수 있다"며 "펠라힌의 대다수는 아랍 정복자에서 유래하지 않았고, 이슬람의 정복 전에 이 지역의 토대였던 유대 펠라힌에서 유래했다"고 말했다.[16]

열렬한 시온주의자인 두 사람은 이방에서 온 유대인들이 현지 원주민과 합치기를 원했고, 이는 공통의 종족적 기원이 있기 때문에 가능하다고 진정으로 믿었다. 이 때문에 벤구리온은 팔레스타인에서 유대인의 초기 입식 과정 때 현지 펠라힌이 소유한 땅이나 그들이 경작하는 땅을 절대로 구매하지 말라는 지침을 내리기도 했다.[17]

✡ 사라져버린 '팔레스타인 주민의 유대 기원론'

하지만, 초기 시오니스트 사이에서 널리 퍼졌던 팔레스타인 펠라힌이 유대적 기원을 가졌다는 주장이나 유대인과 팔레스타인 펠라힌의 융합 시도는 그 흔적을 남기지 않고 사라져갔다. 벤-즈비가 팔레스타인 펠라힌과 유대인 사이의 공통 기원을 연구한 소책자를 발표한 1929년에 유대인의 입식 과정을 둔 갈등으로 헤브론에서의 아랍 주민 폭동과 학살 사건이 폭발했다. 헤브론 폭동으로 본격적으로 점화된 팔레스타인 현지 주민과 유대인 사이의 갈등은 1936~1939년에 팔레스타인 전역에서 광범한 폭동으로 이어졌다. 이런 일련의 사태로 인해 시오니스트 사상가들이 갖고 있던 팔레스타인 현지 주민과 유대인의 통합이라는 꿈은 완전히 동력을 잃고 말았다.

팔레스타인 현지 주민과 유대인 사이의 대립과 갈등은 유대인 입식의 필연적 결과물이었다. 팔레스타인 주민들도 이방에서 온 유대인이 그 땅에서 새로운 집단으로 출현하자 그에 맞서는 정체성을 형성했기 때문이다. 유대인이 기독교 세계에서 핍박에 대한 자구책으로 민족화를 시도한 것과 같은 차원이다. 이미 이야기한 것처럼 19세기 말 팔레스타인에서는 지역적 정체성이 강화되고 민족주의 조류가 흘러드는 상황이었다. 유대인들이 팔레스타인에서 국민국가를 건설하려는 움직임으로 가속화되자, 이로 인해 소외되고 배제되는 팔레스타인 주민들 역시 타자화된 정체성을 가질 수밖에 없게 된 것이다. 유대인의 도래는 팔레스타인 주민에게 자신을 '팔레스타인 지역에서 살던 아랍 주민'에서 '팔레스타인인'으로서 인식하게 하고, 더 나아가 '팔레스타인 민족'으로서 여기게 했다. 팔레스타인 주민을 본격적으로 그 땅에서 내몰아 난민으로 만든 이스라엘 건국은 팔레스타인 주민의 대항적 민족화를 더욱 재촉하게 됨은 물론이다.

13장

이스라엘의 건국과 아랍의 방기

왜 팔레스타인
국가 수립은 좌절됐나?

현대 중동분쟁은 팔레스타인 분쟁을 뇌관으로 하여 폭발했다. 이는 팔레스타인 분쟁이 현대 중동분쟁의 원인이라는 얘기가 아니다. 현대 중동분쟁은 팔레스타인 분쟁으로 격발됐고, 이를 통해 악화됐을 뿐이다. 팔레스타인 분쟁의 기원인 시오니즘이나, 유대인, 이스라엘의 건국에 현대 중동분쟁의 책임을 모두 돌릴 수도 없고, 돌려서도 안 된다는 것이다. 현대 중동분쟁은 현대 중동의 형성 과정에서 일어난 것이고, 팔레스타인 분쟁 역시 그 일환이다.

✡ 현대 중동을 만든 '1922년의 타결'과 팔레스타인의 유대인

　팔레스타인 분쟁은 현대 중동을 만들어낸 1차대전의 산물이다. 1차대전으로 중동을 점령한 영국 등 서방 제국이 그 지역을 자신들의 세력권으로 만들려고 재편하려다 현대 중동의 지도를 그렸다. 그렇게 만들어진 현대 중동에 태생적으로 대결과 분쟁이 깃들었다. 팔레스타인 분쟁도 그 일환이었다.

현대 중동의 형성 과정에 관한 가장 탁월한 연구가인 데이비드 프롬킨David Fromkin은 대표작인 《모든 평화를 끝내기 위한 평화A Peace to End All Peace》[1]에서 1차대전 이후 유럽 연합국이 취한 각종 조처, 협정, 결정들이 뒤섞여 중동평화의 최종타결안을 형성했다면서, 그런 일련의 과정을 '1922년의 타결'이라고 불렀다.

1922년 타결은 전승국인 영국과 프랑스의 이해관계에 기초했고, 또 다른 전승국인 러시아도 배려하면서 견제하려는 목적을 갖고 있었다. 하지만 이 타결로 생긴 현대 중동에서 태어날 국가들은 태생적으로 국가적 정체성이나 국경선이 불투명한데다 통치 세력의 정당성마저 희박했다. 종교적, 문화적, 종족적으로 이질적인 유럽의 유대인이 중동의 한 귀퉁이인 팔레스타인에 자리 잡은 것도 그 일환이었다. 이런 이질적인 유대인의 존재와 그들의 국가 건설은 1922년 타결에 잠복해 있던 갈등과 분열, 대결이 표면화되는 통로 구실을 했다.

중남미나 아프리카도 중동에서처럼 지도가 제국주의 국가들에 의해 자의적으로 그려졌다. 그런데도 유독 중동에서만 분쟁이 지금도 끊이지 않는 이유를, 프롬킨은 현상 유지의 원칙이 지켜지지 않았기 때문이라고 지적했다. 중남미나 아프리카에서는 일단 그어진 국경선을 수용하고 살아갔지만, 중동에서는 그러지 않았다는 것이다. 이는 팔레스타인 분쟁으로 시작됐다.

팔레스타인 분쟁의 배경이자 원인인 현대 중동의 분쟁과 비극은 그 지역의 주인들이던 무슬림의 독자적 통치와 삶이 1차대전과 함께 끝나면서 시작됐다. 영국 등 유럽의 제국들은 1차대전 이전부터 북아프리카 지역이나 페르시아만 지역 등 이슬람권에서 보호령 형식으로 식민지를 개척하기는 했다. 하지만, 1차대전 이전까지 아랍 등 이슬람 세계의 핵심 지역은 오스만튀르크 제국의 영역이었다.

1차대전은 오스만튀르크를 해체하고, 영국과 프랑스 등 서구 제국을 그 영역으로 불러들였다. 전승국인 영국과 프랑스는 전리품인 오스만튀르크 제국의 영역을 나눠, 자신의 세력권으로 만들려 했다. 그때까지 오스만 제국 아래에서 유기적 연관성을 갖던 지역들이 분할되거나, 같은 지리적, 지정학적인 단위로서 살아본 적이 없던 지역들이 합쳐지는 등 자의적인 재편이 불가피했다.

유럽 국가들은 자신의 세력권 구축을 위해 자의적으로 나누거나 합친 지역에서 유럽식의 국민국가 체제를 건설하려고 했다. 이슬람은 원래 종교와 정치, 법치가 합쳐진 개념으로, 정교분리가 이뤄진 당시 유럽 근대국가와는 달리 오스만튀르크에서는 종교와 정치, 법치가 구분되지 않았다. 이 지역에서 정교분리의 세속주의, 민족주의, 대의제 정치 등이 근대화의 이름으로 도입되자 무슬림들은 기독교도에 의해 지배당한다는 열패감과 분노를 느꼈다. 특히, 유대인과 이스라엘의 존재는 유럽의 기독교도와 제국주의가 무슬림과 그 영역을 지배하려는 상징으로 받아들여졌다.

팔레스타인 분쟁은 현대 중동의 형성 과정에서 잠재됐던 중동분쟁의 일환이다. 따라서, 그 분쟁에 대한 책임이 근본적으로 누구에게 있냐고 물으려면, 먼저 현대 중동을 만든 세력에게 물어야 한다. 그건 1차대전의 전승국들이고, 특히 영국이다. 영국은 현대 중동을 만든 1922년의 타결을 주도했다. 1922년 타결은 전승국인 영국과 프랑스의 이해관계에 기초했고, 또 다른 전승국인 러시아도 배려하면서 견제하려는 목적을 갖고 있었다. 하지만 이 타결로 생긴 현대 중동에서 태어날 국가들은 태생적으로 국가적 정체성이나 국경선이 불투명한데다 통치 세력의 정당성마저 희박했다. 종교적, 문화적, 종족적으로 이질적인 유럽의 유대인이 중동의 한 귀퉁이인 팔레스타인에 자리 잡은 것도 그 일환이었다. 이런 이질적인 유대인의 존재와 그들의 국가 건설은 1922년 타결에 잠복해 있던 갈등과 분열, 대결이 표면화되는 통로 구실을 했다.

중남미나 아프리카도 중동에서처럼 지도가 제국주의 국가들에 의해 자의적으로 그려졌다. 그런데도 유독 중동에서만 분쟁이 지금도 끊이지 않는 이유를, 프롬킨은 현상 유지의 원칙이 지켜지지 않았기 때문이라고 지적했다. 중남미나 아프리카에서는 일단 그어진 국경선을 수용하고 살아갔지만, 중동에서는 그러지 않았다는 것이다. 이는 팔레스타인 분쟁으로 시작됐다.

팔레스타인 분쟁의 배경이자 원인인 현대 중동의 분쟁과 비극은 그 지역의 주인들이던 무슬림의 독자적 통치와 삶이 1차대전과 함께 끝나면서 시작됐다. 영국 등 유럽의 제국들은 1차대전 이전부터 북아프리카 지역이나 페르시아만 지역 등 이슬람권에서 보호령 형식으로 식민지를 개척하기는 했다. 하지만, 1차대전 이전까지 아랍 등 이슬람 세계의 핵심 지역은 오스만튀르크 제국의 영역이었다.

1차대전은 오스만튀르크를 해체하고, 영국과 프랑스 등 서구 제국을 그 영역으로 불러들였다. 전승국인 영국과 프랑스는 전리품인 오스만튀르크 제국의 영역을 나눠, 자신의 세력권으로 만들려 했다. 그때까지 오스만 제국 하에서 유기적 연관성을 갖던 지역들이 분할되거나, 같은 지리적, 지정학적인 단위로서 살아본 적이 없던 지역들이 합쳐지는 등 자의적인 재편이 불가피했다.

유럽 국가들은 자신의 세력권 구축을 위해 자의적으로 나누거나 합친 지역에서 유럽식의 국민국가 체제를 건설하려고 했다. 이슬람은 원래 종교와 정치, 법치가 합쳐진 개념으로, 정교분리가 이뤄진 당시 유럽 근대국가와는 달리 오스만튀르크에서는 종교와 정치, 법치가 구분되지 않았다. 이 지역에서 정교분리의 세속주의, 민족주의, 대의제 정치 등이 근대화의 이름으로 도입되자 무슬림들은 기독교도에 의해 지배당한다는 열패감과 분노를 느꼈다. 특히, 유대인과 이스라엘의 존재는 유럽의 기독교도와 제국주의가 무슬림과 그 영역을 지배하려는 상징으로 받아들여졌다.

팔레스타인 분쟁은 현대 중동의 형성 과정에서 잠재됐던 중동분쟁의 일환이다. 따라서, 그 분쟁에 대한 책임이 근본적으로 누구에게 있냐고 물으려면, 먼저 현대 중동을 만든 세력에게 물어야 한다. 그건 1차대전의 전승국들이고, 특히 영국이다. 영국은 현대 중동을 만든 1922년의 타결을 주도했다.

✡ 오스만튀르크의 존속에서 해체로 ···
중복되는 4개의 협약과 '1922년 타결'

1차대전이 발발하기 이전에 영국이나 서구 제국들은 오스만튀르크의 해체보다는 존속을 원했다. 쇠락하는 오스만튀르크가 해체된다면, 페르시아만 등 영국의 사활적 이해가 걸린 지역에 러시아의 남하를 재촉할 것으로 우려했기 때문이다. 영국은 오스만튀르크 제국 영역 내에 이집트나 페르시아만 지역을 보호령으로 만드는 등 영향력을 유지하려고는 했다. 그러나, 제국의 해체는 바라지 않았고 오히려 적극적으로 존속을 지원했다. 19세기의 최대 제국주의 전쟁인 크림전쟁이 대표적이다. 이 전쟁을 통해 영국과 프랑스는 남하하는 러시아가 오스만 제국을 몰락시키고 동지중해 일대를 점령하는 것을 막았다.

1차대전이 발발하고, 오스만튀르크가 독일 주도의 동맹에 가담했다. 영국은 오스만튀르크와 교전할 수밖에 없었다. 영국은 오스만 제국의 존속을 더 이상 가능한 선택지로 남겨둘 수 없는 상황이 됐다. 영국은 오스만튀르크의 제압과 중동에서 전후 질서를 위한 일련의 협정과 약속을 맺었다. 이는 우리가 전장에서 살핀 모순되고 중복되는 4개의 조약과 약속이었다.

첫 번째가 1915년 10월 헨리 맥마흔 이집트 주재 고등판무관이 아라비아반도의 헤자즈 지역에 있는 오스만 제국의 봉국의 하시미테 왕가 수장인 후세인과 맺은 맥마흔-후세인 양해각서이다. 하시미테 왕가가 오스만 제국에 대항하는 아랍봉기를 이끄는 대가로 통일아랍 왕국을 약속했다. 두 번째가 1915년 12월 아라비아 중앙의 네지드의 유력 부족 수장인 이븐 사우드Abdulaziz bin Abdul Rahman Al Saud 1875~1953년와 맺은 다린 조약Treaty of Darin이다. 영국은 이 조약에서도 사우드 왕가가 오스만튀르크에 대항해 봉기하는 대가로 아라비아반도에서 세력권을 약속했다.

세 번째가 1916년 1월 프랑스와 맺은 사이크스-피코 비밀협정이다. 중동의 미래에서 가장 결정적이었다. 영국과 프랑스의 외교관 마크 사이크와 조르주 피코가 맺은 이 협정은 전쟁 뒤 오스만튀르크를 해체하고 아랍 지역을 양국의 세력권으로 분할하기로 했다. 이 협정은 나중에 러시아도 참여해, 사이크스-피코-사자노프 협정으로 확대됐다. 네 번째가, 1917년 11월 밸푸어 선언이다. 팔레스타인에 유대 국가 건설을 인정했다.

영국이 맺은 일련의 모순되고 중복되는 협정과 약속은 전쟁에서 세력을 규합하려고 급조된 측면만 있었던 것은 아니었다. 오스만튀르크 제국의 존망과 관련된 동방문제가 불거진 이후 영국이 중동에서 100년 이상 끌어온 문제에 대한 해법이기도 하다. 즉, 중동에서 프랑스와의 경계선을 어디에 긋고, 그보다 더 중요한 러시아와의 경계를 어디에 설정해야 하는가, 라는 문제를 풀려고 한 것이다.[2] 이 때문에 현대 중동의 출현은 19세기에 일어난 거대한 게임의 결정판이었다.

전쟁 직전에 하시미테 왕가의 셋째 아들 압둘라가 이집트의 영국 총독인 허레이쇼 허버트 키치너 장군을 찾아와 아랍의 독립에 대한 지원을 요청한 것이 그 시작이었다. 아프리카와 중동에서 대영제국의 식민지 전쟁과 정책을 수행한 허레이쇼 허버트 키치너는 이를 계기로 무슬림 아랍권과의 제휴를 시작했다. 영국과 프랑스는 당초 오스만 제국의 존속을 바라면서도 전쟁이 진행되자 어쩔 수 없이 중동을 점령해서 분할하려 했다.

전쟁 뒤 전쟁장관으로 임명된 키치너는 종전 뒤 중동을 영국, 프랑스, 러시아가 분할할 생각으로 마크 사이크스 경을 그 책임자로 앉혔다. 사이크스는 프랑스의 피코와의 협정 등으로 중동의 미래를 담은 영국의 청사진을 만들었다. 팔레스타인에 유대 국가를 수립한다는 밸푸어 선언 역시 그 일환이었다. 종전 뒤 다수의 영국 관리들은 혁명이 일어난 소련의 볼셰비키 진출을 막으려고, 중동에서 영국의 입지를 더 고수해야 할 필요성을 느꼈다. 이는 영국이 전후에 중동의 지도를 다시 그리는 데 더 적극적으로 나서게 된 배경이 됐다.

1922년에 결정된 다수의 문서와 결정들은 그 산물이었다. 앨런비 선언으로 이집트를 명목상 독립국으로 인정해준 것, 팔레스타인을 영국의 위임통치령으로 만든 것, 처칠 백서로 팔레스타인 위임통치령에서 트랜스요르단을 분리해, 현재의 이스라엘과 요르단이 탄생하는 근거가 만들어진 것, 영국-이라크 조약을 체결해 신생국 이라크의 입지를 결정한 것, 시리아와 레바논을 프랑스 위임통치령으로 만든 것, 영국이 이집트와 이라크, 트랜스요르단에 새로운 왕들을 앉힌 것, 러시아가 소련을 수립해 중앙아시아의 무슬림 지역에 지배권을 재확립한 것 등으로 현대 중동, 더 나아가 현대 이슬람권의 모습이 결정됐다.[3]

1922년 타결은 대부분 사이크스가 전시에 프랑스 및 러시아 대표와 함께 중동을 분할하기로 한 교섭에 바탕했다. 프랑스는 사이크스-피코 협정의 원안에 비해 몫이 조금 줄어들고, 러시아도 전쟁 전에 보유했던 것을 지키는 수준에 머물렀다. 그래도, 영국이 그들과 몫을 나누기로 한 것과 무슬림 중앙아시아에 대한 지배를 허용하기로 한 원칙은 지켜졌다. 영국은 사이크스-피코 협정 원안에 명시된 모든 목적을 달성했다. 명목상 독립을 이룬 아랍 군주국들을 거의 다 보호령으로 만들어 간접적으로 지배할 수 있게 됐다. 이는 아랍과 유대 민족주의 후원국이 되겠다는 약속과 명분이 바탕이 됐다.

전술한 대로 이런 중동의 지도는 영국이 100년 동안 중동에서 고민하던 프랑스 등의 전승국, 특히 러시아와의 세력권 문제를 해결하는 과정에서 결정된 것이었다. 영국은 이를 통해 아프리카 대륙의 남단 희망봉에서부터 이집트와 메소포타미아, 페르시아를 거쳐 인도로 연결되는 거대한 대영제국의 영역을 확립했다. 대영제국의 판도를 위협할 프랑스나 러시아와도 세력권을 획정했다고 생각한 것이었다.

이는 영국의 착각이었다. 오히려, 영국이 맺은 모순되는 4중의 계약은 전후 중동에서 영국의 영향력을 급속히 붕괴시키는 배경이 됐다. 무엇보다도, 중동 내부 세력들 사이의 갈등과 분쟁을 만드는 원인이 됐다. 팔레스타인은 영국이 프랑스와 맺은 사이크스-피코 조약, 하시미테 왕가와 맺은 후세인-맥마흔 양해각서, 유대인을 위한 밸푸어 선언에서 모든 상대방에게 약속한 땅이었기 때문이다. 아랍의 무슬림들은 영국에 고분고분하지 않았다. 영국에 의해 이 지역에 끼어든 유대인 역시 약속 이행에 소극적인 영국에 저항했다.

✡ 팔레스타인 국가 수립 실패는 유대인만의 책임인가?

영국 등 제국주의 세력 사이의 세력권 획정과 시오니즘의 원죄를 제쳐둔다면, 팔레스타인 분쟁은 팔레스타인에서 유대인 국가만 수립되고 팔레스타인 국가는 좌절되면서 악화됐다. 지금도 팔레스타인 분쟁은 팔레스타인 독립 국가 수립을 놓고 진행 중이다.

팔레스타인 독립 국가의 좌절을 놓고 흔히 유대인이나 아랍/팔레스타인 쪽 일방에게만 주요 책임을 물어왔다.

먼저, 유대인들에 대한 비판이다. 유대인들이 애초부터 팔레스타인을 '에레츠 이스라엘Eretz Israel, 이스라엘의 땅', 즉 자신들의 국가 건설을 위해 독점해야 할 곳으로 보고는 다른 주민들과 공존할 의사가 없었다는 비판이다. 이런 담론은 이스라엘 건국 과정이나, 건국 뒤 이스라엘이 강자가 된 입장에서 팔레스타인 주민을 추방하거나 귀환을 막았던 행태들을 근거로 한다.

둘째는, 아랍/팔레스타인 쪽에 대한 비판이다. 아랍/팔레스타인이 기정사실화된 팔레스타인에서의 유대인 존재를 인정하지 못하거나 타협을 거부함으로써, 팔레스타인 국가 수립의 기회를 놓쳤다는 것이다. 이런 담론은 아랍/팔레스타인의 비현실적인 태도로 팔레스타인 독립 국가안이 시간이 갈수록 축소되고 받아들이기 힘들어진 상황을 지적한다. 예를 들어서, 아랍/레스타인 쪽은 1948년에 유엔이 제시한 팔레스타인 독립 국가안을 거부했는데, 현재는 고작 가자와 서안 지구의 일부를 영역으로 하고 자치권만 허락되는 팔레스타인 국가를 제안받고 있을 뿐이다.

두 담론 모두 유대인이나 아랍/팔레스타인이나 타협보다는 대결에 의한 해결을 추구하다가, 분쟁을 악화시켰다고 본다. 힘이 셌던 이스라엘은 원하던 것을 얻었으나 비난과 분쟁의 악순환에 발목이 잡혔다. 힘이 약한 아랍/팔레스타인은 아무것도 얻지 못했을 뿐만 아니라 시간이 갈수록 얻을 것이 줄어드는 상황에 처해 왔다.

유대인이나 아랍/팔레스타인이 타협을 못 하고 대결 쪽으로만 간 것은 그들의 주체적 의지도 작용했겠지만, 상황에 내몰린 탓도 크다. 팔레스타인 분쟁이 애초 서구의 기독교 문명 세계에서 나온 문제인 시오니즘에서 시작됐듯이, 그 분쟁이 악화된 것 역시 제국주의 침략과 전쟁이 만든 상황의 산물이 아닐 수 없다.

그래서, 팔레스타인 분쟁은 영국, 유대인, 아랍/팔레스타인 모두에게 책임을 물어야 한다. 영국에게는 제국주의적 이해에 따라서 중동을 자의적으로 재편해놓고서는 무책임하게 도망가버린 가장 큰 책임을 물어야 한다. 유대인과 이스라엘에게는 타협과 합의를 항상 자기 기준과 잣대로 설정하고, 힘이 세지면 그런 타협과 합의조차도 되돌려 왔던 책임을 물어야 한다. 아랍/팔레스타인에게는 애초부터 팔레스타인 독립 국가에 대한 비전이 불투명했던 책임을 물어야 한다. 특히, 주변의 아랍 국가들은 팔레스타인을 자신의 영역으로 만들어 세력을 확장하려는 다툼을 벌였다. 이는 영국의 세력권 획정에 따라 급조된 아랍 국가들이 영토나 민족 등의 측면에서 부족했던 국가적 정체성을 영역 확장으로 메꾸려는 시도이기도 했다.

✡ '메카의 수호자' 왕자와 시오니스트 지도자의 합의 … 유대 국가에 대한 아랍의 최초 반응

1차대전 이후 전후 국제질서를 논의하는 '파리 강화회의1919년 1월 18일~1920년 1월 21일'가 열리기 직전인 1919년 1월 3일. 이슬람의 성지 메카의 수호자인 하시미테Hashemite 왕가의 3번째 왕자 파이잘Faisal I bin Al-Hussein bin Ali Al-Hashemi, 1885~1933년과 시오니즘 운동의 지도자인 하임 바이츠만 영국시오니스트연맹 의장은 한 문서에 서명했다.

파이잘-바이츠만 합의라고 불리는 이 문서는 향후 팔레스타인을 놓고 벌어지는 오랜 중동분쟁에서 반복될 기만과 위선의 중층적 성격을 함축적으로 예고했다. 파리 강화회의에서 아랍 쪽의 유력한 대표로 참석한 파이잘은 이 합의에서 "1917년 11월 2일의 영국 정부의 선언을 발효시키는 데 최대한의 보장" 및 "팔레스타인으로 유대인의 이민을 대규모로 권장하고 촉진하는 데…모든 필요한 조처들"의 채택에 지지를 표명한다고 밝혔다. 이 합의는 팔레스타인에서 유대인 국가 건설을 인정한다는 밸푸어 선언을 아랍 쪽이 보장한다는 것이었다.

당시 파리 칼튼호텔에 머물던 파이잘에게 영어로 된 이 문서를 제시하고 설명해준 인물은 그와 함께 오스만튀르크에 반대하는 아랍의 봉기를 이끌었던 토머스 에드워드 로런스Thomas Edward Lawrence, 1888~1935년 영국군 대령이었다. 파이잘은 로런스와의 신뢰 관계가 있었기에, 이 문서에 서명하고는 아랍어로 단서를 달았다. 아랍의 독립이 예정대로 이뤄지지 않는다면, 팔레스타인을 둔 합의도 무효라는 조건이었다. 바이츠만이 이끄는 '시오니스트 기구The Zionist Organization'는 파리강화회의에서 파이잘이 붙인 단서는 삭제하고는 이 협정을 제출했다. 시오니스트들은 이 합의가 아랍이 팔레스타인에서 유대인 국가 건설을 지지하는 증거라고 주장했다.

이 합의는 팔레스타인에서의 유대인 국가 건설이나 팔레스타인 독립 국가 건설에 아랍 세력들이 어떤 입장을 지녔는지를 보여주는 시초였다. 당시 아랍을 대표하던 하시미테 왕가는 자신들 주도의 아랍통일국가가 수립된다면, 팔레스타인에서 유대인 국가 건설을 반대하지 않겠다는 입장을 갖고 있었고, 이런 입장이 파이잘-바이츠만 협정의 핵심 요지에 그대로 반영됐다. 이는 팔레스타인 자체의 독립 국가는 애초부터 아랍 세력들에게는 염두에 없었다는 것을 말하는 것이기도 하다.

전술한 대로 하시미테 왕가는 1차대전 발발 때 영국으로부터 아랍통일왕국 수립이라는 조건으로 오스만튀르크에 대한 봉기를 주도하는 후세인-맥마흔 양해각서를 맺었다. 하지만, 하시미테 왕가가 꿈꾸던 아랍통일왕국은 영국이 프랑스와 중동을 분할하기로 약속한 사이크스-피코 협정 등 아랍 지역을 둔 4중 협정으로 설 자리가 없었다. 하시미테 왕가가 유대인 독립국가를 인정한다는 파이잘-바이츠만 합의는 통일아랍왕국의 꿈이 냉혹한 국제정치의 현실 앞에 좌초되기 시작한 것임을 보여준 것이었다.

✡ 현대 중동의 황가를 꿈꿨던 하시미테 가문과 영국의 동상이몽

하시미테 왕가는 이슬람 예언자 무함마드를 조상으로 하는 아랍의 유력 가문이었다. 하시미테라는 이름 자체가 이슬람이 기원한 쿠라이시 부족의 원로이자, 무함마드의 증조부였던 하심에서 나온 것이기도 하다.[4]

또한, 하시미테 가문은 조상들의 역사적인 영역인 메카가 있는 헤자즈 지역을 물려 받아왔다. 메카가 포함된 헤자즈는 홍해 연안 지대로 농업이나 교역이 성행했다. 내륙이 사막인 아라비아반도에서는 가장 중요한 지역이었다. 이 때문에 오스만튀르크도 이 지역을 제국의 공식 영역으로 포함시켰다. '메카의 수호자'인 하시미테 왕가가 봉국의 통치자였다.

무함마드의 후예이자, 메카의 수호자인 하시미테 왕가는 이슬람과 아랍의 정통성이 자신들에게 있다고 자부했다. 오스만튀르크가 해체된다면, 자신들이 조상들처럼 이슬람 세계에서 신이 대리하는 통치자인 칼리프로 등극해야 한다고 생각했다. 이런 하시미테 왕가의 유산은 1차대전과 오스만 제국의 해체라는 격동 속에서 그들의 대외정책 행보를 결정했다.

당시 하시미테 왕가의 수장이던 후세인 빈 알리Hussein bin Ali al-Hashimi, 1845~1931년는 영국과의 협상 통로였던 헨리 맥마흔과의 첫 편지에서 "아랍 민족"의 이름으로 아라비아반도 전역과 현재의 시리아, 레바논, 요르단, 이스라엘, 이라크의 일부에서 아랍의 독립에 대한 영국의 승인을 요구했다. 광대한 영토 야망에 더해 자신을 이슬람의 칼리프로 인정하라는 요구도 했다.

영국은 그런 원칙을 수용했으나, 후세인이 규정한 아랍 독립의 영역에는 동의하지 않았다. 맥마흔은 1915년 10월 24일 양해각서 서한에서 영국 정부가 "셰리프가 요구한 범위 (즉, 시리아, 아라비아, 그리고 이라크가 포함된 전체 아랍 직사각형 지역) 안에서 아랍인들의 독립을 인정하고 지지할" 준비가 됐다고 밝혔다. 하지만, 특정 지역들은 제외했다. 맥마흔은 "메르신 및 알렉산드레타(터키 남동부의 연안 도시들), 그리고 다마스쿠스, 홈스, 하마, 알레포 지역들의 서쪽에 있는 시리아의 부분들은 순수하게 아랍이라고 말할 수 없고, 이런 이유로 제안된 범위에서 제외돼야만 한다"고 말했다. 터키 남동부 연안 지역 및 현재의 레바논 등 지중해 동부 연안 지역은 제외한다는 것이었다.

영국과 하시미테 왕가 사이에는 독립한 통일아랍왕국의 영토뿐만 아니라 독립의 성격이나, 국가 형태에서 더 심각한 이견이 잠재돼 있었다. 영어와 아랍어로 오고 간 양해각서는 영토뿐만 아니라 다른 문제들에서 애매모호한 표현으로 명확한 규정을 하지 않았거나, 아예 거론조차 없었다. 영국이 공인한 아랍의 독립은 하시미테 왕가가 꿈꾸던 통일아랍왕국인지, 아니면 영국 보호령 밑에 있는 국가들 사이의 연합이나 동맹인지 언급이 없었다. 또 영국은 아랍 독립만을 공인한 것인지, 거론된 지역들에 대한 하시미테 왕가의 통치를 승인한 것인지도 불투명했다.

물론 후세인과 그 네 아들인 알리, 압둘라, 파이잘, 자이드는 아라비아반도, 대시리아, 이라크로 구성된 통일아랍왕국을 열망했다. 각 지역을 아들들의 봉국으로 통치하려고 했다. 이런 원대한 계획은 둘째인 압둘라Abdullah I bin al-Husayn, 1882~1951년와 셋째 아들인 파이잘에 의해 주도됐다. 특히, 압둘라는 영국과의 협상을 먼저 제안하는 등 통일아랍왕국의 설계자였다. 그는 영국에 먼저 협상을 제안하는 등 하시미테 왕가의 외교장관 역할을 했다. 파이잘은 영국의 군사고문인 로런스와 협력해, 봉기를 이끌었다.

✡ 좌절된 통일아랍왕국의 꿈, 강대국의 보호령이라는 현실

1916년 6월 후세인의 네 아들들이 이끄는 아랍의 봉기Arab Revolt가 시작됐다. 헤자즈의 베두인 유목민들로 구성된 반군들은 메카, 타이프, 제다를 신속히 함락하고 헤자즈 지역을 점령했다. 이어서, 메디나를 포위했으나, 전쟁이 끝날 때까지 대부분의 병력은 거기에서 묶였다. 아랍 봉기군은 메디나로 가는 터키의 주 보급선인 헤자즈 철로를 사보타주하는 데 군사적 가치가 있었다. 오직 파이잘이 이끄는 부대만이 팔레스타인과 시리아에서 영국군을 도와서, 1918년 10월 1일 다마스쿠스에 처음으로 입성해서 아랍의 깃발을 올렸다.

후세인은 봉기가 시작된 지 4개월 만에 자신을 "아랍 국가들의 왕King of the Arab Countries"으로 선포했다. 즉, 아랍의 황제라고 칭한 것이다. 영국은 이를 인정하기를 거부하다가. 나중에 '헤자즈의 왕'으로서만 인정했다. 아랍의 봉기는 로런스가 남긴 기록과 영화 〈아라비아의 로렌스〉 등으로 만들어진 로런스 신화로 그 자발성이나 규모, 군사적 효용에서 크게 과장됐다. 하지만, 파이잘이 다마스쿠스에 먼저 입성해, 전후 질서 편성에 목소리를 높일 입지는 차지했다. 파이잘은 다마스쿠스에 임시정부를 수립했다.

전쟁 뒤 파리강화회의에 하시미테 왕가는 사실상 아랍의 대표로 참가했다. 파이잘이 대표였다. 그때까지만 해도, 하시미테 왕가는 팔레스타인과 관련해 영국의 확실한 보장을 받았다고 생각했다.

앞서, 파이잘의 아버지 후세인은 밸푸어 선언 소식을 듣고는 상당히 심기가 불편해서, 영국 쪽에 그 정확한 의미를 문의했었다. 영국이 1차대전 때 중동에서 선전선동과 첩보 수집을 목적으로 카이로에 설립한 아랍국Arab Bureau의 국장인 데이비드 조지 호가스David George Hogarth, 1862~1927년는 1918년 1월 초 후세인에게 사절을 파견했다. 사절은 이른바 '호가스의 메시지'를 전달해, 후세인을 달랬다. 호가스의 메시지는 "아랍족은 세계에서 한 민족으로 다시 형성될 완전한 기회를 부여받을 것"이라는 연합국의 결의를 재확인해줬다. 또, 팔레스타인에서 "어떤 민족도 다른 민족에 종속되지 않을 것"이고 영국은 이에 결연하다고 강조했다. 영국은 팔레스타인으로 귀환하려는 유대인의 열망을 기존 주민의 경제적, 정치적 자유와 양립하는 선에서만 지지한다고 확인했다.[5]

'호가스의 메시지'는 밸푸어 선언에 대한 후세인의 입장에 결정적인 영향을 미쳤다. 후세인은 팔레스타인에서 유대인 정착이 그 지역에서 팔레스타인 독립과 충돌하지 않을 것이라는 영국의 보장을 받았다고 생각했다. 후세인은 밸푸어 선언에 대해 우려하던 아들들을 달래기도 했다.[6] '호가스의 메시지'는 파리강화회의에서 파이잘-바이츠만 합의의 배경이었다.

하지만, 파이잘은 곧 냉혹한 열강들의 이해와 외교 앞에서 현실을 직시하게 됐다. 영국의 약속은 이 회의에서 아무것도 보장해주지 않았다. 하시미테 왕가의 통일아랍왕국 건설에서 핵심 지역인 시리아는 프랑스의 세력권으로 편입됐기 때문이다. 더구나 프랑스는 아랍의 봉기를 영국 제국주의의 음모에 불과하다고 봤다. 아랍의 각 지역에서 일어나는 민족주의와 유대인에 대한 팔레스타인 아랍인들의 불만과 갈등들은 그의 입지를 더욱 좁혔다.

파이잘은 파리강화회의에서 빈손으로 나와야 했다. 특히, 파이잘이 임시정부를 차린 시리아에서 민족주의가 고조되자 파이잘과 프랑스의 관계는 악화됐다. 시리아 민족주의자들은 레바논과 트랜스요르단(요르단강 동안인 현재의 요르단 지역)도 포함된 대시리아Greater Syria 왕국의 완전한 독립을 주장했다. 1920년 3월 다마스쿠스에서 열린 열렬한 민족주의자들의 아랍-시리아 회의Arab-Syrian Congress에서 파이잘은 시리아의 왕으로 추대됐다. 또 이라크의 왕으로는 파이잘의 형인 압둘라를 추대했다.

프랑스는 즉각 파이잘의 왕위 인정을 거부했다. 영국은 중간에서 난처한 입장에 빠졌으나, 파이잘이나 압둘라의 왕위를 인정할 수는 없었다. 강대국들의 이해는 냉정했다. 한 달 뒤인 1920년 4월에 이탈리아 휴양도시 산레모에서 열린 파리강화회의 최고위원회는 오스만 튀르크 제국 문제에 대해 최종적인 결정을 내렸다.

오스만 제국에서 아랍어 사용 지역을 분리해서, 영국과 프랑스의 세력권으로 분할한다는 결정이었다. 이라크, 트랜스요르단, 팔레스타인은 영국의 위임통치령으로, 레바논과 시리아는 프랑스의 위임통치령으로 들어간다는 결정이었다. 이 보호령들은 국제연맹을 대신해 영국과 프랑스가 위임통치하는 형식이었다. 위임통치령들은 종국적으로는 독립이 예정됐다. 사실상, 사이크스-피코 비밀협정에 따른 영국과 프랑스의 제국주의적 이해의 관철이었다.

그해 7월 프랑스군은 다마스쿠스로 진군해, 파이잘을 왕위에서 끌어내리고 정부를 접수했다. 하시미테 왕가가 꿈꾸던 통일아랍왕국이나, 아랍민족주의자들이 열망하던 대시리아 독립국은 무산됐다. 레바논과 시리아는 각각 프랑스의 보호령으로 들어갔고, 현재의 레바논과 시리아 국가의 원형이 됐다. 시리아에서 파이잘이 축출된 것은 아랍 분할의 시작이었다. 근대 이후 중동에서의 상호 분열과 반서방 민족주의를 분출케 했다.

영국은 시리아에서 쫓겨난 파이잘을 달래려고 대신에 이라크 왕위를 시사했다. 이라크의 왕으로 추대됐던 압둘라도 곤란한 위치에 빠졌고, 하시미테 왕가 전체가 위기에 처했다.

앞서, 1919년 5월 21일 하시미테 왕가의 헤자즈 왕국 동부 국경의 투라바가 네지드의 신흥세력인 이븐 사우드 부족 세력들에 의해 급습당해, 압둘라의 병력이 와해됐다. 이븐 사우드의 이크완 부대는 보수적이고 근본주의적인 이슬람인 와하비즘을 신봉하는 종교군대로 광신적인 전투력을 과시했다. 투라바 전투를 계기로 아라비아반도를 둘러싼 쟁패에서 하시미테 왕가는 이븐 사우드 왕가에 수세적인 입장으로 전락했다. 비옥한 초승달 지대와 아라비아반도 전역에서 통일아랍왕국을 수립한다는 하시미테 왕가의 꿈은 현실적으로 와해됐다.

✡ 요르단과 팔레스타인으로 눈을 돌린 압둘라

압둘라는 대신에 다른 곳으로 눈을 돌렸다. 요르단강 동안의 산악 지대였던 트랜스요르단이었다. 명목상으로는 영국의 팔레스타인 위임 통치령의 일부였으나, 실제로는 아무도 관심을 갖지 않아 산적행위가 횡행하는 무법 지대였다. 서방이나 중동의 세력들이 군을 주둔하고 있지도 않았고, 다만 영국의 정치고문 몇 명이 임시 행정기구를 설립하기 위해 주재하고 있었다.

압둘라는 메디나에서 약 2천 명의 소규모 병력을 이끌고 출발해 1920년 11월 마안에 도착했다. 프랑스 침략자들을 몰아내려고 다마스쿠스로 진군하겠다고 엄포를 놓았다. 1921년 3월 압둘라는 암만에 진출해서는 자신의 사령부를 차렸다. 시리아를 침공하는 대규모 병력을 구축하겠다고 포고했다.

압둘라의 트랜스요르단 진출은 영국에게 중동 전략을 재점검하게 했다. 당시 카이로에서 회의에 참석하던 윈스턴 처칠 영국 식민장관은 아라비아와 비옥한 초승달 지대에서 하시미테 왕가의 작은 국가들을 만들어 영국의 세력권에 둔다는 정책을 입안했었다. 이는 이른바 '샤리프정책sharifian policy'으로 불렸다. 파이잘에게 이라크 왕위를 제안한 것도 그 일환이었다.

압둘라가 트랜스요르단으로 대담하게 진군하면서 다마스쿠스를 회복하겠다고 선전선동을 벌이자, 영국의 샤리프 정책은 큰 위협을 받았다. 압둘라의 시도가 성공할 가능성이 있어서가 아니라, 영국과 프랑스의 관계를 위태롭게 했기 때문이다. 압둘라가 포진한 트랜스요르단 역시 영국에게는 이라크와 팔레스타인을 잇는 지역으로 꼭 필요했다.[7]

당시 카이로에 모여있던 영국의 중동 정책 입안자들은 필요하다면 무력을 사용해서라도 압둘라를 트랜스요르단에서 축출하자는 반응을 보였다. 하지만, 처칠과 로런스는 신중론을 폈다. 압둘라의 도발을 기정사실로 받아들이고, 그를 영국 정부의 대표로 트랜스요르단에 머물게 하자고 결정을 내렸다.

처칠의 중동문제 고문인 로런스는 당시 팔레스타인에서 점증하는 반시오니즘 정서를 제어하는 데 압둘라가 적격이라고 권고했다. 로런스는 영국이 반시오니즘 선동을 제어하는 데 압력을 넣을 수 있는 통치자를 트랜스요르단에 임명한다면, 반시오니즘 정서는 잦아들고, 트랜스요르단은 안전밸브가 될 것이라고 확신했다. 그는 "너무 강력하지도 않고, 트랜스요르단의 주민도 아니고, 자신의 지위 보존을 영국 정부에 의지하는 사람"이 이상적이라고 말했다. 영국은 요르단강 동쪽의 빈 땅을 다스릴 신뢰할 만하고 순응적인 대리인을 압둘라로 생각했다.[8] 로런스의 이런 예측은 틀리지 않았다. 요르단의 압둘라는 팔레스타인에서 유대인 국가를 세우는데 큰 방파제 역할을 하게 되기 때문이다.

처칠은 1921년 3월 말 압둘라에게 요르단강과 아라비아 사막 사이에 있는 영토인 트랜스요르단의 에미레이트(이슬람 군주)를 제안했다. 또 파이잘에게는 이라크의 군주를 제안했다. 영국은 압둘라에게 시리아를 정복하겠다는 의도를 포기하는 한편 팔레스타인 위임통치령의 일부로서 트랜스요르단에 대한 영국의 위임통치를 인정해야 한다는 조건을 제시했다. 영국은 트랜스요르단에서 독립적인 정부를 수립하게 해주겠다고 설득했다.

✡ 영국 중동 정책의 대리인 요르단 왕국의 수립과 아랍 국가들의 획정

시리아에 대한 군사 작전의 성공 가능성이 없다는 것을 잘 알고 있던 압둘라는 그 조건들을 지체 없이 수락했다. 다만, 압둘라는 트랜스요르단뿐만 아니라 팔레스타인에서도 자신이 왕이 돼야 한다고 제안했으나, 영국은 거부했다. 4월에 '트랜스요르단 토후국The Emirate of Transjordan'이 선포되고, 정부가 수립됐다. 이는 영국의 정책에서 새로운 길로 가는 첫걸음이었다. 즉, 팔레스타인에서 트랜스요르단의 분리였다.

두 번째 단계는 1922년에 이뤄졌다. 영국은 1922년 7월 1일 이른바 '처칠 백서Churchill White Paper'라는 새로운 중동 정책을 발표했다. 윈스턴 처칠 당시 식민장관이 주도한 이 정책은 현대 중동을 만든 1922년 타결의 핵심이기도 했다. 영국은 시오니스트들의 강력한 저항 속에서 유대인 국가와 관련된 팔레스타인 위임통치령 조항에서 트랜스요르단 영토의 분리에 대한 승인을 국제연맹에서 얻어냈다. 1923년 5월 영국은 압둘라를 통치자로 하는 트랜스요르단을 승인했다. 이라크와 트랜스요르단은 중동에서 영국의 비공식적인 제국의 두 주축이었다.

처칠은 하시미테 왕가를 통한 중동 통치가 영국에 주는 이점들을 숨기지 않고 설명하고 다녔다. 트랜스요르단은 애초부터 팔레스타인에서 유대인 국가를 세우기 위한 방파제로 만들어졌다. 트랜스요르단의 존재 자체가 팔레스타인에서 유대인 국가를 보장했고, 팔레스타인의 아랍 주민 재정착을 위한 유수지였다.

트랜스요르단의 수립 이후 아랍의 정세는 급변했다. 이븐 사우드 세력이 더욱 맹위를 떨치며, 하시미테 왕가의 본국인 헤자즈 왕국을 위협했다. 하시미테 왕가의 수장인 후세인의 헤자즈 왕국이 위기에 빠진 것은 영국의 지원과 보호가 중단됐기 때문이다. 요르단과 이라크를 하시미테 왕가의 왕자들에게 준다는 방침을 세운 1921년 3월 카이로 회의 뒤 로런스는 헤자즈 왕국에 특사로 파견됐다. 그는 헤자즈 왕국을 침략에서 보호하고 후세인에게 매해 보조금도 준다는 영국과의 공식 동맹을 제안했다. 하지만, 후세인은 이미 영국의 배신에 분노한 상태였다. 그는 아랍에서 영국의 위임통치 시스템을 인정하고, 밸푸어 선언을 용납하라는 영국의 조건을 단호히 거절했다.

이는 영국의 보조금과 보호의 중단, 더 나아가 노쇠한 후세인의 헤자즈 왕국이 경쟁자인 이븐 사우드의 위협 앞에 노출됨을 의미했다. 영국도 하시미테 왕가의 두 왕자에게 요르단과 이라크를 맡긴 이상 후세인의 헤자즈에 별 전략적 가치를 두지 않았다. 1차대전 뒤 공화국이 성립된 터키는 오스만튀르크의 황제인 술탄이 겸임하던 이슬람 세계의 통치자 칼리프 제도를 폐지했다. 그 조처 직후인 1924년 3월 후세인은 자신을 칼리프로 선포했다. 이는 이븐 사우드에게 좋은 명분이 됐다.

이븐 사우드의 광신적인 이크완 부대는 칼리프로 참칭하는 타락한 군주 후세인에 대한 응징에 나섰다. 9월에 결정적인 전투가 시작돼, 메카의 인근 도시인 타이프가 이븐 사우드에게 함락됐다. 후세인은 왕위를 큰아들 알리에게 넘겨야 했다. 10월에 메카마저 함락되며, 하시미테 왕가를 상징하던 '메카의 수호자'라는 명분도 증발됐다. 알리는 1년 뒤 왕위에서 타도됐다. 후세인은 영국 군함을 타고 키프러스로 망명했고, 그곳에서 1931년에 사망했다.

1922년을 전후해 아랍 지역에서는 현재의 이라크, 시리아, 레바논, 요르단 등이 세워질 그림이 그려졌다. 한 군데가 아직 정해지지 않았다. 팔레스타인이었다.

✡ 팔레스타인 분쟁의 시작 ···
아랍계 주민과의 공존을 고민하지 않은 유대인

팔레스타인이 영국군에 의해 점령되면서 팔레스타인 분쟁은 가시화되기 시작했다. 밸푸어 선언을 한 영국이 팔레스타인을 점령하자, 그 선언을 이행해야 할 책무에 봉착하게 됐다. 하지만, 영국은 1차대전 와중에서 맺은 여러 다른 조약과 약속들과 배치되는 밸푸어 선언의 이행을 번복으로 일관할 수밖에 없었다. 팔레스타인 땅을 독점하려는 유대인들의 집요한 시도, 팔레스타인에서 유대인의 존재를 인정하지 않으려는 아랍/팔레스타인의 비현실적 반발도 번복의 원인으로 작용했다.

영국이 팔레스타인을 점령한 뒤인 1918년 1월 전시내각 중동위원회는 유대 국가 수립을 위한 방안을 준비하고, 현지의 군정과 유대인 공동체 사이의 연락을 위해 '시오니스트위원회'를 파견하는 결정을 내렸다. 유대인들은 영국이 밸푸어 선언을 이행하려는 조처로 보고 환영했다. 하지만, 하임 바이츠만이 이끈 시오니스트위원회는 팔레스타인 현지에서 영국 군정 당국의 싸늘한 태도에 직면했다.

현지의 군정이 그런 태도를 보인 것은 놀라운 일이 아니었다. 시오니스트위원회의 요구가 너무 과도했기 때문이다. 당시 팔레스타인 인구 구성에서 아랍 주민은 약 56만 명인 데 비해 유대인은 5만 5천 명에 불과했다. 시오니스트위원회는 모든 공식 포고령에서 히브리어에 아랍어와 동등한 지위 부여, 예루살렘 시장에 유대인 임명, 예루살렘 시회의의 절반을 유대인으로 임명 보장, 유대인 이민 제한 철폐, 공공 분야에서 유대인 임명 등을 요구했다.[9] 유대인, 특히 시오니스트들은 이때부터 팔레스타인을 독점하거나, 적어도 유대인이 다수가 되는 땅으로 인식하고는, 아랍 주민들과의 대등한 공존은 애초부터 염두에 두지 않았다.

전쟁 뒤 유대인 이민자가 늘어나자, 아랍계 주민과의 갈등도 시작됐다. 유대인 이민 증가와 토지 매입은 유대인들이 우위에 서게 될 것이라는 아랍계 주민들의 우려를 키웠다. 1920년 3월 1일 아랍계 주민들이 팔레스타인 북부의 고립된 유대인 정착지를 공격하는 본격적인 폭력 사태가 처음 발생했다. 폭력 사태는 악화됐다. 유대인의 명절인 유월절 시기이자 팔레스타인 무슬림들의 나비 무사(예언자 모세) 축제 때 예루살렘의 유대인 지구 내로 무슬림들의 종교행사 행렬이 들어가면서 충돌이 발생했다. 유대인 6명이 죽고 200명이 부상했다. 무슬림들도 6명이 죽고, 32명이 부상했다. '나비 무사' 사건이라고 불리는 이 사태는 향후 팔레스타인 분쟁을 예고하는 최초의 대중봉기였다.

팔레스타인 현지에서 충돌이 격화되던 1920년 4월 19일 이탈리아 산레모에서 열린 파리강화회의 최고위원회 회의에서 오스만튀르크 제국 영역이 영국과 프랑스 세력권으로 분할되고, 팔레스타인은 영국의 위임통치령이 된다는 결정이 내려졌다. 팔레스타인에 대한 영국의 위임통치령 결정은 유대인에게는 일단 외교적 개가였다. 팔레스타인 위임통치령은 국제연맹을 대신해 연합국 전승국들의 수장들에 의해 공인된 국제적인 조약으로 밸푸어 선언을 그 조약의 일부로 수용했다. 팔레스타인에서 유대인 국가 수립으로 가는 첫걸음이었다.

곧, 허버트 새뮤얼이 팔레스타인고등판무관High Commissioner of Palestine 으로 임명돼, 현지 군정을 대체하는 민정 당국의 수장으로 부임해왔다. 그는 유대인 이민 증가에 따른 토지 매입에서 기인한 아랍 주민의 불만을 달래기 위해 1921년 7월 유대인 이민 제한령을 발동하는 등 나름대로 균형 잡힌 통치를 폈지만, 유대인과 아랍계 주민의 갈등을 수습하기에는 역부족이었다. 그가 부임한 뒤인 1921년 5월, 47명의 유대인이 아랍 주민들에 의해 사망하고, 48명의 아랍 주민들은 영국 경찰에 의해 사망하는 유혈 사태가 발생했다.

이때부터 영국의 팔레스타인 정책은 상황에 따라서 번복을 거듭했다. 영국은 팔레스타인뿐만 아니라 아랍 전역에서 들끓는 반영국 분위기를 달래야 했다.

영국이 1922년 7월 1일 '처칠 백서'로 팔레스타인 위임통치령에서 트랜스요르단을 분리해, 유대인 국가 건설 지역을 요르단강 서쪽으로 한정했다. 또, 유대인이 지배적인 국가 수립 개념을 거부하고는 유대인 이민 제한을 공식화했다. 이 백서의 정책은 영국이 1차대전 때 맺은 4중의 모순된 협약과 약속을 조정하려는 시도였으나, 아랍의 분열과 팔레스타인 분쟁을 격화시키는 방아쇠를 당겼다. 처칠 백서는 또 팔레스타인을 독점하는 유대인들의 배타적인 국가 건설이 불가능하다는 첫 인정이었다. 팔레스타인을 분할해서, 별개의 팔레스타인 국가도 수립해야 한다는 인식을 낳게 했다.

✡ 영국, 유대인 이민 문제를 번복하다

영국의 이민 제한 정책에도 불구하고, 팔레스타인으로의 유대인 이민은 늘었다. 유럽에서, 특히 폴란드 등 동유럽에서 반유대주의가 기승을 부린 데다가, 미국이 유대인에 대한 이민의 문을 닫아버렸기 때문이다. 팔레스타인이 동유럽 유대인들의 주요 탈출구가 됐다.

1924년부터 1926년까지 6만 3천 명의 유대인들이 팔레스타인에 도착했다. 팔레스타인으로의 유대인 이민 물결을 뜻하는 알리야의 4기였다. 4번째 알리야로 온 이들은 앞서의 열정적이고 개척적인 시오니스트들이 아니었다. 평범한 도시 거주민들이었다. 고립된 정착지에서의 개척 생활이 아니라 도시에서의 거주를 선호했다. 80퍼센트가 텔아비브 등 도시에 정착했다. 텔아비브, 하이파, 예루살렘 등 도시가 확장되고, 유대인들을 위한 사회기반시설들이 세워졌다. '유대 기구Jewish Agency'가 바이츠만의 지도 아래 예루살렘에 세워져, 팔레스타인의 유대인을 대표했다.[10]

유대 기구는 아랍 주민들에게 유대인 국가가 진전된다는 경고로 받아들여져, 긴장이 높아졌다. 1929년 8월 23일 예루살렘 통곡의 벽에서 그 긴장이 폭발했다. 유대인들이 통곡의 벽을 순례하는 유대인 남녀를 분리하기 위해서 근처 골목에 채광막 설치를 요구했다. 무슬림들은 반대했다. 폭력 사태가 남쪽의 헤브론에서부터 북쪽의 사페드까지 번졌다. 1주일간의 소요 끝에 유대인 113명이 아랍 주민에 의해 살해됐다. 유대인들도 아랍인 6명을 죽였고, 영국 경찰은 110명의 아랍인들을 사살했다.

영국 정부는 이 사건에 대한 조사위원회를 구성해 1930년 3월 1

일 보고서를 발표했다. 아랍 주민들은 유대인 이민자들이 팔레스타인을 지배하고 있다고 생각해, 자신들의 경제적 미래를 우려하고 있어서 폭력 사태가 번진다고 보고서는 결론 내렸다.

인도 식민당국의 관료를 지낸 존 호프-심프슨John Hope-Simpson 경도 팔레스타인에 파견돼, 유대인 이민이 아랍의 농촌에 미치는 영향을 조사했다. 그는 10월에 185쪽짜리 방대한 보고서에서 향후 어떠한 유대인 이민도 불가피하게 아랍 주민들에게 불이익을 주는 데다, 팔레스타인에는 이제 더 이상 추가적인 농업 개발의 여지가 없다고 보고했다. 시드니 웹 식민장관은 이 보고서를 토대로 한 새로운 팔레스타인 백서를 냈다. 이 '패스필드 백서'는 유대인 이민에 대한 가혹한 제한뿐만 아니라 유대인들의 추가적인 토지 매입을 금지했다.[11]

시오니스트들은 패스필드 경을 하만 이후 최대의 적이라고 분노했다. 성서에 나오는 하만은 유대인을 말살시키려는 음모를 꾸민 인물이다. 바이츠만은 세계시오니스트기구 및 유대인 기구의 회장직을 사임하며 영국 정부에 항의했다.

유대인들의 아우성에 램지 맥도널드Ramsay MacDonald, 1866~1937년 당시 총리는 다시 패스필드 백서를 사실상 뒤엎었다. 그는 유대인 이민을 촉진하고 팔레스타인에서 유대인의 조밀한 정착을 가능케 하는 것은 '여전히 위임통치의 긍정적인 의무'이며, 이는 팔레스타인의 다른 주민들의 권리와 상황을 악화시키지 않고 완수될 수 있다고 말했다. 패스필드 백서의 무효화는 유대인이나 아랍인 모두에게 영국의 팔레스타인 정책은 충분한 압력만 가해지면 바뀔 수 있다는 것을 보여줬다. 팔레스타인에서 영국의 무책임한 갈지자 행보가 더욱 악화된 것이다.[12]

이 때문에, 1932년부터 2차대전이 발발한 1939년까지 약 17만

5천 명의 유대인이 팔레스타인에 이민했다. 5차 알리야였다. 유럽에서 노골화되는 반유대주의의 결과였다. 폴란드에서 여전히 다수가 이민을 왔지만, 21퍼센트가 서유럽인 독일에서도 왔다. 이 때문에 5차 알리야는 '독일 알리야'라고 불린다. 독일계 유대인들은 상대적으로 많은 자본을 팔레스타인으로 가져왔다. 이들에 의해 6,300만 파운드가 투자돼, 팔레스타인의 경제는 급성장했다.[13]

독일계 유대인들이 주도한 세련된 서유럽 문화가 도입되고, 팔레스타인 개발이 촉진됐다. 유대인 사회와 팔레스타인 아랍계 주민 사이의 격차와 간극은 더 커졌다. 점증하는 유대인 이민 조류에 휩쓸릴 것이라는 아랍계 주민들의 우려는 결국 가장 격렬하고 장기적인 폭력 사태를 불렀다. 1936년부터 1939년까지 지속된 '아랍 반란'이었다. 1936년 4월 16일 자파에서 2명의 아랍계 주민들이 유대인들에 의해 살해됐다는 소문이 나돌았다. 아랍 폭도들이 유대인을 급습하는 폭동이 3일간 이어지면서 16명의 유대인이 죽고, 3명의 아랍 주민들이 영국 경찰에 의해 사살됐다.

✡ 팔레스타인에서의 '아랍 반란'과 그 역풍

이 사태는 팔레스타인에 있는 아랍의 모든 세력을 단결시켜서 아랍고등위원회Arab Higher Committee를 출범시켰다. 예루살렘에서 이슬람교의 수장 격인 무프티로서 영국 당국에 의해 팔레스타인 주민을 대표하던 하지 아민 엘-후세이니Haji Amin el-Husseini, 1897~1974년가 지도하는 아랍고등위원회는 총파업을 주도했다.[14]

아랍 반란은 아랍 소작농인 펠라힌들의 본격적인 대중봉기로, 팔레스타인 분쟁에 큰 영향을 미쳤다. 유대인들이 부재지주로부터 토지를 매입할 때 소작농을 승계하지 않는다는 조건을 달아서, 그들을 평생 일해온 농토에서 쫓아내는 사례가 많아지면서 생긴 일이었다. 하지만, 아랍 반란은 유대인들의 팔레스타인 개척을 더욱 재촉하는 역효과를 자아냈다. 반란으로 아랍 노동력이 부족해지자 유대인들은 스스로 노동력을 조달했고, 이는 유대인 이민의 증가로 이어졌다. 반란에 대응하는 유대인들의 무장력도 신장됐다. 영국 당국도 유대인의 무장을 허락했다. 1939년이 되자, 유대인 무장병력은 1만 4,500명으로 증가했다. 전체 유대인 인구의 5퍼센트였다.[15]

영국의 탄압으로 아랍계 지도자와 활동가들이 대거 제거됐다. 아랍 반란은 1937년 10월 들어서 무장 반란으로 격화돼 팔레스타인 전국을 휩쓸었다. 1938년 8월 들어서는 일부 도시와 마을이 영국의 통제에서 벗어날 정도로 격렬해졌다. 영국은 10만 병력을 좁은 팔레스타인에 투입했다. 팔레스타인 성인 남자 4명당 1명꼴이었다. 아랍 성인 남성의 10퍼센트가 사망, 부상, 투옥, 망명을 겪었다. 81세의 반란 지도자 셰이크 파르한 알사디Farhan al-Sa'di 등 지도자 100여 명이 사형당했다. 다른 지도자들은 셰이셸 제도로 유형에 보내졌다.[16]

✡ 최초의 '두 국가 해법'을 선취한 유대인과 동상이몽의 팔레스타인/아랍

무엇보다도 영국 당국은 팔레스타인 문제 해결을 위한 근본적인 대책을 강구해야 했다. 영국 정부는 윌리엄 필William Robert Wellesley Peel, 1867~1937년 경을 팔레스타인으로 파견했다. 약 8개월 동안 현지에서 조사 활동을 벌인 필 경은 1937년 7월 7일에 404페이지의 방대한 보고서를 제출했다. 그는 팔레스타인이 자신들의 역사적, 종교적 조국이라는 유대인의 주장, 13세기 동안 살아왔다는 팔레스타인 아랍 주민들의 주장 모두가 정당하다고 인정했다. 그는 이 사태가 옳고 그름의 문제가 아니라 정당함 대 정당함이 충돌하는 문제라고 지적했다. 필 경은 팔레스타인 땅을 분할하는 해법을 내놓았다.

필 경은 팔레스타인의 북서부 지역, 즉 연안 평원 및 갈릴리 지역을 유대 국가 건설터로 할양할 것을 제안했다. 전체 팔레스타인 영토의 17퍼센트였으나, 가장 비옥한 지대였다. 팔레스타인 아랍 주민들에게는 나머지 80퍼센트를 할양해, 하시미테 왕가의 압둘라가 왕으로 있던 트랜스요르단에 합병하자고 제안했다. 예루살렘과 베들레헴, 그리고 바다로 나가는 회랑은 영국의 위임통치령으로 남기는 계획이었다.

필 경의 계획은 지금까지도 팔레스타인 분쟁의 해결책으로 언급되는 유대인 국가와 팔레스타인 국가 수립이라는 '두 국가 해법two states solution'의 시초였다. 하지만, 팔레스타인 아랍 주민들의 영역을 요르단에 합병시킨다는 계획은 아랍 전역에 큰 분열의 씨앗이 됐다. 거론된 요르단뿐만 아니라 인근 아랍 국가들인 이집트, 시리아 등도 팔레스타인을 자신들의 영역으로 편입하려는 야심을 키웠다. 이는 아랍의 분열과 갈등으로 이어졌고, 팔레스타인 독립 국가 수립 실패의 결정적 요인이 됐다.

필 경의 계획을 놓고 유대인 사회에서는 큰 대립이 벌어졌다. 1937년 8월 스위스 취리히에서 열린 20차 시오니스트대회에서 바이츠만, 다비드 벤구리온 등 주류 온건파들은 수용을 촉구했다. 바이츠만은 할양되는 땅이 '테이블보 크기'라 해도 국가가 수립될 기회를 놓친다면 유대인들은 바보가 될 것이라고 주장했다. 그는 필 경의 계획은 유대인 국가를 구체적으로 제시한 역사적 기회이고, 이를 최대한 활용해야 한다고 설득했다. 반면, 필 계획을 반대한 이들은 우익 시오니스트들이었다. 이들은 영국 당국을 상대로 무장투쟁을 주장하며, 요르단 지역까지 포함하는 유대인의 배타적 독립국가를 주장했다.

보다 좋은 조건의 할양을 위한 추가 협상을 조건으로 필 경의 계획을 원칙적으로 수락하자는 바이츠만이 이끄는 온건파들이 승리했다. 유대인 사회가 필 계획을 수용한 배경은 당시 악화되는 유럽의 상황이었다. 나치가 집권한 독일에서 유대인의 상황이 날로 악화되자, 팔레스타인이라는 피난처를 안전하게 확보해야 했기 때문이다. 보다 근본적으로는, 필 계획을 유대인 국가 수립을 위한 디딤돌로 삼고는 향후에 영토를 확장할 수 있을 것이라는 계산이었다. 이미 무장력에서 앞서고 있는 유대인들이 국가를 수립한다면 그 무장력을 더욱 키워서 기존의 할양계획을 무력화하고는 팔레스타인 전역을 영토로 삼을 수 있을 것으로 자신했다.[17] 이런 계산은 그 후의 역사가 증명하고 있다.

하지만, 필 계획은 아랍에 의해 무산됐다. 1937년 9월 8일 시리아의 블루단에서 열린 아랍 국가들의 대표 400명이 모인 회의는 필 계획 거부를 결의했다. 팔레스타인은 아랍의 통합적인 일부이고, 그 어떤 부분도 소외될 수 없다고 결의했다. 요르단이나 시리아, 이집트 등은 팔레스타인이 자신들 국가의 일부이고, 자기 영토로 편입할 수 있다고 생각했기 때문이다.

아랍 반란이 진압됐을 때 수많은 지도자의 사망과 유형, 내부 갈등으로 팔레스타인은 방향을 잃고 허약해졌다. 대중조직력도 약화되고, 경제도 파탄 났다. 아랍 반란이 끝나면서 2차대전이 시작됐다. 영국은 아랍의 지원을 얻으려고 팔레스타인 문제에서 유대인 시오니즘 세력과는 거리를 두고, 아랍 친화적인 정책으로 선회했다. 하지만, 무너진 유대인과 아랍 주민 사이의 힘의 균형을 이미 되돌릴 수 없는 상황이었다. 특히, 유대인들은 아랍 반란에 대한 영국의 진압을 도우면서 무장력을 키웠다.

독일의 아돌프 히틀러가 체코슬라비아 전역을 집어삼키려는 의도가 짙어지던 1939년 2월 영국은 팔레스타인 문제를 해결하려고 런던 세인트제임스 궁전에서 유대인-아랍 각국 대표-팔레스타인 주민 대표가 참가하는 원탁 회담을 개최했다. 영국은 유대인 이민 제한과 토지 판매 규제를 제안했을 뿐만 아니라 팔레스타인 쪽에 5년 안에 대의 기관을 만들고 10년 안에 자결권을 주겠다고 제안했다. 팔레스타인 쪽의 많은 지도자들은 영국의 이런 제안이 아랍을 당장 달래려는 목적뿐임을 알았지만, 이를 수용하지 않는다면 시오니스트들의 명분만 키울 것으로 봤다. 그러나, 팔레스타인의 대표 격인 무프티는 수용을 시사하다가 결국 거부했다. 그의 비타협적 강경 입장이 다시 승리했다. 팔레스타인은 세인트제임스 궁 회담에서 실질적으로 아무것도 따내지 못했다.

영국은 유럽에서 커지는 전쟁의 위기에 맞서기 위해 아랍의 도움이 절실했다. 5월 17일 백서로 포장된 새로운 정책 지침을 발표했다. 원탁회의에서 영국이 제안했던 유대인 이민 제한 문제에서 더욱 강경한 지침을 밝혔다. 유대인 이민을 향후 5년 동안 7만 5천 명으로 제한했다. 팔레스타인의 토지를 3종류로 나눠, 유대인들의 토지 구매를 금지하거나 제한했다.

이는 영국의 팔레스타인 정책에서 발생한 극적인 반전이었다. 이 정책이 시행되면, 아랍계 주민이 다수인 팔레스타인 독립을 보장하게 된다. 유대인 국가 수립도 물거품이 된다. 이때부터 많은 유대인은 영국을 시오니즘의 적으로 간주하게 된다.

✡ 2차대전의 발발 …
영국과 독일 양쪽과 싸운 시오니스트들

1939년 9월 1일 나치 독일이 폴란드를 전격 침략함으로써 2차대전이 발발하자, 팔레스타인의 유대인들과 전 세계 시오니스트들은 딜레마에 처하게 됐다. 팔레스타인에서 유대 국가 수립을 사실상 불가능하게 하는 백서를 발표한 영국이 유대인을 박해하는 나치 독일과 싸우는 상황에서 입장을 정해야 했기 때문이다.

팔레스타인의 유대인 공동체 지도자 벤구리온은 유대인들이 처한 딜레마와 이를 헤쳐 나갈 선택지를 하나의 구호로 명확하게 정리했다. "우리는 백서가 없는 것처럼 이 전쟁에서 영국과 함께 싸울 것이고, 우리는 전쟁이 없는 것처럼 백서에 맞서 싸울 것이다." 히틀러와 백서에 맞서 싸우는 것이 2차대전 내내 주류 시오니스트들의 두 가지 목표였다. 두 목표 중 어떤 것도 방치하지 않겠다는 것이었고, 실제로 그랬다.

하지만, 팔레스타인의 유대인들은 사실 영국에 대한 투쟁에 더 몰입했다. 독일에 맞서는 싸움도 사실은 자신들의 무장력을 키우려는 의도가 더 컸다. 유대인들이 영국 군 내부에서 독자적인 부대를 구성하려고 했던 것도 그런 의도였다. 이 때문에, 팔레스타인 현지의 영국 당국은 영국군 내에서 유대인만의 부대 구성에 강력히 반대했다.

하지만, 윈스턴 처칠 총리는 1944년 9월 '유대 여단Jewish Brigade'의 창설을 지지했다. 영국 8군에 소속된 이 유대 여단은 이탈리아에서 전투를 치렀다. 부대 구성원들은 종전 뒤에는 유대인 난민들을 구조해서 팔레스타인으로 보냈다. 또 '어벤저스'라는 부대를 구성해서, 유럽 전역의 나치 잔당들을 암살하는 공작도 수행했다.

1만 2천 명이 넘는 팔레스타인 아랍인들도 영국군에 자원입대해서 싸웠다. 하지만, 그들은 팔레스타인 유대인과는 달리 영국군 내에서 단일한 부대를 구성하지 못했다. 이 때문에 이들의 무장력과 전투 경험이 팔레스타인에서 활용되기는 힘들었다.

팔레스타인 현지에서 유대인들은 이민 제한 등을 놓고 영국 당국에 폭력을 마다하지 않는 투쟁을 벌였다. 1940년 11월 발생한 〈SS 파트리아〉 선박 폭파 사건은 유대 무장조직의 무리하고 과격한 투쟁으로 발생한 비극이었다. 1,700명의 유대인 이민자들을 태운 〈퍼시픽〉〈마일로〉가 하이파 연해에서 영국 해군에게 나포돼서, 이민자들은 〈SS 파트리아〉로 옮겨져 모리셔스로 송환됐다. 송환 도중에 유대인 무장민병대 하가나Haganah가 이 배를 폭파해 버렸다. 하가나는 당초 이 배의 엔진을 고장내 팔레스타인 연안에 좌초시키면, 영국이 어쩔 수 없이 유대인의 상륙을 허락할 것이라고 계산해 공작을 펼쳤다. 하지만, 공작 과정에서 폭파가 커져서, 240명의 유대인 이민자가 숨졌다.

좌파 계열의 주류 무장민병대 하가나, 우파 계열의 비주류 민병대 이르군Irgun은 전쟁 초기에 영국 당국을 직접 공격하는 것을 꺼렸다. 하지만, 이런 노선에 반대하는 과격파가 이르군에서 분화돼, 레히Lehi

라는 대영국 직접투쟁 과격 민병대가 탄생했다. 아브라함 스턴Avraham Stern이 지도자여서 스턴 갱이라고 불린 레히는 영국을 상대로 한 지하 무장투쟁을 벌이다가, 급기야는 이탈리아의 파시스트 무솔리니 정권과 결탁했다.

레히는 무솔리니가 중동을 점령하면, 팔레스타인에 유대 국가 수립을 허용할 것으로 기대했다. 무솔리니의 군대가 북아프리카에서 패배하자, 독일 쪽으로 접촉했다. 스턴은 나치 독일의 허수아비 정부인 비시 프랑스의 보호령인 시리아의 독일 외교관을 통해서 독일과 비슷한 협상을 시도했다. 이런 접촉이 드러나서 스턴은 1942년 2월 12일 영국 정보당국에 의해 체포돼, 현장에서 사살됐다.

이르군도 2차대전 말 독일의 위협이 사라지자, 영국에 대한 투쟁에 나섰다. 나중에 이스라엘 총리가 되는 메나헴 베긴Menachem Begin, 1913~1992년의 지도하에 영국 당국 청사 등을 공격했다. 이르군은 1944년 8월 해럴드 맥마이클 영국 고등판무관을 암살하려다 실패하기도 했다. 레히도 조직을 정비해서 대영투쟁에 나섰다. 레히는 자금을 마련하려고 은행강도를 하거나, 소상공인을 갈취하기도 했다. 레히는 특히 영국 인사 암살에 집중했다. 1944년 11월 6일 카이로에서 중동 주재 국무 부장관인 모인 경이 레히에 의해 암살됐다. 주류 시오니즘 계열의 인사들은 이런 과격한 방법이 영국이나 국제 여론을 유대인에게 불리하게 돌릴 것으로 우려했다. 주류 민병대인 하가나는 이르군과 레히의 요원 명단을 영국에게 넘겨줘, 체포하게 했다.

✡ 영국의 팔레스타인 포기와 유엔의 개입

　1945년 5월 8일 독일의 항복으로 종전이 된 뒤 7월에 치러진 영
국 총선에서 노동당이 집권했다. 친시오니즘 노선이던 노동당은 1939
년의 백서를 폐기하는 한편 팔레스타인에서 유대인이 다수가 되는 것
에 반대하지 않겠다고 총선 공약을 발표했다. 하지만, 노동당의 클레멘
트 애틀리 정부가 출범하자, 어니스트 베빈Ernest Bevin, 1881~1951년 외무장
관은 1939년 백서가 유지되고 실행될 것이라고 밝혔다. 베빈은 영국
이 절실히 필요로 하는 석유를 가진 아랍과 좋은 관계를 유지해야 한
다고 생각했다. 그는 취임 첫날부터 밸푸어 선언을 무효화하는 데 최
선을 다했다.

　영국의 이런 입장은 팔레스타인에서 온건파와 강경파의 단결을
불렀다. 온건 무장조직인 하가나는 이르군과 레히를 합쳐서, '유대통일
저항운동Jewish United Resistance Movement'을 결성했다. 이 조직은 영국 시
설물에 대한 공격과 태업을 주도했다. 영국은 8만 명의 추가 병력을
투입해 대처했다. 대영투쟁은 1946년 7월 22일 예루살렘의 킹다윗
호텔 폭탄테러로 절정에 올랐다. 영국 위임통치령 사무실과 군사령부
본부가 있던 예루살렘의 이 호텔에 이르군이 폭탄 테러를 가해, 91명
이 숨졌다. 이 사건은 팔레스타인 문제의 심각성을 서방에 알린 사건
이었다. 향후 팔레스타인 분쟁의 상징인 테러 공격의 원형이었다.

　유대인 전쟁 난민들이 1946년부터 한 달에 1천 명 이상 팔레스타
인으로 쏟아져 들어오기 시작했다. 프랑스나 이탈리아의 주요 항구에
서 시오니스트 조직들이 유대인뿐만 아니라 갈 곳 없는 난민들을 배에
태워서 팔레스타인에 보낸 것이다. 이 때문에 팔레스타인행을 희망하

지 않은 유대인이나 더 나아가 유대인이 아닌 사람도 팔레스타인으로 보내졌다. 영국은 해상에서 이들의 입국을 막으려고 했으나, 종국적으로 실패했다.

팔레스타인 문제를 해결할 의지나 능력이 실종된 영국은 결국 1947년 2월 14일 팔레스타인 위임통치령을 두 달 뒤인 4월 2일에 유엔에 반환한다고 발표했다. 위임통치령을 건네받은 유엔은 5월에 11명의 위원으로 구성된 '유엔 팔레스타인 특별위원회UNSCOP, 운스콥'를 구성해, 팔레스타인 문제 해결에 관한 전권을 부여했다.

운스콥이 팔레스타인 현지에서 활동에 들어가자, 팔레스타인을 둘러싸고 그동안 축적되온 모든 모순이 폭발하기 시작했다. 특히, 아랍 쪽에 잠복해 있던 분열과 갈등이 팔레스타인 문제로 표면화됐다.

운스콥이 6월 14일 예루살렘에 도착해, 유대인과 아랍계 주민 대표들과 만나 참여를 요청했다. 하지만, 팔레스타인 아랍계 주민을 대표하는 아랍고등위원회는 이를 보이콧했다. 위원회는 유엔이 아랍 팔레스타인의 독립 선포라는 "당연한 과정"을 채택하기를 거부하고 있다는 이유를 들었다. 이는 팔레스타인 분쟁 역사에서 아랍 쪽의 가장 큰 실수였다. 아랍계가 참여를 거부함에 따라 유대인 쪽은 운스콥 내에서 자신들의 의견을 유리하게 관철했다. 이는 자신들의 독립국가가 건설될 팔레스타인 땅을 더 많이 분할하는 결과를 낳았다.

✡ 팔레스타인의 분열과 주변 아랍 국가들의 야욕

팔레스타인 주민 쪽의 운스콥 보이콧은 아랍고등위원회의 대표성 문제, 주변 아랍 국가들의 야욕과 분열 등이 겹친 결과였다.

무엇보다도 팔레스타인 아랍계는 지도력과 대중 역량이 부재했다. 1936~1939년의 '아랍 반란' 때 영국의 탄압으로 인한 유력한 지도자와 활동가들의 제거와 부재는 팔레스타인 전체 역량에 심각한 타격을 줬다. 변화하는 국제 정세를 파악하고 능동적으로 대처할 역량이 부족했다. 그러는 동안 팔레스타인 사이에서는 심각한 분열과 차이가 깊어졌다.

무프티인 후세이니는 영국과의 타협을 일절 거부하는 강경파를 대표했다. 그는 팔레스타인의 독자적 국가 건설을 천명했다. 후세이니는 팔레스타인의 주민들을 형식적으로 대표하는 무프티여서, 그의 비타협적 투쟁 노선은 팔레스타인을 대표하는 노선으로 받아들여졌다. 상대적으로 타협적인 노선인 라기브 알나샤시비가 무프티 반대파를 이끌었다. 무프티파와 반대파의 분쟁은 1930년대 말 수백 명의 암살로 이어졌다.

트랜스요르단의 국왕 압둘라를 추종하는 세력도 있었다. 이들은 팔레스타인이 요르단의 일부로 합병돼야 한다고 주장했다. 최초로 팔레스타인 분할을 제안한 1937년 필 계획은 아랍계 지역을 요르단에 합병하는 방식으로 팔레스타인 국가를 수립하자는 제안을 했다. 팔레스타인 내부가 분열된 상황에서 나온 필 계획의 그런 제안이 받아들여질 수가 없었다.

2차대전 와중에 더욱 불거진 문제는 팔레스타인과 다른 아랍 국가와의 분열이었다. 전쟁이 끝나면 영국의 영향력에서 완전히 벗어날 것으로 확신한 다른 아랍 국가들은 팔레스타인 문제와 관련한 자신들의 이익을 더욱 극대화하려고 했다. 아랍 6개국은 1945년 3월 아랍

연맹Arab League을 결성할 때 창립 성명에서 팔레스타인에 대한 언급을 삭제하고, 팔레스타인 대표자에 대한 선택권을 자신들이 갖기로 결정했다.

2차대전이 종전되자, 팔레스타인은 안팎의 모순과 분열에 직면했다. 팔레스타인 내부의 분열, 팔레스타인과 독립한 아랍 국가들 사이의 분열, 아랍 국가들 사이의 경쟁이라는 3중 모순에 처했다. 무프티인 후세이니 당파와 반대파 사이의 대립은 전후에도 악화됐다. 아랍 각국 정부도 무프티를 반대했고, 팔레스타인 지도부 대다수에 반감을 공유했다.

무프티는 전쟁 때 나치 독일과 손을 잡은 경력이 있어, 영국 등 서방의 반대가 더했다. 영국에 대한 그의 비타협적 강경투쟁은 나치 독일과의 협력으로까지 이어졌다. 그는 전쟁 때 이탈리아와 독일로 망명해, 라디오에서 무슬림을 상대로 한 선전방송을 하며 협조했다. 그는 아돌프 히틀러와 만나 아랍의 독립과 팔레스타인에서의 유대인 국가 건설 반대를 요청했다.

그가 주도하던 아랍고등위원회는 전후에 팔레스타인아랍청 Palestine Arab Office으로 확대 개편됐다. 무프티는 망명 초기에 이라크에서 활동했다. 이 인연으로 이라크의 야심만만한 누리 알사이드Nuri Pasha al-Said CH, 1888~1958년 당시 총리는 팔레스타인아랍청의 주요 지원자였다. 아랍청에 대한 이라크의 지원과 주도는 팔레스타인 문제에서 범아랍권 지도자를 자처하는 이집트와 사우디아라비아를 소외시켰다. 시리아와 레바논의 지도자들은 아랍청 창설과 누리의 지원이 이라크가 지역 차원에서 야심을 추구하는 수단이라고 의심했다. 이집트의 영향 아래 있는 카이로의 아랍연맹을 통해 아랍 각국이 반대 의사를 표명하자, 아랍청의 권위와 역량이 크게 훼손됐다. 궁극적으로 팔레스타인 주민들의 목소리가 한층 더 약화됐다.[18]

✡ 팔레스타인의 운명을 결정지은 요르단의 압둘라

팔레스타인의 미래를 결정한 유엔팔레스타인특별위원회(운스콥)이 활동하기 시작한 1947년에 팔레스타인과 아랍 각국 사이에는 심각한 분열과 경쟁, 증오가 부글거리고 있었다. 무엇보다도 아랍 각국들은 실제로는 팔레스타인 독립국가 수립을 원하지 않았다.

특히, 트랜스요르단의 압둘라 국왕이 그랬다. 그는 팔레스타인을 자신의 왕국에 합병하기를 원했다. 이를 위해서 시오니즘 세력들과 타협해, 분할되는 팔레스타인의 아랍 쪽 지역을 자신의 영토로 편입하려 했다. 압둘라의 이런 입장은 이스라엘 건국과 팔레스타인 국가 수립 무산에서 결정적 역할을 했다.

압둘라의 이런 입장은 단순히 개인적 야망만은 아니었다. 전술한 대로, 1차대전 이후 영국이 중동에서 구축하려던 세력권을 위해 아랍 쪽을 달래려던 결과였다. 영국의 정책은 아랍에서 분열과 경쟁, 적의를 낳았고, 팔레스타인 문제에서도 아랍 국가들이 실제로는 팔레스타인 독립 국가를 원치 않는 상황까지 낳았다.

압둘라가 기획했던 아랍 전역을 아우르는 하시미테 제국의 건설이라는 꿈은 깨졌으나, 그의 야망이 완전히 증발하지는 않았다. 그가 왕으로 책봉된 트랜스요르단은 역사적으로 한 번도 지정학적인 독립 단위로 존속한 적은 없었다. 사막에다가 전무한 자원, 고작 23만 명의 주민만 가진 빈한한 지역이었다. 역사적 배경이나 경제적 자원이 없는 곳을 국가로 급조했기에, 압둘라는 아랍을 아우르는 정치적 명분과 지도력에 더욱 집착했고, 영토 확장에도 열을 올렸다. 압둘라의 트랜스요르단은 헤자즈 왕국이 망할 때 그 영토였던 마안과 아카바 지역을 병합했다. 내륙 국가였던 트랜스요르단에게 아카바의 확보는 바다로 나아가는 통로를 제공했다. 반면, 신흥 강자 사우디아라비아와의 관계는 더욱 악화됐다.

영국은 1928년 트랜스요르단의 독립을 승인하면서도 재정과 외교는 영국의 통제하에 둠으로써 사실상 보호국으로 만드는 조약을 체결했지만, 압둘라의 야망을 제어할 수는 없었다. 압둘라에게 트랜스요르단은 끝이 아니라 시작이어야 했다. 영국 외교장관이었던 조지 커즌 경은 그에 대해 "작은 똥 더미 위에 있기에는 너무 큰 수탉"이라고 말했다. "카나리아 새장에 갇혀서 탈출을 열망하며 아랍의 지도자라는 꿈과 열정을 실현하려는 매, 영국에 의해 트랜스요르단이라는 새장에 못 박힌 인물"로서 묘사됐다.[19]

하시미테 왕가의 헤자즈 왕국이 몰락한 뒤 압둘라의 최대 야망은 대시리아였다. 트랜스요르단, 팔레스타인, 레바논까지 아우르는 역사적이고 자연스러운 시리아의 재건이었다. 압둘라는 트랜스요르단은 시리아의 남쪽 지역이고, 트랜스요르단에서 자신의 존재를 완전한 아랍해방 달성의 서곡이라고 일관되게 주장했다. 그가 내세운 아랍 민족주의와 아랍 통일은 아랍의 민족주의자들을 트랜스요르단으로 불러들였다. 특히, 프랑스 보호령이 된 시리아의 급진적 민족주의자들은 집단으로 트랜스요르단으로 와서, 반프랑스 투쟁을 추구했다. 후세인은 아랍 대의의 수호자로 자처했고, 트랜스요르단의 수도 암만은 아랍 민족주의 정치의 초점이 됐다.

이라크의 왕이 된 동생 파이잘은 바그다드에서 거의 모습을 드러내지 않았다. 1933년 파이잘이 사망하자, 압둘라는 아랍 민족주의의 상징인 1차대전 때 '아랍 봉기'를 주도한 유일한 생존자가 됐다. 그때부터는 압둘라는 이라크도 그가 꿈꾸는 대시리아에 합병해, 비옥한 초승달 지대를 아우르는 통일 아랍 국가의 꿈을 다시 꾸기 시작했다. 대시리아, 더 나아가 통일 아랍 국가로 가는 첫걸음은 팔레스타인이었다. 팔레스타인은 여전히 그 지위가 불투명해서, 압둘라의 요르단이 확장할 수 있는 가장 손쉬운 곳으로 보였다.

사실 압둘라는 영국으로부터 트랜스요르단 국왕을 제안받았던 1920년대 초부터 팔레스타인을 염두에 두고 시오니즘 세력과의 타협을 모색했었다.[20] 통일아랍왕국의 꿈이 깨진 뒤부터 압둘라는 시리아, 트랜스요르단, 팔레스타인을 아우르는 대시리아를 다음 목표로 움직이면서 시오니즘 세력의 협조가 필수적임을 깨달았다. 만약 유대인들이 자신이 통치하는 대시리아 내에서 자치령을 받아들인다면, 대시리아 구성에서 영국의 지원과 승인을 받을 수 있을 것으로 봤다.

압둘라는 1922년 런던에서 하임 바이츠만과 첫 만남을 가졌다. 압둘라는 시오니스트들이 자신을 팔레스타인의 왕으로 받아들이면 밸푸어 선언을 지지하겠다고 제안했다. 압둘라는 유대인들이 자신의 왕위 승인을 위해 영국에게 영향력을 행사해달라고도 부탁했다. 이 제안은 정중하게 거절됐으나, 그와 시오니스트 사이의 접촉은 유지됐다. 압둘라가 그 이후 진전시킨 제안은 트랜스요르단과 팔레스타인을 포괄하는 '셈족 왕국Semitic kingdom'이었다. 아랍인과 유대인이 동등한 권리로 공존하는 왕국이었다. 하지만, 압둘라는 해외에서 오는 유대인 이민을 제한하는 등 아랍인이 셈족 왕국에서 다수 주민의 위치를 유지하는 장치는 두려고 했다. 유대인들은 결코 압둘라의 신민이 될 생각이 없었지만, 그가 유대 국가 수립에서 아랍인들의 반대를 돌파할 지렛대가 될 수 있다고 봤다.

영국이 1937년 최초의 팔레스타인 분할안인 필 계획을 발표할 때 아랍계 지역을 트랜스요르단에 합병하는 안을 제시한 것도 압둘라의 팔레스타인 합병 시도를 반영한 것이다. 압둘라는 2차대전이 시작되던 1930년대 말부터 그 전쟁이 끝나고 초래될 지정학적 변화를 염두에 두면서 자신의 대시리아 꿈을 포기하지 않았다. 특히, 그 시작이 되는 팔레스타인에 대한 집착과 관심은 더 커졌다.

✡ 이스라엘과 팔레스타인 독립을 규정한 유엔 결의안의 탄생

1947년 팔레스타인 문제의 해법을 결정할 운스콥이 활동을 시작했을 때 영국, 유대인, 팔레스타인 내부, 아랍 각국은 모두 동상이몽을 꾸고 있었다. 그중에서 오직 유대인들만이 변화하는 국제정세를 파악하고, 그에 맞춰 목적지로 가는 항로를 능소능대하게 조종할 수 있는 능력을 갖췄다.

운스콥이 현지에서 활동할 때 유대인 난민 4,539명을 싣고 온 엑소더스 호 사건이 발생했다. 엑소더스는 영국의 봉쇄를 뚫고 팔레스타인에 난민들을 상륙시키려 했다. 하지만, 영국 정부, 특히 베빈 당시 외무장관은 이민 문제에서 거듭되는 도발을 하는 시오니스트들에게 교훈을 남기려 했다. 그는 엑소더스 호를 출발한 프랑스의 마르세이유로 귀항하라고 명령했다. 2차대전 홀로코스트의 생존자들이 배 안에 갇혀 상륙도 못 하고 다시 집도 없는 유럽으로 돌아가는 모습은 운스콥 위원들에게 강력한 인상을 남겼다. 운스콥 위원들은 팔레스타인에서 영국 위임통치령을 가능한 한 빨리 종식하겠다는 결의를 굳혔고, 유대 국가 건설에 더욱 동정적으로 됐다. 엑소더스 호 사건은 이스라엘 건국 당시를 그린 영화 〈영광의 탈출Exodus〉의 소재가 됐다. 1960년에 제작된 이 영화는 이스라엘과 시오니즘을 선전하는 최고의 대중선전물로 세계 각국에서 아직도 상영되고 있다.

운스콥은 팔레스타인 현지에서 활동을 시작한 지 두 달 반 만인 1947년 8월 31일 보고서를 제출했다. 위원회의 다수는 팔레스타인 위임통치령을 최대한 빨리 유대계 및 아랍계 지역으로 분할하는 한편 예루살렘 등 성지에는 특별한 지위를 부여하는 방식으로 독립시키자고 제안했다. 소수 의견은 연방제였다. 이민은 팔레스타인이 소화할 수 있는 수준까지 계속하자는 조건이었다.

11월 29일 유엔 총회에서 팔레스타인을 유대계와 아랍계로 분할하자는 다수 의견이 찬성 33, 반대 13, 기권 13으로 채택됐다. 지금까지도 팔레스타인 문제에서 잣대로 남아있는 유엔 결의안 181호이다. 이 결의안은 약 2만 5,900제곱킬로미터의 팔레스타인 땅을 아랍계 주민의 지역은 1만 1,136제곱킬로미터, 유대인 지역은 1만 4,762제곱킬로미터로 분할했다. 당시 60만 8,230명의 인구였던 유대인에게는 56퍼센트가 분배된 반면 인구가 그 두 배 이상이었던 136만 4,330명의 아랍계에는 40퍼센트 남짓이 배분됐다. 유대인은 1937년 영국의 필위원회 분할안에서 17퍼센트의 면적만 할당받았는데 무려 3배 가까이 늘렸다. 반면 아랍계는 필위원회의 약 80퍼센트에서 절반으로 줄었다. 영토 분할의 불공정성에 더해 또 다른 심각한 문제는 유대인에게 할당된 영토에 다수의 아랍계 주민들이 살고 있었다는 것이다.

시오니스트들은 밸푸어 선언 이후 최대의 외교적 승리를 거뒀다. 반면, 아랍 쪽은 최악의 상황에 직면했다. 지난 30년 동안 팔레스타인 땅에서 유대 국가 수립에 비타협적인 입장을 취해왔는데, 팔레스타인의 대부분 지역에서 유대 국가가 수립될 위기에 처했다. 당시로서는 아랍 쪽이 유엔의 분할안을 수용한다는 것은 그때까지의 입장에 어긋나는 치욕적인 일이었다.

아랍고등위원회는 "아랍의 탄생권에 반하는 해결책을 부과하는 것은 곤경, 유혈, 그리고 아마 3차대전으로 이어질 것이다"고 포고했다. 레바논 알레이에서 모인 아랍연맹은 유엔이 제안한 분할안을 거부하기로 했다. 아랍연맹은 더 나아가 팔레스타인 분할을 막기 위해 군사개입을 준비하는 합동사령부를 구성하기로 했다.[21]

✡ 전쟁의 포고문이 된 유엔 결의안

유엔 결의안 181호는 팔레스타인 문제에 대한 국제사회의 최종적인 해결안으로 제시됐으나, 전쟁의 포고문이 됐다. 시오니스트들은 유대 국가 수립에 대한 국제적인 최종 공인을 획득해 이제 이를 집행하는 것만 남게 됐다. 팔레스타인/아랍은 이 결의안을 도저히 받아들일 수 없는 상황이어서, 이를 저지하는 선택만이 남았다.

양쪽의 충돌은 팔레스타인에서 힘의 공백이 생기면서 불가피해졌다. 영국의 철수였다. 12월 11일 아서 크리치 존스Arthur Creech Jones 영국 식민장관은 하원에서 영국이 1948년 5월 15일까지 팔레스타인에서 철수한다고 일방적으로 발표했다. 영국은 끝까지 무책임하고 이중적인 태도로 일관했다. 영국은 유엔의 분할 결의안에 기권했었다. 전후 중동에서 자신들의 이익을 유지하려면, 아랍 쪽을 의식해야 함을 알고 있었기 때문이다. 하지만, 영국은 유엔 결의안대로 팔레스타인 독립국가 건설을 위해서는 아무런 힘도 쓰지 않았다. 주둔군 철수로 시오니스트 쪽의 무력 행사를 위한 공간만을 활짝 열어줬을 뿐이었다.

이런 상황은 시오니스트의 입장에서 보면 이스라엘 건국 전쟁, 팔레스타인/아랍 입장에서 보면 '나크바Nakba'로 치달았다. 아랍어로 재앙, 참화라는 뜻인 나크바는 75만 명에 달하는 팔레스타인 주민들의 추방 사태를 의미하는 '팔레스타인 참화'라는 뜻의 고유명사가 됐다.

전쟁은 두 단계로 진행됐다. 1단계는 유엔 결의안 181호가 가결된 다음 날인 1947년 11월 30일부터 영국이 완전철수하고 이스라엘의 건국이 선포된 1948년 5월 15일까지의 내전이다. 2단계는 이스라엘 건국의 선포를 저지하려는 주변 아랍국가와 이스라엘의 전쟁이다. 1948년 5월 15일부터 1949년 3월 10일까지 진행된 이 전쟁은 흔히 1차 중동전쟁 혹은 1차 아랍-이스라엘 전쟁으로 불린다. 80여 년이 지난 지금까지 계속되는 현대 중동분쟁의 시작이었다.

1차 중동전쟁에 관한 대부분의 연구와 문헌들은 2단계인 이스라엘-아랍 국가 사이의 전쟁에 집중한다. 하지만, 1단계인 내전이 사실상 이 전쟁의 성격과 결과를 결정지었다. 이스라엘의 영토 획정이나 난민 문제뿐만 아니라 팔레스타인/아랍 쪽의 무력하고 분열된 대응 역시 결정됐기 때문이다. 유엔 결의안이 규정한 팔레스타인의 아랍계 영역에서조차 팔레스타인/아랍 쪽은 독립국가를 세울 의지를 보이지 않고, 각자의 야심만을 충족하려 했다. 그 상징적인 인물이 트랜스요르단의 압둘라 국왕이었다.

✡ 유대 국가 탄생을 지지한 유일한 아랍 지도자 압둘라

1946년 3월 압둘라의 트랜스요르단은 3월에 영국과 새로운 조약을 체결하며 공식적인 독립을 허락받고는, 국호를 '요르단 하시미테 왕국'으로 개칭했다. 물론, 요르단은 여전히 군사, 경제, 외교에서 영국의 영향력 아래 있었고, 다른 아랍 국가들 역시 마찬가지였다. 이런 상황이 오히려 압둘라로 하여금 팔레스타인, 레바논, 시리아를 포괄하는 대시리아의 꿈을 더욱 부추겼다. 시리아와 레바논에서 프랑스가 철수한 것은 압둘라의 야망을 더욱 부채질하는 결과를 낳았다.

하지만, 영국과 프랑스가 국경선을 그어놓은 아랍 각국은 각자의 생존 논리에 따라 정립되어 갔다. 압둘라의 대시리아 구상은 오히려 아랍 각국의 공격을 초래했고, 분열과 대립을 재촉하는 뇌관이 되어 갔다.

기독교 등 비무슬림 주민이 많은데다 상대적으로 근대화된 레바논은 통일 아랍국가에 흡수되기를 절대적으로 거부했다. 오스만튀르크와 프랑스로부터 독립 투쟁을 벌여온 시리아의 공화주의자들 역시 자신들의 나라를 하시미테 왕가의 통치하에 바칠 의향은 없었다. 대시리아가 건설된다면, 자신들이 이끌어야 생각했다. 무엇보다도, 시리아의 공화주의자들은 자신들이 근대화된 아랍 민족주의의 주체라고 믿었다. 이라크도 자신들의 나라가 아랍 세계의 지도적 국가라고 생각했다. 시리아나 이라크가 이슬람 제국 이후 아랍 세계의 지정학 중심이었음을 감안하면, 그들의 논리는 당연했다. 시리아와 이라크의 정치 세력들은 자신들이 주도하는 아랍연합체를 구상했고, 압둘라에게 지지는 고사하고 적의를 보였다.

당시 아랍 세계에서 상대적으로 실질적인 독립을 누리던 유일한 국가였던 사우디아라비아는 하시미테 왕가의 세력이 커지는 어떠한 구상에도 반대했다. 특히, 압둘라가 자신들 왕가의 본향인 헤자즈를 탈환하는 사태를 막기 위해, 그가 요르단 밖으로 세력을 확장하는 것을 단호히 반대했다. 이집트도 하시미테 왕가 세력을 아랍 세계에서 패권을 둔 주요 경쟁자로 봤다. 하시미테 왕가의 대시리아 구상은 또 이집트에는 지정학적으로도 해당이 없는 사안이었다.

무엇보다도 아랍 전역의 아랍 민족주의자들은 압둘라를 영국 제국주의의 대리인으로 간주했다. 아랍 민족주의자들은 압둘라의 팽창주의가 영국 제국주의의 이익에 봉사해, 아랍 각국의 독립을 위협한다고 봤다. 그들은 팔레스타인의 시오니즘 세력 및 유대인에 대한 압둘라의 유화적인 태도에 분개했다.

압둘라에게 대시리아 구상으로 가는 남은 입구는 결국 팔레스타인이었다. 이 입구에 들어가는 방법은 시오니스트와의 타협밖에 없었다. 영국 역시 전후 중동에서 자신의 최대 대리인이었던 압둘라를 은밀히 지지하며, 자신들의 세력을 보존하려고 했다.

운스콥의 활동이 시작될 때 압둘라는 팔레스타인의 분할을 지지한 유일한 아랍 세력이었다. 분할된 팔레스타인의 아랍계 지역을 요르단에 합병하려고 했기 때문이다. 압둘라는 전후 팔레스타인에서 유대인 대표 기관인 '유대 기구'와 협력해, 팔레스타인 주민의 대표 격인 무프티였던 하지 아민 알-후세인을 고립시키려 했다. 무프티 후세인은 어떠한 형태의 유대 국가에도 반대하며, 팔레스타인 전역에서 통일된 팔레스타인 독립국가 수립을 고집했다. 영국과 시오니스트에 대한 반대 운동을 하다가 나치 독일과도 협력한 후세인이 주도하는 팔레스타인 독립 국가를 영국은 받아들일 수 없었다. 영국은 팔레스타인 독립 국가 탄생을 저지하려고 압둘라와 협력했다. 다만, 유엔이 규정할 유대 국가의 경계를 넘지 말고, 유대 무장세력들과 충돌하지 말라고 다짐시켰다.[22]

유엔 결의안 181호가 가결되기 전인 1947년 11월 17일 압둘라는 요르단 강변의 나하라임에서 유대기구의 밀사 골다 메이어Golda Meir와 은밀히 만났다. 두 사람은 팔레스타인 무프티 후세인을 미리 막는 한편 다른 아랍 국가들이 팔레스타인에 직접적으로 개입하는 것을 막는 데 공조하기로 약속했다. 그 대가로 압둘라가 팔레스타인의 아랍계 지역을 합병하는 데 유대인 쪽은 묵인한다고 골다 메이어는 약속했다.[23]

팔레스타인의 명문가 출신으로 예루살렘 시장을 지낸 후세인 파크리 알할리디는 유엔 결의안 즈음에 '아랍-미국 연구회Arab-American Institiute'의 서기로 일하던 동생 이스마일 라기브 알할리디가 요르단의 압둘라 왕을 방문한다는 소식을 듣고는 아랍고등위원회의 공식적 메시지를 전달했다. 팔레스타인 주민들은 '보호'를 해주겠다는 압둘라 국왕의 제안에 감사하기는 하나 받아들일 수 없다는 내용이었다. 압둘라가 구상하던 팔레스타인의 아랍계 지역의 합병에 반대한 것이다. 이스마일이 그 메시지를 전달하자, 압둘라 국왕은 격노하며 갑자기 자리에서 일어났다. 압둘라는 "당신들 팔레스타인 사람들은 내 제안을 거절했소, 이제 벌어질 일들은 당신들 책임이요"라고 말하며, 방을 나섰다. 그날이 유엔의 팔레스타인 분할 결의안이 채택된 날이었다.[24]

압둘라-메이어 비밀 협약 체결 12일만인 11월 29일 유엔이 팔레스타인 분할 결의안을 채택하자, 그 협약은 이스라엘 건국과 팔레스타인 독립국가 좌절에 결정적 역할을 했다. 결의안 선포 뒤 곧 벌어진 팔레스타인 내전에서 팔레스타인 주민들이 고립돼 고향 땅에서 축출되는데, 압둘라-메이어 협약이 그 배경이 됐다. 당시 중동에서 요르단은 영국의 대리인 역할을 하며 그 지원으로 아랍군단Arab Ligion이라는 군을 보유했다. 주변 아랍 국가 중에서 가장 무장력이 좋은 나라였다. 팔레스타인 내전에서 요르단의 침묵은 곧 유대인 쪽의 싹쓸이를 의미했다.

✡ 골리앗이 아닌 아랍과 강력하게 무장한 다윗 이스라엘

1차 중동전쟁은 이미 유대인과 압둘라의 밀약에서 보듯이 당시이미 그 승패가 결정됐다. 1차 중동전쟁은 흔히 거대한 아랍과 조그마한 이스라엘의 싸움, 즉 골리앗과 다윗의 싸움에서 다윗인 이스라엘이 극적으로 승리한 서사로 묘사된다. 이는 이스라엘이 선전하는 프로파간다이기도 하다. 물론 팔레스타인/아랍은 유대인에 비해 40배나 많은 인구를 가졌으나, 그 무장력이나 통일성에서는 유대인 쪽에 비교될 수가 없었다. 팔레스타인/아랍은 분명 골리앗이 아니었고, 유대인은 강력하게 무장한 다윗이었다.

당시 유대인 쪽은 인구가 65만 명이었으나, 40배나 인구가 많은 아랍보다도 더 많은 무장병력을 보유하고 있었다. 내전이 시작될 때 유대인 쪽은 2만 9,677명이고, 팔레스타인/아랍 쪽은 2만 3,500명에 불과했다. 전쟁이 끝났을 때 무장력 비율은 2대1까지 벌어졌다. 이는 이스라엘의 완승으로 끝난 전쟁 결과로도 입증된다. 이 전쟁에서 소수와 약자는 팔레스타인/아랍이었고, 효과적인 강력한 군대를 가진 쪽은 유대인 쪽이었다.[25]

내전 초기에 유대 무장병력의 주력인 민병대 하가나를 비롯한 레히와 이르군은 풍부한 전투력과 조직력에다가 우월한 무기를 지녔다. 다비드 벤구리온의 지도하에서, 유대 주민 전반에 대한 통제력도 보유했다. 반면, 팔레스타인 아랍 무장력은 3개로 분열됐다. 아랍연맹, 트랜스요르단의 아랍군단, 그리고 팔레스타인 내의 아랍고등위원회는 각자의 병력을 운영했다. 팔레스타인/아랍 쪽의 무장력들은 내전에서 목표도 상이했다. 아랍연맹이나 아랍군단은 팔레스타인 독립국가 건설에 관심이 없었다.

국제사회는 초기에 겉으로만 보이는 유대인과 아랍 쪽의 모습만 의지해, 이 전쟁을 다윗과 골리앗의 싸움으로 받아들였다. 팔레스타인 분할과 이스라엘 독립이라는 유엔 결의안 통과에 결정적 역할을 했던 미국 내에서조차 아랍 쪽이 승리할 것이라는 우려에 중동 정책을 다시 고려하는 분위기가 일었다. 팔레스타인에서 내전이 격화되자, 국무부를 중심으로 한 외교라인에서 유대 국가를 지지한다는 정책을 재고하기 시작했다. 미국은 즉각적인 팔레스타인 분할에서 신탁통치 쪽으로 움직이기 시작했다.

미국의 지원이 줄어들 것에 충격을 받은 유대인 쪽은 현지에서 군사력을 통한 해결에 더욱 결의를 다졌다. 3월 들어서 하가나는 '플랜 디D'라는 대대적인 공세를 나섰다. 유엔 결의안에 따라 할양된 유대인 쪽 영토뿐만 아니라 유대인들이 정착하는 지역 모두를 확보하겠다는 작전이었다. 동시에 미국 행정부에도 압력을 가해 신탁통치안을 포기하게 했다. 소련도 신탁통치안을 반대함으로써 신탁통치안 무산됐고, 미국은 정전에 노력을 기울였다.

내전 기간 동안 주변 아랍국가들은 유대 무장조직들이 유엔 결의안에서 규정한 유대 국가 건설지는 물론이고 팔레스타인 국가 건설지에서도 아랍계 주민들을 추방하는 것을 지켜보기만 했다. 유대 무장조직들이 자신들의 국가 건설지를 확보하고, 팔레스타인 주민들을 추방한 뒤 영국의 완전철수에 맞춰 이스라엘 건국을 선포하자, 비로소 아랍 국가들은 이스라엘에 대한 전쟁을 선포하고 개입했다. 시기적으로 늦었을 뿐만 아니라 아랍 연합군은 애초부터 유대인 쪽과 전쟁할 준비가 되지 않았다.

✡ 압둘라-메이어 밀약으로 승부가 결정된 1차 중동전쟁

1948년 4월 30일 아랍연맹의 정치위원회는 모든 아랍 국가들이 팔레스타인에서 영국군의 철수가 완료되는 5월 15일에 팔레스타인 침공을 위해 군 병력을 준비해야만 한다고 결의했다. 압둘라는 침공군의 최고사령관으로 임명됐다.

아랍 국가들이 팔레스타인 침공을 결의한 것은 유대인 독립국가 저지보다는 압둘라가 이전부터 품고 있던 요르단 서안을 점령해 대시리아 국가를 만들겠다는 야망 때문이었다. 유대인 쪽과 이미 밀약을 한 압둘라가 침공군 사령관으로 임명된 것도 아랍 국가들의 견제나 압둘라 자신의 적극적 의지가 모두 작용했다.

압둘라와 유대인의 타협을 의심한 반하시미테 입장의 아랍 국가들은 팔레스타인에 대한 무력 개입 쪽으로 경사되면서, 압둘라를 사령관으로 임명해 발목을 잡은 것이다. 압둘라도 팔레스타인에서 내전이 격화되고 난민 문제가 악화되자, 자신이 기획하던 팔레스타인 아랍 지역의 평화적 접수가 불가능해졌음을 알게 됐다. 팔레스타인에 개입해, 유대인 무장조직들을 막아야 한다는 압력에 더 이상 버틸 수 없기도 했다. 압둘라는 팔레스타인으로 개입이 불가피해진 이상 자신이 최고 사령관으로 상황을 통제하기를 원했다.

압둘라와 밀약했던 유대인 쪽 특사인 골다 메이어가 5월 10일 암만을 다시 방문해 압둘라를 만나 그가 밀약을 어겼다고 항의했다. 메이어에 따르면, 이 만남에서 압둘라는 팔레스타인을 침공하는 아랍 국가들에 참여할 수밖에 없게 됐다고 말했다. 이에 메이어는 압둘라가 약속을 어기고 전쟁을 원한다면, 유대 국가가 수립되고 전쟁이 끝난 뒤에야 만날 수 있을 것이라고 경고했다. 만남은 합의 없이 끝나고, 적으로서 헤어졌다는 것이다. 유대인 쪽은 이날 만남을 압둘라와의 밀약은 깨지고, 유대인들은 전체 아랍과 맞서서 홀로 독립과 건국을 쟁취했다고 주장하는 근거로 삼고 있다. 자신들의 건국 신화를 더욱 정당화하려는 주장이다.[26]

하지만, 압둘라 쪽의 주장은 다르다. 압둘라는 그 약속을 깨지 않았고, 상황이 바뀌었음을 강조했을 뿐이다. 압둘라는 전쟁을 원한다고 말하지 않았고, 전쟁이 일어나면 끔찍한 결과가 있을 것이라고 협박한 것은 메이어였다. 압둘라와 메이어는 적으로 헤어지지도 않았다. 오히려, 압둘라는 적대 행위가 발발한 뒤에도 유대인 쪽과의 약속을 지키려고 노심초사했다. 이는 그 이후 전쟁의 경과에서 잘 드러난다. 압둘라는 애초 약속에 따라 팔레스타인의 아랍 쪽 지역을 장악하려고 병력을 파견했고, 유대인 쪽과의 충돌을 최대한 피했다.[27]

더 나아가 압둘라는 침공계획을 마지막에 바꿔서 무력화했다. 병력을 요르단 강 너머로 파견한 목적은 유대 국가를 저지하려는 것이 아니라, 팔레스타인의 아랍 지역을 차지하려는 것이었다. 압둘라는 병력을 팔레스타인 독립 국가가 들어설 서안 지구에 집중했다. 팔레스타인 독립국가의 어떠한 가능성도 영구히 제거하고, 요르단으로의 합병을 기정사실화하려고 했다.

요르단은 참전의 흉내만 내면서 유엔이 지정한 서안 지구 등 아랍계 지역을 합병하는 데만 치중했다. 유대인 국가 예정지에는 군을 전진시키지 않았다. 요르단의 아랍군단도 이스라엘방위군IDF과 교전하기는 했으나, 국제 관리지역으로 지정된 예루살렘을 다투는 전투로 한정됐다. 이스라엘과 요르단은 압둘라-메이어 밀약에 따라 목표를 한정한 군사작전을 펼쳤다. 제1차 정전 뒤인 7월 10일 사이의 전투에서 이스라엘군이 이집트군 지배하의 네게브 공세를 펼칠 때에도 압둘라는 이집트를 지원하지 않아 이스라엘에 유리하도록 이끌었다.[28]

요르단은 서안 지구를 장악했고, 예루살렘의 구시가지인 동예루살렘도 확보하는 전과를 올렸다. 1차 중동전쟁에서 다른 모든 아랍 국가의 군들이 패퇴 당한 반면 유일하게 요르단의 아랍군단만이 전과를 유지했다.

사우디아라비아와 예멘은 이렇다 할 현대식 군대가 없었기에, 당시 정규군을 보유한 아랍 국가는 5개국이었다. 이 중 레바논의 군은 국경을 넘을 전력도 갖추지 못했다. 이라크는 팔레스타인과 접경하지 않은데다, 영국과의 협약에 따라 영국이 그어놓은 국경선을 침범할 수 없었다. 결국 팔레스타인에 군사적으로 개입할 수 있었던 나라는 이집트와 시리아 정도였다. 하지만, 이들 국가도 팔레스타인 독립 국가 수립이라는 대의는 전혀 없었다.

다른 아랍 국가들도 팔레스타인의 아랍 주민 보호보다는 자신들의 이익을 챙기는 데 더 관심을 뒀다. 이집트는 요르단의 대시리아 구상을 저지하고, 팔레스타인 남부 지역을 장악하는 데 열중했다. 시리아와 레바논은 팔레스타인 북부 지역에 눈독을 들였다. 이라크는 자신이 주도하는 비옥한 초승달 연합에 대한 야망을 키웠다.[29]

어떠한 아랍 국가도 팔레스타인 독립 국가에 적극적이지 않았다. 특히, 무프티인 하지 아민이 전쟁에서 지도력을 쥐거나, 독립이나 건국의 주도권을 행사하게 하지 않았다. 하지 아민은 팔레스타인 내에서 벌어지는 전쟁에 대한 지휘권이나 발언권이 부정됐다.[30] 이는 1차 중동전쟁에서 가장 헌신적으로 싸울 팔레스타인 내에 있던 전투력을 동원하는 데 차질을 빚어, 막대한 전력 소실이라는 결과로 이어졌다.

✡ 팔레스타인 국가 수립을 방해한 아랍 국가들의 원죄

팔레스타인 내의 아랍 마을 주민들은 총기를 소유했고, 지역 지도자들의 동원에 응할 준비가 돼 있었다. 주민 중 많은 이들이 1936~1939년 아랍봉기 때 게릴라 전투를 경험하기도 했다. 2차대전 때에는

7,500명의 아랍계 주민들이 영국에 의해 전투 훈련을 받았다. 1만 500명이 영국 경찰에 전업직이나 보조직으로 근무했다.[31] 그러나 전쟁이 진행되면서 팔레스타인 내의 이런 무장력이 제대로 동원되지 못했다.

전쟁은 결국 이스라엘이 유엔 결의안에 규정된 자신들의 영역 이상을 확보하는 완승으로 끝났다. 다만, 요르단은 서안 지구를 차지했고, 이집트는 가자 지구를 차지했다. 전쟁 뒤 건국에 성공한 이스라엘로부터 요르단은 별다른 대가를 지불받지 못했다. 이스라엘은 아랍 국가들과의 전쟁에서 승리해 자국의 힘에 자신감을 가지자, 요르단과의 협력이 절실하지 않았다. 요르단이 서안 지구를 점령해 이스라엘 국내의 많은 팔레스타인 주민들을 떠안아주자, 이스라엘로서는 더 이상 아쉬울 것이 없었다. 반면 압둘라는 팔레스타인 주민들을 수용함으로써, 정치적 기반이 취약해졌다. 불만에 찬 팔레스타인 주민들이 압둘라의 통치력을 흔들었기 때문이다.

결국 압둘라는 이스라엘의 시오니스트들과 협력해 서안 지구를 점령한 대가를 치른다. 그는 1951년 7월 20일 예루살렘의 알아크사 사원 입구에서 팔레스타인 주민에 의해 암살당한다. 요르단은 그 후에도 팔레스타인과 관련해 혹독한 대가를 치르게 된다. 1971년 9월에는 팔레스타인해방기구PLO과 '검은 9월'이라는 내전까지 벌인다. 1967년 6일전쟁에서 이스라엘이 요르단으로부터 서안 지구를 점령하자, 서안 지구에 있던 팔레스타인해방기구의 무장병력은 요르단으로 피신했다. 이들은 요르단에 있던 기존의 팔레스타인 주민들을 기반으로 요르단 정부와 알력 다툼을 벌이다가, 결국 하시미테 왕가 정권을 타도하는 목소리까지 냈다. 암살당한 압둘라의 손자인 후세인 국왕은 팔레스타인해방기구 소탕을 명령해, 내전으로까지 번졌다.

이후 팔레스타인해방기구는 레바논으로 옮겨갔고, 이는 레바논 내전을 발발시키는 중요한 원인이 됐다. 또 레바논은 팔레스타인해방기구를 소탕하려는 이스라엘의 침공과 점령을 받게 된다. 아랍 국가들이 이스라엘의 건국을 방조하고, 팔레스타인 국가 수립을 도와주지 못한 원죄로 인해 치른 대가이다. 1956년 수에즈 운하 위기로 촉발된 2차 중동전쟁, 1967년의 6일전쟁, 전 세계적인 석유파동을 몰고 온 1973년의 4차 중동전쟁도 아랍 국가들이 치러야 할 대가였다. 그 과정에서 가장 큰 고통과 피해는 물론 팔레스타인 주민에게 돌아갔다.

14장

중동분쟁과 이스라엘의 우경화

왜 이스라엘–팔레스타인 분쟁은
협상이 거듭될수록 악화되나?

2022년 12월 1일 치러진 이스라엘 총선에서 베냐민 네타냐후 전 총리가 이끄는 우파 블록이 총 120석 중 64석을 차지했다. 이 총선은 2019년 4월 총선 이후 안정된 정부를 구성하지 못해 지속된 정치 위기에서 연이어 치러진 5번째 총선이다. 이 정치 위기의 본질은 이스라엘의 여러 현안을 상징하는 네타냐후를 둔 갈등과 대립이라 할 수 있다.

✡ 종교 극우 정당들이 추동한 네타냐후의 귀환

    네타냐후는 1996년 6월~1999년 7월, 2009년 3월~2021년 7월에 걸쳐 총 15년간, 이스라엘의 최장수 총리로 재직했다. 그의 집권 기간은 대외적으로는 팔레스타인 평화협상의 파탄, 대내적으로는 우경화로 요약된다. 그의 장기 집권에 대한 피로감이 쌓인 상황에서 뇌물

혐의 등에 대한 기소가 제기되자 2019년부터 그를 권좌에서 밀어내려는 파워 게임이 시작됐다. 그 과정이 3년 6개월 동안 치러진 5차례의 총선이다. 선거 뒤에 안정적 다수가 확보되지 않고, 네타냐후의 거취를 놓고 대립을 벌이다가 정부 해산과 총선이 되풀이됐다. 그 갈등과 대립에서 결국 네타냐후가 5번의 총선 끝에 다시 승리한 것이다.

이스라엘에게 그 결과는 팔레스타인 분쟁 격화와 극우로 치닫는 우경화를 의미했다. 이 총선에서 승리한 네타냐후의 보수우익 리쿠드당이 주도하는 우파 블록은 14석의 '종교적 시오니즘Religious Zionism', 11석의 샤스Shas, 7석의 '연합토라유대교United Torah Judaism'이다. 리쿠드당을 제외한 이들 3개 정당은 그 명칭에서 알 수 있듯 종교적 색채의 우파 혹은 극우 정당들이다.

샤스는 1984년에 창당된 하레디 유대 종교정당이다. 하레디 유대교는 '정통파 유대교Orthodox Judaism' 내에서도 유대율법의 엄격한 준수를 고수하는 초정통파 유대교이다. 하레디 유대교는 정치적 해방, 근대 이후 유대교 계몽운동인 하스칼라 운동, 동화, 세속화 등 사회변화를 반대한다. 샤스는 특히 세파르디 및 미르라히 유대인 계통의 하레디 신자들의 이해를 대변한다. 1992년에 결성된 '연합 토라 유대교' 역시 하레디 계통의 종교적 보수주의 정당이다. 샤스와는 달리, 이 정당은 아슈케나지 유대인 계통의 하레디 신자들의 이해를 대변한다.

네타냐후의 우파 블록 승리에 가장 크게 기여한 정당은 '종교적 시오니즘'이다. 이 정당은 유대인 역사에서 가장 금기시되는 인종주의 세력까지 포함하는 극우파 연합이다. 이 총선을 통해 '종교적 시오니즘'을 제3당으로 부상시킨 원동력은 이타마르 벤그비르Itamar Ben-Gvir, 1976년~ 가 이끄는 '유대인의 힘Otzma Yehudit, Jewish Power' 당이다. 유

대인의 힘이 2021년 3월 베잘렐 스모트리히Bezalel Smotrich의 국민연합
National Union과 합쳐서, '종교적 시오니즘'이 결성됐다.

벤그비르의 정치적 뿌리는 그가 16세 때 가입한 카흐Kach 그룹에
있다. 카흐는 1971년 미국 출신의 극우 랍비인 메이어 카하네Meir David
HaKohen Kahane, 1932~1990년에 의해 결성된 극우 유대주의 정치단체이다.
이 단체는 이스라엘 땅에서의 아랍인 축출을 모토로 내걸었다. 이들이
말하는 '이스라엘 땅Eretz Yisrael'은 현재의 이스라엘 영토뿐만 아니라
서안 및 가자 지구, 더 나아가 요르단, 시리아, 레바논, 키프러스, 사우
디아라비아의 일부까지 포함된다. 성경에 나오는 허구적인 다윗과 솔
로몬의 이스라엘 통일왕국의 영역보다도 넓다.

애초에는 정당으로 결성된 카흐는 사실 민주주의를 거부하고 이
스라엘 땅에서 아랍인들의 축출, 필요하다면 절멸도 옹호하는 유대인
들의 폭력적인 민병대 역할을 했다. 1984년에 카하네가 의회에 입성
하기도 했으나, 1988년에 인종주의를 선동한 혐의로 정당 해산이 됐
다. 1990년에 카하네가 암살되고, 1994년에는 단체 자체가 불법화됐
다. 이스라엘, 캐나다, 유럽연합, 미국, 일본에서 테러 단체로 규정됐다.
카흐의 무장 테러 분자들은 2000년 팔레스타인의 2차 인티파다(민중
봉기)를 전후해 수십 명의 팔레스타인 주민들을 학살했다.

✡ 인종주의 범죄자를 치안장관으로 만든
이스라엘의 우경화

1992년에 카흐에 가입한 벤그비르는 인종주의, 재물파괴, 테러

단체 선전물 소지 및 테러 단체 지원 혐의로 유죄를 선고받은 경력이 있다. 그는 팔레스타인 주민과 이스라엘 좌파를 공격한 오랜 경력을 지니고 있다.

팔레스타인 평화협상의 최고봉인 오슬로평화협정이 맺어진 직후인 1995년 11월에 19살의 벤그비르는 그 평화협정을 주도한 이츠하크 라빈 당시 총리의 캐딜락 승용차 장식물을 훔치고는 텔레비전 카메라 앞에서 "우리가 그의 차를 접수했고, 그 또한 접수할 것이다"라고 협박했다. 2주 뒤 라빈은 극우 유대주의자들에 의해 암살됐다. 오슬로평화협정 무산의 출발점이었다. 라빈의 암살 뒤 치러진 1996년 총선에서 네타냐후의 우파가 집권하면서, 네타냐후가 주도하는 이스라엘의 우경화가 본격화됐다. 벤그비르는 1994년 29명의 팔레스타인 주민들이 학살된 헤브론 학살의 범인인 바루크 골드스타인의 사진을 집에 걸어 둔 것으로 악명이 높다. 벤그비르는 2021년에 의원이 된 뒤에도 팔레스타인 주민을 향해 총을 겨누는 폭력적 행태를 반복했다.

벤그비르에게 최고 정치 의제는 이스라엘에서 "불충한" 팔레스타인계 시민을 추방하는 것이다. 이스라엘을 순수한 유대인 국가로 만들자는 것이다. 그는 이스라엘 군경이 팔레스타인 시위대에게 발포를 허락하는 규정을 완화하자고 주장하고 있다. 그런 그가 총선 뒤 네타냐후 내각에서 경찰을 관할하는 공공치안장관을 요구하고, 지명됐다. 네타냐후로서는 정부 구성에서 벤그비르의 지원이 필수적이다.

총선 전 총리였던 야이르 라피드Yair Lapid, 1963년~ 의 중도 정당 '예시아티드'의 한 의원은 네타냐후와 벤그비르가 결합된 정부를 아돌프 히틀러의 부상에 비유했다. 그는 "나는 이 사태를 다른 것에 비교할 수가 없다. 히틀러도 민주적 방식으로 권좌에 올랐다"고 말했다. 노동당

정부의 총리였던 에후드 바라크Ehud Barak, 1942년~ 는 벤그비르의 입각을 "어두운 시절"로 예견했고, 좌파 정당인 메레츠의 대표 제하바 갈론은 이번 선거가 "자유국가인가, 유대 신정주의인가를 결정할 것"이라고 말했다. 〈하레츠〉 등 이스라엘의 주류 신문들도 "운명적 선거"라며 "어두운 시대로 회귀"하는 것을 우려하는 사설들을 게재했다.[1]

벤그비르가 공공치안장관인 네타냐후 내각은 건국 이후 이스라엘에서 하나의 이정표이다.

첫째, 이스라엘 건국 때 가미됐던 사회주의 등 진보적 성향은 완전히 증발하고, 우파민족주의와 종교적 유대주의가 주류로 자리 잡았다.

이스라엘 건국의 주역이던 노동당은 이 선거에서 의회에 입성 가능한 최소 의석인 4석만을 차지했다. 1977년까지 이스라엘 총리직을 독점했던 노동당은 오슬로평화협정 무산으로 팔레스타인 평화협상이 파탄 나기 시작한 2001년 이후 몰락해왔다. 노동당은 이제는 극우 종교정당보다도 당세가 위축된 주변부 정당으로 밀려나고 있다. 6석을 가졌던 좌파 정당인 메레츠는 이 총선에서 한 석도 못 얻어 의회에 진입하지 못했다.

이스라엘 건국에서 또 하나의 주축이던 정교분리의 세속주의가 퇴조하고, 종교적 유대주의가 득세했다. 전술한 대로 네타냐후 정부를 구성하는 4개 정치세력 중 리쿠드당만이 세속주의 세력이고, 나머지 3개는 종교적 시오니즘과 유대주의 세력들이다.

둘째, 이스라엘 건국 이후 공식적으로 유지해왔던 팔레스타인과의 평화 및 공존 추구라는 기조가 사실상 포기됐다.

이스라엘 시민권을 가진 아랍계 주민들의 축출을 공식적으로 요구하고 테러를 자행했던 벤그비르 같은 정치세력이 주류로 자리 잡은 이스라엘에서는 이제 팔레스타인 독립 국가 건설에서 필수적인 선결 과제인 서안 지구 내의 유대인 정착촌 문제를 해결한 의향이나 능력이 없다. 벤그비르가 주장하는 이스라엘에서 불충한 팔레스타인계 시민 축출에 대해 이스라엘의 한 지방 라디오 방송국이 실시한 온라인 여론조사에서는 응답자의 3분의 2가 찬성했다.[2] 오히려, 팔레스타인 독립국가 건설지인 서안 지구를 완전히 합병하려는 동력이 커지고 있다. 오슬로평화협정에 반대를 내걸고 집권해 15년 동안 재임하며 최장수 총리가 된 네타냐후가 자신의 장기 집권을 저지하려는 세력들과 3년 6개월 동안 5번의 총선을 반복하며 결국 승리한 것은 팔레스타인과의 관계가 어디로 갈 것인지를 명확히 말해준다.

✡ 건국의 주류들이 탈락하고, 그 이상에서 멀어진 이스라엘

이스라엘 건국의 토대인 시오니즘은 유대 민족주의와 사회주의적 공동체주의가 두 축이었다. 시오니즘의 유대 민족주의는 박해에 대한 자구책으로 형성됐기에 공격적인 우파 민족주의와는 거리가 멀었다. 다비드 벤구리온으로 대표되는 건국의 주역들은 러시아와 동유럽의 유대인 사회주의 운동인 분트 출신이 주류였다. 이들은 이스라엘에서 사회주의적 이상을 실현하고자 했다. 이스라엘을 대표하는 농업공동체인 키부츠는 그 예이다.

건국의 주역들과 초기 이민자들은 이스라엘의 건국과 생존 과정에서 벌어졌던 팔레스타인 주민 축출과 아랍 국가들과의 투쟁에 대한 원죄와 부채 의식이 있었다. 팔레스타인 주민 문제 해결 및 아랍 국가들과의 관계 정상화는 어쨌든 이스라엘에는 가장 중요한 의제였다. 1979년 이집트와의 국교 정상화를 시작으로 한 중동평화협상은 1993~1995년 오슬로평화협정 체결로 최고에 올랐다.

하지만, 30여 년이 지난 지금 이스라엘은 너무나 다른 모습으로 변했다. 건국의 주역인 노동당의 몰락에서 보듯 이스라엘에서 진보적인 정치 세력은 소수로 전락했다. 전술한 대로 팔레스타인 주민을 축출해야 한다는 인종주의마저 득세하고 있다. 왜 이스라엘은 이렇게 변해가는가?

건국 이후의 이스라엘은 생존이 급선무였다. 주변의 아랍 국가들 사이에서 살아남기 위한 투쟁이 우선시될 수밖에 없었다. 그 과정은 1973년까지 아랍국가들과 벌인 4차례의 중동전쟁이었다. 이스라엘은 4차례의 전쟁에서 모두 승리했다. 특히 1967년 6일전쟁에서 주변 아랍국가들을 상대로 압도적이고 신속한 승리를 거둬, 중동의 강국으로 부상했다. 이집트 등이 그 설욕으로 벌인 1973년 4차 중동전쟁에서도 아랍 쪽은 사실상 패배했다. 이집트 등 아랍 국가들은 이스라엘을 무력으로 제거하는 일은 불가능하기에 공존을 선택할 수밖에 없다고 생각했고, 이스라엘과의 협상에 들어갔다.

1973년 이스라엘-아랍의 마지막 중동전쟁이 끝나고 협상이 시작되면서, 이스라엘의 내부도 변하기 시작했다. 이스라엘도 주변 아랍 국가 및 팔레스타인과 협상에 나서야 했다. 이는 양보를 의미했다. 양보한다는 것은 이스라엘 내부의 이해관계가 걸린 문제였다. 이스라엘이 생존의 위험에서 벗어나고 양보를 할 때가 오자, 건국 때의 이상과 이념보다는 국내 세력들의 이해관계가 국내외 정책을 좌우하게 됐다. 협상에 따른 양보를 반대하는 보수우파 정당인 리쿠드당이 4차 중동전쟁 전후로 창당돼, 나중에 이스라엘 정치를 주도하게 된다.

✡ 새로운 이민의 물결, 우경화를 촉발하다

이스라엘의 우경화와 대팔레스타인 관계 파탄은 그 결과이다. 그 배경으로는 우선 건국 이후 인구 구성의 변화를 짚어야 한다. 건국 이후 폭발적으로 늘어난 이민자들, 특히 비유럽 지역에서 온 이민자들의 비중이 늘면서 이스라엘은 정치적, 경제적 우경화로 나아갔다.

새롭게 이민해 온 이들은 주거지 등 경제적 터전을 이스라엘이 새롭게 확장하는 영역에서 찾아야 했다. 즉, 기존의 팔레스타인 주민이 쫓겨난 땅이나 주변 아랍 국가들로부터 뺏은 땅에 주로 정착했다. 이는 팔레스타인 문제의 핵심인 난민 귀환과 유대인 정착촌 문제의 해결을 난망케 하는 요인이었다. 기존의 팔레스타인 주민의 땅이나 팔레스타인 독립 국가 건설지인 서안 지구의 정착촌에 자리 잡은 이들은 팔레스타인 난민 귀환이나 팔레스타인 독립 국가 건설에 반대하는 주요 지지층이 됐다.

건국 이전에 자리 잡은 유럽 출신의 유대인이나 그 후예들은 주로 도시나 개척지에 자리를 잡고 경제적인 안정을 굳혀서, 팔레스타인 주민과의 공존에 열린 자세를 보였다. 하지만, 건국 이후 들어온 비유럽 출신 이민자들은 기존의 유럽 출신 이민자들과는 달리 그런 안정적인 경제적 토대가 없는 데다, 문화적, 정치적으로도 취약했다. 경제적인 이유에서뿐만 아니라 정치적, 문화적으로도 팔레스타인 주민을 배척하는 우경화된 유대 민족주의가 이들을 사로잡았다.

1949년 6월에 유럽의 홀로코스트에서 살아남은 유대인들이 이스라엘로 들어오기 시작하면서, 건국 이후 이민자 붐이 시작됐다. 폴란드에서 10만 명, 루마니아에서 12만 명을 시작으로 불가리아, 터키, 유고슬라비아 등에서 약 30만 명이 밀려 들어왔다. 이들은 대부분 전쟁과 박해에 의한 난민들이어서, 앞선 이민자들과는 달리 개척지나 도시에 정착할 수 없었다. 이스라엘 신생 정부의 구호에 의지해야만 했다. 이스라엘 정부는 건국 전쟁 동안 떠나간 팔레스타인 주민들의 버려진 집과 땅에 이들을 수용했다. 전쟁 동안 약 5만 명의 아랍계 주민들이 추방된 람레, 리다, 베이산 등에 새로운 이민자들이 정착했다. 10만 명의 이민자가 텐트촌에서 살았다. 건국 초기 40개월 동안 16만 5천 개의 방을 가진 7만 8천 개의 거주지가 급조됐다. 화장실도 없는 열악한 환경이었다. 이 거주지들은 나중에 전형적인 이스라엘 슬럼가가 됐다.[3]

　무엇보다도, 건국 이후 이민 물결은 나중에 이스라엘 사회에서 중심적인 갈등을 만들어 냈다. 이른바 유럽계 유대인인 아슈케나지 대 중동 및 아시아계 유대인인 세파르디의 갈등이다. 아슈케나지는 동유럽계 유대인, 세파르디는 지중해 지역 유대인들이나, 건국 이후 이스라엘에서는 아슈케나지는 유럽 출신 유대인, 세파르디는 중동 및 아시아 출신 유대인을 지칭하는 호칭으로 굳어졌다. 이스라엘 건국을 둘러싼 1차 중동전쟁 발발에 따른 반유대인 조류로 중동에 살던 유대인들이 갑자기 엄혹한 환경에 처하자, 이스라엘은 이들을 데려오는 작전을 펼쳤다.

　1948년부터 1950년까지 5만 명의 유대인이 걸어서 사막을 건넌 뒤 예멘 아덴에서 비행기로 공수되는 '마법양탄자작전'으로 이스라엘로 왔다. 중동 지역의 최대 유대인 거주지인 이라크에서도 1950~1951년에 약 12만 4천여 명이 이스라엘로 왔다. 이라크 정권의 가혹한 처사도 있었지만, 이스라엘 공작원들이 의도적으로 조장한 운동도 이들 이라크 유대인들이 고향 땅을 떠나게 했다. 이스라엘 공작원들은 이라크 유대인 거주지 지역에 수류탄을 터뜨리는 등 공포를 조장해, 이스라엘로의 이주를 부추겼다. 1952년 말에 새로 이주한 약 25만 명이 113개 임시 수용시설에 체류했다. 이들 대부분은 무직 세파르디들이었다.[4]

열악한 임시수용시설에 던져진 세파르디들 사이에서는 기득권층 아슈케나지들에 대한 분노가 일었고, 두 공동체 사이에서는 긴장이 야기됐다. 사실 두 집단의 공통점은 유대교 신자라는 것밖에 없었다. 언어적, 문화적, 역사적, 경제적, 정치적으로 전혀 다른 두 세계에서 살아왔다는 차이점이 훨씬 컸다. 세파르디들은 아슈케나지들에게 차별받고 격리되고 있다고 분노했고, 아슈케나지들은 세파르디들이 이스라엘을 또 다른 중동 국가로 만들고 있다고 우려했다. 두 집단 사이의 이런 긴장과 알력은 세파르디가 이스라엘에 정착하고 인구 구성에서 차지하는 비중이 늘면서, 30여 년이 지나 이스라엘의 정치 지형을 바꾸는 토대가 됐다. 아슈케나지들이 리버럴한 정치 성향을 갖고 노동당을 지지한 반면 세파르디들은 우파적인 유대 민족주의 쪽으로 경도되어 갔다. 이는 1970년대 후반부터 노동당의 장기 집권이 끝나면서 그 세력이 형해화되고, 팔레스타인 문제가 격화되는 정치적 격변의 배경이 됐다.

✡ 평화협상이 부른 노동당 실각과 우경화의 시작

이스라엘은 다비드 벤구리온으로 대표되는 사회주의적 성향의 노동 시오니스트들에 의해 주도됐다. 건국 직후부터 1977년까지 벤구리온 등에 의해 창립된 '마파이Mapai, 이스라엘 땅의 노동자당'를 비롯한 노동 시오니스트들이 집권했다. 1968년에 마파이가 분화되어 나갔던 다른 노동 시오니즘 정당들인 '아두트 하아보다Ahdut HaAvoda', 라피 등과 합당해 노동당을 창당하고 주류적인 지배 정당으로 완전히 자리 잡았다. 마파이나 노동당은 사회민주주의적인 시오니즘 정당이었다. 노동당이 연속 집권한 1977년까지 노동당 출신의 총리들은 모두 노동운동 출신이었다.

마파이와 노동당 집권 시기에 이스라엘에서 진보적인 개혁이 이뤄졌다. 최저수입을 보장하고, 주거 및 보건 분야에서 사회서비스 무상 보조를 실시해 복지국가의 기틀을 닦았다. 대외적으로는 1970년대 이후 팔레스타인 평화협상 노선을 취했다.

노동당의 장기 집권은 1977년 5월 총선에서 무너졌다. 이 총선에서 1973년에 창당된 보수우익 정당 리쿠드당(민족자유운동)이 43석을 얻어서, 32석에 그친 노동당을 크게 누르는 승리를 거뒀다. 노동당은 기존 의석에서 3분의 1이나 상실했다. 건국 이전 과격 우파 민병대인 이르군의 지도자인 메나헴 베긴Menachem Begin, 1913~1992년과 군인 출신의 강경 우파 아리엘 샤론Ariel Sharon, 1928~2014년이 제휴해 창당한 리쿠드당의 승리는 이스라엘 정치사에서 전환점이었다. 노동당의 패배는 아슈케나지 중도층 탓도 있었지만, 무엇보다도 세파르디의 대거 이탈 때문이었다.

초기 참모총장을 지낸 이가엘 야딘Yigael Yadin, 1917~1984년이 '다시Dash, 변화를 위한 민주운동'을 창당해, 중도적인 군인과 지식인들의 표를 흡수해 15석을 차지했다. 이에 더해, 노동당을 지지하던 세파르디들이 대거 리쿠드당으로 지지를 옮겼다. 세파르디의 다수는 집권당인 노동당 계열을 지지했으나, 1967년의 3차 중동전쟁인 6일전쟁 이후 노동당에서 이탈하기 시작했다.

1969년 세파르디들의 노동당 지지는 55퍼센트로 줄고, 1973년에는 38퍼센트로까지 떨어졌다. 1977년 총선에서는 32퍼센트가 됐다. 세파르디들의 노동당 이탈은 실질 소득의 절대적 성장에도 불구하고 리버럴한 아슈케나지에 비해 그들이 겪는 상대적 빈곤과 소외감 때문이었다. 노동당의 기반인 리버럴한 도시 아슈케나지들의 한 사람당 소득은 세파르디에 비해 65퍼센트가 높았다.[5]

6일전쟁으로 중동에서 강국으로 올라선 이스라엘은 1973년 4차 중동전쟁을 거치면서 이제 새로운 대외노선을 취해야만 했다. 팔레스타인 난민 문제 해결이나 아랍 국가와의 평화협상에 대한 압력이 커졌다. 더 이상 영토를 확장하는 공격적 팽창 정책은 불가능하게 됐다. 1970년대 후반 들어서 노동당은 평화협상 노선으로 전환하기 시작했다. 이는 기존의 점령지를 반환해야 함을 의미했다. 이스라엘 국내에서는 이를 반대하는 목소리가 나왔고, 특히 점령지에서 정착촌을 꾸린 세파르디들이 그 중심에 섰다. 차별받고 있다는 소외감에다가 자신의 터전을 잃을지도 모른다고 우려한 세파르디들이 우파적인 유대 민족주의를 내세운 리쿠드당으로 경도된 것이다. 건국 이후 29년 만에 발생한 보수우익 정당의 집권과 노동당의 실각은 단순한 정부 교체가 아니었다. 1977년 이후 이스라엘의 정치는 결코 그 이전과 같지 않게 됐다.

✡ 4차 중동전쟁이 낳은 평화협상과
유대인 정착촌이라는 불씨

1973년의 4차 중동전쟁 이후 중동분쟁 당사자들이나 미국은 중동에서 이전과 같은 전쟁을 반복할 수 없다는 상황 인식을 공유하게 됐다.

이스라엘은 1967년 3차 중동전쟁인 6일전쟁을 통해 이집트, 시리아, 요르단, 이라크 군들을 단기간에 궤멸시켜, 더 이상 아랍 국가들에 의해 안보가 위협받는 국가가 아니라 중동의 강국으로 자리 잡았다. 이 전쟁에서 이스라엘은 이집트로부터 시나이 반도, 요르단으로부터 서안 지구, 시리아로부터 골란 고원을 점령했다. 1973년 4차 중동전쟁은 이집트 등 아랍 국가들의 설욕전이었으나, 군사적으로는 아무런 성과를 얻지 내지 못했고 이스라엘의 승리로 끝났다. 이 전쟁에서 미국이 이스라엘을 지원하자, 사우디아라비아를 위시한 이슬람 국가들은 석유금수를 단행해 오일쇼크를 일으켜 전 세계적인 불황이 시작됐다.

아랍 국가들은 더 이상 이스라엘을 군사적으로 제압할 수 없고, 점령된 영토 반환은 평화협상으로만 가능함을 깨달았다. 이스라엘도 오일쇼크까지 야기하는 아랍권 국가들의 반발과 단결을 누그러뜨리는 것이 더 중요한 안보 대책임을 절감하게 됐다. 미국 역시 이스라엘에 반발하는 중동 국가들이 보유한 석유 자원을 확보하려면 분쟁을 종식하는 이스라엘-아랍의 협상과 화해가 절실했다.

4차 중동전쟁 이후 미국은 적극적으로 평화협상을 종용했고, 1977년에 집권한 리쿠드당에도 이는 피할 수 없는 조류였다. 특히,

1977년에 출범한 미국의 지미 카터 민주당 행정부는 중동평화협상에 적극적이었다. 메나헴 베긴 이스라엘 총리와 안와르 사다트 이집트 대통령은 1978년 9월 미국의 대통령 별장인 캠프데이비드에서 중동평화협상의 첫 결실인 역사적인 캠프데이비드 협정을 타결지었다. 양국은 추가적인 협상 끝에 1979년 3월 26일 평화협정에 서명했다. 이 협정으로 이스라엘과 이집트는 국교를 맺는 외교적 성과를 거뒀으나, 그 이면에서는 팔레스타인이 다시 희생양이 됐다.

캠프데이비드 평화협정은 크게 두 가지로 구성됐다. 양국의 국교 정상화 및 향후 중동평화협상의 틀에 대한 합의이다. 양국 국교 정상화의 조건은 1967년 6일전쟁 때 이스라엘이 점령한 시나이반도의 반환이었다. 리쿠드당을 지지하는 보수 우파들은 시나이반도에 건설된 이스라엘 정착촌 철수에 끝까지 반대해, 베긴은 큰 정치적 부담을 져야만 했다.

'중동에서 평화를 위한 틀'은 이스라엘과 모든 아랍 국가들의 향후 평화협상을 규정했으나, 주로 팔레스타인 문제에 집중했다. 이스라엘, 이집트, 요르단의 협의하에 서안과 가자 지구에서 자치 정부를 구성하고, 5년간의 이행 기간을 거친 뒤 이스라엘 군정을 철수시키고, 팔레스타인 대표들과 함께 서안과 가자 지구의 최종적 지위를 결정한다는 내용이었다.

협정이 체결된 뒤 이스라엘은 이집트에 시나이반도를 반환할 준비를 즉각 시작했으나, 우파 진영에서 큰 반발이 일었다. 10월에 이를 반대하는 우파 신당 '테히야'(부활)가 결성되고, 평화협정 폐기를 주장했다. 위기를 느낀 베긴은 팔레스타인 자치를 허용하는 평화협정의 세부 사항 결정을 미적거렸다. 이에 항의해 노동당 출신의 6일전쟁 영웅 모세 다얀 외무장관이 사임했다. 베긴 정부는 서안과 가자 지구에서 아랍 땅을 몰수하고 새로운 정착촌을 확대했다. 유대인 정착촌 주민들도 이주를 거부하는 운동을 벌였다. 베긴 정부는 정착촌 주민들에게 계속 거주하도록 했을 뿐만 아니라 법적 지위와 보호도 제공했다. 1980년에 점령지에서 새롭게 38개의 정착촌이 생겨났다. 지난 30년 사상 최대 증가세였다. 1980년 5월 에제르 와이즈만 국방장관도 평화협정 불이행에 항의해 사임했다. 1980년 7월 30일 베긴 정부는 예루살렘을 이스라엘의 수도로 규정하는 '예루살렘 기본법'을 제정했다.[6]

1983년까지 계속된 베긴의 집권 동안 서안 지구에 대대적으로 정착촌이 건설됐다. 이 문제는 향후 팔레스타인 문제 해결을 막는 최대 장애물이 됐다.

✡ 잊혀져 가는 팔레스타인 분쟁, 인티파다로 분출하다

이스라엘-이집트 평화협정은 두 나라의 관계 정상화를 가져왔으나, 팔레스타인 문제는 사실상 더 악화시켰다. 두 나라의 평화협정 이후 중동평화협상은 다시 교착상태에 빠졌다. 이스라엘로서는 최대 난적이던 이집트와의 관계를 정상화해서 아쉬울 것이 없었다. 중동정세도 격변했다. 이스라엘-이집트 평화협정이 맺어질 때인 1979년 이란에서 이슬람혁명이 일어났다. 중동분쟁은 팔레스타인을 둔 이스라엘과 아랍 사이의 분쟁이 아니라 이슬람주의 세력으로 초점이 이동했다. 미국과 사우디아라비아 등 친미 중동국가들은 이슬람혁명의 수출을 막으려고 이란 봉쇄에 집중했다. 1980년 이라크-이란 전쟁이 발발했다.

    중동 정세가 격변하는 동안 이스라엘은 레바논에 주둔하던 야세르 아라파트의 팔레스타인해방기구PLO를 제거하려고 1982년 6월 레바논을 전격적으로 침공했다. 이스라엘은 레바논에 주둔하던 시리아군과의 전쟁까지 불사하는 전쟁 끝에 아라파트와 팔레스타인해방기구 무장대원 1만 5천 명을 레바논에서 축출했다. 아라파트와 팔레스타인해방기구는 튀니지로 옮겨갔다. 팔레스타인은 잊혀진 분쟁지가 됐다. 대신, 이스라엘은 레바논에서 시아파 무장 정파인 헤즈볼라라는 새로운 적에 봉착했다. 이스라엘은 1985년까지 레바논에서 전쟁을 벌여야 했다. 레바논에서의 완전한 철군은 2000년에야 가능했다.

    팔레스타인해방기구는 튀니지로 축출돼 팔레스타인 현지에서 유리됨으로써, 그들의 무장게릴라 투쟁도 위력을 잃었다. 팔레스타인이 잊혀진 분쟁지가 되면서, 그 주민들도 가자 및 서안이라는 거대한 감옥에서 지내는 잊혀진 수감자들이 됐다. 팔레스타인 주민들의 고통과 분노는 1987년 12월 9일 자연스럽게 분출됐다. 전날 이스라엘 트럭에 의해 숨진 팔레스타인 주민 4명의 장례식인 이날, 장례식에 참석한 군중들이 이스라엘 군인들에게 돌을 던지면서 인티파다(민중봉기)가 시작됐다.

    인티파다는 팔레스타인해방기구가 주도한 무장 게릴라 운동과는 사뭇 다른 대중들의 시위, 소요, 폭동이었다. 무장하지 않은 팔레스타인 대중들은 탱크를 앞세운 이스라엘방위군IDF에게 돌팔매질로 대항했다. 이스라엘은 실탄 사격으로 대응했다. 인티파다 첫해에 311명의 팔레스타인 주민들이 죽었다. 다수가 소년들이었다. 이스라엘방위군은 시위하는 대중들의 발밑으로 실탄을 발사했는데, 주로 키가 작은 소년들이 희생됐다. 정규전이나 게릴라전 훈련을 받았던 이스라엘방위군은 대중들의 소요와 폭동에 대응하는 능력과 장비가 없어서 실탄 발사에 의존했고, 이는 인티파다를 격화시켰다.

인티파다 6년 동안 이스라엘은 팔레스타인 주민 1,200명을 죽였고, 팔레스타인 쪽은 이스라엘 민간인 100여 명, 군인 60명을 죽였다. 1,400명의 이스라엘 민간인, 1,700명의 군인들이 다쳤다. 부상당한 팔레스타인 주민들은 헤아리기 힘들다. 인티파다는 국제사회에서 이스라엘의 이미지를 추락시켰다. 아랍이라는 골리앗에 맞서 싸우는 꼬마 다윗이라는 이스라엘이 가졌던 이미지는 역전됐다. 이제 이스라엘은 돌팔매질하는 팔레스타인 소년들을 탄압하는 거인 골리앗이 됐다.

✡ 러시아 유대인들의 대거 이민과 걸프전이 만들어낸 마드리드 평화회의

팔레스타인에서 인티파다가 진행되는 동안 이스라엘의 미래에 큰 영향을 주는 국제정세의 격변이 있었다. 사회주의권 해체와 걸프전 발발이다. 소련 해체로 러시아계 유대인들이 대거 이스라엘로 이민을 왔다. 소련 해체를 전후해 1996년까지 약 70만 명의 러시아 유대인들이 이스라엘로 왔다. 이들은 이스라엘에서 가장 큰 주민 집단으로 성장해 보수 우파를 강화하는 기반이 됐다.

이라크의 쿠웨이트 점령으로 촉발된 1991년 걸프전은 이스라엘과 미국이 팔레스타인 분쟁을 계속 방치할 수 없다는 인식을 굳히는 계기로 작용했다. 걸프전 때 이라크는 이스라엘 도시에 미사일 공격을 했다. 사담 후세인 이라크 정권의 확고한 반이스라엘 입장은 걸프전때 친후세인 세력들의 명분이기도 했다. 미국은 걸프전 때 시리아의하페즈 아사드 대통령에게 반후세인 동맹 참여 조건으로 전쟁 뒤 중동평화협상 주도를 내걸었다. 중동 국가들의 반후세인 동맹 결집이 급선무이기는 했지만, 팔레스타인 분쟁을 방치하고는 중동에서 미국이 원하는 안정과 세력을 확보하지 못할 것이라는 인식이기도 했다.[7]

걸프전이 끝나자, 1991년 10월 들어 조지 부시 당시 미국 대통령은 중동평화협상을 위해 팔을 걷어붙이고 나섰다. 제임스 베이커 국무장관을 중동 각국에 파견해, 중동평화회의 개최를 압박하고 회유했다. 이스라엘은 팔레스타인과 같이 협상하기를 거부했고, 유럽이나 유엔의 참여도 거부했다. 미국은 팔레스타인 대표들을 요르단 협상팀의 일원으로 끼우고, 유럽 국가와 유엔은 업저버로 참가시키자고 제안하며중동평화회의를 밀어붙였다.

1991년 10월 30일 스페인 마드리드에서 중동평화회의가 개최됐다. 1979년 이스라엘-이집트 평화협상 이후 최대의 중동평화 이벤트였다. 마드리드 평화회의는 한 달 만에 두 가지 평화과정에 합의하는성과를 냈다. 하나는 이스라엘을 포함한 중동 국가와 역외 국가들의다자 회담이다. 여기서는 중동의 수자원, 군축, 환경, 경제개발 등을 논의한다. 다른 하나가 중동분쟁을 해결하기 위한 이스라엘과 아랍 각국과의 관계 정상화를 위한 이스라엘-요르단, 이스라엘-시리아 등의 양자 평화회담이다.

팔레스타인 문제는 팔레스타인 대표들이 들어간 요르단과 이스라엘의 워싱턴 회담에서 논의됐다. 그러나 1991년 12월 10일부터 시작된 팔레스타인 평화회의는 진척되지 못했다. 이스라엘과 팔레스타인은 같은 방에 입장하기도 꺼렸다. 특히, 이스라엘은 팔레스타인해방기구를 인정하기를 꺼려서, 회담은 교착 상태에 빠졌다.

리쿠드당의 이츠하크 샤미르 총리 정부가 마드리드 평화회의에 참가하자, 이를 반대하는 3개 강경우파 정당들이 연정에서 탈퇴해 정부가 붕괴됐다. 1992년 6월 22일 총선에서 이츠하크 라빈Yitzhak Rabin, 1922~1995년이 이끄는 노동당이 승리했다. 중동평화협상에 적극적인 노동당이 15년 만에 정부를 구성하게 됐다. 라빈은 선거 때 집권하면 6~9개월 내로 팔레스타인 평화협정을 타결 지겠다고 공언했다.

✡ 노동당의 귀환과 오슬로평화협정

하지만, 협상은 더욱 난항에 빠졌다. 12월에 하마스의 테러가 있었고, 이에 대한 보복으로 이스라엘이 415명의 이슬람주의자를 레바논으로 추방했다. 팔레스타인과 아랍 대표들은 평화회의에서 철수했다.

평화협상이 중지되고 있을 때 12월 4일 런던에서는 팔레스타인 관리 아부 알라아Abu Ala'a와 이스라엘 학자 야이르 히르시펠드Yair Hirschfeld가 만났다. 두 사람을 알고 있던 팔레스타인해방기구의 고위관리 하난 아시라위Hanan Ashrawi는 팔레스타인 분쟁에 대해 의견을 나눠보라고 이 만남을 권유했다. 이 자리에는 노르웨이의 파포연구재단의 소장인 테리예 뢰드라르센Terje Rod-Larsen. 1947년~ 도 동참했다. 이 접촉에서 중동평화협상의 교착을 타개하는 방안들이 논의됐다. 중동에서 연구를 하며 중동평화를 희구했던 사회주의자 뢰드라르센은 이 만남을 계속한다면 노르웨이에서 주선하겠다고 제안했다.

알라아는 튀니지에 있는 아라파트 팔레스타인해방기구 의장에게 보고했고, 히르시펠드는 요시 베를린 외무차관에게 보고했다. 아라파트는 계속 접촉해 보라고 말했고, 베를린은 지켜보겠다고 말했다. 1993년 1월에 노르웨이 오슬로 교외에서 뢰드라르센의 주선으로 다시 접촉이 시작됐다. 한 달 만에 향후 이스라엘-팔레스타인 협정의 틀이 될 '원칙 선언Declaration of Principles'을 만들어 보자고 합의했다. 가자 및 서안 지구의 자치를 시작으로 팔레스타인 독립 국가 건설까지의 틀을 만들자는 것이었다.

이는 팔레스타인해방기구와 이스라엘의 지도부에 공식 보고됐다. 양쪽 당국은 공식적인 개입을 결정하고, 대표단을 격상시켜 회담을 이어 나갔다. 이스라엘이 팔레스타인해방기구와의 직접 협상을 결정한 것은 마드리드 평화회의의 국제협상 틀이 불리하다고 느꼈기 때문이다. 국제적인 여론에 자신들의 입장에 제약될 것을 우려했다. 팔레스타인해방기구도 마드리드 평화회의에 팔레스타인 현지 지도자들의 영향력이 커지는 것을 우려했다. 인티파다 이후 하마스 등 이슬람주의 세력이 커지는 가운데 팔레스타인 주민에 대한 아라파트와 해방기구의 장악력이 약화되고 있었다. 이스라엘 정부와 팔레스타인해방기구의 직접 협상은 양쪽의 이해가 맞아떨어진 결과였다.[8]

8월 17일 시몬 페레스 이스라엘 외무장관이 스웨덴 스톡홀름에서 노르웨이 외무부가 중개하는 전화로 아라파트 등 팔레스타인해방기구 지도부와 오슬로협정 타결을 위한 마지막 협상을 벌였다. 이틀 뒤인 19일 아침 기존의 실무 협상단 양쪽은 오슬로에서 협상 타결을 축하하는 조촐한 파티를 열었다.

오슬로협정은 팔레스타인 자치정부 출범에서 독립국가 수립까지의 과정을 규정했다. 그 이행을 위한 과도 기간은 협정 조인 뒤 5년을 넘지 않도록 했다. 과도 기간 2년이 지나면, 이스라엘 군이 가자 및 서안 점령지에서 철수하고, 3년이 되기 전에 독립국가의 최종적인 지위에 대한 협상을 시작하도록 규정했다. 최종적인 지위 협상에서는 예루살렘, 난민, 정착촌, 안보 대책, 국경, 주변 국가와의 관계 등을 논의하도록 명시했다.

이스라엘은 이를 빌 클린턴 미국 행정부에 알렸고, 미국은 크게 환영했다. 조인식은 9월 13일 백악관 뜰에서 진행됐다. 클린턴이 보는 앞에서 라빈과 아라파트가 서명했다. 서로를 인정하지도 않던 이스라엘과 팔레스타인이 비밀회담을 통해서 단번에 관계를 정상화하고 독립국가 수립까지 약속한 중동평화협상의 최고봉이었다. 장밋빛 전망이 지배했다.

오슬로평화협정은 이스라엘이 서안 및 가자 지구의 점령지를 반환해, 그곳에 팔레스타인 독립국가를 수립한다는 내용이었다. 그래서, '땅과 평화의 교환'으로 불렸다. 핵심은 이스라엘이 점령지를 얼마나, 어떻게 반환하냐였다. 거기에서 관건은 서안 지구에 건설된 이스라엘 정착촌 철수였다. 정착촌은 평화로 가는 길에 놓인 최대 걸림돌이었다.

✡ 라빈 총리 암살까지 부른
이스라엘 우파들의 평화협정 반대

이스라엘 내에서는 반대 목소리가 터져 나왔다. 특히, 정착촌 주민들이 극렬했다. 정착촌 주민인 바루크 골드슈타인이 1994년 2월 25일 헤브론의 이슬람 사원에서 총기를 난사해 29명의 팔레스타인 주민이 사망했다. 골드슈타인의 테러는 이스라엘 강경우파들의 평화협상 사보타주의 신호였다. 이에 대한 보복으로 하마스도 연이어 자살폭탄테러를 벌였다.

그럼에도, 아라파트와 라빈은 5월 4일 점령지 반환과 권력 이양의 3단계를 규정한 카이로협정을 체결했다. 5월 25일에 이스라엘은 가자 및 서안 지구의 예리코에서 철수했다. 7월 1일에 아라파트가 팔레스타인자치정부PA의 수반으로 가자로 귀환했다. 10월 26일에는 이스라엘과 요르단 사이에서 평화협정이 타결됐고, 11월 27일에 양국은 국교를 수립했다.

하지만 1995년 들어서 평화협정에 대한 도전은 안팎에서 거세졌다. 1월 22일 하마스의 자살폭탄테러로 29명의 이스라엘 병사와 민간인이 사망했다. 하마스의 거센 사보타주는 '땅과 평화의 교환'이라는 오슬로평화협정에 대한 근본적 불만에 기인했다. 서안 지구에 자리 잡은 140개의 이스라엘 정착촌을 사실상 그대로 존속시킨 채 팔레스타인 독립국가를 그곳에 수립해야 한다는 것이 협상의 현실이었다.

9월 28일 타결된 오슬로Ⅱ협정은 서안 지구를 갈기갈기 쪼개 놓았다. 이 협정은 서안 지구를 3개 지역으로 구분했다. 팔레스타인 주민이 살고 있어서 팔레스타인이 완전히 통제하는 A 지역, 팔레스타인 경찰이 치안을 책임지나 이스라엘 군도 안보 책임을 갖고 공동관리하는 B 지역, 이스라엘 정착촌과 군 시설이 있어서 이스라엘이 통제하는 C 지역이다. 협정이 타결되던 1995년에 C 지역은 서안 지구의 72~74퍼센트를 차지했다. C 지역의 일부는 B 지역으로 바뀌었으나, 2011년에 최종적으로 61퍼센트였다.

서안 지구는 스위스 치즈에 비유됐다. 팔레스타인이 차지하는 지역은 그 치즈의 숭숭 뚫린 구멍들이었다. 팔레스타인 주민들이 사는 A 지역은 이스라엘이 통제하는 C 지역에 완전히 포위돼, 단절됐다. C 지역에도 팔레스타인 주민들이 532개 마을에서 30만 명이 살았고, 유대인들은 232개 정착촌에서 40만 명이 살았다.

오슬로 II 협정은 이스라엘 의회에서 61 대 59로 간신히 통과됐다. 이를 반영하듯 이스라엘 내에서는 이스라엘의 땅을 돌려줄 수 없다는 반대의 목소리가 거셌다. 11월 4일 이츠하크 라빈 총리가 극우 분자 이갈 아미르에 의해 암살됐다.

총리직을 이어받은 시몬 페레스Shimon Peres, 1923~2016년는 라빈에 대한 추모의 분위기를 이용해 평화협상에 더 박차를 가하려고 했다. 시리아와의 평화협상도 밀고 나갔다. 그는 정국의 주도권을 쥐기 위해 조기총선을 1996년 5월에 공포했다.

하지만, 선거 공포 몇 주만에 갑자기 지지율이 떨어졌다. 우파의 표심을 잡기 위해 페레스 정부가 하마스의 요원들을 체포하는 등 치안을 강화하자, 하마스가 폭탄테러로 응수하기 시작했다. 4월 들어서는 레바논의 헤즈볼라가 공격했다. 이스라엘 군은 4월 11일 '분노의 포도'라는 대규모 군사작전으로 대응하다가, 105명이 있던 대피소를 오폭했다. 리쿠드당의 새로운 대표 베냐민 네타냐후는 미국이 중재한 이스라엘-헤즈볼라 휴전을 외부의 압력에 굴복한 것이라고 맹비난하며, 선거 판세를 뒤집었다.

5월 29일 총선에서 노동당은 1당을 유지했으나, 바뀐 선거법에 따라 직선으로 치러진 총리 선거에서는 네타냐후가 근소한 차이로 승리했다. 네타냐후는 유대교 정당과 새로운 러시아 이민자 정당 등 강경우파 세력들을 모아서 연정을 구성했다. 네타냐후가 선거 때 내걸었던 오슬로평화협정 반대를 밀고 나가기에 적합한 연정이었다.

집권한 네타냐후는 아랍 국가 지도자들에게 아라파트를 직접 대면하지 않겠다고 밝히는 등 오슬로평화협정에 대한 사보타주를 직간접적으로 했다. 하지만, 그의 집권 동안 오슬로협정은 유지됐다. 네타냐후가 이를 파기할 명분이 없는 데다, 미국 등 국제사회의 압력으로 협상은 계속됐다. 하지만, 하마스의 테러와 이에 대한 이스라엘의 보복 공격으로 이-팔 관계는 나락으로 떨어지고, 이스라엘 내에서는 평화협정에 대한 피로감과 돌파구에 대한 갈망이 교차했다.

✡ 라빈의 유산, 캠프데이비드 협상 결렬

1999년 5월 총선에서 에후드 바라크의 노동당이 주축이 된 '하나의 이스라엘'이 압승해, 바라크가 총리가 됐다. 바라크는 이스라엘이 아랍 국가 및 팔레스타인과 평화협정을 맺어야 하고, 정치에서 종교적 영향력을 일소해야 한다고 믿는 세속주의자였다. 이스라엘방위군의 특공대 출신으로 참모총장까지 지낸 그는 높은 지적 역량과 전의를 겸비했으나, 주변을 군 시절의 참모로 채우고는 노동당의 기존 인사들을 무시하는 고집불통이기도 했다. 그는 취임하자마자 라빈 총리의 유산인 팔레스타인과 아랍 국가들의 평화협정 체결을 우선 사안으로 내걸고 동분서주했다.

그는 팔레스타인과의 협상에서 기존 협정을 준수하겠다고 하면서도 국내의 여론을 의식해 끊임없이 수정을 요구하는 태도를 보였다.

그의 이런 평화협상 밀어붙이기는 별다른 소득이 없이 국내에서 반대 목소리만 키웠다. 오슬로평화협정의 운명을 결정하는 2000년 7월 미국 캠프데이비드 협상에 참석하려고 바라크가 워싱턴으로 떠나기에 앞서, 러시아 이민자 정당과 2개 종교정당이 연정에서 탈퇴했다. 또 의회에서는 그에 대한 불신임 투표가 벌어졌다. 보수 야당 리쿠드당이 주도한 이 투표는 과반 찬성을 얻지 못해 부결됐으나, 불신임 54 대 신임 52였다. 바라크는 사실상 정부를 유지할 수 없는 상태에서 협상에 나서야 했다. 그는 불신임투표 때 예루살렘의 주권, 정착촌 유지, 팔레스타인 난민 귀환 반대를 고수하겠다고 밝혔다. 그가 밝힌 이 입장은 결국 이-팔 평화협상의 한계와 그 파탄을 의미했다.

이스라엘은 협상을 타결짓기 위해 스웨덴을 중재로 하는 별도의 채널을 가동했다. 주로 서안 지구의 영토 분할과 난민 문제 타결을 논의했다. 이스라엘은 팔레스타인이 난민 귀환에 대해 양보하면, 서안 지구의 90~91퍼센트를 이양하겠다고 제안했다. 난민 문제에서도 국제사회와 함께 200억 달러 기금을 조성해, 난민들을 팔레스타인 국가로 이주하는 안, 현재 장소에서 그대로 거주하는 안, 캐나다·오스트레일리아·노르웨이로 이주하는 안 등 3개 안을 제시했다. 팔레스타인 난민들이 이스라엘 영토 내의 원래 집으로 돌아오는 것만은 막겠다는 의사였다. 이스라엘은 상징적으로 1만 명의 난민은 수용하겠다고 제안했다.

이런 분위기 속에서 캠프데이비드 협상이 막바지까지 갔으나, 결국 합의에 이르지 못한 것은 겉으로는 예루살렘 문제 때문이었다. 바라크는 이스라엘이 점령한 서예루살렘뿐만 아니라 구시가지인 동예루살렘의 대부분에 주권을 보유하고, 무슬림 성지 등 일부에 대해서만 팔레스타인의 주권을 인정하겠다고 제안했다. 아라파트는 이 제안을 거부했다. 팔레스타인이 성전산을 포함한 동예루살렘 전역에 대한 주권을 가져야 한다고 주장했다. 미국과 이스라엘은 자신들이 크게 양보하는 관대한 제안을 내놨다고 생각했으나, 아라파트의 입장은 달랐다. 그는 이 제안을 수락하면 예루살렘을 제2의 성지로 생각하는 모든 무슬림에게 배반자로 낙인찍힐 것이라고 생각했다.[9]

캠프데이비드 협상 결렬의 책임이 누구에게 있냐는 것은 논란거리다. 성의 있게 협상을 중재한 빌 클린턴 대통령은 "바라크 총리가 아라파트 의장보다도 최초 입장에서 더 진전을 보여줬다"며 아라파트의 비타협에 책임을 돌렸다. 2000년 7월 11일 미국 대통령 별장 캠프데이비드에서 14일간 진행된 협상에서 이스라엘이 제시한 최종안은 본질적으로 팔레스타인의 국방과 외교권이 제한된 작은 자치령 국가이었다. 더구나, 팔레스타인 난민 귀환이나 이스라엘 정착촌 해체 약속은 없거나 조건부였다. 남아공의 흑백 분리 정책인 아파르트헤이트에 따라 설치된 흑인 거주 구역인 '반투스탄' 같은 팔레스타인 국가를 무슬림들의 성지를 넘겨주면서까지 수용할 재량이 아라파트에게 있었느냐는 의문이다.

✡ 샤론의 도발, 2차 인티파다, 그리고 오슬로평화협정의 종언

빈손으로 돌아온 바라크에게는 연정의 토대가 허물어진 가운데 거대한 역풍이 몰아쳤다. 리쿠드당의 강경우파 지도자 아리엘 샤론은 9월 28일 무슬림 성지인 알아크사 사원이 있는 성전산을 전격 방문했고, 충돌을 우려한 이스라엘 무장 경찰들이 호위했다. 이는 무슬림들의 반발을 불렀고, 결국 2차 인티파다, 즉 알아크사 인티파다의 불길을 댕겼다. 이로써 이-팔 협상은 사실상 사망 상태로 들어갔다. 계속되는 폭력 사태 앞에 백약이 무효였다. 1차 인티파다와 마찬가지로 2차 인티파다 역시 본질적으로 전쟁이었다. 평화협상은 고사하고, 미국이 중재하는 휴전협정도 연이어 깨지면서 '전쟁'은 계속됐다.

2000년 12월 9일 바라크는 결국 사임과 함께 총선을 발표했다. 바라크는 임기를 마치기 전에 이-팔 평화협상을 마무리 짓고 총선에 임하려 했다. 빌 클린턴 미국 대통령도 적극적으로 중재했다. 그는 이른바 '클린턴 플랜'을 제시했다. 이제껏 팔레스타인에 제시된 협상안 중 가장 관대한 중재안이었다.

클린턴 플랜은 이-팔 경계를 기본적으로 1967년 6일 전쟁 이전의 경계로 하여, 이스라엘의 대규모 정착촌이 있는 서안 지구의 4~6퍼센트만을 이스라엘에 합병하자고 제안했다. 이스라엘은 서안 지구의 그 땅을 합병하는 대가로 다른 땅을 팔레스타인에 주자고 했다. 팔레스타인 독립국가는 공격용 무기로 무장하지 못하나, 다국적 군이 이-팔 경계에 주둔토록 했다. 예루살렘 문제와 관련해서는, 예루살렘 주변의 아랍 주민 지역은 팔레스타인에 넘기고, 팔레스타인 독립국가의 수도로 정하도록 했다. 예루살렘 주변의 이스라엘 주민 지역은 이스라엘이 갖도록 했다. 성전산은 팔레스타인이, 통곡의 벽 등 유대교 성지 지역은 이스라엘이 각각 갖도록 했다. 팔레스타인 난민 문제와 관련해서는, 스웨덴 채널에서 논의됐던 해법을 더욱 구체화했다.

바라크는 2001년 1월 2일 클린턴 플랜을 수용했다. 평화의 기운이 다시 고양되는 듯했다. 이-팔 양쪽은 1월 27일까지 협상했고, 30

일 스웨덴에서 바라크-아라파트 정상회담이 예정됐다. 하지만, 거기까지였다. 정상회담은 열리지 않았다. 아라파트는 이스라엘에 말 폭탄을 터뜨렸고, 이스라엘은 점령지에서 가혹한 정책을 계속했다. 평화의 기회는 날아갔다.

2월 6일 총리를 뽑는 선거에서 2차 인티파다를 촉발한 리쿠드당의 아리엘 샤론이 62.5퍼센트를 얻어서, 37.4퍼센트에 그친 바라크를 이스라엘 선거 사상 가장 큰 표 차로 눌렀다. 평균 80퍼센트에 달하던 투표율은 62퍼센트로 급감했다. 노동당과 바라크를 지지했던 사람들이 대거 기권했기 때문이다. 이스라엘 내 아랍계 유권자의 투표율은 25퍼센트에 불과했다. 82만 명에 달하는 러시아계 신생 이민자 공동체는 우파 유대 민족주의 쪽으로 더욱 경도되어, 바라크의 대패에 결정적 역할을 했다. 이-팔 평화협상을 추진하고 이스라엘 정치에서 종교 탈색을 내세웠던 바라크의 집권은 정반대의 결과를 낳았다.

✡ 샤론의 집권과 이-팔 분쟁의 격화

2001년 3월부터 2006년 4월까지 계속된 샤론의 집권 기간은 중동의 지정학과 이-팔 분쟁의 양상이 근본적으로 바뀌는 시간이었다.

오슬로평화협정이 파탄 난 상황에서 발생한 2001년 9.11테러는 중동분쟁의 성격을 바꾸었다. 2차대전 직후 팔레스타인 문제가 뇌관이 됐던 중동분쟁은 아랍과 이스라엘의 4차례 중동전쟁 뒤에 일어난 이란의 이슬람혁명을 계기로 이슬람주의 세력을 둔 분쟁으로 주요 전선이 이동하기 시작했다. 9.11테러는 중동 전역을 이슬람주의 무장세력을 상대로 하는 '테러와의 전쟁'의 전장으로 만들었다. 팔레스타인도 그 자장 안에 빨려 들어갔다. 하마스라는 이슬람주의 세력의 성장도 있었고, 이스라엘도 팔레스타인 분쟁을 테러와의 전쟁의 구도 속에 밀어 넣었다.

샤론이 불 지핀 알아크사 인티파다는 테러와의 전쟁 구도 속에서 샤론의 집권 기간 내내 계속됐다. 샤론의 집권 기간은 자신이 촉발한 알아크사 인티파다와의 싸움과 대응의 시간이었다.

알아크사 인티파다는 2001년에만 1,794회의 테러 공격으로 이스라엘인 208명이 숨지고, 1,563명이 부상당한 심각한 사건이었다. 2005년 2월까지 4년 반 동안 계속된 이 인티파다로 약 3천 명의 팔레스타인 주민과 1천 명의 이스라엘인이 사망했다.

유대인 정착촌 건설과 대팔레스타인 강경정책으로 이스라엘 강경 우파를 상징하는 인물이었던 샤론은 무력으로 인티파다에 대응했다. 그는 2002년 3월 29일부터 2달간 계속된 '방패작전'을 감행해, 서안 지구에 대규모 군사력을 투입하고 팔레스타인해방기구 지도자들을 암살하는 공작을 서슴지 않았다. 방패작전은 1967년 6일 전쟁 이후 서안 지구에서 벌어진 본격적인 첫 군사작전이었다. 그 이후 계속된 이스라엘의 가자 및 서안 지구 군사 공격의 시작이었다. 방패작전을 종료한 6월에는 서안 지구 안팎에 장벽을 건설해 그 안의 팔레스타인 주민들의 고립과 격리를 강화했다. 팔레스타인 테러 분자들을 막는다는 명분을 내건 이 시설은 높이 8미터, 길이는 최종적으로 700킬로미터에 달하는 분리 장벽이었다. 봉쇄와 격리가 목적인 분리 장벽으로 팔레스타인 자치구는 남아공의 흑인거주 지역인 반투스탄처럼 변해갔다.

방패작전으로 아라파트는 라말라에 2년 동안 연금됐다가 2004년

11월 11일 사망했다. 그의 죽음은 약물에 의한 암살이라는 주장이 나오는 등 아직도 논란거리이다. 아라파트의 사망 전인 2004년 3월과 4월에는 하마스의 창립자이자 정신적 지도자인 아메드 야신Sheikh Ahmed Ismail Hassan Yassin, 1937~2004년과 실질적인 정치 지도자인 압델 아지즈 알란티시가 테러와의 전쟁의 일환으로 샤론의 지시를 받은 이스라엘방위군에 의해 암살당했다. 아라파트와 하마스 지도자들의 사망은 팔레스타인 내의 지도력 붕괴와 내부 갈등을 심화시켰다.

그러나 1차 인티파다보다도 훨씬 격렬한 팔레스타인 대중들의 투쟁 앞에서 이스라엘이 기존의 정책을 고수하며 강경책으로만 대응할 수는 없었다. 샤론도 오슬로평화협정을 마냥 부정할 수 없었다. 샤론은 2001년 9월 이스라엘이 서안 지구를 마냥 점령할 수 없고 팔레스타인이 요르단 강 서안 땅을 보유할 권리가 있어야만 한다는 것을 인정해, 가자 및 서안 지구의 일부를 이스라엘 안보에 유리하게 분리하는 정지 작업을 펼쳤다.

✡ 샤론, 가자를 고립시키고 서안 지구의 일부를 분리시키다

조지 부시 당시 미국 행정부는 이라크 침공이 일단락된 2003년 중동 '평화 로드맵'을 발표했다. '콰르텟', 즉 미국, 유럽연합, 러시아, 유엔 4자가 마련한 중동 '평화 로드맵'을 샤론도 수용했다. 미국과 이스라엘은 중동 평화 로드맵 발표에 앞서 아라파트와의 대화와 협상이 불가하다고 천명했다. 국제적인 압력 앞에 아라파트는 마무드 아바스 Mahmoud Abbas, 1935년~ 를 팔레스타인자치정부의 총리로 임명해, 그를 협상 대표로 내보낼 수밖에 없었다. 자치정부의 대통령 격인 수반 아라파트와 총리 마무드 사이에서 권한을 놓고 알력 다툼이 벌어졌다. 아바스는 9월에 총리에서 사임했다. 그의 사임으로 중동평화 로드맵도 사실상 실패로 돌아갔다.

샤론은 이-팔 관계에서 가장 논란이 많은 '가자 불관여 정책'을 밀어붙였다. 이스라엘은 2005년 8월 가자 지구의 정착촌과 정착민, 군대를 일방적으로 철수했다. 가자 지구의 21개 정착촌, 8천여 명의 정착민을 퇴거시켰는데, 퇴거를 거부하는 주민들은 강제로 끌어내고 정착촌을 철거했다. 가자 지구에 주둔하던 군대도 철수했다. 서안 지구에서도 4개 정착촌의 정착민 1500명이 퇴거됐다. 샤론은 가자 철수를 단행하려고, 이를 반대하는 연정 내 정당을 정부에서 배제하고 새 연정을 꾸렸다. 소속 리쿠드당에서도 반대가 거세자, 탈당하고는 2005년 11월 카디마당을 새로 창당해 다음 해인 2006년 3월 총선을 치러야 했다.

이스라엘의 가자 철수로 가자 내부는 완전히 팔레스타인의 통제 하에 들어갔다. 샤론은 가자와 서안 지구의 일부를 팔레스타인에 넘겨주는 것이 불가피하다고 봤다. 특히, 가자는 이스라엘로서는 골치 아픈 환부에 불과했다. 샤론이 카디마당을 창당하고, 총선에서 승리할 것이 예상되자, 이스라엘에서는 그가 서안 지구에서도 철수를 단행할 것으로 예상했다. 샤론의 이 조처에 이스라엘의 우파 유대민족주의 세력들은 격렬히 반대했고, 샤론을 저주하는 유대교 종교의식도 벌어졌다.

가자의 연안과 영공은 여전히 이스라엘이 관장해서, 가자 철수가 가자를 고립시키려는 조처에 불과하다는 비판도 있었다. 하지만, 팔레스타인과 이스라엘 진보 진영은 환영했다. 하지만, 이 조처 역시 거기까지였다. 2006년 1월 샤론이 갑자기 뇌출혈로 쓰러져, 식물인간 상태로 들어갔다. 에후드 올메르트가 카디마당의 대표를 이어받아, 3월 총선에 승리했다. 그 이후, 서안 지구에서 더 이상의 의미 있는 이스라엘의 철수는 없었다. 결과적으로 가자는 고립된 거대한 감옥으로 변해 갔다.

가자 철수는 팔레스타인 내부와 이-팔 관계에 큰 후폭풍을 자아냈다. 가자 철수는 곧 잔인한 '가자 전쟁'으로 귀결됐다. 가자 전쟁은 가자 지구에 대한 이스라엘의 일방적 봉쇄와 군사 공격, 팔레스타인 내부에서는 새롭게 성장한 이슬람주의 세력인 하마스와 팔레스타인해방기구의 기존 주류 세력인 파타 사이의 비열한 내전이라는 양축으로 진행됐다.

✡ 팔레스타인의 분열과 가자 전쟁의 서곡

샤론에 이어 총리에 오른 뒤 2009년 3월까지 총리직을 수행한 에후드 올메르트의 집권기에 가자 전쟁은 불씨를 키워갔다. 샤론의 사망으로 이스라엘 지도부가 교체되던 2006년 1월에 치러진 팔레스타인 총선에서 하마스는 총 132석 중 74석을 얻어서, 45석에 그친 파타를 눌렀다. 아라파트 사망 뒤 자치정부 수반이 된 아바스는 하마스의 내각 참여를 거부하며, 내전의 불을 댕겼다.

양쪽 사이에 무장 충돌이 빈발하던 가운데 아바스가 12월에 총선 재실시를 제안하고, 이를 하마스가 정면으로 거부했다. 양쪽은 본격적으로 총격전을 벌이며 내전에 돌입했다. 하마스-파타 내전은 사우디의 중재로 휴전과 파기를 거듭했고, 아바스 자치정부 수반은 2007년 6월 비상사태를 선포하고는 하마스를 불법단체로 선포했다. 이 조처를 계기로 가자는 하마스가, 서안 지구는 파타의 자치정부가 관할하게 됐다. 팔레스타인은 하마스의 가자와 파타의 서안 지구로 분단됐다.

팔레스타인의 분열은 이-팔 평화협상 결렬의 산물이었다. 협상안에서 제시된 팔레스타인 독립국가의 실체가 팔레스타인 주민에게는 기만적으로 받아들여진 데다, 그마저도 이행되지 않았기 때문이다. 이를 주도한 파타는 주민들 사이에서 지지가 떨어진 데다, 아라파트마저 사망하자 지도력이 약화됐다. 이스라엘과 미국 등 국제사회는 하마스를 테러와의 전쟁 대상으로 규정하고는, 일체의 협상과 타협을 거부해 고립하고 과격화시켰다. 그 결과가 가자에 고립된 하마스와 서안에서 이스라엘의 허수아비처럼 전락해가는 파타의 자치정부였다.

팔레스타인 분열은 가자 전쟁의 조건이었다. 하마스-파타의 내전 도중인 2006년 6월 25일 하마스는 이스라엘 병사 길라드 샬리트를 납치했다. 이에 대한 보복으로 이스라엘은 3일 뒤인 28일 '여름비 작전'이라는 가자 침공작전을 벌였다. 2022년 11월 현재까지도 끝나지 않은 가자 전쟁의 문이 열렸다. 5개월이나 계속된 여름비 작전은 본격적인 가자 전쟁의 서곡이었다.

본격적인 가자 전쟁으로 가는 길에는 2차 레바논 전쟁이 있었다. 이스라엘은 2006년 7월 12일 남부 레바논을 전격 침공했다. 레바논 남부를 근거지로 하여 세력을 확장하면서 이스라엘에 로켓포 공격을 가하던 헤즈볼라가 이스라엘 병사를 납치하자, 차제에 그 위협을 뿌리 뽑으려 했다. 하지만 압도적인 전력의 이스라엘방위군은 정규군도 아닌 헤즈볼라를 분쇄하지 못했다. 오히려, 이스라엘은 일방적인 공습과 포격으로 남부 레바논을 유린하면서, 국제사회의 비난을 불렀다. 이스라엘은 34일 만인 8월 14일 유엔이 중재한 휴전을 수용해야만 했다. 이스라엘은 납치됐던 병사를 구출하지도 못했고, 헤즈볼라로부터 굴복이나 타협을 의미하는 아무런 언약도 얻어내지 못했다. 1967년 6일 전쟁을 기해 중동의 최고 군사강국으로 군림한 이스라엘로서는 군사적인 성과를 얻지 못한 최초의 전쟁이었다.

2차 레바논전쟁은 패전이라는 이스라엘 국내의 비판 속에서 '위노그라드 위원회Winograd Commission'가 출범해, 전쟁의 원인과 결과를 분석했다. 위원회는 2차 레바논전쟁은 "이스라엘이 명백한 군사적 승리 없이 끝낸" 전쟁이라고 결론 냈다. 위원회는 "수천 명의 준군사조직이 공중에서의 완전한 우위, 규모와 기술의 이점을 향유하는 중동의 최강군에 수 주 동안 저항했다"고 지적했다. 헤즈볼라는 전쟁 내내 로켓 공격을 계속했고, 이스라엘방위군은 이에 대한 효과적인 대응을 못 했다고 위원회는 적시했다. 위원회는 "이 공세는 군사적 성과로 귀결되지 못했고, 완수되지도 못했다"고 결론 내렸다.[10]

✡ 이스라엘, '주적' 이란을 잡기 위해 가자 전쟁을 일으키다

헤즈볼라가 이스라엘의 공격을 버텨낸 배경 중 하나는 이란의 지원이었다. 시아파 무장 정파인 헤즈볼라는 시아파의 종주국 격인 이란으로부터 지원을 받으며 성장했다. 이스라엘이 헤즈볼라를 상대로 전쟁을 벌인 이유도 이스라엘 접경 지역에 이란의 간접적 위협을 제거하려는 의도였다. 2차 레바논 전쟁은 이란-이스라엘의 첫 대리전이었다. 중동분쟁은 이스라엘 대 아랍 분쟁에서 이란 대 수니파 아랍 국가+이스라엘 분쟁으로 구도가 바뀌어 갔다.

미국의 이라크 전쟁 뒤 바뀐 중동 지정학의 반영이기도 했다. 중동의 지정학은 1979년 이란의 이슬람 혁명 이후 사우디아라비아가 주축이 된 친미적인 수니파 국가 대 이란 주축의 반미적인 시아파 국가의 대립이라는 양상으로 나타났다. 미국의 이라크 전쟁은 이런 지정학을 완성했다. 이라크 전쟁으로 사담 후세인 정권이 붕괴해 생긴 세력 공백은 결과적으로 이란과 그 우호 세력에 의해 채워졌다. 이란의 영향력이 더 커졌다. 이란을 봉쇄하던 이라크의 후세인 정권이 몰락한 데다, 이라크에서 시아파 정부가 들어섰다. 이란-시리아의 바샤르 아사드 정권-레바논의 헤즈볼라로 이어지던 시아파 연대는 이라크에서도 영향력을 확장했다. 팔레스타인 가자의 하마스도 이란의 지원을 받았다.

이스라엘로서도 2003년 이라크 전쟁 뒤 주적이 이라크에서 이란으로 완전히 바뀌었다. 이스라엘에 접경한 헤즈볼라 및 하마스를 이란이 지원하고 있기 때문이다. 중동의 바뀐 지정학은 가자를 더욱 고립시켰다. 이란을 반대하는 수니파 보수 정권 국가, 특히 이집트는 하마스가 관할하는 가자를 옥죄는 데 이스라엘과 협력했다.

하마스는 다시 이스라엘의 표적이 됐다. 이스라엘은 이란의 시아파 연대 고리를 끊는 대상으로 가장 취약한 하마스를 선택했다. 2차 레바논 전쟁에서 치욕을 당한 분풀이 대상이기도 했다.

2차 레바논 전쟁에서 실패한 올메르트 정부는 정권을 유지하기 힘들 정도로 인기가 떨어졌다. 2007년 들어서 5월에 지지율이 3퍼센

430

트까지 떨어졌던 올메르트는 11월 27일 미국의 중재로 미국 애너폴리스 해군기지에서 아바스 팔레스타인자치정부 대표와 이-팔 평화협상을 다시 개최했다. 부시 행정부가 제안했던 중동 평화 로드맵을 다시 살려보려는 이 회담도 결국 실패로 돌아갔다. 이란과 하마스는 이회담이 쇼에 불과하다고 비난했고, 가자와 서안 지구에서는 반대 시위가 벌어졌다. 올메르크-아바스 정상회담 뒤 계속된 실무회담에서도 아무런 성과가 나오지 않았다. 특히, 2008년 7월 30일 올메르트가 차기 당 대표 경선에 나서지 않겠다고 발표하자, 아바스로서는 물러나는 총리와 회담을 타결지을 이유가 없었다. 올메르트의 차기 불출마 발표로 중동평화협상은 물 건너갔고, 이-팔 갈등에 다시 불을 지피는 조건이 형성됐다.

11월 4일 이스라엘은 하마스와의 정전을 깨고는 가자를 공격했다. 이스라엘은 자국 병사를 납치하는 데 사용되는 터널이 목표였다고 주장했다. 이스라엘은 12월 28일 가자에 대대적인 군사 공격을 감행해, 본격적인 가자 전쟁의 포문을 열었다. 이스라엘의 휴전협정 파기와 침공은 선거를 앞두고 요동치는 정국이 배경이었다. 2009년 2월에 예정된 총선을 앞두고 지지율 부진에 고전하던 여당인 카디마 당은 대팔레스타인 강경노선을 고수하는 베냐민 네타냐후의 리쿠드당을 의식하지 않을 수 없었다.

미국의 정권 교체도 배경이었다. 미 행정부 사상 가장 친이스라엘적이었던 부시 행정부가 물러가고, 2009년 1월에 출범하는 버락 오바마 민주당 행정부는 '적과의 대화'를 주장하는 등 이스라엘에 고분고분한 태도를 보이지 않았다. 이런 오바마 행정부가 출범하기 전에 하마스에 타격을 주려는 의도도 있었다.

이 전쟁에서 이스라엘은 전형적인 가자 전쟁의 양상을 보여줬다. 이스라엘은 압도적인 화력과 공습으로 가자 지구의 목표 지역을 초토화한 뒤 지상군을 투입해서는 목표물을 무력화하고 목표 인물들을 사살 혹은 체포하는 방식으로 가자 전쟁을 전개했다. 2009년 1월 18일까지 22일 동안 진행된 이 전쟁은 1967년 6일전쟁 이후 가자에서 벌어진 가장 파괴적인 전투였다. 약 1,100~1,400여 명의 팔레스타인인들이 사망한 반면 이스라엘인들은 13명이 죽었다.

✡ 재집권한 네타냐후, '이스라엘은 유대인의 국가'임을 선포하다

가자 전쟁의 바톤은 네타냐후에게 넘어갔다. 2월에 치러진 총선에서 카디마당이 1당을 유지하고, 리쿠드당이 2당이 됐다. 하지만, 카디마당은 연정을 구성하지 못했다. 리쿠드당의 네타냐후가 연정을 구성하는 데 성공해, 총리가 됐다. 네타냐후의 두 번째 집권이 이스라엘 사상 최장기 집권으로 이어지며, 이스라엘의 강경우경화, 대팔레스타인 관계의 파탄으로 치달을 거라고 그때는 누구도 예상하지 못했다.

네타냐후가 취임하던 2009년부터 중동을 둘러싼 국제정세는 크게 요동치기 시작했다. 미국에서도 버락 오바마 민주당 행정부가 출범해, 중동정책을 다시 짜기 시작했다. 네타냐후와 오바마는 중동 문제에서 대척적인 입장이었다. 네타냐후는 이스라엘 정치인 중 가장 팔레스타인 문제에서 강경한 입장이었고, 오바마는 최근 미국 대통령 중에서 팔레스타인 및 이란에 대해 가장 유화적인 태도를 보였다. 미국 최초의 흑인 대통령인 오바마는 적과의 화해를 내세워 무슬림 국가를 포함해 미국과 갈등 중인 많은 국가들로부터 기대를 샀다.

오바마는 2009년 6월 4일 이집트 카이로대학교에서 '새로운 시작'이라는 미국의 새로운 중동정책에 대한 입장을 밝혔다. 그는 이 연설에서 이슬람 세계와 서방 사이의 상호 이해 및 관계 증진을 요구하면서 이-팔 평화협상에 대한 강력한 의지를 드러냈다. 그는 이스라엘과 미국의 동맹을 재확인하면서도 팔레스타인 주민들이 "점령으로 인한 크고 작은 일상의 치욕"을 겪는 60년간의 나라 없는 고통이 "참을 수 없는" 것이라고 말했다. 오바마는 팔레스타인 주민들의 국가에 대한 열망은 유대인들이 이스라엘을 건국하려 했던 것과 마찬가지라고 인정했다. 특히 오바마는 "미국은 계속된 이스라엘 정착촌의 합법성을 받아들이지 않는다"고 말했다.[11] 오바마의 연설은 간접적인 언사로 이스라엘을 가장 강력하게 비판한 미국 대통령 연설이었다.

오바마의 카이로 연설은 무슬림 국가와 서방 국가 등에서 미국이 그동안의 이스라엘 편향을 버리고 무슬림 국가들과 진지한 관계 개선을 구한다는 긍정적 평가를 받았다. 오슬로평화협정 반대를 내걸어 정치인으로 성장하고 집권한 네타냐후는 그 평화협정의 핵심인 팔레스타인 독립국가 수립, 즉 '두 국가 해법'을 지지하지 않는다며 미국 중재의 평화회담은 시간 낭비라고 일축했었다. 하지만 오바마 행정부의 등장에 네타냐후도 마냥 종전의 입장을 고수할 수는 없었다.

네타냐후는 '이스라엘은 유대인 국가'라는 새로운 조건을 내걸고 나왔다. 이는 이스라엘이 우파 유대 민족주의에서 더 나아가 유대인 고난의 근원인 인종주의로까지 치닫는 담론이었다. 네타냐후는 오바마의 카이로 연설 열흘 뒤인 6월 14일 바르-일란대학교 연설에서 팔레스타인은 이스라엘을 분할되지 않은 예루살렘을 가진 유대인 민족 국가로 인정해야만 한다는 전제로 팔레스타인 독립 국가 안을 수용한 다고 밝혔다. 그가 수용한 팔레스타인 독립국가도 "비무장한 팔레스타인 국가"였다. 네타냐후는 예루살렘이 이스라엘의 수도로 남고, 팔레스타인은 군대를 보유하지 않고, 난민 귀환의 권리도 포기한다면 팔레스타인 국가를 인정하겠다고 밝혔다. 서안 지구 내의 기존 유대인 정착촌도 자연적인 성장 권리를 인정하라고 요구했다.[12]

네타냐후의 입장은 당시까지 진행된 이-팔 평화협상의 모든 진전들을 부정하는 것이었다. 이런 조건에 따른 팔레스타인 국가란 서안지구의 20퍼센트에 불과한 영역에 국방과 외교권이 없는 자치령이고, 예루살렘은 이스라엘의 수도이고 팔레스타인 난민은 영구히 귀환할수 없게 되는 것이다. 팔레스타인자치정부는 즉각 이 제안을 거부했고, 아랍연맹도 성명을 내고 공식적으로 거부했다. 이스라엘과 우호적 관계인 호스니 무바라크 이집트 대통령도 이스라엘을 유대인 국가로 인정하라는 네타냐후의 요구에 대해 "이집트나 다른 곳에서도 그런 요구에 대한 답을 할 사람은 찾을 수 없을 것이다"고 말했다.[13]

✡ 네타냐후, 이란을 겨냥해 가자를 때리다

네타냐후가 제시한 이-팔 평화협상 조건은 사실상 협상의 문을 닫는 것이었고, 실제로 그렇게 됐다. 오바마 행정부는 네타냐후를 강제할 수가 없었고, 네타냐후는 오바마 행정부의 중동정책을 방해했다. 오바마는 2011년 5월 19일 중동 정책에 관한 연설에서 이-팔 국경선은

1967년 6일 전쟁 이전의 경계선이 기준이 돼야 한다는 입장을 재확인했다. 6일전쟁 이전 경계선은 이-팔 협상에서 전제가 되는 국제적으로 공인된 합의였지만, 네타냐후는 이스라엘이 1967년 라인까지 철수하는 일은 결코 없을 것이라고 정면으로 거부했다.

네타냐후는 심지어 미국의 국내 정치 문제에서도 오바마 행정부에 정면 도전했다. 네타냐후는 2015년 2월 28일 민주당과 오바마 행정부가 반대하는데도 당시 상하원에서 다수당인 공화당의 초청으로 상하원 합동 의회 연설을 강행하기도 했다. 당시 상원 의장인 조 바이든 부통령은 이에 항의해 네타냐후의 연설에 참석하지 않았다.

총리로 재취임하는 네타냐후의 관심사는 팔레스타인이 아니라 이란이었다. 그는 총리로 취임하기 직전인 2월 20일 기자회견에서 이란이 핵무기 획득을 추구하고 있다며 이를 "독립 전쟁 이후 우리의 실존에 대한 가장 중대한 위협"이라고 규정했다. 그는 9월 24일 유엔총회 연설에서도 이란 정권은 이스라엘만의 위협이 아니라 문명사회의 적이라며 "이란과의 투쟁은 야만에 대한 문명의 싸움이다"고 규정했다.

네타냐후가 이란의 위협을 이스라엘의 대외정책에서 주축으로 놓은 것은 중동의 지정학이 사우디아라비아를 주축으로 하는 친미 수니파 보수 정권 대 이란 주도의 반미 시아파 연대로 재편된 것과 관련 있다. 네타냐후가 이란을 최대 위협으로 설정한 것은 이-팔 협상에 대한 압력을 회피하고, 이란에 위협을 느끼는 수니파 아랍 국가들의 지지를 얻어내려는 포석이었다. 네타냐후는 집권 내내 이란의 핵시설을 폭격하겠다고 위협하는 한편 이란의 요인이나 핵과학자들을 암살하는 공작을 펼쳤다. 네타냐후는 이란과의 전면적 대결을 펼치면서, 자신의 두 가지 전략적 계산을 실현시켰다.

첫째, 이란의 지원을 받는 팔레스타인, 특히 하마스를 고립시키고 공격하면서 이-팔 평화협상의 압력을 회피하는 한편 이스라엘의 유대인 국가 정체성 강화를 추진해갔다. 가자 전쟁의 강도를 높이는 것도 그 수단이었다. 둘째, 이스라엘은 수니파 아랍 국가들과 반이란 연대를 통해 잠재적 파트너가 되면서, 수니파 아랍 국가들과의 관계 정상화에 성공했다. 도널드 트럼프 미국 행정부 들어서 아브라함조약을 통해서 아랍에미리트연합 등 페르시아만 수니파 보수 왕정국가들과 수교에 성공했다.

네타냐후는 2009년 재집권 이후 매년 가자를 침공하는 군사작전을 전개했다. 특히, 2014년에 가자 전쟁은 최고조에 달했다. 이스라엘은 2014년 7월 8일부터 8월 26일까지 50일 동안 가자를 공습하고, 정예 3개 여단의 지상군을 침공시켜서 가자를 초토화했다. 민간인 1,483명을 포함한 2,205명의 팔레스타인인이 사망했고, 이스라엘 쪽에서는 병사 66명 등 71명이 사망했다. 이스라엘은 가자의 하마스가 로켓포를 이스라엘 민간인 지역에 발사한 비인도적 조처에 대한 보복이라며, 가자 공격을 정당화했다. 하지만, 민간인을 구분하지 않는다는 점에서 이스라엘의 공격은 더 비인도적이었다.

2014년에 하마스는 가자에서 로켓포 4천 발을 발사했다고 이스라엘은 주장했는데, 이 공격으로 이스라엘 민간인은 5명이 사망했다…언론 보도는 이런 일방적인 전쟁, 즉 지구상에서 손꼽히는 강한 군대가 약 363제곱킬로미터(서울의 절반 정도) 규모의 포위된 지역을 상대로 전력을 쏟아서 부은 전쟁의 극단적인 비대칭성을 감추는 데 성공했다. 게다가 이 지역은 세계에서 가장 인구가 많은 고립 지역이고,

사람들은 장대비처럼 쏟아지는 포화를 피할 길이 전혀 없었다…2014
년 7~8월의 51일에 걸쳐 이스라엘 공군은 6천 회가 넘는 공습을 벌
였고, 육군과 해군은 5만 발 정도의 대포와 전차포를 쏟아부었다. 이
스라엘군은 모두 합쳐 총 2만 1천 톤으로 추정되는 고폭탄을 사용했
다…약 907킬로그램 폭탄을 탑재한 F16과 F17 전투폭격기에 이르
기까지 다양한 무기가 참여했다…907킬로그램 폭탄이 폭발하면 대략
폭이 15미터에 깊이가 11미터의 구덩이가 생기고, 거의 반경 400미
터까지 치명적인 폭탄이 날아간다…공습 외에도 가자 지구에 대포와
전차포 4만 9천 발을 발사했다…2014년 7월 19~20일 정예군인 골
란여단, 기바티여단, 공수여단 부대들이 세 경로를 따라서 가자시티의
슈자이야 지구로 공격을 개시했다…이스라엘의 11개 기갑대대가 155
밀리미터와 175밀리미터 포를 최소한 158대 동원해 24시간에 걸쳐
이 동네 한 곳에만 7천 발 이상을 퍼부었다…미군이라면 보통 4만 명
의 병력(슈자이야에서 이스라엘군의 10배 규모)으로 구성된 2개 사단 전
체를 지원할 때 그렇게 〈엄청난〉 화력을 사용한다고 지적했다…2014
년 공격 당시 1만 6천 채가 넘는 건물들이 사람이 살 수 없는 상태가
됐고…가자 지구 전체 인구의 4분의 1 정도인 45만 명이 집을 떠날 수
밖에 없었는데, 그들 대부분은 그 후로 다시 돌아갈 집이 없었다…전
쟁 중에 흔히 유감스럽다고 개탄하는 부수적 피해도 아니었다.[14]

가자 전쟁의 격화는 국제사회에서 이스라엘에 대한 비난을 점증
시켰으나, 이스라엘 국내에서는 정반대의 효과를 가져왔다. 1980년대
후반 인티파다 이후 팔레스타인 문제를 둔 이스라엘 사회의 양극화는
더욱 강화되는 가운데 반팔레스타인 보수 세력 우위로 재편되어 갔다.

이런 조류는 네타냐후가 천명한 '이스라엘은 유대인 민족국가'라는 담론이 결국 이스라엘의 헌법 개정으로 관철됨으로써 극명하게 드러났다. 이스라엘 건국 70돌을 맞는 2018년 7월 18일 이스라엘 의회인 크네세트는 헌법 격인 기본법으로 '유대 민족국가 기본법Basic Law on the Jewish Nation-State'를 통과시켰다. 이 기본법은 "이스라엘은 유대인들의 역사적 조국이며, 그들은 배타적 자결권을 지닌다"고 규정하고 있다. 이 법은 팔레스타인 땅 점령을 합법화하는 동시에 아랍어를 공용어에서 '특수 지위' 언어로 격하시키고, 유대인에게만 민족자결권을 부여하는 내용이다. 네타냐후는 "이스라엘의 민주주의에서 (비유대계의) 시민권을 계속 보장하겠지만 다수(유대인들) 또한 권리를 지녔으며, 다수가 결정하는 것"이라며 "압도적 다수가 미래 세대를 위해 우리 나라의 유대 국가적 성격을 분명히 하기를 원했다"고 말했다. 이 법을 발의한 아옐레트 샤케드 전 법무장관은 "이스라엘은 여기 사는 모든 민족을 위한 국가가 아니다. 모든 시민에게 동등한 권리를 주지만 동등한 민족적 권리를 주지는 않는다"고 강조했다.

✡ 트럼프 행정부의 출범과 미-이스라엘 밀월

2017년 도널드 트럼프 미국 행정부가 출범하면서, 미국과 이스라엘은 양국 관계 사상 최고의 밀월 관계를 구가한다. 이스라엘의 네타냐후 정부는 이-팔 관계나 아랍 국가와의 관계에서 그동안 얻으려 했던 대부분을 성취하게 된다.

트럼프 대통령은 2017년 12월 6일 미국은 예루살렘을 이스라엘의 수도로 인정할 것이라고 발표했다. 그는 또 이스라엘의 미국 대사관을 텔아비브에서 예루살렘으로 이동하는 계획을 시행하라고 명령했다. 트럼프는 2016년 대선 때 예루살렘은 "유대인의 영원한 수도"라며 미국 대사관을 예루살렘으로 이전하겠다는 공약을 했다. 그 공약을 실제로 이행한 것이다. 예루살렘의 지위는 이-팔 협상을 번번이 좌절시켰을 뿐만 아니라 이슬람권 전체에도 민감한 문제였다.

미국은 예루살렘의 지위는 국제협상에 의해 결정돼야 한다는 입장이었다. 빌 클린턴 대통령부터는 예루살렘을 이스라엘의 수도로 지지하겠다고 밝혔지만, 미국의 공식 인정은 아니었다. 예루살렘의 지위를 둔 협상에서 이스라엘의 수도로 지지하겠다는 입장이었다. 1995년 미국 의회에서도 "예루살렘이 이스라엘의 수도로 인정돼야만 한다"며 예루살렘으로의 미국 대사관 이전을 5년 이내 이행해야 함을 규정한 '예루살렘 대사관 법'이 통과됐지만, 클린턴 대통령은 이 법을 반대했고, 6개월마다 대사관 이전을 늦추는 유예 조처에 서명했다.

트럼프 대통령의 선언 이틀 뒤인 8일 렉스 틸러슨 당시 국무장관은 트럼프의 선언이 "예루살렘의 최종적 지위를 나타내는 것은 아니고", "경계 문제를 포함한 최종 지위는 두 당사자에게 남겨져, 협상되고 결정될 것이다"고 해명했다. 예루살렘의 지위를 이-팔 양쪽이 협상해 결정하면 미국도 수용하겠다는 의미였다. 미국은 2018년 5월 14일 이스라엘 건국 70주년 기념일을 맞아 예루살렘 주재 대사관 개관식을 열었다.

예루살렘에 관한 트럼프의 선언은 예루살렘 지위 문제에서 어떠한 타협도 거부하며 이-팔 평화협상을 진전시키지 않던 네타냐후의 입지를 강화했다. 이스라엘로서도 이-팔 협상이 시작된 이래 최대의 외교적 성과 중의 하나였다. 이-팔 분쟁에서 핵심 현안 중의 하나였던 예루살렘 문제를 간단히 이스라엘에 유리한 방식으로 처리한 데서 보듯이, 트럼프 행정부는 미 역대 행정부 사상 이스라엘에 가장 유리한 중동평화안을 만들기 시작했다.

트럼프가 취임하자 유대인 사위인 재러드 쿠슈너가 주도해, 이-팔 평화협상안이 만들어지기 시작했다. 나중에 트럼프 행정부의 이스라엘 주재 미국 대사가 되는 데이비드 프리드먼David Friedman, 1958~ 이 평화안 작성을 도왔다. 파산한 카지노 업자였던 그는 서안 지구의 유대인 정착민과 밀접한 관계를 지녔다. 그는 이스라엘을 비판하는 미국 유대인 비평가들을 나치 부역자로 몰았고, 팔레스타인 독립 국가에 회의적이었다. 그의 이런 견해는 그들이 만들 이-팔 평화안의 성격을 말해줬다.

트럼프 행정부는 2019년 6월 22일 바레인 마나마에서 이-팔 평화안인 '번영으로의 평화Peace to Prosperity'의 경제 분야를 먼저 발표했다. 이 경제 부흥안의 핵심은 약 500억 달러를 팔레스타인에 투여해 팔레스타인 경제와 주민 생활을 개선하겠다는 것이었다. 향후 제시될 협상안을 수용해야 하는 조건을 내건 데다 팔레스타인 독립국가라는 전제가 없어서 공허한 제안에 불과했다. 팔레스타인은 이 행사 전체를 보이콧했다.

트럼프 대통령은 2020년 1월 28일 백악관에서 네타냐후와 함께 '번영으로의 평화: 팔레스타인과 이스라엘인들의 삶을 개선하는 비전 Peace to Prosperity: A Vision to Improve the Lives of the Palestinian and Israeli People'이 라는 이-팔 평화안 전체를 발표했다. 팔레스타인 국가의 완전한 비무장화, 이스라엘 및 미국에 대한 국제적인 법적 조처 포기, 동예루살렘을 팔레스타인 국가 수도로 인정 거부, 서안 지구 내 유대인 정착촌 지역의 이스라엘로의 합병 등이 포함됐다. 이스라엘은 거의 양보할 것이 없고, 팔레스타인에만 가혹한 조건을 붙인 평화안이었다. 특히 서안 지구 내의 기존 이스라엘 정착촌 지역을 이스라엘로 합병함으로써, 서안 내에서 팔레스타인 지역은 이스라엘 정착촌 지역에 의해 포위되고 고립된 섬 같은 지역으로 바뀌게 된다. 팔레스타인은 이 모든 조건을 수락해야, 평화안에서 제시하는 경제적 혜택들을 받을 수 있다.

네타냐후는 이 평화안을 '세기의 거래'라고 칭했으나, 보수적인 영국 〈이코노미스트〉조차도 '세기의 도둑질'이라고 조롱했다. 이 잡지의 지적처럼, 네타냐후는 즉각 영토 늘리기에 들어갔다. 네타냐후는 이 평화안을 발표하는 기자회견에서 이스라엘 정부가 요르단계곡 및 서안 지구 내 정착촌들을 즉각 합병할 것이라고 발표했다. 대신에 그는 팔레스타인에 남겨진 지역에서는 새로운 정착촌을 적어도 향후 5년 동안은 건설하지 않겠다는 약속을 했다. 네타냐후는 3월 총선을 앞두고 우파들의 표를 얻으려고 급발진한 것이다.

트럼프조차도 네타냐후에게 격노했다. 트럼프는 네타냐후가 떠난 뒤 "도대체 뭔 빌어먹을 일이냐?"고 말했다. 나중에 트럼프는 "나는 화가 났고, 그것을 중단시켰다. 정말로 너무 나간 것이었기 때문이다"라고 말했다. 트럼프는 "나는 비비(네타냐후의 애칭)가 평화를 원하지 않는다고 생각한다"고 말하기까지 했다.[15] 쿠슈너는 이틀 뒤 언론과의 회견에서 이스라엘이 총선 전에 정착촌을 합병하지 않기를 희망한다고 제동을 걸었다. 트럼프 행정부는 합병을 위한 어떠한 파란불도 켜지지 않았음을 명확히 했다. 네타냐후가 즉각적인 합병에서 뒷걸음치자, 이스라엘의 한 언론은 그 평화안을 '세기의 농담'이라고 조롱했다.[16]

✡ 트럼프의 반이란 중동지정학이 만든 아브라함 조약

하지만, 이-팔 평화협상은 네타냐후의 이스라엘에는 오히려 귀찮은 일이었고, 평화안과 평화협상의 운명은 그들에게 아무 상관이 없었다. 네타냐후는 서안 지구 합병을 포기하는 대신에 더 큰 것을 얻었다. 네타냐후에게 중요한 것은 다른 아랍 국가와의 관계 정상화를 통해 중동에서 이스라엘의 입지를 구축하는 것이었다. 트럼프는 이란 국제핵협정을 파기하면서 이란을 고립시키려고, 이스라엘과 수니파 아랍 국가와의 관계 정상화를 적극적으로 주선했다.

아랍에미리트연합UAE의 미국 주재 대사 유세프 알-오타이바Yousef Al-Otaiba, 1974~ 는 2000년 6월 12일 이스라엘 전국 일간지 〈예디오트 아하로노트Yedioth Ahronoth〉에 '합병은 아랍 세계와의 개선된 관계에 심각한 차질이 될 것이다'라는 글을 기고했다. 트럼프 행정부는 오타이바 대사를 통해서 이스라엘이 정착촌 합병을 포기하는 대가로 양국의 관계 정상화를 제안했다. 사우디를 맹주로 하는 페르시아만 지역의 보수 왕정 국가들은 이란 견제에 이스라엘의 힘이 필요했다. 사우디는 이미 물밑으로 이란과 관련한 정보를 이스라엘과 교환하고 있었다. 이런 상황에서 아랍에미리트연합이 페르시아만 지역의 수니파 보수 왕정 국가와 이스라엘의 수교에 척후병으로 나선 것이었다. 수교 협상은 일사천리로 진행돼, 8월 13일 미국이 중재하는 이스라엘과 아랍에미리트연합의 수교 합의가 발표됐다. 9월 11일에는 이스라엘과 바레인의 수교 합의도 발표됐다. 9월 15일 백악관에서 세 나라의 관계 정상화를 뜻하는 아브라함 조약의 공식 조인식이 열렸다.

이스라엘은 1994년 요르단과의 수교 이후 아랍 국가들과 다시 수교를 맺는 외교적 성과를 거뒀다. 유대교, 기독교, 이슬람의 공통 시조인 아브라함의 이름을 딴 아브라함 조약은 이스라엘과 모든 이슬람권 국가와의 관계 정상화를 의도했다. 12월에는 모로코가, 2021년 1월에는 수단이 차례로 아브라함 조약에 참여해 이스라엘과 수교했다. 트럼프 행정부는 모로코에 분쟁 중이던 서사하라 지역의 영유권을 인정해줬고, 수단은 테러지원국 명단에서 삭제해줬다. 트럼프는 이스라엘을 위해서 기꺼이 이들 국가들에게 외교적 양보를 한 것이다.

✡ 네타냐후의 귀환과 이스라엘 우경화의 완성

2015년 3월 총선에서 승리한 네타냐후는 5월에 내각을 구성하자마자 차기 총선에서도 총리로 도전하겠다고 밝혔다. 이스라엘 역사상 전례가 없는 5번째 총리 임기를 채우며 최장수 총리가 되겠다는 야망이었다. 네타냐후의 장기 집권과 독선, 그의 집권 동안 심해진 이스라엘 사회의 양극화 등은 그에 대한 염증으로 번졌다. 2017년 1월에 들어서면서, 네타냐후는 이스라엘 경찰로부터 수뢰 등의 혐의로 수사를 받기 시작했다. 그가 오스트레일리아 기업인 제임스 패커 및 미국 할리우드 영화제작자이자 이스라엘 기업인 아논 밀찬으로부터 부적절한 접대를 받았다는 수뢰 혐의이다. 또 이스라엘 일간 신문 〈예디오트 아하로노트〉가 자신에 대한 우호적인 기사를 써주는 대가로 그 신문의 경쟁업체들을 약화하는 법을 만든다고 약속해준 혐의도 있었다.

그는 자신에 대한 범죄혐의에도 아랑곳하지 않았다. 그의 범죄 혐의에 대한 수사가 겹치자, 이스라엘 정치권은 그를 두고 첨예하게 갈라졌다. 2019년 4월 총선은 네타냐후가 최대 쟁점이었다. 네타냐후의 리쿠드당이 35석, 경쟁자인 베니 간츠의 중도 보수 청백당이 35석으로 1당이 가려지지 않았다. 네타냐후는 완강히 버텨서 내각 구성 우선권을 획득했으나, 결국은 연정을 구성하는 데 실패했다. 11월에 다시 조기 총선이 결정됐다. 그의 퇴진을 놓고 3년 6개월 동안 5번의 총선이 치러지는 전례 없는 정국 혼란이 시작되는 순간이었다.

네타냐후가 장기 집권으로 국민들의 염증을 유발하고 범죄 혐의까지 받고 있음에도 그의 리쿠드당은 5번의 총선에서 항상 1당이 됐고, 리쿠드당 우파 블록도 과반을 전후하는 의석을 얻었다. 결국 그는 2021년 3월 총선 뒤 중도 보수 세력 및 야당들이 반네타냐후 대연정을 구성함으로써, 6월에 총리직에서 축출됐다. 하지만, 이 정부 역시 단명으로 끝나고, 전술한 대로 2022년 12월 총선에서 회생해 다시 총리에 올랐다.

그의 복귀는 1977년 노동당 실각으로부터 시작된 오랜 과정의 이스라엘 우경화, 더 나아가 극우 유대 민족주의 세력의 부상을 완성하는 신호였다. 인종주의 광기 때문에 집단수용소에서 죽어간 이들의 피와 뼈로 세운 이스라엘은 인종주의 범죄 경력이 있는 인물이 치안장관이 되는 현실에 직면하고 있다. 유대인과 이스라엘을 둘러싼 역사는 잔인한 역설이다.

이스라엘과 유대인,
그리고 미국

2006년 3월 23일 〈런던 리뷰 오브 북스London Review of Books〉에는 존 미어샤이머 시카고대학교 교수와 스티븐 월트 하버드대학교 교수가 쓴 '이스라엘 로비'가 발표됐다.

　　지난 수십 년 동안, 특히 1967년 이후, 미국 중동 정책의 중심은 이스라엘과의 관계였다. 이스라엘에 대한 흔들리지 않는 지지와 중동 지역 전역에 이와 관련된 '민주주의'를 퍼트리려는 노력이 아랍과 이슬람 세계의 여론을 격앙케 했고, 미국의 안보뿐만 아니라 세계의 나머지 많은 국가들의 안보도 위태롭게 했다. 이런 상황은 미국 정치사에서 유례가 없다. 왜 미국은 자신의 안보와 많은 다른 동맹국들의 안보를 기꺼이 제쳐두고 있는가? … 중동 지역에서의 미국 정책 추동력은 국내정치, 특히 '이스라엘 로비'의 행위에서 거의 전적으로 도출됐다 … 그 어떠한 로비도 이스라엘의 경우에서처럼 미국의 이익이 다른 나라의 이익과 본질적으로 동일하다고 미국인들을 설득시키면서 미국의 국익에서 멀어지게 한 적은 없었다.

　1973년 10월 전쟁 이후, 워싱턴은 다른 국가에 대한 지원을 하찮게 만들 정도로 이스라엘에게 지원해오고 있다. 이스라엘은 1976년 이후 매해 직접 경제지원과 군사 지원의 최대 수혜국이다. 그리고 2차대전 이후 총량에서도 1,400억 달러(2004년 물가 기준)가 넘는 최대 수혜국이다. 이스라엘은 매해 직접 원조로 약 30억 달러를 받는다. 이는 해외원조 예산의 1/5이며, 모든 이스라엘 국민 1인당 약 500달러에 달하는 금액이다. 이런 관대함은 현재 이스라엘이 1인당 국민소득이 한국과 스페인과 거의 똑같은 부유한 산업국가라는 점에서 특히 더 두드러진다… 이스라엘은 미국 원조를 어떻게 쓰는지 설명할 필요가 없는 유일한 수혜국이다. 이는 이스라엘이 그 돈을 미국이 반대하는 목적, 즉 서안지구의 정착촌 건설 등에 쓰는 것을 사실상 막을 수 없게 하고 있다 … 미국은 나토 동맹국들에 제공하지 않는 정보 접근권을 주고 있으며, 이스라엘의 핵무기 획득에도 눈을 감고 있다 … 워싱턴은 이스라엘에 일관된 외교적 지지를 제공하고 있다. 1982년 이후, 미국은 이스라엘을 비판하는 32개의 유엔 안보리 결의안을 비토했다. 이는 다른 모든 안보리 회원국들의 비토보다도 많은 것이다 … 2000년 캠프데이비드 협상의 한 미국 참가자는 나중에 "너무도 자주, 우리는 이스라엘의 변호사처럼 역할을 했다"고 말했다. 중동을 변화시키려는 부시 행정부의 야망도 이스라엘의 전략적 상황을 개선하려는 데 적어도 부분적인 목적이 있었다. 이 비정상적인 관대함은 이스라엘이 사활적인 전략적 자산이거나, 혹은 미국의 지원에 거부할 수 없는 도덕적 이유가 있다면 이해될 수 있을 것이다. 그러나 어떠한 설명도 납득할 수 없다.[1]

이 글은 즉각 큰 반향을 일으켰다. 미국의 대외정책이 친이스라엘 유대계 로비에 의해 국익과는 상관없이 좌지우지되고 있다는 현실과 그 증거들을 광범위하게 제시했기 때문이다. 두 사람이 주장하는 이스라엘 로비와 유대계의 영향력은 그 후 두 사람과 이 글이 겪은 사태에서 증명됐다.

✡ 미국의 이스라엘 로비와 반유대주의

미어샤이머와 월트 교수가 반유대주의자라는 공격이었다. 월트 교수가 재직하는 하버드대학교 케네디스쿨에서는 누리집에 게재한 이 글에서 학교 로고를 제거했다. 케네디스쿨은 이례적으로 이 글이 필자들의 의견일 뿐이라고 주장하는 의견을 첨부하기도 했다. 두 사람은 미국의 대외정책 논의에서 금기시되던 친이스라엘 편향을 과감하게 지적한 용기 있는 행동을 했다는 평가를 받았으나, 현실에서는 한동안 학계와 언론계에서 왕따를 당했다. 현실주의 정치학의 대가들인 미어샤이머와 월트의 학술논문에도 반유대주의자라는 낙인을 찍는 현실은 미국에서 이스라엘과 유대인들의 영향력이 얼마나 큰지를 잘 드러내 줬다.

이 때문에 미국에서 유대인과 이스라엘에 대한 비판은 금기사항이다. 내용의 타당성을 떠나 당장 '반유대주의자'로 낙인이 찍히고, 비판한 사람이 유력한 인물이라면 사회에서 거의 매장되다시피 한다. 미어샤이머의 〈이스라엘 로비〉에서 시사하듯 정치인들이 이스라엘과 유대인을 비판하는 일은 거의 없다.

그런데 미국의 전직 대통령이 미국 내 유대인들의 로비와 이스라엘의 팔레스타인 정책을 공개적으로 비판하고 나선 일이 있다. 지미 카터 전 미국 대통령도 〈이스라엘 로비〉의 발표 파문이 진행되던 2006년 12월 8일, 미국 〈로스앤젤레스타임스〉에서 '이스라엘과 팔레스타인에 대해 솔직히 말하라'라는 글을 통해 "이스라엘 정부의 정책들에 대한 비판을 꺼리는 것은 미국-이스라엘정치행동위원회의 비정상적인 로비 행태와 이에 반대되는 어떠한 목소리도 없기 때문이다"고 비판했다.

카터 전 대통령은 현재 팔레스타인 주민들이 사는 가자지구와 서안지구를 분리하고 봉쇄하는 이스라엘의 조처를 겨냥해 "엄청난 감옥의 벽이 현재 공사 중이다"라며 "이는 아파르트헤이트 체제의 남아공에서 흑인들이 살았던 것보다 더 억압적인 것"이라고 이스라엘의 정책을 강력히 비난했다. 그는 "팔레스타인과 이스라엘을 위한 평화의 길을 놓고 많은 논쟁적인 이슈들이 이스라엘인 사이에서, 그리고 다른 국가들에서 치열하게 토론되고 있으나 미국에서는 그렇지 않다"며 "지난 30년 동안 나는 사실에 대한 자유롭고 균형적인 토론을 심각하게 억누르는 것을 목격하고 경험했다"고 밝혔다.

그는 자신의 중동평화협상 경험과 이에 바탕해 2006년 11월 자신이 출간한 《팔레스타인:평화가 아닌 아파르트헤이트》라는 저서의 홍보 과정에서 겪은 반응을 통해 이 같은 비판을 제기하며 책에 나온 자신의 견해를 밝혔다.

이 책은 경직된 통행 절차와 서안지구의 팔레스타인 시민들과 유대인 정착민 사이의 엄격한 분리로, 점령당한 팔레스타인 영토들에서 벌어지는 비정상적인 억압과 박해를 묘사하고 있다. 엄청난 감옥의 벽이 현재 공사 중이며, 이는 팔레스타인에 남겨진 것들을 파고 들어가 이스라엘 정착민들을 위해 더욱더 많은 땅을 둘러싸고 있다. 여러 측면에서 이는 남아공에서 아파르트헤이트 하의 흑인들이 살던 것보다도 더 억압적이다. 나는 그 밑바탕의 동기는 인종차별주의는 아니나 팔레스타인에서 선택된 장소를 몰수해 식민화하려는 소수 이스라엘인들의 욕구이며, 그래서 추방당한 시민들의 반대를 폭력적으로 억누르려고 하는 것임을 명확히 해왔다. 나는 이 책에서 무고한 시민들에 대한 테러와 폭력행위를 명백히 비난하며, 양쪽의 비참한 사상자들에 대한 정보를 제시하고 있다.[2]

카터 전 대통령은 "이스라엘과 팔레스타인 사이에서 균형된 입장을 취해 이스라엘의 국제법 준수를 제안하고, 정의를 수호하고, 팔레스타인 주민들의 인권을 옹호해야 할" 의회 의원 중에서 팔레스타인 도시들을 방문해 포위당한 주민들과 얘기할 의도를 가진 의원들은 거의 없다고 비판했다. 특히 그는 "더 이해하기 어려운 것은 미국의 주요 신문과 잡지들의 의견란이 (이스라엘 문제에 대해) 그와 유사한 자기검열을 시행하며, '홀리랜드'(이스라엘과 팔레스타인)에 파견된 특파원들이 강력하게 표출하는 개인적 평가와는 반대되는 의견을 보인다"고 지적했다.

✡ 이스라엘과 유대인을 둘러싼 트럼프 시대의 모순

미어샤이머 교수와 카터 전 대통령의 사례는 유대인 위상의 극적인 상승과 그 영향을 보여준다. 유럽에서 핍박받은 유대인들이 세운 이스라엘이 팔레스타인 주민들에게 고통과 피해를 주는 것처럼, 서방을 대표하는 미국에서도 유대인들은 이제 차별과 박해의 대상이 아니라 다른 집단들을 낙인찍고 배제하는 집단으로 전화됐다.

미어샤이머 교수와 카터 전 대통령의 우려대로, 미국은 도널드 트럼프 행정부 때 이란과 맺은 국제핵협정을 일방적으로 파기하고, 예루살렘을 이스라엘의 수도로 공인해 미국 대사관을 이전하는 등 친이스라엘 행보로 일관했다. 트럼프는 미국 대통령 중 가장 친이스라엘 행보를 보였다. 그런데, 트럼프 집권 동안 미국에서는 백인민족주의 세력이 득세하면서, 유대인을 겨냥한 반유대주의까지 부활하는 모순된 사태가 벌어졌다.

트럼프가 대통령에 취임한 지 반년 만인 2017년 8월 12일 버지니아 샬러츠빌에서 남북전쟁 때 남군의 로버트 리 장군 동상 철거에 반대하는 인종주의, 대안우익, 백인우월주의 등 백인민족주의 세력들이 폭동을 일으켰다. 이 폭동에서 인종주의에 바탕한 대안우익과 백인민족주의 세력들은 '유대인은 우리를 대체할 수 없다'라는 본격적인 반유대주의 구호를 들고나왔다. 이들을 반대하던 시민 1명이 폭력에 의해 사망했다.

트럼프는 15일 집회를 연 쪽과 반대하는 쪽 모두에 문제가 있다는 논평을 했다. 인종주의, 백인민족주의 세력을 비판하기를 사실상 거부한 것이다. 백인민족주의 세력이 자신의 충실한 지지층이기 때문이다.

트럼프의 집권 동안 이스라엘은 트럼프가 주도하는 역사상 최고의 미-이스라엘 밀월관계를 구가하며 외교적인 성과를 따냈으나, 미국 내에서는 그 트럼프 지지층들이 금기시됐던 반유대주의를 본격적으로 소환하는 모순되는 사태들이 벌어졌다. 트럼프 집권 이후 반유대주의의 부활은 유명 대중 스타들의 공공연한 반유대주의 발언에서 극적으로 드러난다.

예라는 예명으로 유명한 래퍼 카니예 웨스트는 인터뷰에서 아돌프 히틀러에 대한 애정을 드러낼 정도로 반유대주의와 소수집단에 대한 혐오를 공공연하게 드러낸다. 농구 스타 카이리 어빙도 자신의 소셜미디어에서 반유대주의 문구와 자료들을 올린다. 대중 스타들보다도 더 심각한 문제는 소셜미디어 인플루언서들의 인종주의, 반유대주의 등 소수자 혐오 선동이다.

홀로코스트 부정으로 유명해진 닉 푸엔테스가 대표적이다. 샬러츠빌 폭동에 대학생으로 참여했던 그는 이 집회에 영감을 받고는 백인우월주의 및 반유대주의 이념 전파에 자신의 소셜미디어를 활용하다가, 유명한 인터넷 스타가 됐다. 그는 트럼프의 정치 구호를 딴 '아메리카 퍼스트'라는 극우운동을 이끌고 있다.

2022년 12월 1일 예와 푸엔테스는 미국 백인민족주의 세력의 음모론자인 알렉스 존스가 운영하는 미디어 〈인포워스〉의 쇼에 출연했다. 예는 히틀러를 찬양했다. 앞서, 11월 22일 트럼프는 플로리다 마라러고 저택에 예와 푸엔테스를 초대해 저녁을 대접했다. 반유대주의와 인종주의를 감시하는 반명예훼손연맹Anti-Defamation League의 조너선 그린블래트 대표는 미국의 대표적인 반유대주의 선동자가 "공화당의 실질적인 대표와 밥을 먹었다"는 것은 경악스럽다며 "이는 반유대주의의 일상화로 규정하고 싶다. 이는 우리가 전에 보지 못했던 방식의 정치적 과정의 일부가 되고 있다"고 말했다.[3]

'반명예훼손연맹'에 따르면, 2021년에 미국에서는 2,717건의 공

격, 학대, 파괴 등의 반유대주의 사건이 벌어졌다고 집계됐다. 이는 전
년에 비해 34퍼센트가 증가했고, 1979년 이후 가장 높은 발생 수치이
다. 연맹 쪽은 이런 반유대주의 사건 증가가 2021년 5월에 재발했던
가자 전쟁의 영향이 크다고 분석했다. 이스라엘 군의 공격으로 260명
이 숨진 이 가자 전쟁에 대한 비판 여론으로 반유대주의가 부채질됐다
는 것이다. 가자 전쟁이 시작된 5월 10일부터 그 전쟁이 끝난 5월 말
까지 297건의 반유대주의가 발생했는데, 이는 전년 같은 기간에 비해
서 141퍼센트가 늘어난 것이다. 연맹의 보고서는 "이 사건들을 저지른
사람 중 많은 이들이 이스라엘과 하마스 사이의 분쟁을 명시적으로 언
급했다"고 지적했다.[4]

　이 단체의 보고는 가자 전쟁에 반대하는 것도 반유대주의로 매도
될 가능성과 가자 전쟁 등 이-팔 분쟁이 결국은 반유대주의의 연료를
제공하는 현실 모두를 드러내고 있다. 즉, 팔레스타인에 대한 억압 등
중동 지역에서 보여주는 이스라엘의 패권적 태도에 대한 비판조차도
반유대주의로 몰아가는 엄연한 현실이 있다. 이는 유대인과 이스라엘
이 이제 더 이상 피해자가 아니라 사회에서 큰 영향력을 가진 존재로
자신들의 이권과 지위를 공격적으로 늘리고 있음을 말한다. 또 한편
으로는 유대인과 이스라엘의 이런 패권적 태도가 실제로 건강하지 못
한 반유대주의에 불을 지피고 있는 것도 현실이다. 미국이 친이스라
엘 정책을 펼수록 미국 내에서 반유대주의가 점증할 수 있다는 추론
이 나온다.

　미국의 여론조사기관인 '퓨 리서치 센터'가 2021년 5월에 발표한
미국 유대인들의 정체성 조사를 보면, 미국 유대인들은 이스라엘과 그

들의 공격적 행동에 대해 그리 호의적이지 않았다. 미국이 이스라엘을 돌봐줘야 하는 질문에 미국의 지원이 유대인에게 '필수적'이라고 생각하는 비율은 45퍼센트였다. 37퍼센트는 '중요하나, 필수적이지는 않다', 16퍼센트가 '중요하지 않다'라고 답했다. 이-팔 평화협상을 깨고 양자 관계를 최악으로 만든 네타냐후과 그의 정책에 대해서는 '훌륭하다'는 13퍼센트, '괜찮다'는 27퍼센트, '보통이다'가 26퍼센트, '나쁘다'는 28퍼센트였다. 퓨리서치센터는 근소하게나마 미국 유대인의 과반이 네타냐후에 대해 부정적 평가를 하는 것이라고 진단했다. 유대인의 71퍼센트는 민주당 지지였고, 공화당 지지는 26퍼센트에 불과했다.[5]

유대인들의 이런 인식과는 다른 방향으로 미국의 현실은 전개되고 있다. 정부는 이스라엘에 편향된 정책을 펴고 있고, 미국 사회 내에서 영향력과 지위를 상승시키는 유대인에 대한 혐오와 질시에 바탕한 반유대주의가 거세지고 있다. 상층과 부자 유대인들은 이스라엘과 자신들의 이익을 위해 공격적인 행동을 하는 반면 대부분의 유대인들은 주변에서 갈수록 커지는 자신들에 대한 불편한 감정을 점점 의식하고 있다.

홀로코스트를 몰고 온 근대 유럽의 반유대주의는 유대인에 대한 혐오와 질시라는 양가감정에 바탕했다. 지금 미국에서 벌어지는 일들도 유사하다. 그 희생양은 미국에 사는 평범한 유대인이 될 수도 있다. 유대인 문제는 아직 끝나지 않았고, 새로운 형태로 더욱 악화될 위기에 처했다.

1장 이스라엘의 기원

1   김덕수 외,《세계사》, 천재교육, 2015, 26쪽.

2   최창모,《이스라엘사》, 대한교과서, 2005.

3   Ze'ev Herzog, "Deconstructing the Walls of Jerico", *The Weekly Haaretz*, 1999.10. 29.

4   Eric H Cline, *Biblical Archaeology: A Very Short Introduction*, Oxford University Press, 2009, 〈Chapter 1: The nineteenth century: the earliest explorers〉.

5   Ibid, 〈Chapter 3: The interwar period: square holes in round tels〉.

6   William Foxwell Albright, *From the Stone Age to Christianity*, Johns Hopkins Press, 1940, p 278~279, p 281.

7   William Foxwell Albright, *The Archaeology of Palestine and the Bible*, American Schools of Oriental Research, 1974, p 83, p 123~124; Shlomo Sand, *The Invention of the Jewish People*, Verso Books, 2008, p 128에서 재인용.

8   Shlomo Sand, *The Invention of the Jewish People*, Verso Books, 2008, p 114.

9   William G. Dever and Adam Zerta and Norman Gottwald and Israel Finkelstein and p Kyle McCarter Jr. and Bruce Halpern and Hershel Shanks and Hershel Shanks, *The Rise of Ancient Israel*, Biblical Archaeology Society, 1992, 〈Defining the Problems: Where We Are in the Debate〉.

10 윌리엄 데버, 양지웅 옮김,《이스라엘의 기원》, 삼인, 2020, 76쪽.

11 위의 책, 76~77쪽.

12 위의 책, 77쪽.

13 Ze'ev Herzog, "Deconstructing the Walls of Jerico", Haaretz, 1999.10.29.

14 핑켈스타인은 팔레스타인에서 고고학적 발굴 성과로 성경 기록의 진위를 해석한《발굴된 성서: 고대 이스라엘에 대한 고고학의 새로운 시각과 그 성스러운 문서의 기원》이라는 논쟁적인 저서로 학계와 대중의 관심을 자아내고 있었다.

15 Ze'ev Herzog, "Deconstructing the Walls of Jerico", Haaretz, 1999.10.29.

2장 성서의 기원

1 Richard Elliott Friedman, *Who Wrote the Bible?*, Simon & Schuster, 1996, 〈INTRODUCTION: Who Wrote the Bible?, Six Hundred Years of Investigation〉.

2 Ibid.

3 Ibid.

4 Ibid.

5 Ibid.

6 https://www.vatican.va/content/pius-xii/en/encyclicals/documents/hf_p-xii_enc_30091943_divino-afflante-spiritu.html.

7 윌리엄 데버, 양지웅 옮김,《이스라엘의 기원》, 삼인, 2020, 28쪽.

8 Israel Finkelstein and Neil Asher Silberman, *The Bible Unearthed: Archaeology's New Vision of Ancient Israel and the Origin of Sacred Texts*, Touchstone, p 37~38.

9 William G. Dever, *What Did the Biblical Writers Know and When Did They Know It?: What Archeology Can Tell Us About the Reality of Ancient Israel*, Eerdmans, 2001, p 98~101.

10 윌리엄 데버, 양지웅 옮김,《이스라엘의 기원》, 삼인, 2020, 340쪽.

11 위의 책, 같은 쪽.

12 William G. Dever, "Folk Religion in Early Israel: Did Yahweh Have a Consort?", *BAS Library*, 1997.

13 Shlomo Sand, *The Invention of the Jewish People*, Verso Books, 2008, p 77.

14 Ibid, p 125.

3장 유대인 추방의 신화

1 Shlomo Sand, *The Invention of the Jewish People*, Verso Books, 2008, p 130.

2 John Hanson and Scott G Ortman, "A systematic method for estimating the populations of Greek and Roman settlements", *Journal of Roman Archaeology*, 2017.11.15.

3 Shlomo Sand, *The Invention of the Jewish People*, Verso Books, 2008, p 131~132.

4 Ibid, p 133.

5 Ibid, p 134.

6 Norman Solomon, *Judaism: A Very Short Introduction*, Oxford University Press, 2014, p 605~610.

7 Shlomo Sand, *The Invention of the Jewish People*, Verso Books, 2008, p 135.

8 Ibid, p 135.

9 Ibid, p 134.

10 Simon Schama, *The Story of the Jews: Finding the Words 1000 BC-1492 AD*, Ecco, 2014, p 25~30.

11 Shlomo Sand, *The Invention of the Jewish People*, Verso Books, 2008, p 145.

12 Ibid, p 189에서 재인용.

13 Heinrich Graetz, *History of the Jews: Volume 2*, Outlook Verlag, 2020; Shlomo Sand, *The Invention of the Jewish People*, Verso Books, 2008, p 147에서 재인용.

14 맥스 I. 디몬트, 김구원 옮김, 《책의 민족》, 교양인, 2019, 172쪽.

15 Shlomo Sand, *The Invention of the Jewish People*, Verso Books, 2008, p 157.

16 Ibid, p 170.

17 Ibid, p 176~177.

18 Ibid, p 177.

19 Ibid, p 177.

4장 유대인 공동체의 형성과 확산

1 톰 홀랜드, 이순호 옮김, 《이슬람 제국의 탄생: 하나의 신과 하나의 제국을 향한 투쟁의 역사》, 책과함께, 2015, 17~18쪽.

2 위의 책, 23쪽.

3 이자테스가 젊은 나이에 죽어서 형제인 모노바주스 2세가 왕위에 오른 뒤 헬레나는 예루살렘으로 가서 여생을 보냈다. 헬레나는 예루살렘에서 자신의 왕궁을 짓고, 흉년 때에는 빈민 구호에 적극적으로 나섰다. 헬레나의 구호 노력은 탈무드에도 기록되어 있다. 헬레나와 이자테스는 예루살렘의 '왕가의 묘역'에 묻혀 있다.

4 Shlomo Sand, *The Invention of the Jewish People*, Verso Books, 2008, p 194.

5 Ibid, p 196.

6 https://www.jewishvirtuallibrary.org/jews-of-yemen.

7 이들의 종교는 기독교도라는 주장도 있어서, 여전히 논란의 대상이기는 하다. 다만, 당시 이들이 기존의 이교를 버리고 아브라함 계통의 유일신교를 믿었던 것은 확실해 보인다. 당시 마그레브 지역에서는 이교와 유일신교가 혼합되거나, 유대교와 기독교의 분리가 확실하지 않아서, 그 중간 형태인 '하늘 거주자(Coelicola)' 등 통합주의 분파가 번성했다. '하늘 거주자'는 4~6세기께 기독교 교회에서 분리되어 나와 유대교화된 기독교 교파의 성원이라고 당시 기독교는 기록하고 있다. 카히나와 제라와 부족의 종교가 유대교냐 기독교냐 하는 논란은 이런 배경에서 나왔을 것으로 보인다.

8 Shlomo Sand, *The Invention of the Jewish People*, Verso Books, 2008, p 201.

9 Sarah Taieb-Carlen, *The Jews of North Africa: From Dido to De Gaulle*, University Press of America, 2010, p 2~4.

10 Shlomo Sand, *The Invention of the Jewish People*, Verso Books, 2008, p 229.

11 https://www.jewishencyclopedia.com/articles/13992-statistics.

12 Shlomo Sand, *The Invention of the Jewish People*, Verso Books, 2008, p 241.

13 러시아 상트페테르부르크 제국도서관의 유대 문학 및 동방문서부 책임자였던 하르카비는 초기 유대계 러시아인 역사가로서 하자르 왕국과 유대인의 관련성을 처음으로 실증적으로 검증한 역사가이다. Ibid, p 242.

14 Ibid, p 239.

5장 유대인 정체성의 탄생

1 Steven Beller, *Antisemitism: A Very Short Introduction*, Oxford University Press, 2015, p 13.

2 맥스 I. 디몬트, 김구원 옮김,《책의 민족》, 교양인, 2019, 314쪽.

3 위의 책, 314쪽.

4 위의 책, 319쪽.

5 위의 책, 5쪽.

6 Maristella Botticini and Zvi Eckstein, *The Chosen Few: How Education Shaped Jewish History*, 70-1492, Princeton University Press, 2014, 〈Introduction〉.

7 Ibid.

6장 게토의 유대인, 궁정의 유대인

1 Howard M. Sachar, *A History of the Jews in the Modern World*, Vintage, 2004, p 3.

2 Ibid, p 4.

3 Ibid, p 7.

4 Ibid, p 7.

5 Ibid. p 5.

6 Ibid, p 6.

7 Ibid, 〈chapter 2-A Glimmering of Dawn in the West〉, 'THE AGE OF MERCANTILISM'.

7장 유대인 음모론의 확산

1 Howard M. Sachar, *A History of the Jews in the Modern World*, Vintage, 2004, 〈Chapter 6-Jews in an Emancipated Economy〉, 'DEMOGRAPHIC AND VOCATIONAL TRANSFORMATIONS'.

2 Ibid.

3 Ibid.

4 Brian Cathcart, "The Rothschild Libel: Why has it taken 200 years for an anti-Semitic slur that emerged from the Battle of Waterloo to be dismissed?", *The Independent*, 2015.5.3.

5 Ibid.

6 캐스카트는 자신의 탐사취재 내용을 2015년에《워털루에서 온 뉴스: 웰링턴의 승리를 영국에 전하기 위한 경주The News from Waterloo: The Race to Tell Britain of Wellington's Victory》라는 책으로 출간했다.

7 Howard M. Sachar, *A History of the Jews in the Modern World*, Vintage, 2004, 〈Chapter 6-Jews in an Emancipated Economy〉, 'THE SIXTH DYNASTY OF EUROPE'.

8 Ibid, 'AN UNREQUITED INTERNATIONALISM'.

9 Ibid.

10 Ibid.

11 Ibid.

12 Ibid.

13 Ibid.

14 발칸횡단 철도 완공 1년 전에 아들을 잃은 그는 말년을 자선사업가로 보냈다. "나는 아들을 잃었지만, 상속자를 잃지는 않았다. 인류가 나의 상속자이다"라고 말한 그는

1896년 사망한 뒤 1억 프랑의 재산을 자선사업에 기부했다. 그의 부인도 사망하면서 2억 프랑을 박해받던 러시아 유대인을 구호하는 재단 등에 기부했다. Ibid, 'THE FRANKFURT TRADITION MODIFIED'.

8장 유대인 음모론과 근대의 반유대주의

1 Howard M. Sachar, *A History of the Jews in the Modern World*, Vintage, 2004, 〈Chapter 24-A Climactic Onslaught of Postwar Antisemitism〉, 'THE PROTOCOLS OF THE ELDERS OF ZION'.

2 Ibid, 〈Chapter 3-An Ambivalent Emancipation in the West〉, 'THE FRENCH REVOLUTION AND THE JEWISH QUESTION'.

3 Ibid.

4 Howard M. Sachar, *A History of Israel: From the Rise of Zionism to Our Time*, Knopf, 2013, 〈Chapter 1-THE RISE OF JEWISH NATIONALISM, ACCULTURATION AND HISTORICAL, MEMORY〉.

5 John W. Wheeler-Bennett, *Ludendorff: The Soldier and the Politician*, 14(2), 1938, pp 187~202.

6 https://alphahistory.com/weimarrepublic/quotations-early-republic.

7 Isidore Singer, The Jewish Encyclopedia, Statistics(1901~1906), New York: Funk & Wagnalls.

8 https:// encyclopedia.ushmm.org/content/en/article/germany-jewish-population-in-1933.

9 Howard M. Sachar, *A History of the Jews in the Modern World*, Vintage, 2004, 〈Chapter 25-The Triumph of Nazism〉, 'THE TRIUMPH OF NAZISM'.

9장 포그롬과 아슈케나지 유대인의 부상

1 Howard M. Sachar, *A History of the Jews in the Modern World*, Vintage,

2004, 〈Chapter 1-The Jew as Non-European〉, 'A REORIENTATION TO THE EAST'.

2 Ibid, 〈Chapter 4-Incarceration: The Jews of Tsarist Russia〉, 'RUSSIA'S POLISH INHERITANCE'.

3 Ibid, 〈Chapter 4-Incarceration: The Jews of Tsarist Russia〉, 'PRAGMATIC EGALITARIANISM: THE TSAR'S MISSED OPPORTUNITY'.

4 Ibid, 〈Chapter 10-False Dawn in the East: Alexander II and the Era of "Enlightenment"〉, 'THE ACCESSION OF THE "TSAR-LIBERATOR"'.

5 Ibid, 〈Chapter 10-False Dawn in the East: Alexander II and the Era of "Enlightenment"〉, 'THE AGE OF REFORMS'.

10장 미국의 유대인

1 Howard M. Sachar, *A History of the Jews in the Modern World*, Vintage, 2004, 〈Chapter 9-The Rise of Jewish Life in America〉, 'IN THE SOUTHERN HEMISPHERE'.

2 Ibid, 〈Chapter 9-The Rise of Jewish Life in America〉, 'NIEUW AMSTERDAM'.

3 Ibid.

4 Ibid, 〈Chapter 9-The Rise of Jewish Life in America〉, 'THE GERMANIZATION OF AMERICAN JEWRY'.

5 Ibid, 〈Chapter 12-A Migration of East European Jewry: 1881~1914〉, '"BARBARIANS" AT THE GATE'.

6 Ibid, 〈Chapter 12-A Migration of East European Jewry: 1881~1914〉, 'THE DIKES BREAK'.

7 Ibid.

8 폴 존슨, 김한성 옮김, 《유대인의 역사》, 포이에마, 2014, 630~631쪽.

11장 시오니즘

1 Howard M. Sachar, *A History of the Jews in the Modern World*, Vintage, 2004, 〈Chapter 15-The Rise of Zionism〉, 'THEODOR HERZL AND THE RISE OF POLITICAL ZIONISM'.

2 Ibid, 'THE ZIONIST ORGANIZATION'.

3 Ilan Pappe, *Ten Myths About Israel*, Verso Books, 2017, p 38.

4 Ibid, p 37.

5 Ibid, p 40.

6 https://www.israelanswers.com/page/ christian_zionist_hall_of_fame.

7 https://www. jewishvirtuallibrary.org/president-john-adams-embraces-a-jewish-homeland-1819-2.

8 https://web.archive.org/web/20061006235327/http://www.amfi.org/blackmem.htm.

9 Ibid.

10 Ilan Pappe, *Ten Myths About Israel*, Verso Books, 2017, p 23~24.

11 Ibid, p 168에서 재인용.

12 Ibid.

13 데이비드 프롬킨, 이순호 옮김,《현대 중동의 탄생》, 갈라파고스, 2015, 415쪽.

14 Ilan Pappe, *Ten Myths About Israel*, Verso Books, 2017, p168에서 재인용.

15 타밈 안사리, 류하원 옮김,《이슬람의 눈으로 본 세계사》, 뿌리와이파리, 2011, 501쪽.

16 Howard M. Sachar, *A History of the Jews in the Modern World*, Vintage, 2004, 〈Chapter 15-The Rise of Zionism〉, 'AN IDEOLOGICAL SCHISM'.

17 Ibid.

18 David Lloyd George, War Memoirs of David Lyoyd Geoerge: 1917, Little, Brown, and Company, 1934, p 66~68; 데이비드 프롬킨, 이순호 옮김,《현대 중동의 탄생》, 갈라파고스, 2015, 408~409쪽, 434쪽에서 재인용.

19 Michael Brock and Eleanor Brock, *H.H. Asquith, Letters to Venetia Stanley*, Oxford University Press, 1982, p 406; 데이비드 프롬킨, 이순호 옮김,《현대 중동의 탄생》, 갈라파고스, 2015, 417쪽에서 재인용.

20 David Lloyd George, *Memoirs of the Peace Conference*, Yale University Press, 1976, p 159; 데이비드 프롬킨, 이순호 옮김,《현대 중동의 탄생》, 갈라파고

스, 2015, 413~414쪽에서 재인용.

21 데이비드 프롬킨, 이순호 옮김,《현대 중동의 탄생》, 갈라파고스, 2015, 425~426쪽.

22 Howard M. Sachar, *A History of the Jews in the Modern World*, Vintage, 2004, 〈Chapter 19-The Balfour Declaration and the Jewish National Home〉, 'THE ORIGINS OF THE ANGLO-ZIONIST ALLIANCE'.

23 데이비드 프롬킨, 이순호 옮김,《현대 중동의 탄생》, 갈라파고스, 2015, 412쪽.

24 위의 책, 441~442쪽.

25 위의 책, 451~452쪽.

12장 팔레스타인 땅과 그 주민

1 Alan Dershowitz, *The Case for Israel*, John Wiley & Sons, Inc., 2004, p 24.

2 https://embassies.gov.il/wellington/AboutIsrael/history/Pages/HISTORY-%20Foreign%20Domination.aspx.

3 Mark Twain, *The Innocents Abroad*, Oxford University Press, 1996, p 349, p 366, p 375, p 441~442; Alan Dershowitz, The Case for Israel, John Wiley & Sons, Inc., 2004, p 23~24에서 재인용.

4 Alan Dershowitz, *The Case for Israel*, John Wiley & Sons, Inc., 2004, p 26.

5 Ibid, p 26~27.

6 John Lewis Burckhardt, *Travels in Syria and the Holy Land*, AMS Press, 1983, p 299; Alan Dershowitz, *The Case for Israel*, John Wiley & Sons, Inc., 2004, p 27에서 재인용.

7 Ami Ayalon, "The Creation of Israeli Arabic: Political and Security Considerations in the Making of Arabic Language Studies in Israel, Yonatan Mendel", *Middle Eastern Studies*, 52(4), 2016, p 711~713; Ilan Pappe, *Ten Myths About Israel*, Verso Books, 2017, p 15에서 재인용.

8 Ilan Pappe, *Ten Myths About Israel*, Verso Books, 2017, p 17~18.

9 Shlomo Sand, *The Invention of the Jewish People*, Verso Books, 2008, p 178.

10 Ibid, p 179.

11 Ibid, p 180.

12 Ibid, p 183.

13 Shlomo Sand, *The Invention of the Jewish People*, Verso Books, 2008, p 183~184에서 재인용.

14 Shlomo Sand, *The Invention of the Jewish People*, Verso Books, 2008, p 184~185.

15 Ibid, p 189에서 재인용.

16 Ibid, p 187.

17 Alan Dershowitz, *The Case for Israel*, John Wiley & Sons, 2004, p 25.

13장 이스라엘의 건국과 아랍의 방기

1 한국에서는《현대 중동의 탄생》(이순호 옮김, 갈라파고스 펴냄)이라는 제목으로 출판됐다.

2 데이비드 프롬킨, 이순호 옮김,《현대 중동의 탄생》, 갈라파고스, 2015, 37쪽.

3 위의 책, 39쪽.

4 하시미테 가문은 무함마드의 딸과 조카 사이에 나온 후예이다. 무함마드의 유일한 혈육인 딸 파티마는 사촌인 알리와 결혼했고, 알리는 4대 칼리프가 됐다.

5 Avi Shlaim, *Lion of Jordan*, Vintage, 2008, ⟨Chapter 1-Hashemite Heritage⟩.

6 후세인은 유대인에 대한 예언자 무함마드의 가르침대로 그들을 존중했다. 쿠란에서는 유대인을 '책의 민족'으로 부르며, 같은 경전을 공유하는 일신교도로 인정했기 때문이다. 후세인은 종교적이고 인도적인 차원에서 유대인의 팔레스타인 정착을 환영했다. 하지만, 시오니스트들이 그 지역을 접수하는 데는 단호히 반대했다.

7 Avi Shlaim, *Lion of Jordan*, Vintage, 2008, ⟨Chapter 1-Hashemite Heritage⟩.

8 Ibid.

9 Ahron Bregman, *A history of Israel*, Red Globe Press, 2002, p 19.

10 Ibid, p 23.

11 Ibid, p 25.

12 Ibid, p 25.

13 Ibid, p 26.

14 후세이니는 이 사태를 계기로 팔레스타인 민족주의 운동의 지도자로 부상했다. 후세이니는 나중에 팔레스타인을 놓고 다른 아랍 국가의 지도자들과 큰 알력 다툼과 갈등을 벌이게 된다.

15 Ahron Bregman, *A history of Israel*, Red Globe Press, 2002, p 29.

16 라시드 할리디, 유강은 옮김,《팔레스타인 100년 전쟁》, 열린책들, 2021, 73~75쪽.

17 Ahron Bregman, *A history of Israel*, Red Globe Press, 2002, p 30.

18 Ibid, p 105~106.

19 Ibid.

20 압둘라는 유대인을 '책의 민족'으로 대우하는 하시미테 왕가의 전통에 따라 유대인을 존중했었다. 아버지인 후세인이 밸푸어 선언을 거부한 것은 맹목적인 반시오니즘 때문이 아니라 팔레스타인 아랍인들의 시민적, 종교적 권리를 보장하지 못한다고 봤기 때문이다.

21 Ahron Bregman, *A history of Israel*, Red Globe Press, 2002, p 40.

22 Avi Shlaim, *Lion of Jordan*, Vintage, 2008.

23 Ibid.

24 라시디 할리디, 유강은 옮김,《팔레스타인 100년 전쟁》, 열린책들, 2021, p 89~93.

25 Ahron Bregman, *A history of Israel*, Red Globe Press, 2002, p 68.

26 Avi Shlaim, *Lion of Jordan*, Vintage, 2008.

27 Ibid.

28 우스키 아키라, 김윤정 옮김,《세계사 속의 팔레스타인 문제》, 글항아리, 2015, 204~205쪽.

29 Efraim Karsh, *The Arab-Israeli Conflict: The Palestine War 1948*, Osprey Publishing, 2002, 〈Warring sides: Strengths and weaknesses of Arabs and Jews〉.

30 Ibid.

31 Ibid.

14장 중동분쟁과 이스라엘의 우경화

1 Orly Halpern, "Far-right Ben-Gvir emerges as key player in Israel elections", *ALJAZEERA*, 2022.12.1.

2 Ibid.

3 Ahron Bregman, *A history of Israel*, Red Globe Press, 2002, p 70~71.

4 Ibid, p 72.

5 Ibid, p 166~167.

6 Ibid, p 190~191.

7 Ibid, p 230~231.

8 Ilan Pappe, *Ten Myths About Israel*, Verso Books, 2017, p 110.

9 Ahron Bregman, *A history of Israel*, Red Globe Press, 2002, p 270~271.

10 https://web.archive.org/ web/20090203175858/http://www.vaadatwino. org.il.

11 https://obamawhitehouse. archives.gov/issues/foreign-policy/ presidents-speech-cairo-a-new-beginning.

12 "Full Text of Netanyahu's Foreign Policy Speech at Bar Ilan", *Haaretz*, 2009.6.14.

13 "Syria: Netanyahu's Policy Has Everything but Peace", *Haaretz*, 2009.6.15.

14 라시드 할리디, 유강은 옮김,《팔레스타인 100년 전쟁》, 열린책들, 2021, 320~ 323쪽.

15 Barak Ravid, "Trump says Netanyahu "never wanted peace" with the Palestinians", *Axios*, 2021.12.3.

16 Yossi Verter, "How Trump's 'Deal of the Century' Became the Joke of the Century", *HAARETZ*, 2020.1.31.

에필로그 이스라엘과 유대인, 그리고 미국

1 John Mearsheimer and Stephen Walt, "The Israel Lobby", *London Review of Books*, 2006.3.23.

2 Jimmy Carter, "Speaking frankly about Israel and Palestine", *Los Angeles Times*, 2006.12.8.

3 "Antisemitic celebrities stoke fears of normalizing hate", *Associted Press*,

2022.12.4.

4 "Group reports record tally of antisemitic incidents in 2021", *Associted Press*, 2022.4.26.

5 Justin Norteym, "U.S. Jews have widely differing views on Israel", *Pew Research Center*, 2021.5.21.

유대인, 발명된 신화

기독교 세계가 만들고, 시오니즘이 완성한 차별과 배제의 역사

© 정의길, 2022

초판 1쇄 인쇄 2022년 12월 21일
초판 1쇄 발행 2022년 12월 28일

지은이 정의길
펴낸이 이상훈
편집인 김수영
본부장 정진항
인문사회팀 김경훈 최진우
마케팅 김한성 조재성 박신영 김효진 김애린 오민정
사업지원 정혜진 엄세영

펴낸곳 (주)한겨레엔 www.hanibook.co.kr
등록 2006년 1월 4일 제313-2006-00003호
주소 서울시 마포구 창전로 70(신수동) 화수목빌딩 5층
전화 02)6383-1602~3 **팩스** 02)6383-1610
대표메일 book@hanien.co.kr

ISBN 979-11-6040-936-9 03910